浙江调查年鉴 2023

Zhejiang Survey Yearbook

国家统计局浙江调查总队 编

中国统计出版社
China Statistics Press

图书在版编目（C I P）数据

浙江调查年鉴. 2023 = Zhejiang Survey Yearbook 2023 / 国家统计局浙江调查总队编. -- 北京 : 中国统计出版社, 2023.7
ISBN 978-7-5230-0134-9

Ⅰ. ①浙… Ⅱ. ①国… Ⅲ. ①统计资料—浙江—2023—年鉴 Ⅳ. ①C832.55-54

中国国家版本馆 CIP 数据核字(2023)第 090531 号

浙江调查年鉴 2023

作　　者/ 国家统计局浙江调查总队
责任编辑/ 高媛媛
装帧设计/ 商永居
出版发行/ 中国统计出版社有限公司
地　　址/ 北京市丰台区西三环南路甲 6 号
邮政编码/ 100073
电　　话/ 邮购（010）63376909　书店（010）68783171
网　　址/ http://www.zgtjcbs.com
印　　刷/ 杭州真彩图文制作有限公司
经　　销/ 新华书店
开　　本/ 890mm×1240mm　1/16
字　　数/ 500 千字
印　　张/ 19
版　　别/ 2023 年 7 月第 1 版
版　　次/ 2023 年 7 月第 1 次印刷
定　　价/260.00 元　Price:260.00 yuan(RMB)

本书附同版本 CD-ROM 一张，光盘内容以书面文字为准。
如有印装差错，由本社发行部调换。

《浙江调查年鉴 2023》
编辑委员会和编辑人员

编者说明

一、《浙江调查年鉴 2023》是一部反映浙江城乡居民生活质量、价格变动、粮食生产和农民工监测等内容的资料性年鉴。本年鉴收录了国家统计局浙江调查总队主要调查专业形成的“八八战略”实施 20 周年系列调查分析报告，改革开放以来的主要调查数据和 2022 年的详细调查数据；同时包括部分浙江经济发展的综合统计数据和全国分地区主要调查数据。

二、本年鉴共分为六个部分。第一部分：主要调查专业形成的“八八战略”实施 20 周年系列调查分析报告；第二部分：居民收支；第三部分：价格指数；第四部分：农业调查；第五部分：市县数据；第六部分：综合数据。同时附录各专业调查简介和主要统计指标解释。

三、本年鉴部分统计表下作了简要注解。凡带续表的资料，如有注解均注在最后一张续表的下方。

四、本年鉴使用的度量衡单位均采用国家统计标准计量单位。

五、本年鉴中符号使用说明：“…”表示该项数据不足本表最小单位数；“#”表示其中的主要项；“空格”表示该项统计指标数据不详或无该项数据。

六、本年鉴中部分数据来源于浙江省统计局或历年《浙江统计年鉴》。全国及各省（市）调查数据来源于国家统计局向各省的反馈数据。全国性统计数据，均未包括香港、澳门特别行政区和台湾省的数据。

本年鉴出版得到了国家统计局和浙江省统计局的大力支持和帮助，时值出版之际，特致感谢！

受时间和编辑水平限制，书中难免有不足之处，恳请读者批评指正。

目　录

第一部分　“八八战略”实施20周年系列调查分析报告

第二部分　居民收支

第三部分　价格指数

第四部分　农业调查

第五部分　市县数据

第六部分　综合数据

附录　各专业调查简介及主要统计指标解释

一

“八八战略”实施20周年系列调查分析报告

强省富民成效凸显　人民生活精彩蝶变
——“八八战略”实施20周年浙江民生改善情况

“八八战略”实施20年来，浙江坚持一张蓝图绘到底，以“两个先行”奋力打造“重要窗口”，坚定扛起高质量发展的责任使命，推动经济社会协调发展，省域经济竞争力持续提升，居民增收渠道丰富多元，收入水平跨越提升；城乡区域发展协调均衡，不同群体收入差距逐步缩小；生活品质华丽蝶变，居住环境美丽宜居，浓墨重彩书写了浙江社会民生发展的新篇章。

一、强省富民建设成效凸显

在“八八战略”指引下，浙江坚定不移走创业富民、创新强省之路，抢抓机遇、厚植优势，全方位推动经济转型和高质量发展，为城乡居民就业创业和增收致富提供了广阔舞台，居民收入水平实现跨越式增长。

（一）省域经济竞争力持续提升。

20年来，浙江立足省域实际，加快民营经济发展，构建多种所有制经济新优势；推进“腾笼换鸟、凤凰涅槃”，加快产业转型升级；打造先进制造业基地，构筑产业发展比较优势；注重“地瓜经济”发展，不断提升对内对外开放水平，全省经济高质量发展持续走在前列，省域经济竞争力持续提升。据省统计局数据显示，2022年，全省生产总值（GDP）为77715亿元，比2002年增长9.7倍，基本实现3年突破一次万亿元大关。人均GDP为11.8万元，比2002年增长7.0倍，按年平均汇率计算，人均GDP已经达到1.76万美元，高于世界银行最新高收入经济门槛标准（1.3万美元），已经成为最接近中等发达国家水平的省份之一。省域经济竞争力的持续提升，为居民参与一次分配、二次分配和三次分配奠定了充裕的物质基础。

（二）居民收入不断跨越新台阶。

20年来，浙江省委省政府始终把保障和改善民生放在首要位置，持续推出富民增收系列政策措施，实现全省收入水平不断提高，接连跨上新台阶。调查数据显示，2022年，浙江全体居民人均可支配收入首次跨入“6万元”门槛，为60302元,是2005年的5.0倍，其中：城镇居民人均可支配收入首次跨入“7万元”门槛，为71268元，是2002年的6.1倍；农村居民人均可支配收入为37565元，是2002年的7.4倍。全省城乡居民收入分别在2018年、2017年提前实现省委十三届二次会议提出的2020年“实现城乡居民人均可支配收入、农村居民人均纯收入分别比2010年翻一番，分别达到55000元、24000元以上”目标。

（三）收入水平持续保持全国前列。

全体居民人均可支配收入自有调查数据以来，浙江一直稳居全国31个省（区、市）第3位，仅次于上海和北京；城镇居民人均可支配收入连续22年居全国31个省（区、市）第3位，仅次于上海和北京；农村居民人均可支配收入连续38年居各省区首位，自2013年以来连续10年位居全国31个省（区、市）第2位，仅次于上海。2022年，11个设区市中全体居民人均可支配收入最高的杭州市（70281元）是全国平均水平（36883元）的1.9倍，最低的丽水市（44450元）是全国平均水平的1.2倍。

（四）居民收入渠道更加丰富多元。

随着经济快速发展，收入分配格局逐步完善，城乡居民收入渠道日益多元化，收入结构也不断优化。调查数据显示，2005-2022 年[1]，全省全体居民工资性收入、经营净收入、财产净收入、转移净收入年均分别增长 9.0%、8.5%、15.1%、13.3%。从收入结构变化看，主要表现为经营净收入的下降、财产净收入和转移净收入的提升，2022 年全体居民工资净收入占比比 2005 年下降 8.6 个百分点，经营净收入占比比 2005 年下降 3.9 个百分点，财产净收入提高 6.7 个百分点，转移净收入提升 5.9 个百分点。

二、城乡区域发展协调和美

在“八八战略”指引下，浙江为稳步推进城乡区域协调发展，先后出台了全国首个城乡一体化纲要，“千村示范、万村整治”工程，以工促农、以城带乡，城乡综合配套改革等一系列政策措施，促进城乡经济发展更加协调、居民生活更加和美、公共服务均衡普惠。

（一）农村劳动力就业渠道拓宽。

为了提高全省农民工收入水平和生活保障标准，重点聚焦农民工工作“八有”目标要求，着力稳定和扩大农民工就业创业，切实维护农民工劳动保障权益，有序推进农民工融入城市，让改革发展成果更多地惠及全体农民工。调查数据显示，浙江省农民工总量从 2013 年 1313 万人增加到 2022 年 1368 万人，分别占当年常住人口的 22.7%和 20.8%。

（二）城乡发展更加均衡协调。

20 年来，浙江全面践行协调发展理念，积极推进城乡融合省域实践，取得显著成效。2022 年浙江城乡居民收入比已经连续 10 年呈缩小态势，为 1.90，比 2002 年 2.28 缩小 0.38，比全国城乡居民收入比缩小 0.55。浙江城乡居民人均消费支出比由 2002 年的 2.36:1 降至 1.62:1，缩小 0.74。全省城镇化率从 2005 年的 56.0%提高到 2022 年 73.4%。另外，城乡公共服务差距明显缩小、乡村公用设施加快完备、城乡社保水平更加接近。

（三）区域协调发展加速推进。

20 年来，浙江为推进区域协调发展，先后推出山海协作、山区 26 县高质量发展等一系列政策举措，推动区域协调发展水平持续提升。全省全体居民人均可支配收入最高市与最低市收入倍差从 2013 年的 1.76 缩小至 2022 年的 1.58。2022 年，山区 26 县全体居民人均可支配收入增长 5.7%，比全省平均快 0.9 个百分点，与全省收入差距继续保持缩小态势。

（四）收入群体分布更趋合理。

为高质量建设共同富裕示范区，浙江研究出台《“扩中”“提低”行动方案》，有效探索“扩中”“提低”的实现路径，推进中等收入群体比例稳步提高。2022 年浙江家庭可支配收入 10 万-50 万元、20 万-60 万元群体比例分别达到 74.0%和 34.6%，从 2019-2022 年情况看，浙江家庭可支配收入 10 万-50 万元群体比例和 20 万-60 万元群体比例年均分别提高 2.2 个和 3.2 个百分点。

三、人民生活实现精彩蝶变

在“八八战略”指引下，浙江始终坚持以人民为中心的发展思想，实现居民生活从“基本满足”向“美好生活向往”提档升级，群众的获得感、幸福感和安全感显著增强。

（一）消费市场量增价稳。

为满足居民对美好生活的需求，浙江全面加速消费市场蜕变，社会消费品零售总额从 2002 年的 2878 亿元增至 2022 年的 30467 亿元，年均增长 12.1%，市场供求关系变化总体平衡有序。

[1] 基期不是 2002 年是因为当时没有相应的调查指标，因此从有数据年份开始计算，文中其他地方类似。

同时，坚持把稳定物价作为宏观调控的首要任务，频频打出稳物价、保民生的"组合拳"，在保持经济快速增长的同时，有效控制物价涨幅。与2002年相比，2022年浙江居民消费价格总水平年均上涨2.4%，总体呈现温和上涨态势。近20年CPI的波幅仅为6.9个百分点，与前20年（1984—2002年）的26.0个百分点的波幅相比收窄19.1个百分点。2003-2022年，浙江工业生产者出厂价格年均上涨1.3%；购进价格年均上涨3.4%，购销价格走势基本同步。

（二）生活品质不断跃升。

随着收入水平的提高，浙江居民的消费水平和生活品质也随之不断提高。2022年，全省全体居民人均消费支出38971元，是2005年的4.0倍。城镇居民恩格尔系数为27.2%，比2002年下降11.4个百分点，农村居民恩格尔系数为30.9%，比2002年的39.9%下降9.0个百分点，已达到或基本接近联合国根据恩格尔系数划分的富足水平（30%）。城镇居民每百户拥有家用汽车、彩色电视机、家用电脑、移动电话数量分别比2002年分别增加63.0辆、18.5台、46.2台和157.7台；农村居民家用汽车从无到每百户拥有量38.1辆，彩色电视机、家用电脑、移动电话数量分别增加78.0台、33.7台、197.7部。另外，全屋智慧管家、全自动扫地机器人、AI音箱等智能家电普及率也越来越高，科技创新助力生活品质再提高。

（三）"绿色浙江"成效凸显。

浙江始终把建设生态省、打造"绿色浙江"作为一项事关全局和长远的战略任务，坚持走高效生态农业发展路子，不断完善现代农业产业体系、生产体系、经营体系，提高农业发展质量效益，打好粮食安全"保卫战"。2010年在全国率先启动农业"两区"建设，2014年开始全国唯一的现代生态循环农业发展试点省建设，2017年建设农业绿色发展试点先行区，2021年推进农业"双强"。2022年浙江农业现代化水平已位居全国第三位，累计创建省级现代农业园区90个，严格保护好810万亩粮食生产功能区，累计建成万头猪场138家，核定产能748万头。坚持"绿水青山就是金山银山"的发展理念，通过数字赋能提质增效，全省年出栏3000头以上养猪场设施化率达65%以上。

使命催人奋进，实干成就未来。浙江坚持以习近平新时代中国特色社会主义思想为指导，坚定不移沿着"八八战略"指引的路子走下去，锚定目标，勇担使命，不断开辟干在实处、走在前列、勇立潮头的新境界，奋力在全面建设社会主义现代化国家新征程上书写更加精彩的浙江篇章。

接续奋斗20载 民生蓝图绘新篇
—“八八战略”实施20周年浙江城镇居民收支与生活状况

2003 年，时任浙江省委书记习近平立足浙江省域实际作出“八八战略”重要部署，成为引领浙江发展的总纲领，开启了浙江高质量发展的新篇章。20 年来，浙江省委省政府忠实践行“八八战略”，奋力打造“重要窗口”，推进高质量发展建设共同富裕示范区，城镇居民收入跨上新台阶，收入水平稳居全国前列，生活水平不断提高。

一、收入水平稳步提高，增收质量不断提升

“八八战略”实施 20 年来，浙江始终坚持以人民为中心的发展思想，不断发挥现有优势完善社会主义市场经济体制，不断挖掘潜在优势培育经济增长新动能，不断开拓“变劣势为优势”的经济高质量发展新渠道，产业结构不断优化，营商环境不断改善，经济增长新动能不断涌现，居民就业创业基础不断夯实，收入持续稳步增长。

（一）城镇居民收入几上新台阶。

2002-2022 年，浙江城镇居民收入水平不断提高，接连跨上新台阶。2007 年城镇居民人均可支配收入突破“2 万元”，2011 年突破“3 万元”，此后以“3 年 1 万元”的速度不断攀升，2014 年、2017 年分别突破“4 万元”“5 万元”门槛。2018 年提前实现省委十三届二次会议提出的收入倍增目标，即 2020 年城乡居民人均可支配收入比 2010 年翻一番。2022 年，城镇居民人均可支配收入 71268 元，是 2002 年的 6.1 倍，跨入“7 万元”门槛，再上新台阶。

（二）城镇居民收入水平稳居全国前列。

2022 年浙江城镇居民人均可支配收入 71268 元，比全国平均水平高 21985 元，居全国 31 个省（区、市）第 3 位、省区第 1 位，仅次于上海和北京。城镇居民收入水平已经连续 22 年荣膺各省区首位。

（三）城镇居民收入保持稳定增长。

2002-2022 年，浙江城镇居民人均可支配收入年均增长 9.5%，增长变化主要分为三个阶段。第一阶段为 2002-2012 年的高速增长阶段，城镇居民人均可支配收入年均增速达 11.3%。第二阶段为 2013-2019 年的中高速增长阶段，年均增速为 8.4%。第三阶段为 2019-2022 年疫情影响的波动阶段。浙江扎实做好“六稳”“六保”工作，稳住收入基本盘，尽管城镇居民人均可支配收入增速有所波动，但年均增速仍达 5.8%。

图 1　2003 年-2022 年浙江城镇居民收入增速图

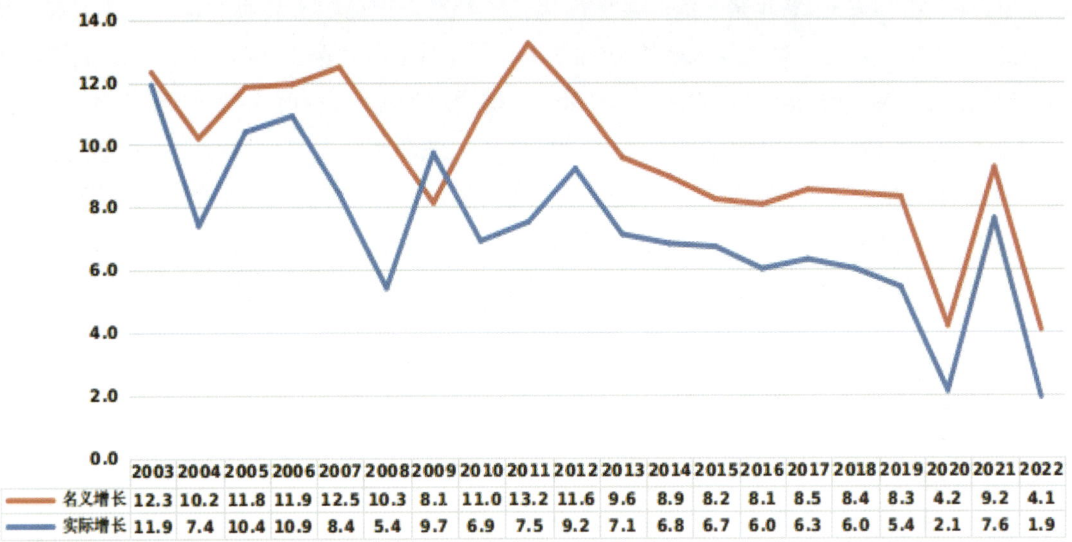

表 1　2002-2022 年浙江城镇居民收入增长情况表

年份	人均可支配收入(元)	比上年名义±%	比上年实际±%
2002	11624	11.8	13.4
2003	13055	12.3	11.9
2004	14387	10.2	7.4
2005	16089	11.8	10.4
2006	18007	11.9	10.9
2007	20250	12.5	8.4
2008	22334	10.3	5.4
2009	24148	8.1	9.7
2010	26802	11.0	6.9
2011	30340	13.2	7.5
2012	33846	11.6	9.2
2013	37080	9.6	7.1
2014	40393	8.9	6.8
2015	43714	8.2	6.7
2016	47237	8.1	6.0
2017	51261	8.5	6.3
2018	55574	8.4	6.0
2019	60182	8.3	5.4
2020	62699	4.2	2.1
2021	68487	9.2	7.6
2022	71268	4.1	1.9
年均增速		9.5	7.2

注：表中均为新口径数据

（四）城镇居民收入增长与经济发展同步性逐渐增强。

“八八战略”实施 20 年来，浙江全面深化改革开放，推动经济高质量发展，让发展成果更多更公平惠及全体人民，居民收入增长与经济发展同步性逐渐增强。2002-2011 年，浙江城镇居民人均可支配收入年均实际增速为 8.7%[2]， GDP 年均增速为 12.1%，前者低于后者 3.4 个百分点，城镇居民收入增长明显慢于经济发展。2012-2022 年，浙江经济由高速增长向高质量发展转变，更加关注民生，注重收入分配公平，居民收入与经济发展的差距快速缩小。浙江城镇居民人均可支配收入年均实际增速为 5.6%， GDP 年均增速为 6.8%，两者相差 1.2 个百分点，差距明显缩小。

图 2　2002-2022 年浙江城镇居民收入实际增速、GDP 增速对比图

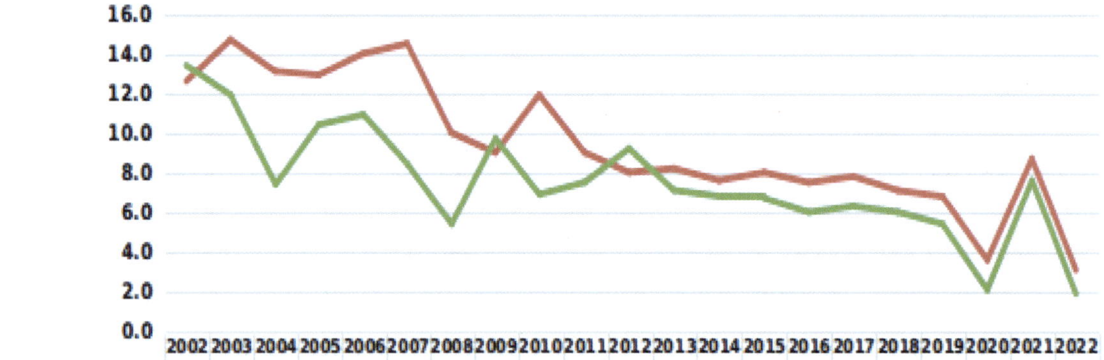

	2002	2003	2004	2005	2006	2007	2008	2009	2010	2011	2012	2013	2014	2015	2016	2017	2018	2019	2020	2021	2022
GDP增速	12.6	14.7	13.1	12.9	14.0	14.5	10.0	9.0	11.9	9.0	8.0	8.2	7.6	8.0	7.5	7.8	7.1	6.8	3.6	8.7	3.1
收入实际增长	13.4	11.9	7.4	10.4	10.9	8.4	5.4	9.7	6.9	7.5	9.2	7.1	6.8	6.7	6.0	6.3	6.0	5.4	2.1	7.6	1.9

二、收入来源日益多元，增收特色亮点纷呈

新世纪初期，浙江城镇居民收入主要依靠单位工资补贴等收入，随着经济体制改革的深入推进和城镇退休人员基本养老金标准上调、最低生活保障标准提高等惠民政策的实施，全省城镇居民收入来源日益多元化，收入结构更加均衡。

（一）工资性收入起到“压舱石”作用。

“八八战略”实施 20 年来，浙江大力推动以公有制为主体的多种所有制经济共同发展，催生出大量新型行业职业，不断拓宽居民就业渠道；出台多项就业扶持政策和援企稳岗政策，实现居民高质量就业；不断完善工资增长机制，稳步提高最低工资标准，为居民工资性收入增长保驾护航。2022 年浙江城镇居民人均工资性收入 39718 元，是 2002 年的 4.7 倍，2002-2022 年年均增长 8.0%。20 年间工资性收入占可支配收入比重从 2002 年的 72.9%下降至 2022 年的 55.7%，但仍占收入一半以上，充分体现工资性收入“压舱石”作用。

（二）经营净收入成为增长新动力。

改革开放后浙江个体与民营经济迅猛发展，但“低”“小”“散”的产业结构问题比较突出。浙江以“八八战略”为指引，通过“三改一拆”“五水共治”倒逼产业转型升级；利用“浙商回归”带动产业转型升级；实施“四换三名”“三强一制造”提升产品质量层次，推动浙江量大面广的块状经济向现代产业集群升级，走新型工业化道路；党的十八大以来，通过“大众创业、万众创新”进一步激发创业创新热情，推动城镇居民经营净收入快速增长。同时，以“最多跑一次”改革和落细落实减税降费政策为抓手，持续优化营商环境，不断激发市场活力，为中小微企业和

[2]此处采用居民收入实际增速与 GDP 增速进行比较，主要考虑到物价因素影响和居民收入增长与 GDP 增速的可比性。

个体工商户经营提供有力保障。2022 年浙江城镇居民人均经营净收入 10233 元，是 2002 年的 12.5 倍，2002-2022 年均增长 13.4%，比人均可支配收入年均增速快 3.9 个百分点。经营净收入占可支配收入的比重从 2002 年的 7.1%提高至 2022 年的 14.4%，逐渐成为城镇居民收入增长的新动力。

（三）财产净收入成为增长新路径。

"八八战略"实施 20 年来，浙江进一步发挥环境优势，积极推进以"五大百亿"工程为主要内容的重点建设，打造"绿色浙江"理念，不断推进"三改一拆""五水共治"等环境改造工程，进一步提升城市价值，不断完善租购并举住房制度，提升居民自有住房估值，活跃房屋租赁市场，带动城镇居民财产净收入增长。同时，随着居民财富的不断积累，投资视野不断开阔，投资渠道逐渐拓宽，投资基金、买卖黄金白银等理财方式也逐渐被更多的居民涉猎，城镇居民财产净收入明显增加。2022 年浙江城镇居民人均财产净收入 10397 元，是 2002 年的 37.3 倍，2002-2022 年城镇居民经营净收入年均增长 19.8%，比人均可支配收入年均增速快 10.3 个百分点，成为四大项收入年均增速最快的一项。2002 年城镇居民人均财产净收入仅为 278 元，占可支配收入比重为 2.4%，2022 年占比提高至 14.6%，已经成为城镇居民收入增长的新路径。

（四）转移净收入稳步增长。

"八八战略"实施 20 年来，浙江始终坚持将"保民生，促发展"放在突出重要位置，从保障和改善民生做起，坚持群众想什么、我们就干什么，扎实推动共同富裕美好社会建设。随着经济社会的不断发展，民生工程的不断建设，养老金标准和最低生活保障标准持续提高，社会救助、政策性生活补贴力度持续加大，医疗、教育、养老等方面享受的福利不断增加。特别是疫情防控期间，政府通过提升困难补助、价格补贴、一次性生活补贴，放宽补贴标准和范围等举措，加大政策帮扶力度，推动居民从政府得到的实物产品、政策性生活补贴快速增长，社会救助兜底保障作用不断增强。2022 年浙江城镇居民人均转移净收入 10919 元，是 2002 年的 5.3 倍，2002-2022 年年均增长 8.7%。20 年间，转移净收入占可支配收入的比重经历"先降后升"的过程，十九大以后稳定在 15.5%左右。

图 3　2002-2022 年间浙江城镇居民人均可支配收入构成对比图

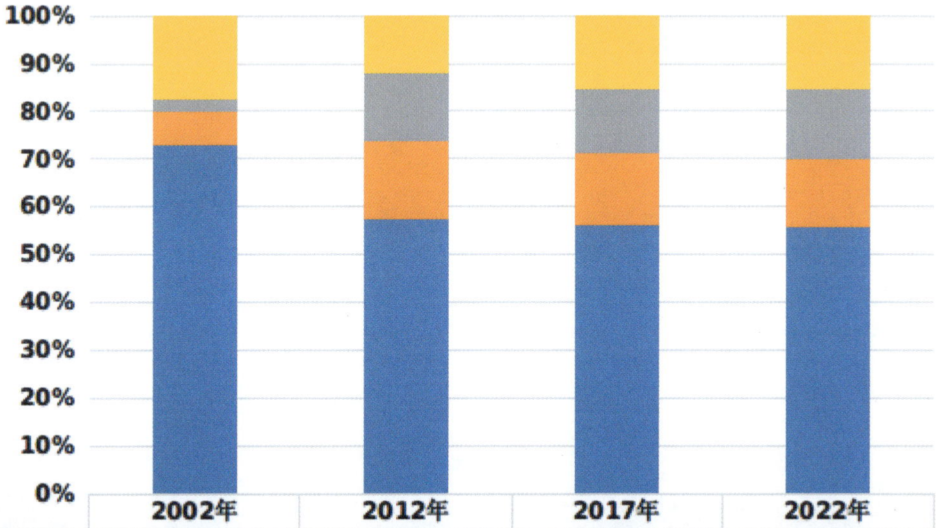

	2002年	2012年	2017年	2022年
转移净收入	0.176	0.121	0.153	0.153
财产净收入	0.024	0.144	0.135	0.146
经营净收入	0.071	0.16	0.15	0.144
工资性收入	0.729	0.575	0.562	0.557

三、消费水平不断提高，生活品质持续改善

2002-2022 年，随着经济发展和收入水平的不断提高，城镇居民消费需求不断释放，消费水平不断跃上新台阶，消费结构不断优化，生活品质持续改善。

（一）城镇居民消费支出稳步增长。

2022 年浙江城镇居民人均消费支出 44511 元，是 2002 年的 5.0 倍，2002-2022 年浙江城镇居民人均消费支出年均增长 8.3%。2019-2022 年间虽然因疫情影响，居民消费场景受限，但城镇居民消费支出年均增长 5.9%，仍实现稳定增长。

（二）城镇居民消费水平稳居全国前列。

2002-2022 年，浙江城镇居民消费水平稳居全国第 3 位。2022 年浙江城镇居民人均消费支出 44511 元，比全国平均水平高 14120 元，居全国第 3 位，仅次于上海和北京。

（三）城镇居民八大类消费支出全面增长。

2002-2022 年，浙江城镇居民消费支出的八大类消费项目实现全面增长。从增速看，居住支出增长最快，年均增速为 13.0%。主要原因是随着居民收入的稳定增长，居民对居住环境的品质越来越重视，住房改善、水电燃料、租房房租、物业管理及装修等支出费用相继提高，推动居住支出快速增长。交通通信支出增长位居第二，年均增速为 10.8%。主要原因是随着公共基础设施不断完善，交通、通信愈发便捷，交通通信支出较快增长。其他用品及服务、生活用品及服务支出年均增速分别居第三、四位，分别为 9.3%、8.5%。另外，医疗保健、食品烟酒、衣着、教育文化娱乐支出年均增长分别为 7.3%、6.5%、6.2%、5.7%。

表 2　2002 年和 2022 年浙江城镇居民八大类消费情况对比

指　标	2002 年（元）	2022 年（元）	年均增长（%）
消费支出	8990	44511	8.3
(一)食品烟酒	3467	12106	6.5
(二)衣着	735	2466	6.2
(三)居住	1041	11890	13.0
(四)生活用品及服务	526	2685	8.5
(五)交通通信	879	6791	10.8
(六)教育文化娱乐	1394	4238	5.7
(七)医疗保健	701	2865	7.3
(八)其他用品和服务	247	1471	9.3

注：表中均为新口径数据

（四）城镇居民消费结构不断优化。

进入新世纪，浙江城镇居民从温饱到小康，消费需求实现从量到质的转变，以吃、穿为主的单一消费结构逐步发展为吃、穿、住、行，享受与发展并重的消费结构。2022 年浙江城镇居民

恩格尔系数为27.2%，比2002年下降11.4个百分点，总体呈现不断降低态势。从城镇居民消费结构变化看，食品、衣着等基础型消费支出在人均消费支出中所占比重不断降低，居住、交通通信、其他用品及服务等改善和发展型消费支出所占比重不断提高。2022年浙江城镇居民食品烟酒、衣着人均支出分别为12106元、2466元，占消费支出比重分别为27.2%和5.5%，比2002年分别下降11.4和2.7个百分点。2022年浙江城镇居民居住、交通通信人均支出分别为11890元、6791元，占消费支出比重分别为26.7%和15.3%，比2002年分别提高15.1和5.5个百分点。

表3　2002-2022年浙江城镇居民部分年份消费支出构成情况（%）

年份	生活消费支出	食品烟酒	衣着	居住	生活用品及服务	交通通信	教育文化娱乐	医疗保健	其他用品和服务
2002	100.0	38.6	8.2	11.6	5.8	9.8	15.5	7.8	2.8
2012	100.0	30.3	8.1	20.8	4.8	15.5	11.8	5.9	2.7
2017	100.0	27.9	6.0	26.4	5.1	15.5	11.0	5.9	2.2
2018	100.0	27.1	6.5	26.5	5.7	14.5	10.6	6.6	2.6
2019	100.0	27.1	6.0	26.6	5.5	14.3	11.6	6.1	2.7
2020	100.0	27.4	5.6	29.5	5.7	13.8	9.5	6.0	2.5
2021	100.0	26.7	5.8	26.8	5.7	14.5	10.8	6.8	2.9
2022	100.0	27.2	5.5	26.7	6.0	15.3	9.5	6.4	3.3

注：表中均为新口径数据

（五）城镇居民生活品质不断提升。

2002-2022年，浙江居民出行更加便利，居住更加宽敞舒心，交流更加顺畅，生活品质不断提升。2022年，城镇居民年末人均住房面积48.1平方米，比2002年增加27.0平方米，面积扩大一倍以上。从耐用消费品看，汽车、彩电等“大件”越来越普遍，2022年，城镇居民每百户拥有家用汽车、彩色电视机数量分别为64.4辆、171.0台，比2002年分别增加63.0辆、18.5台。随着通信技术和基础设施的不断完善，居民拥有手机、电脑等智能设备数量越来越多。2022年，城镇居民每百户拥有家用电脑、移动电话数量分别为75.8台、252.8台，比2002年分别增加46.2台、157.7台。随着科技发展和收入水平提高，智能化品质化家用电器被越来越多家庭接受，居民生活更轻松便捷。2022年浙江城镇居民每百户拥有空气净化器（含新风系统）11.3台、洗碗机5.8台、微波炉62.0台、排油烟机91.1台，全屋智慧管家、全自动扫地机器人、AI音箱等普及率也越来越高，城镇居民生活品质不断提升。

实践证明，通过“八八战略”实施20年来的接续奋斗，开辟了中国特色社会主义在浙江生动实践的新境界，指引浙江实现全方位、深层次、系统性的精彩蝶变；书写了浙江高质量发展“人民幸福 生活美好”的新篇章。接下来，浙江将继续深入实施“八八战略”，以“两个先行”打造“重要窗口”，强力推进创新深化改革攻坚开放提升，扎实推动高质量发展，着力保障和改善民生，深化共同富裕示范区建设，奋力谱写中国式现代化浙江篇章。

"金钥匙"打开农村居民美好生活新大门
——"八八战略"实施 20 周年浙江农村居民收支与生活状况

"八八战略"实施 20 年来，浙江省委省政府坚持一张蓝图绘到底，忠实践行"八八战略"，坚决贯彻新发展理念，奋力打造"重要窗口"，扎实推进共同富裕示范区建设，农村居民收入接连跨上新台阶，收入水平稳居全国前列，消费水平不断提高，生活品质大大提升。

一、2002-2022 年浙江农村居民增收情况

20 年来，浙江以"八八战略"为指引，立足省域实际，加大强农惠农富农政策力度，全面启动农村税费改革，扎实推进"千村示范、万村整治"工程，推进新农村建设，统筹城乡发展，持续发展民营经济，推进土地流转，促进农村劳动力转移就业，以创新驱动增添动能，通过数字化手段推动农业农村改革、助力乡村振兴，激发了农村经济高质量发展的新动能，打开了发展的新格局，生动地诠释了"绿水青山就是金山银山"，推动了浙江农村居民收入快速增长，接连跨上新台阶。

2009 年，浙江农村居民人均可支配收入[3]10798 元，踏上了万元台阶，成为全国第一个收入超万元的省区。2015 年，浙江农村居民人均可支配收入达 21125 元，跨入了"2 万元"门槛。2017 年达 24956 元，提前三年实现了省委十三届二次会议提出的收入倍增目标，即到 2020 年比 2010 年收入翻一番的目标。2020 年，面对国内外的复杂形势，特别是突如其来的新冠肺炎疫情，浙江省委省政府扎实做好"六稳""六保"工作，农村居民人均可支配收入达 31930 元，跨入"3 万元"门槛，助推"十三五"胜利收官。2021-2022 年，面对复杂严峻的国际环境和国内疫情散发多发等多重挑战，浙江坚持稳中求进工作总基调，聚焦聚力高质量发展和共同富裕示范区建设，接续推进乡村全面振兴，着力促进农民农村共同富裕，农村居民收入持续增长，到 2022 年已达 37565 元。

图 1 2002-2022 年浙江农村居民人均可支配收入情况

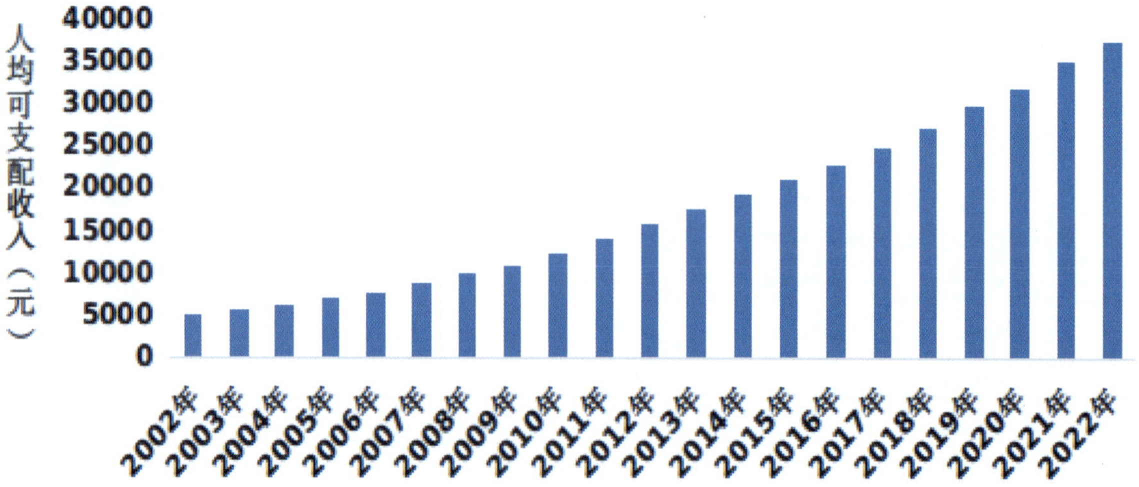

注：图中均为新口径数据

[3] 2009 年农村居民人均可支配收入为回溯数。

二、2002-2022 年浙江农村居民收入特点

（一）农村居民收入快速增长，收入水平保持全国前列。

2022 年，浙江农村居民人均可支配收入 37565 元，是 2002 年的 7.4 倍，2002-2022 年年均增长 10.5%，保持快速增长，其中 2002-2019 年年均增长 11.0%， 2019-2022 年受疫情影响，年均增长 7.9%。农村居民人均可支配收入水平连续 38 年位居全国各省区首位，自 2013 年以来连续 10 年位居全国 31 个省（区、市）第 2 位，仅次于上海。

（二）城乡居民收入差距持续缩小，协调发展成效显著。

20 年来，浙江的城乡协调发展优势得到进一步发挥，城乡二元结构被打破，一体化进程加快推进，城乡协调发展成效显著。2002-2022 年，浙江城乡居民收入比呈"先小幅波动后逐渐缩小"的变动趋势，2002-2006 年的城乡居民收入比略有波动起伏，2006 年以后逐年缩小。2022 年浙江城乡居民收入比为 1.90，比 2002 年的 2.28 缩小 0.38，比全国城乡居民收入比小 0.55。

图 2　2002-2022 年浙江城乡居民收入比图

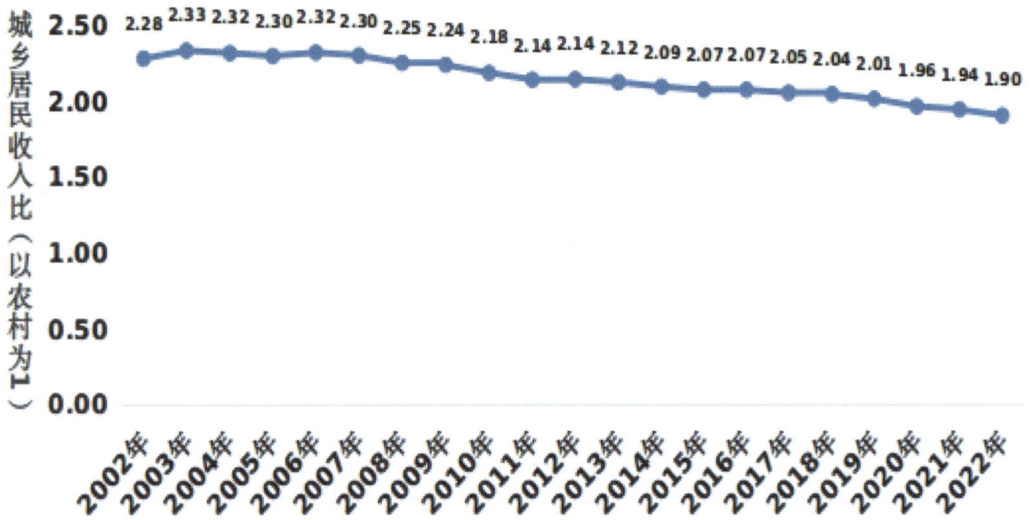

（三）农村居民收入来源多元，收入结构日益优化。

2002-2022 年，浙江农村居民工资性收入占比逐步提高，由 2002 年的 50.2%提升到 60.4%，在四大项收入中占比最大，年均增速为 11.5%，工资性收入成为促进农村居民稳定增收的主导力量。转移净收入增长最快，年均增速为 15.6%，占可支配收入的比重由 2002 年的 4.9%提高到 2022 年的 12.1%。财产净收入年均增长 10.2%，占可支配收入的比重略有下降，由 2002 年的 3.3%下降到 2022 年的 3.1%。经营净收入年均增长 7.6%，占可支配收入的比重由 2002 年的 41.6%下降至 2022 年的 24.4%，降幅较为明显。收入来源"两升两降"，表明浙江农村居民不再过分倚重家庭经营性收入，而是有了更加稳定的工资性收入，同时随着养老金或离退休金的逐年上涨，以及农村居民进城务工寄带回收入的增加，农村居民转移净收入比重也在不断上升，农村居民收入结构逐渐优化。

表1　2002年与2022年四项收入情况对比表

项　目	2002年		2022年	
	收入（元）	比重（%）	收入（元）	比重（%）
人均可支配收入	5096	100.0	37565	100.0
（一）工资性收入	2556	50.2	22687	60.4
（二）经营净收入	2121	41.6	9149	24.4
（三）财产净收入	168	3.3	1177	3.1
（四）转移净收入	250	4.9	4552	12.1

注：表中均为新口径数据

（四）积极融入长三角一体化发展，浙江农村居民收入增长走在长三角前列。

20年来，长三角各领域的融合不断深入，浙江对内对外发展水平不断提高，农村居民收入与上海的差距大幅缩小。2002-2022年，上海农村居民收入与浙江农村居民收入的收入倍差由1.21：1缩小至1.06：1，差距持续缩小。2002-2022年，浙江农村居民人均可支配收入年均增速快于上海0.7个百分点，快于江苏0.1个百分点，慢于安徽1.1个百分点。其中，2002-2019年，浙江农村居民人均可支配收入年均增速分别快于上海0.6个百分点、江苏0.2个百分点，慢于安徽1.2个百分点；2019-2022年，浙江农村居民人均可支配收入年均增速快于上海1.7个百分点，与江苏持平，仅慢于安徽0.4个百分点。

（五）积极推动缩小区域差距，山区26县农村居民收入水平与全省差距不断缩小。

进一步发挥浙江的山海资源优势，推动欠发达地区跨越式发展，是浙江省委省政府忠实践行“八八战略”、奋力打造“重要窗口”、扎实推进共同富裕示范区建设的关键之举。为进一步缩小山区26县收入差距、突破发展不平衡不充分问题，省委省政府通过制度创新和精准帮扶，深化拓展产业链山海协作，聚焦“一县一业”和“一县一策”，推动山区26县居民收入实现较快增长，占全省比重不断提高。2022年，浙江山区26县农村居民人均可支配收入为29607元，较2015年增加13612元，年均增长9.2%，增速比全省平均高0.6个百分点。从山区26县与全省平均水平的相对差距看，2022年山区26县农村居民人均可支配收入绝对额为全省平均水平的78.8%，较2015年提高3.1个百分点。2015-2022年浙江山区26县农村居民收入年均增速快于城镇居民1.5个百分点，城乡居民收入比由2015年的2.09下降至2022年的1.90，下降了0.19，与全省水平持平,已经连续7年缩小。

图3　2015-2022年浙江山区26县农村居民收入及城乡收入比图

三、农村居民消费支出增长情况

“八八战略”实施20年来，随着农村居民收入水平的不断提高，人们提升生活品质的消费意愿也越来越强，购买力不断增强，消费结构不断优化升级。

（一）消费支出快速增长，农村消费增速快于城镇。

2022年浙江农村居民人均消费支出27483元，是2002年的7.2倍，2002-2022年年均增长10.4%，保持了快速增长。其中2002-2019年年均增长10.7%，2019-2022年疫情防控期间，消费增速波动较大，年均增速也达到8.8%。2002-2022年，农村居民年均消费支出增速快于城镇居民2.1个百分点。城乡消费差距总体呈逐渐缩小趋势，2022年浙江城乡居民人均消费支出比由2002年的2.36：1降至1.62：1，缩小0.74个百分点。

图4　2002-2022年浙江城乡居民消费支出情况对比图

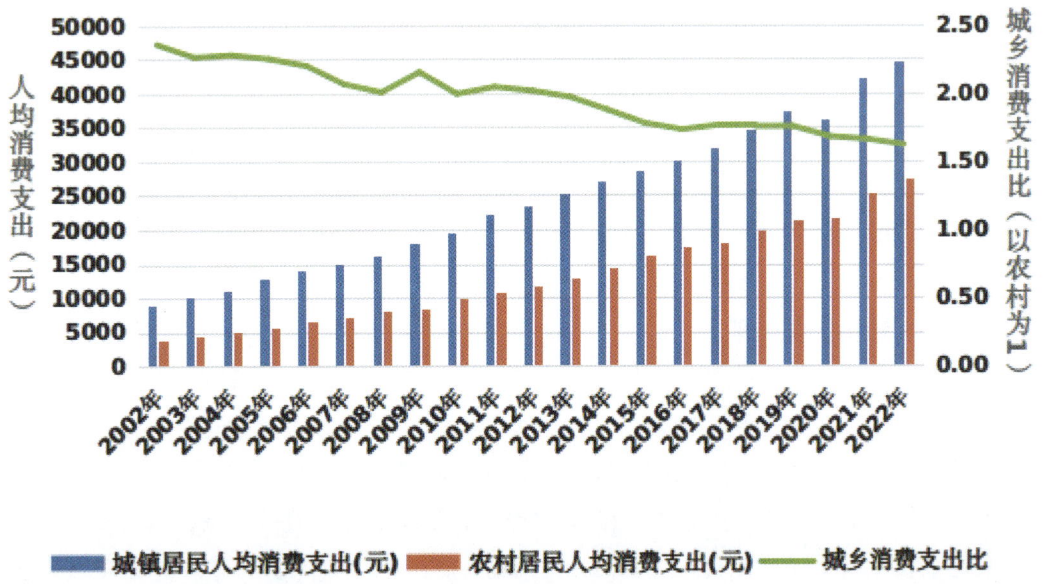

注：表中均为新口径数据

（二）消费水平稳居全国前三，年均增速快于“北上”。

2002-2022 年，浙江农村居民消费水平居全国前列，约为全国平均水平的 1.6 至 2.2 倍，与上海、北京一起稳居全国前三位。20 年来，浙江农村居民消费水平有 13 年居全国 31 个省（区、市）第 2 位，有 3 年居全国第 1 位，其中 2020-2021 年居全国 31 个省（区、市）第 2 位，2022 年居全国第 1 位。从年均增速看，2002-2022 年，浙江农村居民消费支出年均增速分别高于上海、北京消费支出年均增速 1.7、0.7 个百分点。

（三）八大类消费支出全面增长，居住支出增长最快。

2002-2022 年，浙江农村居民八大类消费支出全面增长，其中四类消费支出的年均增速均在 10%以上。居住支出增长最快，2022 年浙江农村居民居住类消费支出 7795 元，是 2002 年的 12.1 倍，年均增长 13.3%；交通通信、生活用品及服务、医疗保健支出 3816 元、1540 元、1847 元，分别是 2002 年的 10.3 倍、8.6 倍、6.8 倍，年均分别增长 12.4%、11.3%、10.1%，增幅分别位居 2、3、4 位。衣着、食品烟酒、教育文化娱乐、其他用品和服务年均分别增长 9.8%、9.0%、7.9%、6.4%。

（四）恩格尔系数不断下降，服务性消费不断提高。

2002-2022 年，浙江农村居民恩格尔系数不断下降，服务性消费不断提高，消费结构优化升级。2022 年，浙江农村居民恩格尔系数为 30.9%，比 2002 年的 39.9%下降 9.0 个百分点，从初步迈入相对富裕阶段（30%～40%）发展至即将向富足阶段（20%～30%）迈进。随着社会经济的不断发展和人们的生活水平的不断提高，注重生活个性化的服务型消费快速增长。至 2022 年，浙江农村居民人均服务性消费支出 10816 元，占消费支出的比重达到 39.4%。

四、农村居民生活品质大幅提升

“八八战略”实施 20 年来，浙江省委省政府切实将以人民为中心的发展思想转化为为民办实事长效机制，努力把浙江打造成幸福民生新标杆，农村居民的生活品质得到了大幅提升。

（一）村（社区）环境日趋优化。

20 年来，浙江大力完善居民社区基础设施建设，不断提高公共服务水平，村（社区）环境日趋优化。从基础设施看，2022 年，浙江农村居民村（社区）通电和接收有线电视信号的户比重均已达 100%，实现全覆盖；通公路的户比重达 99.4%；通电话的户比重达 98.3%；村（社区）主干道有路灯的户比重达 98.5%；村（社区）内垃圾能集中处理的户达 100%；村（社区）内有健身器材的户比重达 95.3%。从公共服务看，2022 年村（社区）本年度未发生盗窃或其他刑事案件的户比重达 96.2%；村（社区）有政府组织的文化服务户比重达 90.6%；村（社区）有卫生站（室）的户比重为 75.0%；行政村拥有合法行医证的医生的户比重为 69.9%。

（二）饮食结构更加合理。

从饮食方面看，农村居民逐渐注重饮食健康、营养水平提高、膳食结构合理。2002 年，浙江农村居民人均食品消费主要以粮食、蔬菜及菜制品为主，人均消费量分别为 224.02、87.32 公斤，接着是水果及水果制品、酒和饮料、猪肉，人均消费量分别为 31.46、21.16、15.34 公斤，鱼类、家禽人均消费量为 8.98、5.47 公斤，其余的油脂类、蛋类及蛋制品、奶类及奶制品、虾贝蟹类人均消费量均不超过 5 公斤，牛肉、羊肉均不超过 0.5 公斤。2022 年，浙江农村居民粮食、油脂类、蔬菜及菜制品、肉类、禽类、水产品、蛋类及蛋制品、奶和奶制品、鲜瓜果类消费量人均分别为 186.44、11.82、120.39、42.50、13.61、27.92、13.01、12.19、58.23 公斤，与 2002 年相比，粮食类消费大量减少，其他各类均大量增加。近年来，农村居民油脂类、糖果糕点类、烟叶、酒类人均消费量均有所下降，居民更加注重饮食健康。

（三）居住条件持续改善。

从居住条件看，农村居民住房面积大大拓宽，住房内居住生活设施状况大大优化，人们居住更加舒适便利。2022 年浙江农村居民人均住房建筑面积达 71.2 平方米，比 2002 年末的 49.5 平方米增加 21.7 平方米。农村居民居住在单栋楼房的比例为 92.2%，主要饮用水源为经过净化处理自来水的户数比重为 91.5%，住宅内使用水冲式卫生厕所的户数达 99.1%，以天然气、煤气、液化石油气为主要炊用能源的户数比重为 87.7%，分别比 2013 年提高 10.3、16.1、23.8、20.6 个百分点。

（四）交通通信愈加便捷。

从交通通信方面看，农村居民的交通通信工具随着居民生活水平的提高和科技创新的发展不断升级换代，出行通信愈加便捷。2002-2022 年，浙江农村居民家庭出行工具从以自行车、摩托车为主，到逐渐被家用汽车、助力车替代，居民出行更加便利。家用汽车从无到有，从奢侈品逐渐变成了普通的代步工具，到 2022 年每百户拥有量达 38.1 辆，且随着技术的进步，家用汽车的品质、舒适度都在不断提高。随着信息技术的迅速发展，移动电话逐渐成为日常生活的必需品。2022 年，浙江农村居民家庭每百户拥有移动电话 249.9 部，比 2002 年增加 197.7 部，从以固定电话为主到移动电话大量增加，从 2G 到 5G，从简单的通讯功能机到现在集社交、娱乐、拍摄和移动办公等为一体且功能越来越强大的智能机，极大便利了人们生活的方方面面。

（五）家庭设备量质并提。

从家庭设备方面看，农村居民家庭设备拥有量快速增加，并越来越注重追求品质，家庭设备量质并提。2022 年，浙江农村居民家庭每百户拥有彩色电视机 181.5 台、电冰箱 117.1 台、洗衣机 93.9 台、空调 184.3 台、计算机 37.1 台，比 2002 年分别增加 78.0、68.5、53.7、171.3、33.7 台。同时，近年来随着家庭电气化水平提高，新型中高端品质型、智能型、享受型家用电器步入百姓家庭，拥有量不断增加，居民居家生活更轻松舒适。2022 年浙江农村居民每百户拥有空气净化器（含新风系统）4.0 台、微波炉 44.0 台、排油烟机 76.8 台，AI 音箱、扫地机器人、智慧厨卫等智能家电也在增加，科技创新助力生活品质再提高。

20 年来，"八八战略"这把"金钥匙"引领着浙江农村发展实现新跨越，打开了农村居民美好生活的新大门。未来，这把"金钥匙"也将继续指引浙江奋力推进"两个先行"，推动浙江农村居民收入与生活水平节节攀升。

砥砺奋进20年载 谱就农民工新诗篇
--“八八战略”实施20周年浙江农民工生活状况

“八八战略”实施20年来，浙江统筹推进城乡就业政策，推动农村户籍劳动力进城务工，城乡就业流动明显加快，带动农民工技能素质明显提升，就业行业分布更趋合理，收入水平稳步提高，生活水平明显改善，社会保障不断完善，农民工市民化融合程度加深。

一、浙江城乡就业变化情况

“八八战略”实施以来，中国农村劳动力就业政策发生了积极变化，逐步推行城乡统筹就业政策，从制度层面对农民的流动就业及其非农领域就业的权益进行保护。2003 年中央《关于完善社会主义市场经济体制若干问题的决定》指出，改善农村富余劳动力转移就业的环境，农村富余劳动力在城乡之间双向流动就业，是增加农民收入和推进城镇化的重要途径。2004 年中央一号文件指出要加快农村劳动力转移和公平就业，进城就业的农民工已经成为产业工人的重要组成部分。习近平总书记在浙江任职期间高度重视“三农”工作，通过改革户籍制度，率先在浙江取消农业户口和非农业户口，统一登记为浙江居民户口；完善农村家庭联产承包责任制，确保农民工回到农村“进退自如”;完善进城农民工生活、教育等配套政策，让进城农民工住有所居，保障农民工与城市居民享有同等社会服务等一系列措施，切实保障农民工权益。调查显示，浙江农村劳动力呈现向城镇快速流动的迹象，全省城镇从业人员从2002年的673万人增加到2021年的2804 万人，增长4.2 倍，年均增加7.8%[4]。

同时，随着浙江乡村全面振兴，农民工就近就地就业吸纳能力也在提升。据浙江调查总队农民工监测调查显示，2013-2022年浙江农民工总量基本保持1350万人左右波动。2022年浙江农民工数量为1368万人，与2013年相比，年均增加0.5%（详见表1）。

表1 2013-2022年浙江户籍农民工总量

年份	农民工总量（万人）	同比增幅（%）
2013年	1313	-
2014年	1335	1.7
2015年	1329	-0.4
2016年	1354	1.9
2017年	1387	2.4
2018年	1367	-1.4
2019年	1345	-1.6
2020年	1296	-3.6
2021年	1341	3.5
2022年	1368	2.0

[4] 数据来源《浙江统计年鉴》。

二、浙江农民工总体素质情况

（一）性别结构保持稳定。

"八八战略"实施以来，随着产业结构优化升级，二、三产业的快速发展，从家庭走向社会的女性农民工比例基本保持稳定。据农民工监测调查，2022 年，农民工中男性占 56.7%，女性占 43.3%，女性比重较 2002 年下降 0.8 个百分点。

（二）受教育程度不断提升。

"八八战略"实施以来，农民工受教育水平稳步提高。2022 年，农民工中初中及以下文化程度的占比为 61.3%，比 2002 年下降 20.2 个百分点；高中文化程度的占比为 18.5%，比 2002 年提高 1.1 个百分点；大专及以上文化程度占比为 20.2%，比 2002 年提高 19.1 个百分点（详见表 2）。

表 2　2002-2022 年浙江农民工受教育程度情况

受教育程度	2022 年占比（%）	2002 年占比（%）	占比增减（百分点）
未上过学	1.1	3.6	-2.5
小学	16.8	25.1	-8.3
初中	43.4	52.8	-9.4
高中	18.5	17.4	1.1
大学专科	13.7	1.1	12.6
大学本科	6.2	0	6.2
研究生	0.3	0	0.3

（三）农民工老龄化趋势显现。

从年龄结构看，浙江农民工仍以青壮年为主，但所占比重有所下降。30-50 岁年龄段农民工占全体农民工比重从 2013 年 56.6%降至 2022 年 44.4%，下降 12.2 个百分点；而 50 岁以上农民工占比从 2015 年 26.5%增至 2022 年 43.9%，提高 17.4 个百分点。主要原因是随着人口老龄化进程加快，浙江新进入市场的青年农民工无法补足高龄农民工自然归乡造成的人口空缺，导致高龄农民工比例提高。

三、浙江农民工就业和收入变化情况

（一）农民工省内就业偏好明显，县域聚集力增强。

"八八战略"实施以来，浙江外出农民工省内就业偏好明显，回流意愿增强，就业半径缩小，向"县域"聚集趋势明显。据农民工监测调查，2022 年浙江外出农民工选择在省内工作占 93.4%，比 2015 年 85.2%提高 8.2 个百分点。其中乡外县内就业占 60.9%，县外省内占 32.5%，分别比 2015 年提高 5.1 和 3.1 个百分点。而外出到省外的农民工仅占 6.6%，比 2015 年 14.8%下降 8.2 个百分点；中、西部地区占 1.9%，比 2015 年的 3.7%下降 1.8 个百分点；其他地区占 0.2%。

从外出农民工从业地区看，2022 年到直辖市、省会城市及地级市从业的农民工占 31%，比 2015 年下降 44.8 百分点；到县市城区占 47.4%，比 2015 年提高 33.2 个百分点；到建制镇占 18.4%，比 2015 年提高了 15 个百分点；到村委会占 2.7%，比 2015 年提高 0.9 个百分点；到其他地区占 0.5%。

（二）农民工就业结构稳定，产业分布趋于优化。

从浙江农民工行业选择看，就业结构稳定。2022 年从事第二产业的农民工占 52.4%，比 2013 年下降 2.9 个百分点；其中制造业和建筑业分别占第二产业的 77.3%和 19.8%，二者合计占 97.1%。从事第三产业的农民工占 47.3%，比 2013 年提高 3.7 个百分点，主要集中在批发和零售业（占 12.9%），居民服务、修理和其他服务业（占 10.8%），交通运输、仓储和邮政业（占 4.7%），公共管理、社会保障和社会组织（占 4.5%），住宿和餐饮业（占 4.1%）五大行业，合计占 37.4%，比 2013 年提高 2.2 个百分点。

（三）收入水平稳步提升。

“八八战略”实施以来，随着浙江经济快速发展，农民工因受教育程度不断提高带来劳动力资本价值的相应提升，最低工资标准不断调高，各项保障农民工工资待遇和合法权益等政策有力实施，农民工收入实现了平稳较快增长。据农民工监测调查，2022 年浙江农民工月均收入 6593 元，比 2013 年 3001 元增加 3592 元，增长 2.2 倍，年均增加 399 元，年均增速 9.1%。从收入结构看，2022 年浙江本地非农务工月均收入为 4931 元 ，比 2013 年 2508 元增长 1.97 倍，外出务工月均收入为 6464 元，比 2013 年 3157 元增长 2.05 倍，外出自营月均收入为 11871 元，比 2013 年 5019 元增长 2.37 倍。

从外出农民工的收入分组看，中高收入农民工群体快速扩张。据调查，2022 年月均工资在 5000 元及以上的农民工群体占比为 71.4%，增长最快，比 2013 年提高了 65.8 个百分点；月收入在 3000 元-5000 元的占比为 24.7%，与 2013 年持平；月收入在 2000 元-3000 元的占比为 3.5%，比 2013 年下降 34.7 个百分点；月收入在 2000 元以下的占比为 0.5%，比 2013 年下降 31 个百分点。较高收入的农民工占比大幅提高，农民工群体生活水平明显提升。

（四）生活条件明显改善。

农民工群体在收入稳定增长的同时，消费水平也随之提高。2022 年，浙江外出农民工人均消费支出为 20361 元，比 2015 年增长 63.6%。恩格尔系数从 2015 年 42.9%下降到 2021 年 38.0%，下降 4.9 个百分点。一是居住条件明显改善。随着城市建设步伐加快和生活环境不断优化，商品房、城镇保障性住房、经济适用房等陆续建成投入使用，浙江农民工家庭住房面积持续增加。据农民工市民化监测调查，2022 年已在城镇定居的进城农民工占 35.7%，居住面积 30 平方及以上的农民工家庭占 74.8%，本户独用厕所占 86.1%，有取暖设备的占 81.1%，有洗澡设施的占 94.2%，较 2015 年均有较大提升。二是交通工具升级换代未停步。截至 2022 年末，浙江农民工家庭家用汽车占比 60.2%，比 2015 年增加了 39.5 个百分点。三是电器消费提质。电冰箱、洗衣机等耐用品占比为 85.5%和 84.6 %，分别比 2015 年增加 31.2 和 35.7 个百分点（详见表 3）。

表 3　2015-2022 年浙江农民工家庭生活设施使用（拥有）情况（%、百分点）

项　目	2015	2016	2017	2018	2019	2020	2021	2022	2022-2015
1. 已在城镇定居	12.8	12.6	12.4	14.6	14.4	16.2	18.1	35.7	22.9
2. 居住面积 30 平方及以上	46.1	47.1	51.3	50.5	49.2	53.9	54.0	74.8	28.7
其中：30-60 平方	21.6	23.0	27.4	26.8	25.6	28.1	30.3	22.4	0.8
3. 本户独用厕所	59.7	59.4	61.8	67.3	65.3	67.6	67.3	86.1	26.4
4. 恩格尔系数	42.9	40.1	38.5	38.0	37.9	38.9	38.0	无	无

项目	2015	2016	2017	2018	2019	2020	2021	2022	2022-2015
5. 有取暖设备	51.7	57.7	57.1	59.6	61.7	66.1	68.7	81.1	29.4
6. 有洗澡设施	68.0	70.2	74.2	78.9	82.8	86.2	86.7	94.2	26.2
7. 电冰箱	54.3	57.4	60.9	64.8	66.2	68.6	71.2	85.5	31.2
8. 洗衣机	48.9	51.1	55.5	59.6	61.0	64.1	65.5	84.6	35.7
9. 家用汽车	20.7	23.2	28.6	32.3	35.7	37.8	40.9	60.2	39.5

四、浙江农民工社会保障与社会融合情况

（一）劳动签订率明显提高，农民工权益保障意识增强。

“八八战略”实施以来，浙江深入推进新时代和谐劳动关系创建活动，持续开展权益保障专项行动，持续规范农民工劳动合同签订，强化电子合同应用。随着各级政府和部门加大对农民工权益保障的关注和扶持力度，加上农民工自身维权意识的不断增强，浙江农民工劳动签订率不断提高。据农民工市民化监测调查，2022 年，外出农民工签订劳动合同的占比为 61.6%，比 2015 年提高了 16.5 个百分点。其中，签订“一年及以上劳动合同”的人数占比最多，达 46.5%，比 2015 年提高 13.3 个百分点；签订“无固定期限劳动合同工”的农民工占 11.8%，比 2015 年提高 2.1 个百分点；签订“一年以下劳动合同工”的农民工占 3.2%，比 2015 年下降 1.0 个百分点。“五险一金”缴纳比例全面提升，覆盖范围持续扩大，进城农民工基本权益得到更好的保障，社会保障兜底作用增强。据农民工市民化监测调查，农民工“五险一金”缴纳人口占比较 2015 年均明显提升，2022 年缴纳人口占比从高往低排序分别为工伤保险 66.0%、养老保险 58.1%、医疗保险 58.1%、失业保险 55.4%、生育保险 51.7%、住房公积金 25.0%，比 2015 年分别提高 21.3、24.5、23.8 、26.2、26.4、13.3 个百分点（详见表 4）。

表 4　2015-2022 年浙江农民工“五险一金”缴纳情况（%、百分点）

五险一金缴纳	2015	2016	2017	2018	2019	2020	2021	2022	2022-2015
缴纳养老保险	33.6	34.4	35.8	41.4	42.3	43.2	47.7	58.1	24.5
缴纳工伤保险	44.7	47.7	51.6	55.4	57.3	58.2	62.3	66.0	21.3
缴纳医疗保险	34.3	34.5	36.4	41.6	42.5	43.2	47.5	58.1	23.8
缴纳失业保险	29.2	30.9	33.7	38.8	39.6	39.8	43.4	55.4	26.2
缴纳生育保险	25.3	27.3	29.9	35.3	36.3	37.8	39.7	51.7	26.4
住房公积金	11.7	13.5	13.3	17.4	15.6	16.3	18.7	25.0	13.3

（二）社区参与度提高，农民工市民化融合程度加深。

“八八战略”实施以来，浙江各地积极培育社区社会组织，畅通参与机制，引导农民工有序参与基层社会治理，进城农民工社区参与度提高，城市融合程度加深。据农民工市民化监测调查，2022 年，农民工参与人大代表选举的人数占比为 43.5%，比 2015 年提高 10.4 个百分点；参与社区活动的人数占比为 29.9%，比 2015 年提高 9.0 个百分点；随迁儿童在本地的入学率达 99.6%，

其中，在公办学校上学的比重为80.2%，比2015年提高27.4个百分点；有86.4%的农民工比较适应本地生活，有37.6%的农民工认为自己就是本地人（详见表5）。

表5　2015-2022年浙江农民工融入城镇生活情况（%、百分点）

项　目	2015	2016	2017	2018	2019	2020	2021	2022	2021-2015
参与人大代表选举	33.1	30.9	36.4	37.9	40.2	41.2	46.5	43.5	10.4
参与社区活动	20.9	23.5	22.1	23.3	26.9	24.3	27.5	29.9	9.0
比较适应本地生活	75.5	78.4	81.5	78.9	78.6	82.2	81.9	86.4	10.9
认为自己是本地人	23.8	23.6	23.1	26.5	23.9	25.9	26.6	37.6	13.8
定居意愿	39.3	40.1	36.3	39.6	42.4	41.3	41.9	58.9	19.6
随迁儿童在本地就学	98.2	98.6	98.4	99.6	98.7	99.9	99.7	99.6	1.4
其中：公办学校	53.1	55.9	57.1	65.9	64.1	64.4	70.2	80.5	27.4

展望未来，浙江将以“八八战略”为指引，在省委、省政府的坚强领导下，坚持以人民为中心的发展理念做好新时代农民工工作，确保农民工未来生活更加美好，这是浙江实现共同富裕的重要内容，也是浙江促进社会和谐稳定的必然要求。

价格改革持续深化　市场机制更加完善
--“八八战略”实施20周年浙江居民消费价格运行情况

“八八战略”是习近平总书记为浙江量身打造、指路引航的总纲领总遵循。实施20年来，浙江忠实践行这个重大战略，坚定扛起以“两个先行”奋力打造“重要窗口”的职责使命，扎实推进经济高质量发展，不断深化价格领域改革，消费市场供给丰富充裕，交易流通活跃，物价运行平稳，居民幸福感提高。

一、浙江居民消费价格演变情况

“八八战略”实施20年来，浙江进一步深化价格改革，不断完善价格管理方式，逐步理顺价格形成机制，物价从2003-2011年波动相对较大阶段，逐步转向2012-2022年波动相对平缓阶段，调控机制日益成熟完善。

第一阶段（2003-2011年）：物价总体宽幅波动，价格监管逐步规范完善。

2003-2006年，浙江积极探索创新市场价格监管方式，强化价格放开后的市场监管，不断增强价格调控能力，除2004年受粮食等商品价格影响CPI（居民消费价格指数）上涨3.9%外，其余年份涨幅均在1.1%-1.9%之间平稳运行。2007年开始，受养殖成本增加、消费需求扩大及运输成本上升等因素影响，浙江猪肉价格出现三轮大幅度上涨，带动2007年CPI上涨4.2%。2008年，随着我国加入WTO，国内与国际市场联系日益紧密，国际原油及大宗商品价格快速上涨对国内商品价格影响更加明显，导致全省CPI涨幅达5.0%，是市场价格机制形成后第一个波动较大的时期。2009年，受全球金融危机爆发、国际大宗商品期货价格快速回落影响，全省CPI回落至下降1.5%。2010年，国家推出宽松货币政策刺激经济，带来食品、服务项目类价格明显上涨，拉动CPI快速上涨至3.8%。2011年，受国际输入性通胀和农产品价格大幅上涨等因素影响，CPI涨幅达5.4%。这一阶段，浙江为应对价格异常波动，建立价格监测预警制度，设置粮食零售价格警戒线，制定价格异常上涨应急预案，建立困难群体生活补贴与生活必需品价格指数挂钩机制，为高效有序应对价格异常上涨提供制度和机制保障。

第二阶段(2012-2022年)：物价总体平稳运行，保供稳价成效持续显现。

2012年，为有效调控上年物价高位运行态势，浙江通过建立基本蔬菜品种价格稳定长效机制，出台降低流通费用综合性实施方案，加强物价监管调控。同时健全社会救助和保障标准与物价上涨挂钩的联动机制，切实保障困难群众生活。加上全球经济增长疲弱，国际大宗商品价格上涨乏力，国内通胀压力明显减轻，2012年浙江CPI涨幅为2.2%，较上年回落3.2个百分点。2013-2018年，全省CPI涨幅基本在1.4%-2.3%之间波动。2019年，受非洲猪瘟和猪周期导致猪肉价格持续上涨影响，分月CPI涨幅震荡走高，10-12月份涨幅破“3”，全年CPI上涨2.9%，涨幅为2012年以来新高。2020年开始，在新冠肺炎疫情导致消费流通不畅和国际大宗商品价格大幅波动的背景下，浙江高效落实保供稳价各项举措，推动物价运行总体稳定，2020-2022年CPI分别上涨2.3%、1.5%和2.2%。

图 1　2003-2022 年浙江 CPI 涨跌幅（%）

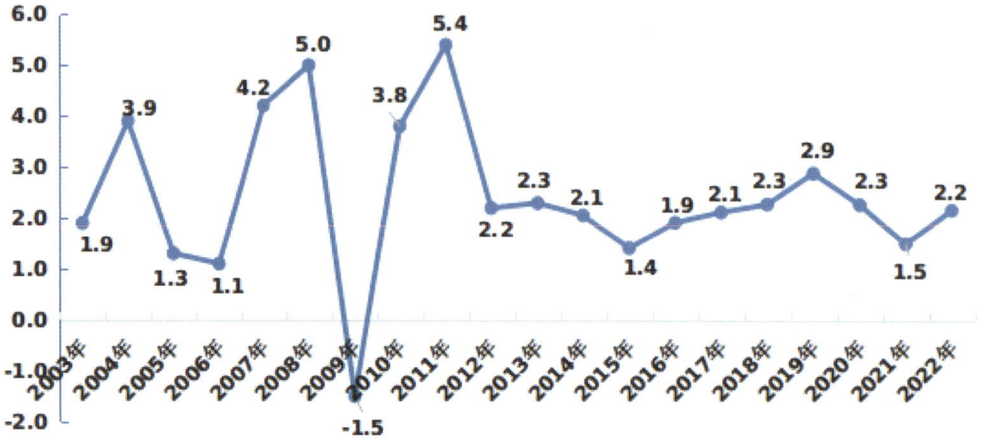

二、浙江居民消费价格运行特征

（一）物价水平总体温和可控，变动波幅趋缓。

“八八战略”实施 20 年来，浙江消费市场运行稳定有序，商品供应较为充足，价格总体呈现温和上涨态势。与 2002 年相比，2022 年浙江居民消费价格总水平累计上涨 60.6%，年均上涨 2.4%。分年度看，2011 年涨幅最高，为 5.4%；2009 年最低，为下降 1.5%，波动幅度为 6.9 个百分点，与 1984-2002 年 26.0 个百分点的波幅相比收窄 19.1 个百分点，表明价格调控机制日臻完善，在经济保持平稳增长的同时有效调控价格波动。

图 2　1984-2022 年浙江 CPI 涨跌幅（%）

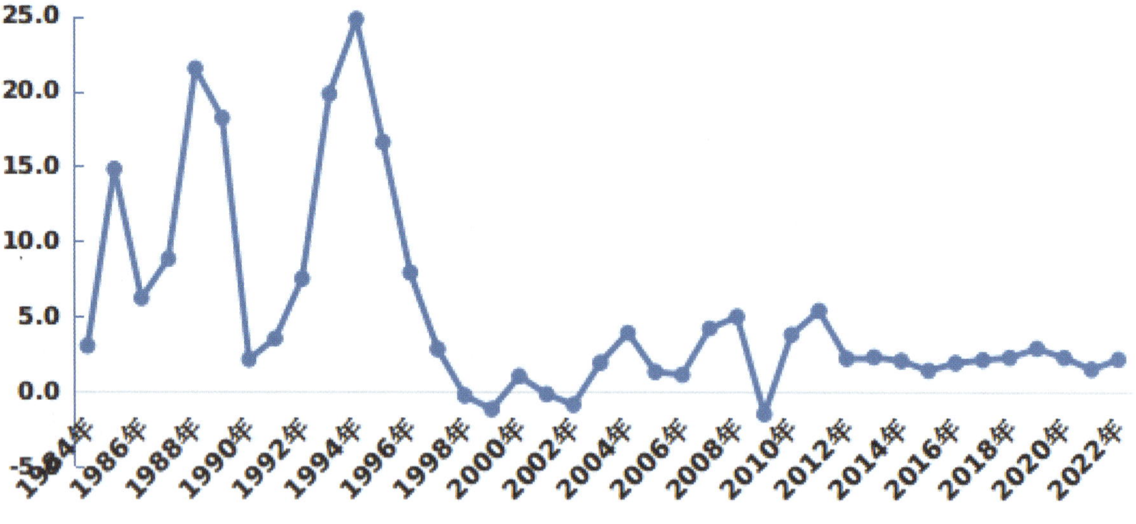

（二）价格走势与全国基本一致，整体排位居中靠后。

“八八战略”实施 20 年来，浙江 CPI 累计涨幅（60.6%）低于全国平均水平 2.4 个百分点，价格走势与全国基本一致。分年度看，浙江 CPI 涨幅有 7 年高于全国，有 4 年与全国持平，有 9 年低于全国。与其他省份相比，浙江在全国 31 个省（区、市）中居第 23 位，在华东六省一市中居第 4 位，低于江苏、江西和安徽 5.7、1.3 和 1.3 个百分点，高于山东、上海和福建 1.2、3.3 和 5.5 个百分点。

图 3　2003-2022 年浙江 CPI 涨跌幅与全国平均水平的比较（%）

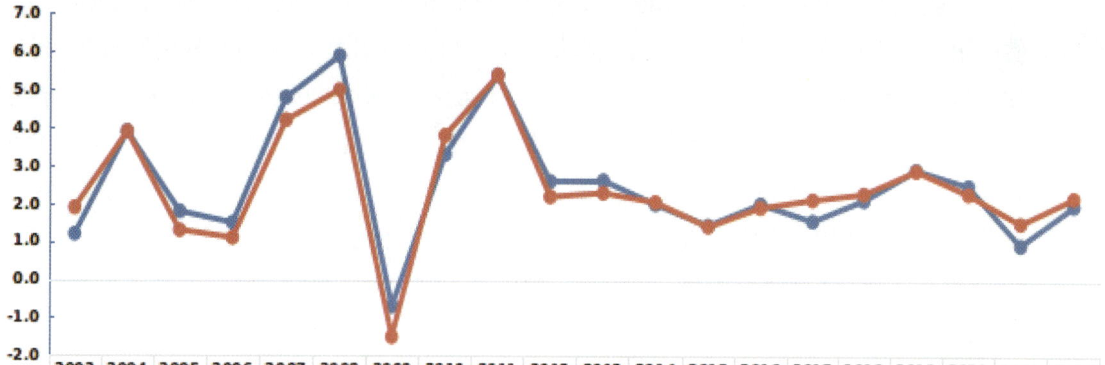

	2003年	2004年	2005年	2006年	2007年	2008年	2009年	2010年	2011年	2012年	2013年	2014年	2015年	2016年	2017年	2018年	2019年	2020年	2021年	2022年
全国	1.2	3.9	1.8	1.5	4.8	5.9	-0.7	3.3	5.4	2.6	2.6	2.0	1.4	2.0	1.6	2.1	2.9	2.5	0.9	2.0
浙江	1.9	3.9	1.3	1.1	4.2	5.0	-1.5	3.8	5.4	2.2	2.3	2.1	1.4	1.9	2.1	2.3	2.9	2.3	1.5	2.2

（三）物价上涨结构性特征明显。

“八八战略”实施 20 年来，浙江居民消费领域价格由普遍上涨转变为结构性上涨格局，以 1984-2002 年期间的峰值年 1994 年为例，CPI 涨幅为 24.8%，从八大类消费品看，食品、衣着、家庭设备及用品、娱乐教育文化用品、居住类涨幅均超过 10%。2003-2022 年 CPI 上涨主要来自食品和居住两大类，其中食品类价格累计上涨 176.8%，比同期 CPI 涨幅高 116.2 个百分点。从年份看，CPI 涨幅较大的 2004 年、2008 年、2011 年、2019 年都是食品类和居住类价格上涨推动，结构性特征明显。

三、浙江居民消费价格与经济政策密切相关

CPI 变动既与经济政策调整和市场开放程度有关，又受宏观经济、市场供需、价格传导影响，是社会经济各方面多种因素综合作用的结果。

（一）经济增长伴随适度通胀。

2003-2022 年，浙江地区生产总值从 9753 亿元增加到 77715 亿元，年均增长 9.2%；同期 CPI 年均上涨 2.4%。从 CPI 走势与 GDP 增速分析，CPI 的变动比 GDP 变动滞后 1 年左右，涨跌趋势基本一致，这表明经济增长伴随适度通胀。2004-2022 年浙江 CPI 涨跌幅与 2003-2021 年全省 GDP 增速之间的相关系数为 0.40，呈正相关关系。

图 4　2003-2022 年浙江 CPI 涨跌幅与 GDP 增速（%）

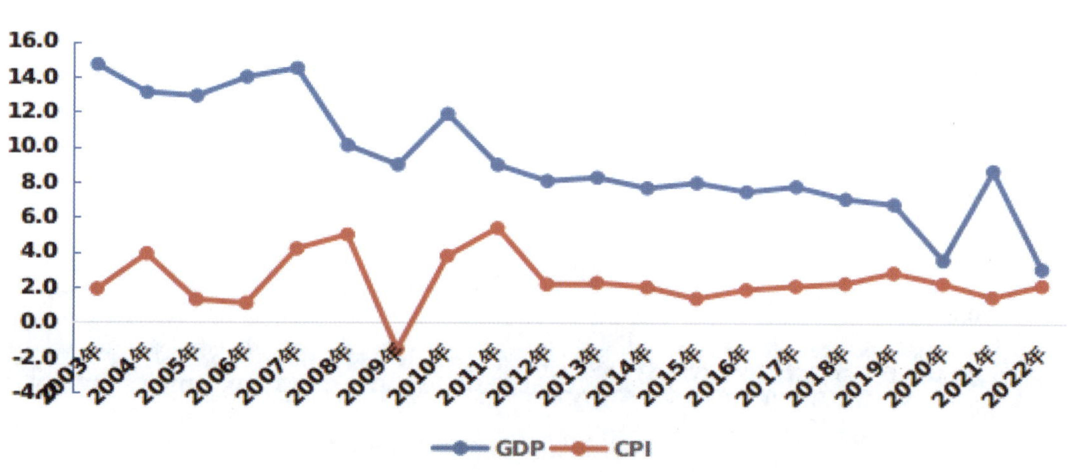

（二）货币供应量与 CPI 关联密切。

一般来说，货币供应量会在很大程度上影响价格水平的变化。从 2003-2022 年全国广义货币供应量（M2）增长率与浙江 CPI 涨跌幅比较看，2003 年，国家实施积极财政货币政策，M2 增长 19.6%，比上年高 2.8 个百分点，推动次年 CPI 上涨 3.9%；2004 年，财政货币政策转为稳健，M2 增长 14.6%，比上年下降 5.0 个百分点，次年 CPI 回落至上涨 1.3%，比上年下降 2.6 个百分点。2005-2007 年，M2 增长率维持在 16.7%-17.6%较高水平，相应次年 CPI 上升较快。2008 年全球金融危机爆发，我国为防止经济过快下滑从当年四季度开始转向宽松的货币政策，2009-2010 年，M2 余额比上年分别增长 27.7%和 19.7%，2011 年 CPI 涨幅升至 5.4%。2012 年以来，M2 年均增速为 10.8%，同期物价运行也比较平稳。

图 5　2003-2022 年浙江 CPI 涨跌幅与全国 M2 增长率（%）

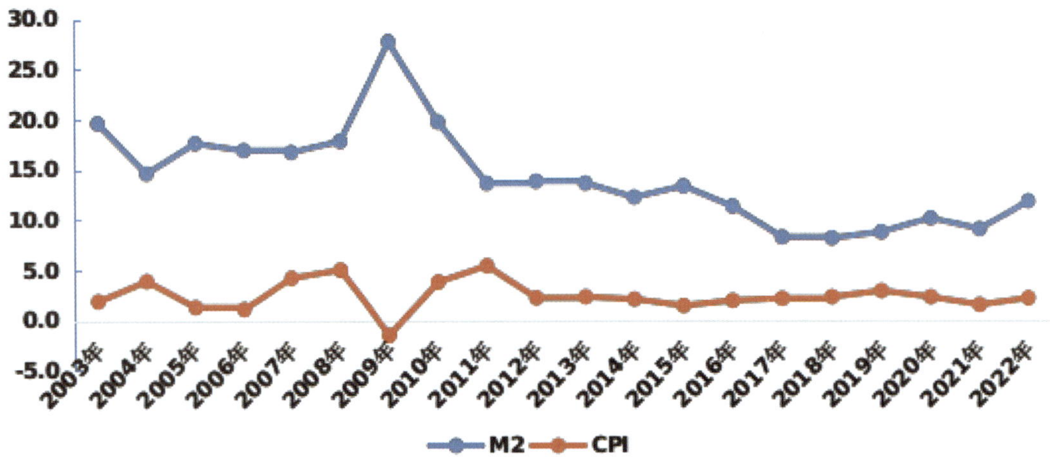

（三）消费平稳增长推动价格合理上涨。

“八八战略”实施 20 年来，浙江消费市场加速蜕变，社会消费品零售总额从 2002 年的 2878 亿元增至 2022 年的 30467 亿元，年均增长 12.1%，市场供求关系变化总体平衡有序，推动价格涨幅稳定运行在合理区间。除 2020 年受新冠肺炎疫情影响外，2003-2022 年浙江社会消费品零售总额增长率与 CPI 涨跌幅的波峰年份基本吻合。

图 6　2003-2022 年浙江 CPI 涨跌幅与社会消费品零售总额增长率（%）

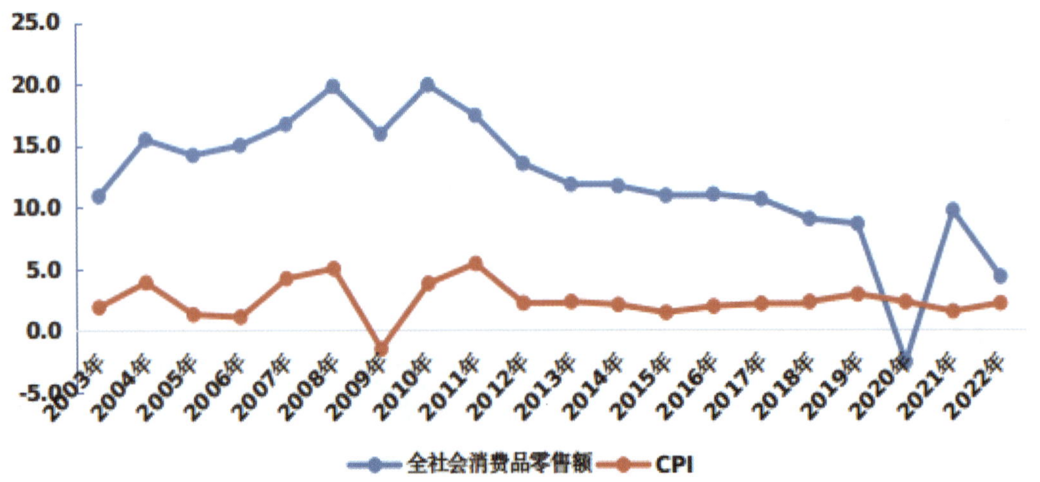

（四）生产领域价格传导效应比较明显。

根据价格传导规律，商品价格的波动一般先出现在生产领域，然后通过产业链向下游产业扩散，最后波及到消费品。从较短周期看，既有 PPI（工业生产者价格指数）高于 CPI 的剪刀差，又有 CPI 高于 PPI 的剪刀差，但从较长周期变动走势看，2003-2022 年浙江 CPI 涨跌幅与 PPI 之间的相关系数为 0.53，说明上游产品价格波动有效传递到了下游终端消费。

图 7　2003-2022 年浙江 CPI 涨跌幅与 PPI 涨跌幅（%）

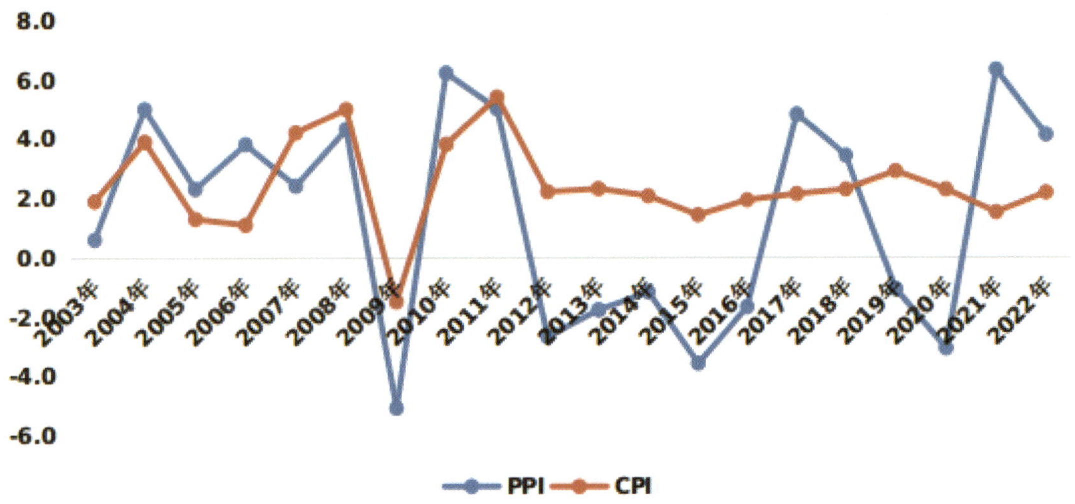

（五）输入性通胀因素影响日益显现。

随着我国市场开放度进一步提升，各类要素资源自由流动，国际市场大宗商品价格波动和全球性货币超发对国内市场消费品价格的影响日益显现。受 2008 年下半年开始到 2009 年上半年石油等国际大宗商品价格大幅回落影响，2009 年浙江 CPI 下降 1.5%。2011 年国际原油等大宗商品价格大幅回升，当年 CPI 上涨 5.4%。受地缘政治冲突和全球原油库存减少影响，2022 年 3 月原油价格创下 2008 年以来最高值，当年 CPI 中交通工具用燃料价格上涨 20.8%，成为推动 CPI 上行的首要因素。

四、浙江保供稳价的举措和成效

“八八战略”实施 20 年来，浙江精准把握政策要求，紧紧围绕服务实体经济和供给侧结构性改革，认真贯彻稳健的货币政策，积极引导全省金融机构落实好货币政策调控目标，以适度信贷增长支持经济高质量发展，保持经济持续稳定增长。同时，强化市场保供稳价，出台多项政策举措，压实“菜篮子”市长负责制，积极应对非洲猪瘟疫情和新冠肺炎疫情冲击，扎实做好粮油肉蛋奶果蔬等重要民生商品产销对接、储备及投放工作，着力稳定物价、保障民生。持续加强市场监测，及时做好市场调控和储备调节，合理引导市场预期，有效稳定市场价格，保供稳价成效明显。

（一）健全监测预测预警体系。

根据经济社会发展情况和政府宏观调控政策及价格监管工作的需要，建立多部门数据共享机制，健全价格监测预警网络，做好价格信息的采集、处理和传报工作，为相关部门及时调整政策、实施调控干预提供参考依据。加大重要民生商品和服务价格变化的监测预警力度，关注节假日或突发事件等重要时间节点的价格变动，把握价格、成本、市场供求等变动情况，监测上下游及关联产品价格变化，及时提示预警市场变化和价格波动风险，增强宏观调控的预见性，防止物价联动上涨。

（二）加强重要民生商品价格调控。

有力保障粮食、鲜菜、猪肉等重要民生商品生产稳定、有效供给。优化农业生产结构和区域布局，稳定优势产区农业综合生产能力，提高农产品自给率。建立健全防灾减灾应急体系，提高对气象、病虫害防治及动物疫病防控等的综合防范和抵御能力。加强应急物资储备工作，实现高效便捷的应急指挥和日常监管，提高救灾反应能力。建立健全社会保障体系，扎实做好“六稳”工作，着力落实“六保”任务，积极完善社会救助和保障标准与物价上涨挂钩的联动机制，切实保障好困难群众和重点群体基本生活。

（三）综合施策释放消费潜能。

发挥好政府收入再分配作用，通过财政税收政策调控，增加居民可支配收入，提升消费信心，更好满足居民消费需求，持续释放消费潜力，加快畅通国内大循环、促进国内国际双循环。充分利用浙江数字经济优势，加快培育新型消费，以市场化机制引导要素市场改革，激发市场主体创新发展活力。不断推进供给侧结构性改革，增加市场有效供给，提升产品服务品质，推动居民消费升级，促进经济平稳有序发展。

“腾笼换鸟”显成效 工业强省谱新篇
--“八八战略”实施 20 周年浙江 PPI 和工业发展情况

2003 年以来，浙江根据“八八战略”进一步发挥浙江的块状特色产业优势，加快先进制造业基础建设，走新型工业化道路的目标要求，坚定不移打好转型升级组合拳，推动工业经济高质量发展，不断谱写工业经济发展新篇章。2003-2022 年浙江工业生产者出厂价格指数（PPI）累计上涨 30.2%，年均上涨 1.3%，走势与浙江工业增长趋势高度趋同，见证浙江工业实现由新型工业化阶段迈向高质量发展阶段的发展历程。

一、“八八战略”20 年来浙江工业生产者价格运行情况

（一）价格总体稳定，购销价格走势同步。

2003-2022 年，浙江工业生产者出厂价格累计上涨 30.2%，年均上涨 1.3%；购进价格累计上涨 94.6%，年均上涨 3.4%。分年度看，购销价格走势基本同步，均为“12 涨 8 降”，均在 2009 年和 2021 年出现最低点和最高点（见图 1）。

图 1　2003-2022 年浙江 PPI、IPI 走势

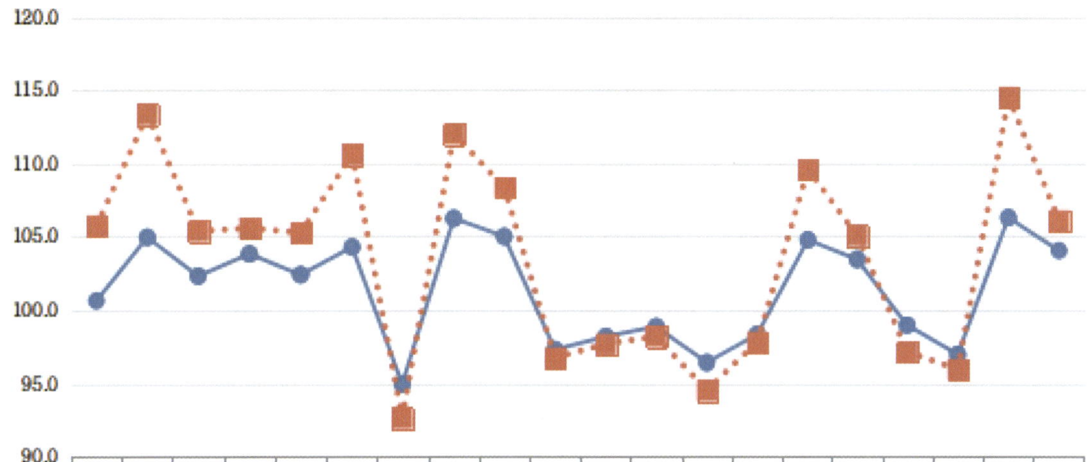

	2003	2004	2005	2006	2007	2008	2009	2010	2011	2012	2013	2014	2015	2016	2017	2018	2019	2020	2021	2022
PPI	100.6	105.0	102.3	103.8	102.4	104.3	94.9	106.2	105.0	97.3	98.2	98.8	96.4	98.3	104.8	103.4	98.9	96.9	106.3	104.0
IPI	105.8	113.4	105.4	105.6	105.3	110.6	92.6	112.0	108.3	96.7	97.7	98.2	94.5	97.8	109.6	105.1	97.1	95.9	114.5	106.1

（二）生产资料出厂价格涨幅大于生活资料。

2003-2022 年，浙江生产资料出厂价格累计上涨 35.1%，年均增长 1.5%；生活资料出厂价格累计上涨 16.2%，年均增长 0.8%。生产资料价格年均涨幅高于生活资料 0.7 个百分点。生产资料三个分类价格均上涨，其中：采掘产品价格上涨幅度最大，为 193.8%；原材料、加工产品价格分别上涨 60.6%、24.6%。生活资料四个分类价格均上涨，食品、衣着、一般日用品、耐用消费品价格分别上涨 37.1%、18.2%、11.2%和 5.3%。（见表 1）

表 1　2003-2022 年浙江生产和生活资料价格涨跌幅（%）

分类	涨跌幅	年均增幅
⑴生产资料	35.1	1.5
1.采掘	193.8	5.5
2.原材料	60.6	2.4
3.加工	24.6	1.1
⑵生活资料	16.2	0.8
1.食品	37.1	1.6
2.衣着	18.2	0.8
3.一般日用品	11.2	0.5
4.耐用消费品	5.2	0.3

（三）大类行业价格上涨面逾五成。

2011-2022 年（由于国民经济行业分类变化，2003-2010 年大类行业数据无法比较），浙江 PPI 调查的 34 个大类行业价格 18 涨 16 跌，上涨面为 52.9%。从行业大类看，非金属矿采选业、非金属矿物制品业、黑色金属冶炼和压延加工业价格涨幅居前，分别为 52.5%、28.3%和 16.3%；化学纤维制造业、计算机通信和其他电子设备制造业、燃气生产和供应业价格降幅较大，分别下降 23.7%、17.8%和 17.4%。

（四）九大类购进价格全面上涨。

2003-2022 年，浙江九大类原材料购进价格全面上涨。有色金属材料及电线类、燃料动力类和农副产品类价格涨幅居前三位，分别累计上涨 206.1%、187.6%和 86.5 %，年均增幅分别为 5.8%、5.4%和 3.2%；木材及纸浆类购进价格涨幅最小，累计上涨 37.8%，年均增幅为 1.6%。

表 2　2003-2022 年浙江工业生产者购进九大类价格涨跌幅（%）

分　类	涨跌幅	年均增幅
燃料、动力类	187.6	5.4
黑色金属材料类	84.4	3.1
有色金属材料及电线类	206.1	5.8
化工原料类	61.2	2.4
木材及纸浆类	37.8	1.6
建筑材料及非金属类	73.8	2.8
其他工业原材料及半成品类	52.9	2.1
农副产品类	86.5	3.2
纺织原料类	44.8	1.9

（五）与全国及华东六省一市比较。

1. 浙江 PPI 总体低于全国，走势与全国一致。2003-2022 年，浙江 PPI（130.2）低于全国（146.7）16.5 个百分点；年均上涨 1.3%，低于全国（1.9%）0.6 个百分点。分年度看，浙江 PPI 与全国走势基本一致（见图 2）。

图 2　2003-2022 年浙江与全国 PPI 走势

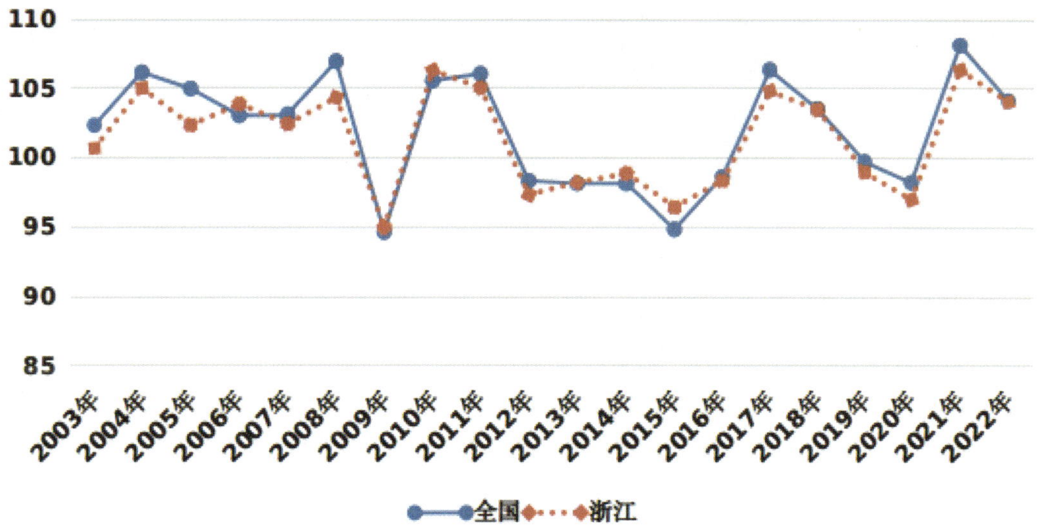

2. 浙江 PPI 在全国及华东六省一市排名情况。2006-2022 年（由于 2003-2005 年其他省份未出数据），浙江 PPI（130.5）在全国 31 个省（区、市）中排第 24 位，比最高的内蒙古（193.2）低 72.7 个百分点，比最低的北京（93.7）高 36.8 个百分点。从华东六省一市看，浙江 PPI 居第 4 位，比上海、福建、江苏分别高 20.8、9.9 和 2.2 个百分点，比江西、山东、安徽分别低 38.4、15.5 和 15.1 个百分点（见图 3）。

图 3　2006-2022 年华东六省一市 PPI 比较

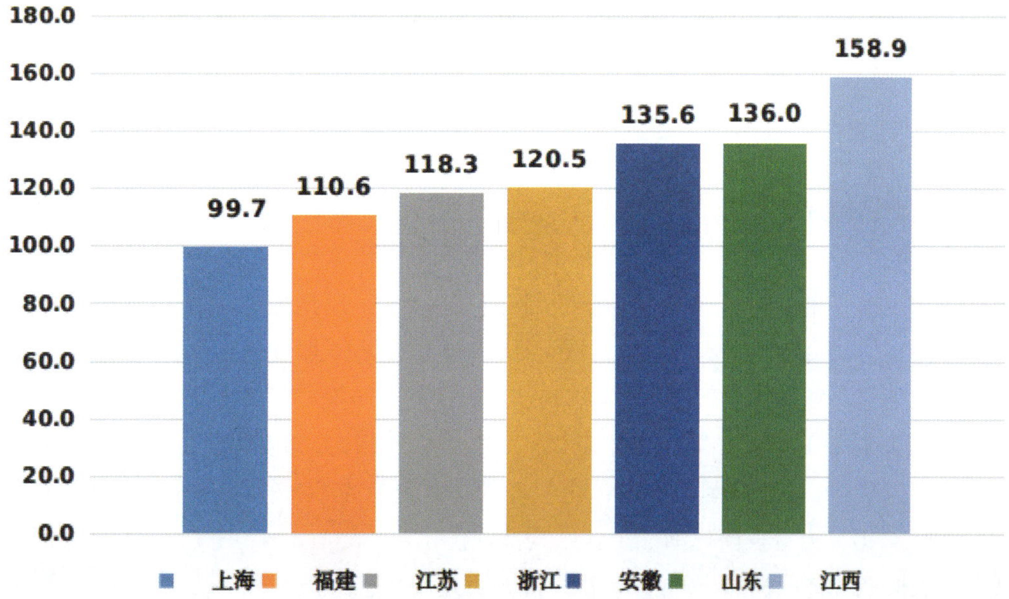

二、从 PPI 运行特点看浙江工业发展辉煌成就

PPI 是工业经济运行的晴雨表和风向标，我们通过 SPSS 软件对 2003-2022 年浙江工业增加值增速与 PPI 变化进行相关性和线性回归模型分析，得出 PPI 走势变化与工业增加值增速变动存在显著的正向影响关系。总体来看，“八八战略”实施 20 年以来，浙江 PPI 总体平稳运行，各年波动幅度与工业增加值增速走势趋同度越来越高，全面反映浙江工业逐步由工业大省向工业强省、制造大省，再向“智造强省”迈进的辉煌成就。

（一）工业实力持续增强，“增速换挡”实现高质量发展。

2022 年浙江规模以上工业增加值 21900 亿元，较 2003 年（3194 亿元）增长 585.7%，工业规模和实力显著增强。分年度看，浙江 PPI 变动趋势与全省规模以上工业增加值增速走势趋同度越来越高。2003-2012 年新型工业化阶段，工业增加值增速较快，波动幅度明显大于 PPI；2013 年至今迈向高质量发展阶段，工业增加值增速实现换挡，走势与 PPI 高度同步，增长方式由粗放型向集约型转变，增长质量进一步提升。2009、2015、2020 年 PPI 降幅均大于 3 个百分点，为 20 年内三个低点，同期工业增加值增速仅为 6.2%、4.4%（最低点）和 5.4%；2021 年 PPI 涨幅创下 20 年来高点（6.3%），同期工业增加值增速（12.9%）同样为高质量发展阶段最高增速。

图 4　2003-2022 年浙江 PPI 涨跌幅与工业增加值增速走势

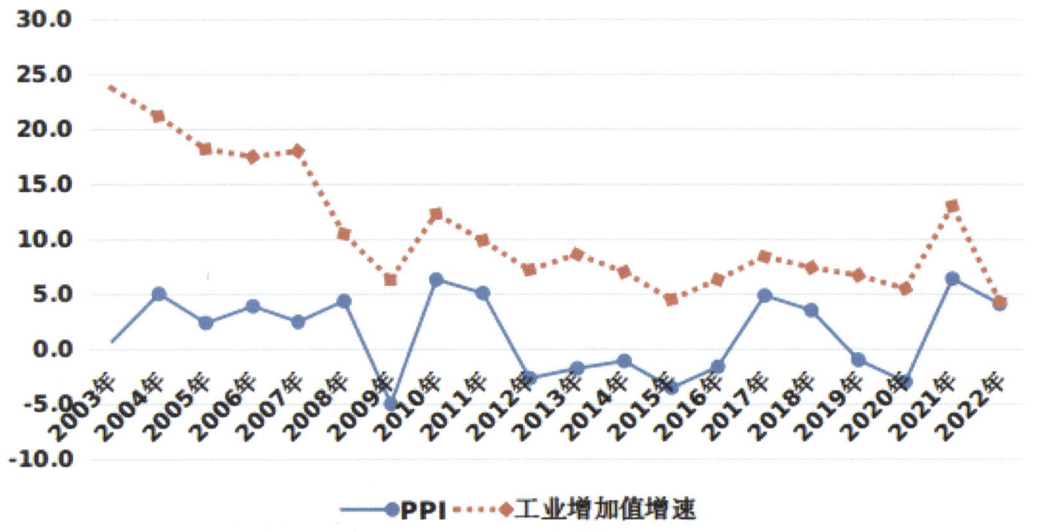

（二）工业结构持续优化，“腾笼换鸟”推进产业转型升级。

“八八战略”实施 20 年来，浙江着眼于工业竞争力提升和产业转型升级，注重发展优势产业和培育高新技术产业等新兴产业，以壮士断腕的决心推进“腾笼换鸟”“凤凰涅槃”，推进产业结构由劳动密集型向资本和技术密集型升级，行业结构由纺织、服装、皮革、塑料等日用轻工产品为主逐渐向电气、交通、通信电子等先进制造业加快发展转变，现代化产业体系日趋完善。从 2021 年新一轮基期 PPI 调查大类行业权重来看，与 2003 年相比，规模以上工业中，纺织、服装、皮革等行业权重从 20.2%下降到 10.0%；电气机械、交通设备（汽车）、通信电子等行业权重从 17.5%上升到 24.9%，充分反映出浙江工业结构持续优化。

（三）工业能效持续提高，“量升价稳”提升百姓获得感。

“八八战略”实施 20 年来，随着工业规模不断扩大及“机器换人”等高新技术带来的生产效率不断提高，浙江汽车、手机、电视、洗衣机等耐用消费品产量大幅提升。比如：2022 年浙江汽车产量达到 124.9 万辆，较 2003 年的 8.2 万辆增长 14.2 倍。由于产能及效率大幅提升、单

位成本不断下降，PPI 中耐用消费品出厂价格整体总体呈现“量升价稳”走势，年均上涨 0.3%，让各类高端耐用消费品能够进入寻常百姓家。比如：2022 年末每百户城镇居民家用汽车拥有量达 64.4 辆，较 2003 年的 3 辆增长 20.5 倍，老百姓出行更加便捷高效，生活获得感和满意度明显提高，从而高质量助推浙江共同富裕示范区建设。

（四）发展质效持续提升，“供给侧改革”激发发展活力。

2016 年开始，浙江深入推进供给侧结构性改革，积极稳妥推进“三去一降一补”，全力打好“减负降本”系列组合拳，有效增强企业市场竞争新优势。2016-2022 年浙江 PPI 连续低于全国水平，从而使浙江工业品价格竞争力明显提升，产能利用率明显高于全国，企业效益持续改善。2016-2022 年，浙江规模以上工业年均产能利用率为 80.9%，比全国平均水平高 5.1 个百分点；规模以上工业企业利润总额年均增长 10.2%，增速比全国平均高 0.7 个百分点。

三、推动浙江 PPI 变动和工业发展的主要因素

（一）市场需求变化。

市场需求是影响工业生产及产品定价的基础因素。浙江是外贸出口大省，PPI 变动、工业增加值增速与反映国外市场需求的出口增速密切相关。2003-2012 年新型工业化阶段，浙江出口增速总体呈下行趋势，其中：2009 年和 2012 年增速下降较大，同期 PPI 出现负增长，工业增加值增速处于低位。2013 年开始迈向高质量发展阶段，浙江出口增速总体平稳上行，同期 PPI、工业增加值增速走势基本同步，其中：2021 年浙江出口增速迅速回升，达 22.4%，同期 PPI 达到 20 年来峰值，工业增加值增速也创阶段高点。

图 5　2003-2022 年浙江 PPI 涨跌幅、工业增加值增速、出口增速走势

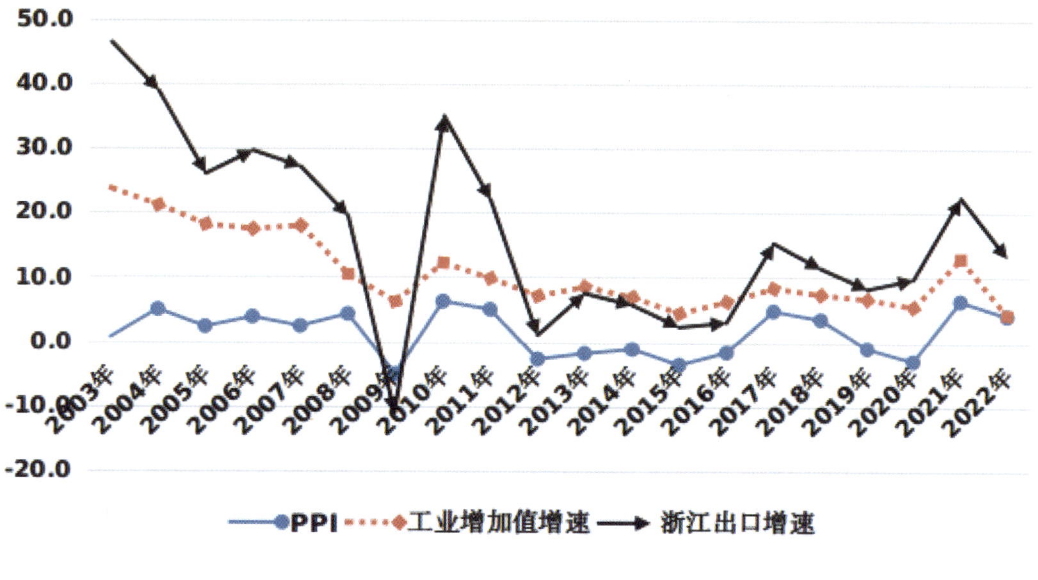

（二）重大事件推动。

2001 年中国加入世贸组织，为企业产品出口带来重大发展机遇，同时中国廉价劳动力和广阔市场吸引大量外资来投资，从而带来 2003-2008 年浙江工业生产及出口高速增长，同期 PPI 持续处于上涨区间。2009 年亚洲金融与经济危机爆发，2020 年新冠肺炎疫情暴发并蔓延全球，对市场需求和企业经营产生重大影响，世界主要经济体需求萎缩，从而导致浙江工业生产及出口均处于低点，同期 PPI 也呈下降态势。同时，2018 年 3 季度以来中美贸易摩擦不断升级、2022

年 2 月以来俄乌冲突持续，都对全球经济及贸易造成明显影响，影响到国内工业正常生产并造成原材料、产成品的价格波动。

（三）大宗商品价格波动。

国际大宗商品特别是原油、铁矿石、有色金属等产品价格的波动与国内相关行业下游产品定价、企业发展效益密切相关。以布伦特原油价格为例，2016 年初下降至不足 30 美元/桶，处于原油行业下游的浙江化学纤维制造业价格下降 4.9%；2017 年原油价格震荡上行，2018 年攀升至 86.74 美元/桶的高点，2017 年、2018 年浙江化学纤维制造业价格分别上涨 14.7%和 7.2%；2019 年原油价格高位回落，2020 年上半年断崖式下降，触及 15.98 美元/桶的低点，2019 年、2020 年浙江化学纤维制造业价格分别下降 6.3%和 14.7%;2020 年以来，原油价格持续攀升，2022 年 3 月创下新高 139.13 美元/桶，浙江化学纤维制造业价格亦跟随上涨。

图 6　布伦特原油价格走势图

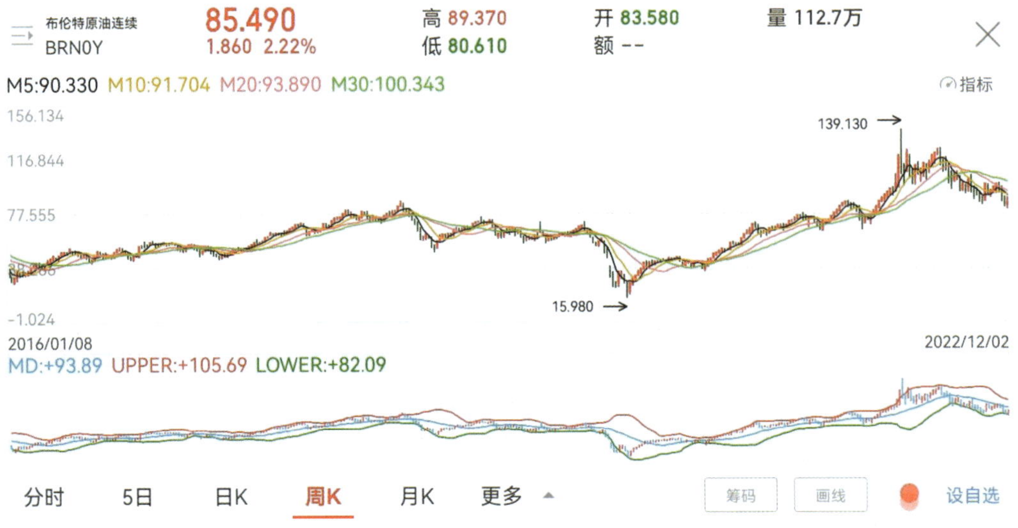

（四）保供稳价政策调控。

自 2020 年下半年大宗商品价格大幅上涨以来，我国着力加强矿产、能源产供储销体系建设，加强重要民生商品和大宗商品价格调控，特别是对部分大宗商品及时采取供需双向调节，遏制价格不合理上涨。比如：在钢材方面，实行期、现货市场联动监管，优化期货交易措施，包括修订螺纹钢、热轧卷板期货的合约规则、降低产业客户参与成本等。在有色金属方面，利用储备调节机制，实施具有针对性的投放策略;加强市场监管，打击恶意炒作和囤积居奇等。这些政策措施实施，为稳定钢材、有色金属价格奠定重要作用，推动 PPI 同比涨幅回落，助力工业企业生产恢复和效益发挥。

展望未来，浙江按照“八八战略”为指引，以 “两个先行”打造“重要窗口”的目标定位跨入新的历史方位，进一步提高工业经济核心竞争力，续写浙江工业经济高质量发展的新篇章。

厚植农业发展优势　助推乡村全面振兴
——“八八战略”实施20周年浙江农业发展情况

2003年以来，浙江凭借“八八战略”这把“金钥匙”，成功打开农业规模化、标准化、生态化发展轨道，全省持续加大农业政策落实、改革创新和资源投入；深入推进农业科技应用、现代农业建设、农业服务体系、农业经营体制改革创新，不断厚植农业发展优势，助推农村全面振兴，让农业“压舱石”和社会“稳定器”作用更加凸显。

一、多点发力，持续构建浙江农业新优势

“八八战略”实施20年来，浙江立足区位、体制机制、块状特色产业、生态环境优势，不断培育农业发展“沃土”，打造浙江农业发展新优势。

（一）坚持生态优先，打造农业绿色发展新优势。

20年来，浙江始终把“绿水青山就是金山银山”发展理念作为推进农业发展的行动指南，先后推出“五水共治”“四边四化”“肥药双控”“农业绿色发展五大行动”等重大举措；编制浙江特色农产品优势区建设规划；建立覆盖市、县、乡、企四级，聚焦蔬菜、水果、食用菌等九大产业为重点质量安全追溯体系；推广生物发酵、果蔬避雨栽培、水肥一体化等绿色技术，探索稻鱼共生、稻虾轮作等绿色生态多元种养模式，为农业绿色发展蓄势聚能。截至2022年底，全省化肥和农药使用量连续9年实现“双降”，农药包装废弃物回收率稳定在90%以上。

（二）锚定体制创新，构筑农业经营机制新优势。

20年来，浙江充分发挥体制机制优势，在稳定农村基本经营制度的基础上，探索稳定承包关系和盘活土地流转并举的新型农业生产经营体制机制逐渐深入人心，农民土地承包权利得到有效保障，农户承包地块稳定水平提升，土地经营权流转进程加快。同时，通过加大职业农民、专业大户、家庭农场等市场主体培育，构建农业发展全要素全方位的产业链和价值链，推动农业结构战略性调整，助力效益农业高质量发展。2022年，全省土地流转比例近60%，位居全国前列。

（三）聚焦重点领域，夯实农业基础设施新优势。

20年来，浙江坚持“政府推动、市场主导、农户自愿”的原则，着力抓好粮食生产功能区和永久基本农田改造提升，梯次推进高标准农田建设和农田水利建设，下好农业现代化基础设施“先手棋”。截至2022年底，全省累计建设高标准农田并上图入库1987万亩（含已建和在建），其中：已新建（含结转）高标准农田31.6万亩、高效节水灌溉3.2万亩，农田灌溉水有效利用指数达0.609。全省拥有水库4271座，其中：大型水库34座、中型水库163座，小型水库4074座，坝高5米以上山塘1.77万座。

（四）瞄准市场需求，构建农业产业结构调整新优势。

20年来，浙江陆续出台政策推进农业供给侧结构性改革，聚焦水产、果蔬、畜禽、乳品、中药材等块状特色产业优势，优化农业产业结构和区域布局，大力推进农业市场化和产业化，加速农业结构和种植业结构战略转型。2022年，全省农林牧渔业总产值达3756亿元，其中：农业、林业、牧业和渔业产值分别为1761亿元、187亿元、412亿元、1263亿元，与2002年相比，分别增长了244%、207%、101%、289%。

（五）锁定动力源泉，塑造农业科技创新新优势。

20年来，浙江勇做农业科技创新“加法”，实施“藏粮于地，藏粮于技”战略和“科技强农，机械强农”专项行动，做优做强土壤墒情及病虫害监测、新品种推广、麦田管理、农资配送等全环节数字化服务，打通农业数字化改革“一公里”，搭建科技协作、技术推广等数字平台，促进农业技术成果展示和转移转化，为农业腾飞插上科技“翅膀”。2022 年，全省农业机械总动力1768万千瓦，农作物耕种收综合机械化率水平达77.2%。全省土地产出率、劳动生产率、资源利用率均有了明显提高。

二、抢抓机遇，推动浙江农业实现新跨越

20 年来，浙江牢牢抓住农业产业化发展机遇期，通过深化农业结构调整、发挥数字媒介效能、高效配置要素资源、加大科技投入等举措推动农业现代化，实现高效生态农业持续攀升，农业服务体系不断优化，智慧农业发展捷报频传，浙江农业高质量发展迈上新台阶，助推乡村全面振兴。

（一）深化结构调整，实现农业经济总量新跨越。

20 年来，浙江紧盯市场需求和区域农产品发展优势，着力培育一批资源禀赋强、市场竞争力优、专业化分工效果好的特色优势产业，激活农业生产力发展集聚的内生动力，推进农业经济转型升级和高质量发展，推动农业经济总量实现新的跃升。2022 年，全省农、林、牧、渔业总产值达3756亿元，连续16年保持增长。

（二）守牢安全底线，粮食安全开创新局面。

20年来，浙江坚持农业农村优先发展，坚决扛稳粮食安全政治责任，全面落实“藏粮于地、藏粮于技”战略，完善粮食“产购储加销”体系，稳步推进粮食功能区整治优化、基础设施改造提升，加快构建现代农业产业体系、生产体系、经营体系，增强粮食综合生产力。2022 年，全省粮食总播种面积1530.7万亩，总产量620.97万吨，亩均产量405.7公斤，播种面积和产量均为近十年新高。

（三）瞄定发展路径，高效生态农业取得新发展。

20年来，浙江坚定不移瞄定高效生态农业强省建设目标，始终把发展高效生态农业作为效益农业的主攻方向，聚焦资源优势大力组织农产品品种优化和技术更新项目，加大农业新技术、新设备推广力度，加速科技成果落地转化，大力推广稻麦、稻油等粮食多熟制和稻豆、稻菜（菇）轮作、稻渔共生等“千斤粮万元钱”高效农作制度，走出了一条极具浙江特色的高效生态农业发展之路。2022年，全省推广稻田综合种养技术模式64万亩，亩均增收2000元以上。

（四）高效配置资源，农业服务体系奋进新征程。

为了充分利用要素资源，提高农业生产力，2013 年浙江出台《关于加快构建新型农业社会化服务体系的意见》，探索组建政府出资、社会参与、企业运作、农民受益的信用担保公司和政策性保险公司，提高农业抵御风险能力。扎实推动科技、资金、人才进乡入户，普及优良品种、改良农作制度、推广农田管理方法，着力推进农业产品规模化、标准化，提高农业生产质量和效率。建立特色优势农业产业基地，搭建农业市场供求对接平台，完善农业生产流通营销服务体系，助力产品销售、科技运用、合作交流深度发展。大力实施信息进村入户工程，到 2022 年已建成2 万余个益农信息社，实现行政村 100%全覆盖，开展系列涉农云服务活动，累计受益农民 250万人次，有效推动信息服务和农业生产、农民生活有机融合。

（五）加大科技投入，智慧农业发展开拓新天地。

近年来，浙江深入贯彻落实党中央关于“三农”工作的决策部署，以农业大数据建设为核心，以发展智慧农业为目标，推动数字“三农”迈入高质量发展轨道。成立“双强”专班综合组，聚焦农业育种难、土地产出低等问题，深入实施“互联网＋农业”模式，推出“浙农牧”“浙渔安”“浙江乡村大脑 2.0”“浙农码”数字“三农”协同应用等数字农业平台，汇聚农业农村领域业务数据，实现产业数字化育种、智能监测、自动预警、全生命周期追溯数字化。借助数字化改革的“东风”，全省智慧农业开出了绚丽的“花朵”，2022 年，浙江省数字乡村发展水平为 68.3%，高于全国平均水平 29.2 个百分点，居全国第一。26 个县（市、区）获评“2022 全国县域农业农村信息化发展先进县”，数量超过全国总数的 1/5，总体发展水平和先进县数量连续四年稳居全国第一。

20 年来，浙江始终以“八八战略”为指引，推动全省农业高质量跨越发展，有效助推乡村全面振兴。展望未来，浙江将一如既往用好这把“金钥匙”，开启现代化农业高质量发展的新篇章，为乡村和美共富未来打好坚实基础。

减量提质规模集聚 生态养殖绿色供给
--“八八战略”实施20周年浙江畜牧业发展情况

“八八战略”实施20年来，浙江坚持“创新、协调、绿色、开放、共享”的发展理念和“生态优先、供给安全、结构优化、强牧富民”的指导方针，紧紧围绕“打造绿色农业强省”目标，大力提升畜牧产业层次，推进养殖结构优化，保障绿色优质畜产品供给，畜牧业高质量发展初见成效。

一、生产实现减量提质向集聚发展转型

（一）畜牧生产变化。

1.波动发展阶段（2003-2012年）。2003年以来，在饲料供应充足和“菜篮子工程”等一系列利好政策的引导下，生猪饲养量在2012年底达到高点，为3272.71万头，较2003年增长11.9%。生猪和能繁母猪存栏在2012年底达到近20年来最高点，分别为1338.3万头和130.12万头，较2003年分别增长18.2%和40.4%。家禽全省饲养量从2003年的31798.24万只上涨至2012年的41323.71万只。

2.快速减量阶段（2013-2018年）。随着全省环境整治的推进和“两美浙江”建设的需要，浙江主动调整生猪养殖结构，养殖量出现大幅下降态势。2018年全省生猪饲养量1428.41万头，较2012年下降56.4%；2018年全省家禽饲养量为25516.57万只，较2012年下降38.3%，

3.稳产保供阶段（2019年至今）。2019年受非洲猪瘟疫情影响，生猪产业规模跌至2003年以来最低水平，随着各地加强生猪增产保供力度，新建大型养殖场（户）陆续投产，生猪产业下滑态势得到扭转。2022年全省生猪饲养量、年末存栏、全年出栏和猪肉产量为1495.02万头、644.49万头、850.53万头和71.41万吨，比2019年分别增长26.3%、50.8%、12.5%和18.7%，其中年末存栏恢复至2017年年末的118.8%，能繁母猪存栏达71.11万头，为正常保有量的109%，产能储备充足。2022年家禽、羊饲养量分别为30001.22万只和 299.75万头，保持平稳上升势头。

图1 2003-2022年浙江生猪饲养量变化情况

（二）规模养殖快速发展，区域集聚趋势增强。

1. 生猪养殖规模化程度提高。浙江严格按照环境承载率科学调整畜牧业区域布局，划定禁养限养区域，在全国率先划定畜禽禁限养区，推动浙江生猪养殖向规模化、集约化、标准化发展，养殖结构呈现散养户逐步退出、中小规模户逐渐减少、大规模养殖户平稳增长的特点。规模化水平的提升是现代畜牧业高质量发展的必然趋势，有利于提高防疫水平、降低生产成本、追溯猪肉质量、提升生产效率。2022 年末，饲养量达到 3000 头以上的生猪大型养殖场户存栏占全省存栏 75.2 %，规模化程度高于全国平均水平，规模养殖场数量和比例仍在不断提升。此外，生猪养殖区域集聚趋势增强。目前浙江生猪养殖区域主要集聚在杭州、衢州和金华三地，2022 年末存栏占全省 43.3%。从生猪大型养殖场户情况来看，2022 年末，杭州、宁波、温州、金华和衢州五个设区市大型户共 691 个，占全省的 70.8%。

2. 其他畜种生产区域集聚明显。浙江牛养殖区域主要在温州、衢州、金华、台州和丽水，2022 年牛饲养量占全省的 76.9%；奶牛养殖主要在金华、宁波、杭州和绍兴，2022 年末奶牛存栏占全省的 82.0%。得益于湖羊振兴计划的实施，各地湖羊规模饲养（年饲养量大于 500 只）比重均有所提升，养殖区域主要在湖州、嘉兴和杭州，饲养量约占全省的 69.7%。家禽养殖主要在衢州、嘉兴、湖州和台州，饲养量占全省的 61.0%。

（三）畜产品结构不断优化。

浙江畜牧业转型升级过程中，畜产品的生产结构也不断优化。2022 年猪肉在猪牛羊禽肉类总产量中的比重已由 2006 年的 74.7%下降到 66.1%，下降 8.6 个百分点；禽肉的比重由 22.9%扩大到 30.3%，增加 7.4 个百分点；牛肉的比重由 0.7%提高到 1.4%，增加 0.7 个百分点；羊肉比重由 1.7%提高到 2.2%，增加 0.5 个百分点。尽管猪肉在肉类产量中仍占据绝大部分比例，但其他类别肉产量增长迅速，居民肉类饮食更均衡更多样。

二、推进产业高质量发展亮点纷呈

（一）产业化经营特色显著。

2004 年 11 月 25 日，习近平同志在丽水调研时指出：“要继续大力发展绿色农业，加快培育无公害农产品、绿色食品和有机食品，打响绿色品牌，建设一批绿色产品基地，壮大一批农业龙头企业，推进农业产业化进程。” 全省以此次讲话精神为指引大力推进畜牧业产业化。一是构建新型畜牧产业体系，打造各类新型畜牧专业企业，将原来分散的种业、养殖、饲料、兽药、屠宰、加工、有机肥生产等环节紧密联结，形成利益共享、风险共担的新型主体；探索实践了多种农牧结合生态化建设模式。二是布局特色畜产品优势区域。实施畜牧业“西进东扩战略”和优势畜产品区域布局规划，提升了浙西、浙北等畜牧主产区的产业档次，发挥了浙东南地区资源优势，加快特色产业发展、构建高效益生产体系，打造了一批拥有鲜明特色的“浙禽”“浙猪”品牌，形成了优质猪、肉禽、蛋鸭、奶牛、湖羊、兔和蜂等优势区域，以及羽绒、皮革、蜂产品等加工特色优势区。三是推动产业助农。如实施“湖羊援疆”、“湖羊入川”等项目，湖羊成为名副其实的“扶贫羊”；“龙游飞鸡”助力东西部扶贫、山海协作计划、深巴合作。

（二）加快绿色生态发展。

浙江畜牧业坚持“绿水青山就是金山银山”，按照农牧结合、生态养殖和发展循环农业的要求，合理布局，确保养殖业发展与环境承载能力相适应，建立畜牧产业链各主体“利益共享、风险共担、安全共保、生态共护”机制。通过“五水共治”、环保督察，做到产出高效、产品安全、资源节约、环境友好，加快发展生态、循环、优质、高效、持续的现代生态循环畜牧业，绿色可持续发展卓有成效。一是在注重用地科学选址的基础上，培育了一批适度养殖规模、有效消纳畜禽粪污，采用立体循环种养，融合园林景观设计、花园式的牧场，将发展观光旅游畜牧业与现代生态畜牧业相融合。截至 2022 年底，浙江已有 1500 余家美丽牧场通过创建验收。二是推进高水平利用养殖废弃物。按照源头减量、过程控制、末端利用的思路，以沼气、生物天然气、农用有机肥和农村能源为主要利用方向，持续深化畜禽养殖废弃物处理和资源化利用，深入推进畜牧业转型升级和农业绿色发展。2022 年全省畜禽粪污综合利用率达到 92%，规模养殖场粪污处理设施装备配套率达到 100%，大型规模场粪污处理设施装备配套率达到 100%。

（三）数字赋能提质增效。

一是数字化设施应用广泛。多数大型生猪养殖和奶牛养殖企业已配置自动化喂料、自动化清粪、智能化控温等现代设施装备，并在日常生产和管理当中普遍应用。二是各类数字化设施均对提升效益作用明显。如桐乡、长兴等地养殖场，通过智能生物耳标技术，实现饲养管理和疫病个体防控，提高了养殖场生产能力和生物安全水平。浙江华腾牧业有限公司在每栋猪舍安装十多种传感器采集生产环节管理的数据，实现了环境控制、生长监测和精准饲喂等功能，对猪舍内环境中氨气、温湿度等实时监测并远程调控，降低生产成本，提高经营水平，企业反映数字化设施可节省用工 80%、用水 60%，增效达 40%。三是数字化应用提高监管效率。浙江已建成主体全覆盖、视频全监控、数据全链接的浙江省智慧畜牧业云平台，实现从养殖到屠宰的全链条监管，保障食品质量安全与监管全程可控可追溯。

（四）提升安全监管能力。

浙江从动物疫病防控、畜产品质量安全监管、病死动物无害化处理等方面入手，牢牢守住畜牧业发展底线，切实保障食品卫生与公共卫生安全。在重大动物疫病防控上，率先建立重大动物疫病防控责任体系，创新实施省外动物及其产品调入风险评估制度和强制免疫评估工作制度，严把动物及其产品检疫关，做到应免畜禽的重大动物疫病免疫密度达 100%。非洲猪瘟疫情暴发后，制定“一场一策”防控措施，建立区域性疫情联防联控机制，支持建设车辆高温清洗消毒中心、区域性生物安全隔离带等基础设施。深化生猪屠宰企业整顿提升，淘汰落后产能，提升屠宰企业生物安全水平和肉品质量安全管控能力。在全国率先推进死亡动物无害化集中处理，创新实施生猪保险与无害化处理联动机制。目前全省各县基本已建成无害化集中处理厂并推行生猪保险与无害化处理联动模式。

二 居民收支

2-1 城乡居民家庭人均可支配收入（1978-2022）

年份	全体居民家庭		城镇居民家庭		农村居民家庭		城乡居民收入比
	人均可支配收入(元)	比上年实际(%)	人均可支配收入(元)	比上年实际(%)	人均可支配收入(元)	比上年实际(%)	
1978			332		165		2.01
1982			530	-0.6	346	20.4	1.53
1983			551	1.2	359	2.3	1.53
1984			669	17.1	446	23.5	1.50
1985			904	17.4	549	12.5	1.65
1986			1104	14.9	609	5.0	1.81
1987			1228	0.3	725	13.6	1.69
1988			1589	4.9	902	8.1	1.76
1989			1797	-3.2	1011	-2.6	1.78
1990			1932	5.3	1099	2.7	1.76
1991			2143	5.0	1211	8.9	1.77
1992			2619	11.9	1359	8.8	1.93
1993			3626	14.0	1746	10.2	2.08
1994			5066	12.0	2225	4.1	2.28
1995			6221	5.0	2966	5.3	2.10
1996			6956	1.8	3463	6.1	2.01
1997			7359	1.6	3684	3.8	2.00
1998			7837	5.3	3815	4.7	2.05
1999			8428	8.0	3948	5.6	2.13
2000			9279	9.1	4254	7.8	2.18
2001			10465	13.3	4582	6.9	2.28
2002			11716	13.4	4940	8.4	2.37
2003			13180	11.9	5431	7.8	2.43
2004			14546	7.4	6096	7.4	2.39
2005			16294	10.4	6660	6.4	2.45
2006			18265	10.9	7335	9.3	2.49
2007			20574	8.4	8265	8.2	2.49
2008			22727	5.4	9258	6.2	2.45
2009			24611	9.7	10007	9.5	2.46
2010			27359	6.9	11303	8.6	2.42
2011			30971	7.5	13071	9.5	2.37
2012			34550	9.2	14552	8.8	2.37
2013	29775	7.7	37080	7.1	17494	8.1	2.12
2014	32658	7.4	40393	6.8	19373	8.3	2.09
2015	35537	7.3	43714	6.7	21125	7.5	2.07
2016	38529	6.4	47237	6.0	22866	6.3	2.07
2017	42046	6.9	51261	6.3	24956	7.0	2.05
2018	45840	6.5	55574	6.0	27302	7.0	2.04
2019	49899	5.8	60182	5.4	29876	6.0	2.01
2020	52397	2.6	62699	2.1	31930	4.0	1.96
2021	57541	8.2	68487	7.6	35247	8.9	1.94
2022	60302	2.5	71268	1.9	37565	4.3	1.90

注：1. 人均可支配收入增长及人均纯收入增长均扣除价格变动因素。

2. 2013 年以前城乡住户调查制度分设，无全体居民收入数据，农村居民收入为“人均纯收入”。2013 年开始实施城乡一体化住户调查，收入指标为全体居民人均可支配收入、城镇常住居民人均可支配收入和农村常住居民人均可支配收入。

2-2 城乡居民家庭人均消费支出（1978-2022）

年份	全体居民家庭		城镇居民家庭		农村居民家庭	
	人均消费支出(元)	比上年增长(%)	人均消费支出(元)	比上年增长(%)	人均消费支出(元)	比上年增长(%)
1978			301		157	
1982			471	-1.1	302	13.1
1983			484	2.8	326	7.9
1984			562	16.1	369	13.2
1985			795	41.5	474	28.5
1986			969	21.9	561	18.4
1987			1100	13.5	659	17.5
1988			1453	32.1	839	27.3
1989			1556	7.1	927	10.5
1990			1604	3.1	946	2.0
1991			1806	12.6	1027	8.6
1992			2154	19.3	1112	8.3
1993			2856	32.6	1263	13.6
1994			4079	42.8	1680	33.0
1995			5263	29.0	2378	41.5
1996			5764	9.5	2702	13.6
1997			6170	7.0	2839	5.1
1998			6218	0.8	2891	1.8
1999			6522	4.9	2806	-2.9
2000			7020	7.6	3231	15.1
2001			7952	13.3	3479	7.7
2002			8713	9.6	3693	6.2
2003			9713	11.5	4287	16.1
2004			10636	9.5	4659	8.7
2005			12254	15.2	5215	11.9
2006			13349	8.9	5762	10.5
2007			14091	5.6	6442	11.8
2008			15158	7.6	7072	9.8
2009			16683	10.1	7375	4.3
2010			17858	7.0	8390	13.8
2011			20437	14.4	9644	14.9
2012			21545	5.4	10208	5.8
2013	20610		25254	7.9	12803	10.4
2014	22552	9.4	27242	7.9	14498	13.2
2015	24117	6.9	28661	5.2	16108	11.1
2016	25527	5.8	30068	4.9	17359	7.8
2017	27079	6.1	31924	6.2	18093	4.2
2018	29471	8.8	34598	8.4	19707	8.9
2019	32026	8.7	37508	8.4	21352	8.3
2020	31295	-2.3	36197	-3.5	21555	1.0
2021	36668	17.2	42193	16.6	25415	17.9
2022	38971	6.3	44511	5.5	27483	8.1

注：2013年开始实施城乡一体化住户调查，消费支出指标为全体居民家庭人均生活消费支出、城镇常住居民家庭人均生活消费支出和农村常住居民家庭人均生活消费支出。

2-3 全体居民家庭住房情况（2018-2022）

指　　标	2018	2019	2020	2021	2022
家庭住房情况					
一、现住房情况					
(一)人均住房建筑面积(平方米)	**52.27**	**54.85**	**53.46**	**55.69**	**55.59**
(二)按居住空间样式分户数比重(%)	**100**	**100**	**100**	**100**	**100**
1. 单栋楼房	51.62	51.83	51.81	56.59	57.00
2. 单栋平房	4.68	3.54	3.21	2.22	2.39
3. 单元房	42.28	43.19	43.55	39.57	39.22
4. 筒子楼或连片平房	1.18	1.34	1.34	1.27	1.12
5. 其他	0.25	0.09	0.09	0.35	0.28
(三)按主要建筑材料分的户数比重(%)	**100**	**100**	**100**	**100**	**100**
1. 钢筋混凝土	55.40	56.01	56.33	58.48	59.41
2. 砖混材料	35.96	35.90	35.91	35.53	34.52
3. 砖瓦砖木	8.08	7.71	7.47	5.83	5.89
4. 竹草土坯	0.08	0.04	0.04	0.03	0.03
5. 其他	0.48	0.34	0.25	0.12	0.14
(四)按房屋来源分的户数比重(%)	**100**	**100**	**100**	**100**	**100**
1. 租赁住房	10.26	10.33	9.95	11.26	11.39
2. 自建住房	52.63	52.55	52.27	55.90	55.64
3. 购买商品房	24.86	24.90	24.81	22.00	22.14
4. 购买房改住房	3.92	3.73	3.93	3.07	3.07
5. 购买保障性住房	0.42	0.46	0.51	0.48	0.43
6. 拆迁安置房	4.80	5.36	5.80	5.15	5.14
7. 继承或获赠住房	1.22	1.09	1.23	0.85	0.84
8. 其他	1.88	1.57	1.51	1.30	1.35
(五)住房外道路为硬化路面的户比重(%)	**99.11**	**99.30**	**99.25**	**99.76**	**99.77**
二、生活设施状况					
(一)饮用水状况(%)					
1. 是否有管道设施	**100**		**100**	**100**	
①管道供水入户	98.58		98.12	99.25	
②管道供水至公共取水点	0.61		0.40	0.38	
③没有管道设施	0.81		1.48	0.38	

2-3 续表

指　　标	2018	2019	2020	2021	2022
2. 主要饮用水来源	**100**	**100**	**100**	**100**	**100**
①经过净化处理的自来水	93.31	94.83	94.86	96.76	96.91
②受保护的井水和泉水	3.70	3.23	3.43	2.43	2.29
③不受保护的井水和泉水	0.68	0.63	0.53	0.15	0.13
④江河湖泊水	0.86	0.52	0.31	0.11	0.12
⑤其他饮用水来源	1.45	0.80	0.87	0.55	0.55
3. 获取饮用水存在的主要困难	**100**	**100**	**100**	**100**	**100**
①单次取水往返时间超过半小时	0.00	0.13	0.01	0.03	0.05
②间断或定时供水	0.75	0.14	0.31	0.09	0.25
③当年连续缺水超过 15 天	0.24	0.26	0.43	0.12	0.11
④获取饮用水无困难	99.01	99.48	99.25	99.76	99.59
4. 饮用前家里采取的主要处理措施	**100**	**100**	**100**	**100**	**100**
①煮沸	92.33	93.54	92.97	94.18	94.07
②加漂白剂/氯等	0.59	0.49	0.50	0.73	0.71
③使用水过滤器	2.55	2.91	2.82	2.54	3.09
④其他处理措施	0.89	0.89	0.94	0.74	0.51
⑤没有任何水处理措施	3.64	2.17	2.77	1.81	1.62
(二)住宅内厕所状况(%)	**100**	**100**	**100**	**100**	**100**
1. 水冲式卫生厕所	96.73	98.56	98.53	99.28	99.57
2. 水冲式非卫生厕所	0.69	0.20	0.17	0.02	0.00
3. 卫生旱厕	0.52	0.55	0.46	0.08	0.08
4. 普通旱厕	0.80	0.51	0.48	0.53	0.36
5. 无厕所	1.26	0.18	0.37	0.10	0.00
(三)主要炊用能源(%)	**100**	**100**	**100**	**100**	**100**
1. 天然气、煤气、液化石油气	87.84	89.16	90.79	92.66	92.10
2. 煤炭	0.08	0.06	0.00	0.09	0.29
3. 电	7.15	7.03	6.03	5.25	5.40
4. 沼气	0.02	0.02	0.00	0.00	0.05
5. 其他	4.91	3.73	3.18	1.99	2.16

2-4 城镇常住居民家庭住房情况（2018-2022）

指　　标	2018	2019	2020	2021	2022
家庭住房情况					
一、现住房情况					
(一)人均住房建筑面积(平方米)	**45.35**	**48.45**	**46.71**	**47.93**	**48.06**
(二)按居住空间样式分户数比重(%)	**100**	**100**	**100**	**100**	**100**
1. 单栋楼房	33.20	33.41	33.20	38.14	39.13
2. 单栋平房	2.22	1.49	1.36	1.30	1.44
3. 单元房	62.88	63.22	63.54	58.59	57.79
4. 筒子楼或连片平房	1.59	1.83	1.85	1.76	1.53
5. 其他	0.12	0.05	0.05	0.21	0.12
(三)按主要建筑材料分的户数比重(%)	**100**	**100**	**100**	**100**	**100**
1. 钢筋混凝土	68.12	68.15	68.33	67.33	68.05
2. 砖混材料	28.44	28.59	28.56	30.19	29.43
3. 砖瓦砖木	3.05	2.99	2.94	2.42	2.47
4. 竹草土坯	0.05	0.00	0.00	0.05	0.05
5. 其他	0.34	0.27	0.17	0.00	0.00
(四)按房屋来源分的户数比重(%)	**100**	**100**	**100**	**100**	**100**
1. 租赁住房	14.68	14.68	13.93	15.44	15.61
2. 自建住房	31.19	31.77	31.96	37.26	36.98
3. 购买商品房	37.36	36.91	36.54	32.74	32.81
4. 购买房改住房	5.87	5.43	5.76	4.31	4.29
5. 购买保障性住房	0.62	0.69	0.69	0.68	0.61
6. 拆迁安置房	7.11	7.71	8.35	7.50	7.49
7. 继承或获赠住房	0.81	0.69	0.74	0.47	0.53
8. 其他	2.36	2.13	2.04	1.60	1.68
(五)住房外道路为硬化路面的户比重(%)	**99.87**	**99.96**	**99.94**	**99.90**	**99.94**
二、生活设施状况					
(一)饮用水状况(%)					
1. 是否有管道设施	**100**		**100**	**100**	
①管道供水入户	99.62		99.64	99.73	
②管道供水至公共取水点	0.27		0.12	0.27	
③没有管道设施	0.11		0.24	0.00	

2-4 续表

指　　标	2018	2019	2020	2021	2022
2. 主要饮用水来源	**100**	**100**	**100**	**100**	**100**
①经过净化处理的自来水	98.82	99.23	99.35	99.65	99.68
②受保护的井水和泉水	0.27	0.09	0.09	0.12	0.10
③不受保护的井水和泉水	0.06	0.06	0.09	0.05	0.05
④江河湖泊水	0.33	0.30	0.11	0.01	0.01
⑤其他饮用水来源	0.51	0.32	0.36	0.17	0.16
3. 获取饮用水存在的主要困难	**100**	**100**	**100**	**100**	**100**
①单次取水往返时间超过半小时	0.00	0.13	0.01	0.03	0.06
②间断或定时供水	0.07	0.04	0.02	0.12	0.12
③当年连续缺水超过 15 天	0.07	0.03	0.03	0.00	0.00
④获取饮用水无困难	99.86	99.80	99.94	99.86	99.82
4. 饮用前家里采取的主要处理措施	**100**	**100**	**100**	**100**	**100**
①煮沸	94.74	94.87	94.89	95.05	94.84
②加漂白剂/氯等	0.59	0.56	0.56	0.33	0.27
③使用水过滤器	2.23	2.52	2.51	2.39	3.20
④其他处理措施	0.34	0.48	0.44	0.54	0.23
⑤没有任何水处理措施	2.09	1.58	1.59	1.70	1.46
(二)住宅内厕所状况(%)	**100**	**100**	**100**	**100**	**100**
1. 水冲式卫生厕所	98.62	99.42	99.49	99.68	99.83
2. 水冲式非卫生厕所	0.44	0.01	0.05	0.01	0.00
3. 卫生旱厕	0.00	0.38	0.30	0.03	0.03
4. 普通旱厕	0.17	0.06	0.04	0.16	0.14
5. 无厕所	0.77	0.12	0.13	0.13	0.00
(三)主要炊用能源(%)	**100**	**100**	**100**	**100**	**100**
1. 天然气、煤气、液化石油气	91.67	92.58	93.12	95.09	94.36
2. 煤炭	0.07	0.01	0.00	0.05	0.05
3. 电	6.30	6.06	5.59	4.20	4.93
4. 沼气	0.00	0.01	0.00	0.00	0.04
5. 其他	1.96	1.34	1.30	0.67	0.62

2-5 农村常住居民家庭住房情况（2018-2022）

指　　标	2018	2019	2020	2021	2022
家庭住房情况					
一、现住房情况					
(一)人均住房建筑面积(平方米)	**65.44**	**67.31**	**66.87**	**71.49**	**71.21**
(二)按居住空间样式分户数比重(%)	**100**	**100**	**100**	**100**	**100**
1. 单栋楼房	87.47	89.40	90.05	92.32	92.16
2. 单栋平房	9.47	7.72	7.00	4.01	4.24
3. 单元房	2.19	2.35	2.48	2.74	2.69
4. 筒子楼或连片平房	0.37	0.35	0.29	0.31	0.31
5. 其他	0.50	0.17	0.18	0.62	0.60
(三)按主要建筑材料分的户数比重(%)	**100**	**100**	**100**	**100**	**100**
1. 钢筋混凝土	30.62	31.27	31.68	41.34	42.41
2. 砖混材料	50.61	50.80	51.02	45.86	44.54
3. 砖瓦砖木	17.89	17.34	16.77	12.44	12.62
4. 竹草土坯	0.15	0.11	0.12	0.00	0.00
5. 其他	0.74	0.47	0.41	0.35	0.43
(四)按房屋来源分的户数比重(%)	**100**	**100**	**100**	**100**	**100**
1. 租赁住房	1.66	1.47	1.77	3.16	3.10
2. 自建住房	94.38	94.93	94.00	91.99	92.32
3. 购买商品房	0.52	0.43	0.69	1.19	1.17
4. 购买房改住房	0.13	0.25	0.19	0.66	0.66
5. 购买保障性住房	0.04	0.00	0.13	0.08	0.08
6. 拆迁安置房	0.29	0.56	0.56	0.61	0.51
7. 继承或获赠住房	2.03	1.92	2.24	1.58	1.45
8. 其他	0.93	0.45	0.42	0.72	0.70
(五)住房外道路为硬化路面的户比重(%)	**97.62**	**97.97**	**97.82**	**99.49**	**99.45**
二、生活设施状况					
(一)饮用水状况(%)					
1. 是否有管道设施	**100**		**100**	**100**	
①管道供水入户	96.55		94.98	98.32	
②管道供水至公共取水点	1.27		0.97	0.58	
③没有管道设施	2.17		4.05	1.10	

2-5 续表

指　　标	2018	2019	2020	2021	2022
2. 主要饮用水来源	**100**	**100**	**100**	**100**	**100**
①经过净化处理的自来水	82.58	85.87	85.63	91.16	91.46
②受保护的井水和泉水	10.37	9.62	10.31	6.91	6.61
③不受保护的井水和泉水	1.89	1.79	1.42	0.34	0.28
④江河湖泊水	1.90	0.95	0.72	0.29	0.33
⑤其他饮用水来源	3.26	1.77	1.93	1.31	1.32
3. 获取饮用水存在的主要困难	**100**	**100**	**100**	**100**	**100**
①单次取水往返时间超过半小时	0.00	0.12	0.00	0.05	0.04
②间断或定时供水	2.07	0.34	0.89	0.03	0.52
③当年连续缺水超过 15 天	0.58	0.73	1.27	0.35	0.31
④获取饮用水无困难	97.36	98.81	97.84	99.57	99.13
4. 饮用前家里采取的主要处理措施	**100**	**100**	**100**	**100**	**100**
①煮沸	87.63	90.82	89.02	92.50	92.56
②加漂白剂/氯等	0.59	0.35	0.36	1.52	1.56
③使用水过滤器	3.17	3.71	3.45	2.82	2.86
④其他处理措施	1.95	1.74	1.97	1.12	1.07
⑤没有任何水处理措施	6.66	3.38	5.20	2.03	1.95
(二)住宅内厕所状况(%)	**100**	**100**	**100**	**100**	**100**
1. 水冲式卫生厕所	93.04	96.79	96.55	98.51	99.05
2. 水冲式非卫生厕所	1.18	0.60	0.43	0.05	0.00
3. 卫生旱厕	1.53	0.89	0.79	0.17	0.17
4. 普通旱厕	2.04	1.42	1.37	1.24	0.78
5. 无厕所	2.21	0.30	0.86	0.03	0.00
(三)主要炊用能源(%)	**100**	**100**	**100**	**100**	**100**
1. 天然气、煤气、液化石油气	80.37	82.18	86.01	87.97	87.66
2. 煤炭	0.11	0.17	0.00	0.18	0.75
3. 电	8.81	8.99	6.94	7.30	6.31
4. 沼气	0.07	0.04	0.00	0.00	0.07
5. 其他	10.64	8.62	7.05	4.56	5.21

2-6 全体居民家庭基本情况（2018-2022）

单位：%

指　　标	2018	2019	2020	2021	2022
基本情况					
常住人口(人/户)	2.89	2.89	2.93	2.93	2.92
#在校学生人数(人)	0.41	0.43	0.45	0.46	0.48
常住就业人口(人/户)	1.65	1.63	1.61	1.67	1.63
常住人口就业面(%)	57.07	56.52	54.98	56.93	55.71
就业者负担人数(包括就业者本人)(人/户)	1.75	1.77	1.82	1.76	1.80
性别	**100**	**100**	**100**	**100**	**100**
男性	49.84	49.75	49.73	49.66	49.72
女性	50.16	50.25	50.27	50.34	50.28
6岁及以上常住成员受教育程度	**100**	**100**	**100**	**100**	**100**
未上过学	5.12	4.42	4.37	2.92	2.85
小学	28.01	28.33	28.03	26.13	26.08
初中	31.86	32.43	31.94	35.18	34.64
高中	16.47	15.95	16.13	17.93	17.66
大学专科	9.33	9.76	9.93	8.86	9.26
大学本科	8.57	8.50	8.98	8.29	8.77
研究生	0.65	0.62	0.62	0.69	0.74
常住从业人员就业类型	**100**	**100**	**100**	**100**	**100**
雇主	1.72	1.30	1.05	1.72	1.86
公职人员	1.89	1.60	1.41	1.27	1.24
事业单位人员	4.73	4.14	3.81	3.32	3.51
国有企业雇员	2.61	2.49	2.25	1.57	1.57
其他雇员	67.27	69.75	71.44	70.72	71.39
农业自营	9.30	8.08	7.12	7.05	6.16
非农自营	12.49	12.64	12.91	14.36	14.28
常住从业人员从事主要行业	**100**	**100**	**100**	**100**	**100**
第一产业	11.05	10.06	8.98	8.64	7.59
第二产业	39.62	39.45	40.71	41.12	41.81
第三产业	49.33	50.49	50.31	50.24	50.60
居民收支情况(元)					
居民人均可支配收入	45840	49899	52397	57541	60302
居民人均消费支出	29471	32026	31295	36668	38971

2-7 城镇常住居民家庭基本情况（2018-2022）

单位：%

指　　标	2018	2019	2020	2021	2022
基本情况					
常住人口(人/户)	2.87	2.85	2.89	2.98	2.97
#在校学生人数(人)	0.40	0.42	0.45	0.50	0.52
常住就业人口(人/户)	1.55	1.53	1.52	1.60	1.57
常住人口就业面(%)	54.01	53.79	52.39	53.72	52.75
就业者负担人数(包括就业者本人)(人/户)	1.85	1.86	1.91	1.86	1.90
性别	**100**	**100**	**100**	**100**	**100**
男性	49.30	49.20	49.29	49.27	49.42
女性	50.70	50.80	50.71	50.73	50.58
6岁及以上常住成员受教育程度	**100**	**100**	**100**	**100**	**100**
未上过学	3.61	3.04	3.14	2.10	2.11
小学	23.13	23.61	23.53	22.30	22.29
初中	30.28	31.28	30.64	32.75	32.27
高中	18.48	17.80	17.95	19.99	19.52
大学专科	11.69	11.83	11.84	10.92	11.29
大学本科	11.81	11.56	12.02	11.02	11.54
研究生	1.00	0.87	0.89	0.92	0.97
常住从业人员就业类型	**100**	**100**	**100**	**100**	**100**
雇主	2.13	1.83	1.29	2.11	2.15
公职人员	2.88	2.51	2.12	1.91	1.85
事业单位人员	7.13	6.33	5.80	4.97	5.22
国有企业雇员	4.04	3.79	3.47	2.37	2.34
其他雇员	68.55	70.45	71.88	72.36	72.23
农业自营	2.08	1.88	1.83	1.19	0.96
非农自营	13.20	13.22	13.61	15.10	15.24
常住从业人员从事主要行业	**100**	**100**	**100**	**100**	**100**
第一产业	2.84	2.63	2.60	1.77	1.42
第二产业	35.10	35.30	35.57	37.10	37.65
第三产业	62.05	62.07	61.82	61.13	60.93
居民收支情况(元)					
居民人均可支配收入	55574	60182	62699	68487	71268
居民人均消费支出	34598	37508	36197	42193	44511

2-8 农村常住居民家庭基本情况（2018-2022）

单位：%

指　　标	2018	2019	2020	2021	2022
基本情况					
常住人口(人/户)	2.93	2.98	2.99	2.84	2.82
#在校学生人数(人)	0.42	0.44	0.45	0.39	0.39
常住就业人口(人/户)	1.84	1.84	1.80	1.80	1.74
常住人口就业面(%)	62.90	61.83	60.13	63.47	61.84
就业者负担人数(包括就业者本人)(人/户)	1.59	1.62	1.66	1.58	1.62
性别	**100**	**100**	**100**	**100**	**100**
男性	50.87	50.80	50.59	50.44	50.34
女性	49.13	49.20	49.41	49.56	49.66
6岁及以上常住成员受教育程度	**100**	**100**	**100**	**100**	**100**
未上过学	7.94	7.05	6.79	4.54	4.36
小学	37.15	37.40	36.86	33.77	33.80
初中	34.80	34.64	34.50	40.04	39.45
高中	12.70	12.40	12.55	13.82	13.85
大学专科	4.91	5.80	6.19	4.77	5.12
大学本科	2.50	2.60	3.01	2.86	3.14
研究生		0.12	0.09	0.22	0.27
常住从业人员就业类型	**100**	**100**	**100**	**100**	**100**
雇主	1.04	0.41	0.65	1.04	1.35
公职人员	0.27	0.06	0.17	0.17	0.15
事业单位人员	0.80	0.43	0.36	0.47	0.48
国有企业雇员	0.27	0.29	0.14	0.19	0.19
其他雇员	65.17	68.56	70.69	67.89	69.90
农业自营	21.10	18.59	16.28	17.15	15.36
非农自营	11.34	11.65	11.71	13.09	12.57
常住从业人员从事主要行业	**100**	**100**	**100**	**100**	**100**
第一产业	24.47	22.64	20.02	20.47	18.50
第二产业	47.00	46.48	49.60	48.05	49.16
第三产业	28.53	30.88	30.39	31.48	32.34
居民收支情况(元)					
居民人均可支配收入	27302	29876	31930	35247	37565
居民人均消费支出	19707	21352	21555	25415	27483

2-9 全体居民家庭主要收支（2018-2022）

单位：元

指　标	2018	2019	2020	2021	2022
可支配收入	**45840**	**49899**	**52397**	**57541**	**60302**
工资性收入	26242	28511	30059	32821	34177
经营净收入	7752	8498	8313	9294	9880
财产净收入	5244	5708	6136	6905	7397
转移净收入	6602	7182	7888	8520	8848
生活消费支出	**29471**	**32026**	**31295**	**36668**	**38971**
食品烟酒	8198	8929	8922	10160	10931
衣着	1814	1877	1703	2051	2098
居住	7721	8403	9009	9943	10558
生活用品及服务	1652	1716	1789	2073	2313
交通通信	4302	4553	4301	5196	5823
教育文化娱乐	3031	3624	2889	3769	3549
医疗保健	2059	2123	1956	2499	2534
其他用品及服务	693	801	724	977	1165

2-10 全体居民家庭收支构成（2018-2022）

单位：%

指　标	2018	2019	2020	2021	2022
可支配收入	**100**	**100**	**100**	**100**	**100**
工资性收入	57.2	57.1	57.4	57.0	56.7
经营净收入	16.9	17.0	15.9	16.2	16.4
财产净收入	11.4	11.4	11.7	12.0	12.3
转移净收入	14.4	14.4	15.1	14.8	14.7
生活消费支出	**100**	**100**	**100**	**100**	**100**
食品烟酒	27.8	27.9	28.5	27.7	28.1
衣着	6.2	5.9	5.4	5.6	5.4
居住	26.2	26.2	28.8	27.1	27.1
生活用品及服务	5.6	5.4	5.7	5.7	5.9
交通通信	14.6	14.2	13.7	14.2	14.9
教育文化娱乐	10.3	11.3	9.2	10.3	9.1
医疗保健	7.0	6.6	6.2	6.8	6.5
其他用品及服务	2.4	2.5	2.3	2.7	3.0

2-11 城镇常住居民家庭主要收支（2018-2022）

单位：元

指 标	2018	2019	2020	2021	2022
可支配收入	**55574**	**60182**	**62699**	**68487**	**71268**
工资性收入	31148	33663	35370	38412	39718
经营净收入	8316	9115	8672	9671	10233
财产净收入	7586	8202	8747	9765	10397
转移净收入	8524	9202	9910	10639	10919
生活消费支出	**34598**	**37508**	**36197**	**42193**	**44511**
食品烟酒	9371	10162	9914	11283	12106
衣着	2232	2259	2036	2437	2466
居住	9154	9977	10665	11307	11890
生活用品及服务	1967	2075	2073	2418	2685
交通通信	5010	5368	4988	6105	6791
教育文化娱乐	3684	4342	3450	4537	4238
医疗保健	2287	2300	2162	2866	2865
其他用品及服务	893	1024	910	1241	1471

2-12 城镇常住居民家庭收支构成（2018-2022）

单位：%

指 标	2018	2019	2020	2021	2022
可支配收入	**100**	**100**	**100**	**100**	**100**
工资性收入	56.0	55.9	56.4	56.1	55.7
经营净收入	15.0	15.1	13.8	14.1	14.4
财产净收入	13.7	13.6	14.0	14.3	14.6
转移净收入	15.3	15.3	15.8	15.5	15.3
生活消费支出	**100**	**100**	**100**	**100**	**100**
食品烟酒	27.1	27.1	27.4	26.7	27.2
衣着	6.5	6.0	5.6	5.8	5.5
居住	26.5	26.6	29.5	26.8	26.7
生活用品及服务	5.7	5.5	5.7	5.7	6.0
交通通信	14.5	14.3	13.8	14.5	15.3
教育文化娱乐	10.6	11.6	9.5	10.8	9.5
医疗保健	6.6	6.1	6.0	6.8	6.4
其他用品及服务	2.6	2.7	2.5	2.9	3.3

2-13 农村常住居民家庭主要收支（2018-2022）

单位：元

指　　标	2018	2019	2020	2021	2022
可支配收入	**27302**	**29876**	**31930**	**35247**	**37565**
工资性收入	16898	18480	19510	21434	22687
经营净收入	6677	7296	7601	8527	9149
财产净收入	784	852	949	1082	1177
转移净收入	2943	3248	3871	4205	4552
生活消费支出	**19707**	**21352**	**21555**	**25415**	**27483**
食品烟酒	5966	6529	6952	7873	8497
衣着	1018	1134	1043	1265	1336
居住	4993	5339	5720	7166	7795
生活用品及服务	1053	1016	1225	1370	1540
交通通信	2953	2965	2937	3346	3816
教育文化娱乐	1788	2226	1776	2204	2121
医疗保健	1627	1777	1546	1752	1847
其他用品及服务	310	367	355	439	531

2-14 农村常住居民家庭收支构成（2018-2022）

单位：%

指　　标	2018	2019	2020	2021	2022
可支配收入	**100**	**100**	**100**	**100**	**100**
工资性收入	61.9	61.9	61.1	60.8	60.4
经营净收入	24.5	24.4	23.8	24.2	24.4
财产净收入	2.9	2.9	3.0	3.1	3.1
转移净收入	10.8	10.9	12.1	11.9	12.1
生活消费支出	**100**	**100**	**100**	**100**	**100**
食品烟酒	30.3	30.6	32.3	31.0	30.9
衣着	5.2	5.3	4.8	5.0	4.9
居住	25.3	25.0	26.5	28.2	28.4
生活用品及服务	5.3	4.8	5.7	5.4	5.6
交通通信	15.0	13.9	13.6	13.2	13.9
教育文化娱乐	9.1	10.4	8.2	8.7	7.7
医疗保健	8.3	8.3	7.2	6.9	6.7
其他用品及服务	1.6	1.7	1.6	1.7	1.9

2-15 全体居民家庭人均收入（2018-2022）

单位：元

指　　标	2018	2019	2020	2021	2022
可支配收入	**45840**	**49899**	**52397**	**57541**	**60302**
一、工资性收入	**26242**	**28511**	**30059**	**32821**	**34177**
1. 工资	24918	27210	28570	31506	32683
2. 实物福利	132	143	131	110	119
3. 其他	1192	1158	1358	1205	1375
二、经营净收入	**7752**	**8498**	**8313**	**9294**	**9880**
(一)第一产业	1054	1207	1153	1207	1276
1. 农业	763	870	802	784	844
2. 林业	139	166	162	210	194
3. 牧业	88	99	93	79	90
4. 渔业	64	71	96	134	148
(二)第二产业	2074	2000	1799	2041	2185
(三)第三产业	4624	5292	5362	6047	6419
三、财产净收入	**5244**	**5708**	**6136**	**6905**	**7397**
1. 利息净收入	-21	53	99	130	136
2. 红利收入	839	846	776	939	1027
3. 储蓄性保险净收益	5	8	7	14	38
4. 转让承包土地经营权租金净收入	81	72	98	147	112
5. 出租房屋财产性收入	1531	1803	1865	2224	2513
6. 出租其他资产净收入	31	14	32	54	48
7. 自有住房折算净租金	2684	2921	3208	3438	3591
8. 其他财产净收入	94	-9	52	-40	-67
四、转移净收入(转移性收入-转移性支出)	**6602**	**7182**	**7888**	**8520**	**8848**
(一)转移性收入	9456	10143	10788	11641	12437
1. 养老金或离退休金	7283	7822	8499	8534	9145
2. 社会救济和补助	91	104	98	151	153
3. 惠农补贴	22	20	38	73	91
4. 政策性生活补贴	70	81	104	157	190
5. 报销医疗费	481	521	499	735	696
6. 外出从业人员寄回带回收入	467	591	528	834	832
7. 赡养收入	859	893	914	1035	1196
8. 其他经常转移收入	183	112	109	122	133
(二)转移性支出	2854	2962	2900	3122	3589

2-16 城镇常住居民家庭人均收入（2018-2022）

单位：元

指 标	2018	2019	2020	2021	2022
可支配收入	**55574**	**60182**	**62699**	**68487**	**71268**
一、工资性收入	**31148**	**33663**	**35370**	**38412**	**39718**
1. 工资	29460	31977	33428	36735	37800
2. 实物福利	167	179	167	121	128
3. 其他	1521	1507	1774	1556	1790
二、经营净收入	**8316**	**9115**	**8672**	**9671**	**10233**
(一)第一产业	440	554	522	448	482
1. 农业	350	388	362	267	302
2. 林业	30	60	30	44	11
3. 牧业	32	61	59	28	43
4. 渔业	29	44	71	109	126
(二)第二产业	2273	2120	1824	2233	2342
(三)第三产业	5602	6441	6325	6991	7409
三、财产净收入	**7586**	**8202**	**8747**	**9765**	**10397**
1. 利息净收入	-55	68	114	155	152
2. 红利收入	1188	1178	1043	1265	1377
3. 储蓄性保险净收益	8	11	10	18	56
4. 转让承包土地经营权租金净收入	57	38	55	112	48
5. 出租房屋财产性收入	2115	2487	2591	3105	3498
6. 出租其他资产净收入	36	14	38	52	42
7. 自有住房折算净租金	4093	4421	4823	5126	5323
8. 其他财产净收入	144	-14	73	-68	-98
四、转移净收入(转移性收入-转移性支出)	**8524**	**9202**	**9910**	**10639**	**10919**
(一)转移性收入	11828	12507	13259	14162	15035
1. 养老金或离退休金	9648	10297	11072	10946	11689
2. 社会救济和补助	64	67	63	114	114
3. 惠农补贴	6	8	15	65	35
4. 政策性生活补贴	71	97	110	159	198
5. 报销医疗费	597	601	580	900	819
6. 外出从业人员寄回带回收入	469	570	478	903	877
7. 赡养收入	764	739	811	949	1149
8. 其他经常转移收入	210	128	130	126	154
(二)转移性支出	3304	3305	3349	3524	4116

2-17 农村常住居民家庭人均收入（2018-2022）

单位：元

指　　标	2018	2019	2020	2021	2022
可支配收入	**27302**	**29876**	**31930**	**35247**	**37565**
一、工资性收入	**16898**	**18480**	**19510**	**21434**	**22687**
1. 工资	16267	17928	18920	20856	22072
2. 实物福利	67	74	60	87	99
3. 其他	564	478	529	491	516
二、经营净收入	**6677**	**7296**	**7601**	**8527**	**9149**
(一)第一产业	2222	2477	2404	2753	2922
1. 农业	1549	1809	1676	1837	1968
2. 林业	345	373	423	547	573
3. 牧业	196	171	162	183	188
4. 渔业	131	124	143	186	193
(二)第二产业	1693	1765	1749	1650	1860
(三)第三产业	2762	3055	3447	4124	4367
三、财产净收入	**784**	**852**	**949**	**1082**	**1177**
1. 利息净收入	44	24	70	80	101
2. 红利收入	174	200	244	276	302
3. 储蓄性保险净收益	1	4		5	0
4. 转让承包土地经营权租金净收入	126	136	185	217	244
5. 出租房屋财产性收入	419	472	421	430	470
6. 出租其他资产净收入	20	14	19	57	61
7. 自有住房折算净租金					
8. 其他财产净收入	-1	2	10	18	-2
四、转移净收入(转移性收入-转移性支出)	**2943**	**3248**	**3871**	**4205**	**4552**
(一)转移性收入	4939	5540	5878	6507	7048
1. 养老金或离退休金	2779	3004	3386	3623	3870
2. 社会救济和补助	143	176	168	227	234
3. 惠农补贴	51	42	85	90	205
4. 政策性生活补贴	70	50	91	153	174
5. 报销医疗费	262	367	337	397	441
6. 外出从业人员寄回带回收入	462	631	627	694	740
7. 赡养收入	1041	1191	1117	1210	1296
8. 其他经常转移收入	131	79	69	112	89
(二)转移性支出	1996	2292	2007	2302	2496

2-18 全体居民家庭人均现金可支配收入（2018-2022）

单位：元

指　标	2018	2019	2020	2021	2022
现金可支配收入	**42899**	**46658**	**48881**	**53673**	**56138**
一、现金工资性收入	**26109**	**28368**	**29928**	**32711**	**34058**
1. 工资	24918	27210	28570	31506	32683
2. 其他工资性收入	1192	1158	1358	1205	1375
二、现金经营净收入	**8127**	**8863**	**8656**	**9724**	**10158**
(一)第一产业现金经营净收入	968	1103	1117	1118	1123
1. 农业	709	770	747	776	796
2. 林业	124	135	153	145	107
3. 牧业	69	82	75	57	70
4. 渔业	67	115	142	140	151
(二)第二产业现金经营净收入	2242	2174	1943	2333	2413
(三)第三产业现金经营净收入	4916	5586	5596	6273	6622
三、现金财产净收入	**2561**	**2787**	**2928**	**3468**	**3806**
1. 利息净收入	-21	53	99	130	136
2. 红利收入	839	846	776	939	1027
3. 储蓄性保险净收益	5	8	7	14	38
4. 转让承包土地经营权租金净收入	81	72	98	147	112
5. 出租房屋财产性收入	1531	1803	1865	2224	2513
6. 出租机械专利版权等资产的收入	31	14	32	54	48
7. 其他财产净收入	94	-9	52	-40	-67
四、现金转移净收入	**6102**	**6641**	**7369**	**7770**	**8115**
(一)现金转移性收入	8956	9603	10269	10892	11704
1. 养老金或离退休金	7283	7822	8499	8534	9145
2. 社会救济和补助	91	104	98	151	153
3. 政策性生活补贴	52	62	83	142	154
4. 家庭外出从业人员寄回带回收入	467	591	528	834	832
5. 赡养收入	859	893	914	1035	1196
6. 其他经常转移收入	183	112	109	122	133
7. 现金政策性惠农补贴	22	20	38	73	91
(二)现金转移性支出	2854	2962	2900	3122	3589
1. 个人所得税	233	137	145	150	247
2. 个人缴纳的社会保障支出	2340	2558	2536	2672	3068
3. 外来从业人员寄给家人的支出	17	15	17	13	8
4. 赡养支出	172	163	125	170	199
5. 其他转移性支出	92	88	78	117	67

2-19 城镇常住居民家庭人均现金可支配收入（2018-2022）

单位：元

指　　标	2018	2019	2020	2021	2022
现金可支配收入	**51212**	**55510**	**57515**	**62826**	**65398**
一、现金工资性收入	**30981**	**33484**	**35202**	**38291**	**39590**
1. 工资	29460	31977	33428	36735	37800
2. 其他工资性收入	1521	1507	1774	1556	1790
二、现金经营净收入	**8829**	**9663**	**9076**	**10173**	**10673**
(一) 第一产业现金经营净收入	414	518	490	411	461
1. 农业	332	364	337	250	286
2. 林业	27	51	27	31	8
3. 牧业	26	58	54	16	38
4. 渔业	28	44	71	114	130
(二) 第二产业现金经营净收入	2451	2335	1978	2542	2584
(三) 第三产业现金经营净收入	5964	6810	6609	7220	7629
三、现金财产净收入	**3493**	**3781**	**3924**	**4639**	**5074**
1. 利息净收入	-55	68	114	155	152
2. 红利收入	1188	1178	1043	1265	1377
3. 储蓄性保险净收益	8	11	10	18	56
4. 转让承包土地经营权租金净收入	57	38	55	112	48
5. 出租房屋财产性收入	2115	2487	2591	3105	3498
6. 出租机械专利版权等资产的收入	36	14	38	52	42
7. 其他财产净收入	144	-14	73	-68	-98
四、现金转移净收入	**7908**	**8583**	**9313**	**9723**	**10060**
(一) 现金转移性收入	11212	11888	12662	13247	14177
1. 养老金或离退休金	9648	10297	11072	10946	11689
2. 社会救济和补助	64	67	63	114	114
3. 政策性生活补贴	51	78	93	144	158
4. 家庭外出从业人员寄回带回收入	469	570	478	903	877
5. 赡养收入	764	739	811	949	1149
6. 其他经常转移收入	210	128	130	126	154
7. 现金政策性惠农补贴	6	8	15	65	35
(二) 现金转移性支出	3304	3305	3349	3524	4116
1. 个人所得税	338	200	211	206	341
2. 个人缴纳的社会保障支出	2610	2761	2876	2958	3432
3. 外来从业人员寄给家人的支出	19	20	12	14	11
4. 赡养支出	224	210	154	211	248
5. 其他转移性支出	113	114	96	135	85

2-20 农村常住居民家庭人均现金可支配收入（2018-2022）

单位：元

指　　标	2018	2019	2020	2021	2022
现金可支配收入	**27068**	**29423**	**31727**	**35031**	**36939**
一、现金工资性收入	**16831**	**18406**	**19449**	**21347**	**22588**
1. 工资	16267	17928	18920	20856	22072
2. 其他工资性收入	564	478	529	491	516
二、现金经营净收入	**6790**	**7304**	**7821**	**8810**	**9091**
(一)第一产业现金经营净收入	2025	2241	2362	2557	2497
1. 农业	1427	1560	1562	1847	1853
2. 林业	308	299	402	376	312
3. 牧业	150	129	115	140	139
4. 渔业	140	254	283	195	194
(二)第二产业现金经营净收入	1844	1859	1876	1908	2058
(三)第三产业现金经营净收入	2922	3205	3583	4345	4536
三、现金财产净收入	**784**	**852**	**949**	**1082**	**1177**
1. 利息净收入	44	24	70	80	101
2. 红利收入	174	200	244	276	302
3. 储蓄性保险净收益	1	4		5	0
4. 转让承包土地经营权租金净收入	126	136	185	217	244
5. 出租房屋财产性收入	419	472	421	430	470
6. 出租机械专利版权等资产的收入	20	14	19	57	61
7. 其他财产净收入	-1	2	10	18	-2
四、现金转移净收入	**2663**	**2861**	**3507**	**3793**	**4082**
(一)现金转移性收入	4660	5153	5515	6095	6578
1. 养老金或离退休金	2779	3004	3386	3623	3870
2. 社会救济和补助	143	176	168	227	234
3. 政策性生活补贴	52	30	64	138	145
4. 家庭外出从业人员寄回带回收入	462	631	627	694	740
5. 赡养收入	1041	1191	1117	1210	1296
6. 其他经常转移收入	131	79	69	112	89
7. 现金政策性惠农补贴	51	42	85	90	205
(二)现金转移性支出	1996	2292	2007	2302	2496
1. 个人所得税	32	15	14	37	51
2. 个人缴纳的社会保障支出	1826	2162	1860	2091	2314
3. 外来从业人员寄给家人的支出	14	6	26	11	4
4. 赡养支出	74	73	67	85	97
5. 其他转移性支出	50	36	41	79	29

2-21 全体居民家庭生产经营情况（2018-2022）

单位：元

指　　标	2018	2019	2020	2021	2022
经营性收入	**12847**	**14008**	**15305**	**20486**	**25238**
(一)第一产业经营收入	1456	1729	1743	1955	2158
1. 农业	1048	1159	1105	1264	1396
2. 林业	160	185	182	239	221
3. 牧业	138	165	189	208	230
4. 渔业	109	220	267	244	312
(二)第二产业经营收入	4510	3780	3730	8519	10838
1. 采矿业					
2. 制造业	3981	3372	3136	7461	9449
3. 电力热力燃气及水生产和供应业	8	1	3	67	77
4. 建筑业	521	406	591	990	1312
(三)第三产业经营收入	6881	8499	9832	10012	12241
1. 批发和零售业	4446	5759	7106	6011	7271
2. 交通运输仓储和邮政业	678	606	660	999	1276
3. 住宿和餐饮业	776	961	803	1224	1410
4. 房地产业	38	16	34	8	6
5. 租赁和商务服务业	163	141	151	149	140
6. 居民服务修理和其他服务业	632	774	900	1303	1684
7. 其他	126	216	149	293	423
8. 农林牧渔服务业	24	28	30	24	30

2-22 城镇常住居民家庭生产经营情况（2018-2022）

单位：元

指　　标	2018	2019	2020	2021	2022
经营性收入	**14130**	**15647**	**17116**	**21210**	**26985**
(一)第一产业经营收入	616	751	718	778	963
1. 农业	468	481	439	492	612
2. 林业	40	66	39	52	14
3. 牧业	60	92	103	44	57
4. 渔业	47	111	138	189	280
(二)第二产业经营收入	5115	4212	4084	8650	11515
1. 采矿业	0	0	0		
2. 制造业	4591	3821	3560	7585	10103
3. 电力热力燃气及水生产和供应业	11	0	2	88	98
4. 建筑业	512	390	522	976	1315
(三)第三产业经营收入	8400	10685	12314	11783	14507
1. 批发和零售业	5763	7588	9375	7470	9066
2. 交通运输仓储和邮政业	420	563	544	1076	1437
3. 住宿和餐饮业	966	1095	854	1220	1529
4. 房地产业	57	24	50	12	9
5. 租赁和商务服务业	213	181	203	164	139
6. 居民服务修理和其他服务业	803	979	1113	1409	1763
7. 其他	177	255	173	427	560
8. 农林牧渔服务业	2	0	1	4	5

2-23 农村常住居民家庭生产经营情况（2018-2022）

单位：元

指　　标	2018	2019	2020	2021	2022
经营性收入	**10402**	**10817**	**11708**	**19012**	**21615**
(一)第一产业经营收入	3055	3633	3778	4354	4638
1. 农业	2153	2479	2429	2836	3021
2. 林业	389	415	466	620	650
3. 牧业	286	306	360	541	589
4. 渔业	228	433	524	358	378
(二)第二产业经营收入	3357	2939	3028	8252	9434
1. 采矿业	0	1	0		
2. 制造业	2818	2499	2294	7209	8093
3. 电力热力燃气及水生产和供应业	2	2	6	24	35
4. 建筑业	537	437	728	1019	1307
(三)第三产业经营收入	3989	4244	4902	6406	7543
1. 批发和零售业	1938	2198	2596	3039	3550
2. 交通运输仓储和邮政业	1168	690	890	842	943
3. 住宿和餐饮业	414	699	702	1232	1164
4. 房地产业	0	0	0		
5. 租赁和商务服务业	67	63	49	121	142
6. 居民服务修理和其他服务业	307	375	477	1087	1522
7. 其他	29	139	101	21	141
8. 农林牧渔服务业	66	81	88	64	81

2-24 全体居民家庭人均支出（2018-2022）

单位：元

指　　标	2018	2019	2020	2021	2022
总支出	**46452**	**50210**	**50444**	**61474**	**67217**
一、消费支出	**29471**	**32026**	**31295**	**36668**	**38971**
(一)食品烟酒	8198	8929	8922	10160	10931
(二)衣着	1814	1877	1703	2051	2098
(三)居住	7721	8403	9009	9943	10558
(四)生活用品及服务	1652	1716	1789	2073	2313
(五)交通通信	4302	4553	4301	5196	5823
(六)教育文化娱乐	3031	3624	2889	3769	3549
(七)医疗保健	2059	2123	1956	2499	2534
(八)其他用品及服务	693	801	724	977	1165
二、生产经营费用支出	**4611**	**4976**	**6547**	**10635**	**14907**
(一)第一产业	379	457	523	711	862
(二)第二产业	2268	1606	1787	6185	8426
(三)第三产业	1965	2913	4237	3739	5619
三、财产性支出	**395**	**490**	**474**	**398**	**477**
(一)生活贷款利息支出	375	424	462	327	400
(二)其他财产性支出	20	66	12	71	78
四、转移性支出	**2854**	**2962**	**2900**	**3122**	**3589**
(一)个人所得税	233	137	145	150	247
(二)社会保障支出	2340	2558	2536	2672	3068
1. 个人缴纳的养老保险	1686	1805	1784	1840	2130
2. 个人缴纳的医疗保险	545	665	654	724	805
3. 个人缴纳的失业保险	44	47	50	46	54
4. 其他社会保障支出	66	40	48	63	80

2-24 续表

指　　标	2018	2019	2020	2021	2022
(三)外来从业人员寄给家人的支出	17	15	17	13	8
(四)赡养支出	172	163	125	170	199
(五)其他转移性支出	92	88	78	117	67
五、部分商业保险支出	**202**	**225**	**214**	**347**	**320**
(一)意外伤害保险	24	20	15	26	25
(二)商业医疗保险(含大病保险)	88	119	105	190	164
(三)其他非储蓄性商业保险	32	33	21	35	44
(四)其他储蓄性商业保险	58	53	72	96	87
六、购置资产及非经常性转移支出	**6332**	**7138**	**6486**	**7757**	**6218**
(一)购置资产支出	3184	3825	3710	4342	2706
(二)非经常性转移支出	3148	3312	2776	3415	3512
七、借贷性支出	**2587**	**2394**	**2528**	**2547**	**2735**
(一)存入储蓄款	234	100	70	98	115
(二)借出款	59	36	27	43	39
(三)归还借款	291	156	123	255	204
(四)购买有价证券	81	22	23	140	308
(五)其他投资支出	99	64	73	118	145
(六)归还住房贷款	1547	1734	1919	1491	1537
(七)归还汽车贷款	189	193	158	203	190
(八)归还教育贷款	0	0	0	0	
(九)归还其他贷款	75	71	105	192	187
(十)其他借贷支出	13	17	31	7	10

2-25 城镇常住居民家庭人均支出（2018-2022）

单位：元

指　标	2018	2019	2020	2021	2022
总支出	**55085**	**59312**	**60077**	**69662**	**75988**
一、消费支出	**34598**	**37508**	**36197**	**42193**	**44511**
(一)食品烟酒	9371	10162	9914	11283	12106
(二)衣着	2232	2259	2036	2437	2466
(三)居住	9154	9977	10665	11307	11890
(四)生活用品及服务	1967	2075	2073	2418	2685
(五)交通通信	5010	5368	4988	6105	6791
(六)教育文化娱乐	3684	4342	3450	4537	4238
(七)医疗保健	2287	2300	2162	2866	2865
(八)其他用品及服务	893	1024	910	1241	1471
二、生产经营费用支出	**5269**	**5937**	**8001**	**10988**	**16282**
(一)第一产业	169	185	189	318	472
(二)第二产业	2664	1876	2106	6107	8932
(三)第三产业	2436	3875	5705	4563	6878
三、财产性支出	**540**	**674**	**653**	**542**	**660**
(一)生活贷款利息支出	523	591	638	442	557
(二)其他财产性支出	18	83	16	99	104
四、转移性支出	**3304**	**3305**	**3349**	**3524**	**4116**
(一)个人所得税	338	200	211	206	341
(二)社会保障支出	2610	2761	2876	2958	3432
1. 个人缴纳的养老保险	1918	1943	2052	2067	2387
2. 个人缴纳的医疗保险	585	700	695	746	864
3. 个人缴纳的失业保险	60	63	66	60	72
4. 其他社会保障支出	48	56	64	84	110

2-25 续表

指　　标	2018	2019	2020	2021	2022
(三)外来从业人员寄给家人的支出	19	20	12	14	11
(四)赡养支出	224	210	154	211	248
(五)其他转移性支出	113	114	96	135	85
五、部分商业保险支出	**255**	**286**	**260**	**446**	**393**
(一)意外伤害保险	31	25	18	28	24
(二)商业医疗保险(含大病保险)	110	147	134	243	200
(三)其他非储蓄性商业保险	42	43	28	45	58
(四)其他储蓄性商业保险	71	71	81	130	111
六、购置资产及非经常性转移支出	**7571**	**8577**	**8188**	**8755**	**6657**
(一)购置资产支出	4118	5009	5121	5296	3109
(二)非经常性转移支出	3453	3568	3067	3459	3548
七、借贷性支出	**3548**	**3025**	**3428**	**3214**	**3369**
(一)存入储蓄款	300	123	88	113	119
(二)借出款	83	19	29	56	42
(三)归还借款	339	159	151	250	234
(四)购买有价证券	123	31	32	204	453
(五)其他投资支出	139	78	97	129	130
(六)归还住房贷款	2244	2302	2707	1964	1900
(七)归还汽车贷款	221	220	158	244	228
(八)归还教育贷款	0	0	0	0	
(九)归还其他贷款	82	69	118	247	248
(十)其他借贷支出	17	24	46	8	15

2-26 农村常住居民家庭人均支出（2018-2022）

单位：元

指　　标	2018	2019	2020	2021	2022
总支出	**30010**	**32487**	**31306**	**44798**	**49031**
一、消费支出	**19707**	**21352**	**21555**	**25415**	**27483**
(一)食品烟酒	5966	6529	6952	7873	8497
(二)衣着	1018	1134	1043	1265	1336
(三)居住	4993	5339	5720	7166	7795
(四)生活用品及服务	1053	1016	1225	1370	1540
(五)交通通信	2953	2965	2937	3346	3816
(六)教育文化娱乐	1788	2226	1776	2204	2121
(七)医疗保健	1627	1777	1546	1752	1847
(八)其他用品及服务	310	367	355	439	531
二、生产经营费用支出	**3359**	**3105**	**3658**	**9916**	**12055**
(一)第一产业	778	984	1187	1511	1672
(二)第二产业	1514	1081	1152	6345	7376
(三)第三产业	1068	1040	1319	2061	3007
三、财产性支出	**117**	**130**	**119**	**106**	**98**
(一)生活贷款利息支出	94	99	113	93	74
(二)其他财产性支出	23	31	6	13	24
四、转移性支出	**1996**	**2292**	**2007**	**2302**	**2496**
(一)个人所得税	32	15	14	37	51
(二)社会保障支出	1826	2162	1860	2091	2314
1. 个人缴纳的养老保险	1243	1538	1252	1377	1596
2. 个人缴纳的医疗保险	469	599	571	678	682
3. 个人缴纳的失业保险	12	16	20	16	17
4. 其他社会保障支出	101	10	17	20	18

2-26 续表

指　　标	2018	2019	2020	2021	2022
(三)外来从业人员寄给家人的支出	14	6	26	11	4
(四)赡养支出	74	73	67	85	97
(五)其他转移性支出	50	36	41	79	29
五、部分商业保险支出	**102**	**107**	**122**	**146**	**169**
(一)意外伤害保险	11	11	10	23	26
(二)商业医疗保险(含大病保险)	46	66	49	82	89
(三)其他非储蓄性商业保险	13	14	9	14	16
(四)其他储蓄性商业保险	33	16	54	27	38
六、购置资产及非经常性转移支出	**3973**	**4335**	**3104**	**5725**	**5310**
(一)购置资产支出	1407	1521	907	2400	1873
(二)非经常性转移支出	2566	2814	2197	3325	3438
七、借贷性支出	**756**	**1166**	**741**	**1187**	**1420**
(一)存入储蓄款	109	55	33	70	108
(二)借出款	12	69	22	18	31
(三)归还借款	198	151	67	265	142
(四)购买有价证券	0	3	4	8	7
(五)其他投资支出	23	37	25	95	178
(六)归还住房贷款	219	628	352	527	783
(七)归还汽车贷款	130	141	158	120	112
(八)归还教育贷款	0	0	0	0	0
(九)归还其他贷款	61	76	77	79	59
(十)其他借贷支出	4	6	2	6	1

2-27 全体居民家庭人均消费支出（2018-2022）

单位：元

指　　标	2018	2019	2020	2021	2022
消费支出	**29471**	**32026**	**31295**	**36668**	**38971**
一、食品烟酒	**8198**	**8929**	**8922**	**10160**	**10931**
(一)食品	5309	5695	6171	6342	6697
(二)烟酒	863	899	877	1113	1260
(三)饮料	150	169	170	226	281
(四)饮食服务	1876	2166	1704	2479	2693
二、衣着	**1814**	**1877**	**1703**	**2051**	**2098**
(一)衣类	1481	1526	1376	1662	1703
(二)鞋类	332	351	328	389	395
三、居住	**7721**	**8403**	**9009**	**9943**	**10558**
(一)租赁房房租	589	575	453	433	458
(二)住房维修及管理	740	923	1327	1560	1664
(三)水电燃料及其他	977	1021	1012	1045	1267
(四)自有住房折算租金	5415	5885	6217	6904	7169
四、生活用品及服务	**1652**	**1716**	**1789**	**2073**	**2313**
(一)家具及室内装饰品	262	272	325	385	384
(二)家用器具	420	418	457	525	701
(三)家用纺织品	137	166	139	166	196
(四)家庭日用杂品	364	362	369	389	415
(五)个人用品	363	401	409	489	503
(六)家庭服务	105	96	90	119	114
五、交通通信	**4302**	**4553**	**4301**	**5196**	**5823**
(一)交通	3284	3564	3284	4121	4710
(二)通信	1018	989	1017	1076	1113
六、教育文化娱乐	**3031**	**3624**	**2889**	**3769**	**3549**
(一)教育	1772	2257	2022	2810	2573
(二)文化娱乐	1259	1367	867	959	976
七、医疗保健	**2059**	**2123**	**1956**	**2499**	**2534**
(一)医疗器具及药品	669	628	605	694	740
(二)医疗服务	1391	1494	1351	1804	1793
八、其他用品及服务	**693**	**801**	**724**	**977**	**1165**
(一)其他用品	353	414	424	564	756
(二)其他服务	340	388	300	412	410

2-28 城镇常住居民家庭人均消费支出（2018-2022）

单位：元

指　　标	2018	2019	2020	2021	2022
消费支出	**34598**	**37508**	**36197**	**42193**	**44511**
一、食品烟酒	**9371**	**10162**	**9914**	**11283**	**12106**
(一)食品	5896	6251	6716	6631	7075
(二)烟酒	861	896	841	1168	1320
(三)饮料	173	193	190	257	306
(四)饮食服务	2441	2821	2167	3228	3405
二、衣着	**2232**	**2259**	**2036**	**2437**	**2466**
(一)衣类	1833	1845	1654	1998	2019
(二)鞋类	399	413	382	439	447
三、居住	**9154**	**9977**	**10665**	**11307**	**11890**
(一)租赁房房租	837	807	606	572	618
(二)住房维修及管理	817	1025	1466	1776	1898
(三)水电燃料及其他	1063	1099	1101	1128	1247
(四)自有住房折算租金	6437	7047	7492	7831	8127
四、生活用品及服务	**1967**	**2075**	**2073**	**2418**	**2685**
(一)家具及室内装饰品	302	343	370	439	498
(二)家用器具	468	486	496	591	804
(三)家用纺织品	168	204	172	203	222
(四)家庭日用杂品	409	400	400	417	429
(五)个人用品	475	515	511	616	591
(六)家庭服务	145	129	124	151	141
五、交通通信	**5010**	**5368**	**4988**	**6105**	**6791**
(一)交通	3847	4263	3851	4937	5611
(二)通信	1164	1105	1136	1168	1180
六、教育文化娱乐	**3684**	**4342**	**3450**	**4537**	**4238**
(一)教育	2032	2561	2365	3368	3090
(二)文化娱乐	1652	1782	1084	1169	1148
七、医疗保健	**2287**	**2300**	**2162**	**2866**	**2865**
(一)医疗器具及药品	743	693	679	744	809
(二)医疗服务	1543	1608	1483	2121	2056
八、其他用品及服务	**893**	**1024**	**910**	**1241**	**1471**
(一)其他用品	454	507	525	712	964
(二)其他服务	439	517	386	529	508

2-29 农村常住居民家庭人均消费支出（2018-2022）

单位：元

指　　标	2018	2019	2020	2021	2022
消费支出	**19707**	**21352**	**21555**	**25415**	**27483**
一、食品烟酒	**5966**	**6529**	**6952**	**7873**	**8497**
(一)食品	4190	4613	5088	5754	5913
(二)烟酒	869	905	951	1001	1135
(三)饮料	106	121	130	164	231
(四)饮食服务	801	889	784	954	1218
二、衣着	**1018**	**1134**	**1043**	**1265**	**1336**
(一)衣类	812	904	823	977	1049
(二)鞋类	206	230	220	288	288
三、居住	**4993**	**5339**	**5720**	**7166**	**7795**
(一)租赁房房租	117	125	151	149	127
(二)住房维修及管理	593	723	1049	1122	1177
(三)水电燃料及其他	814	868	836	878	1308
(四)自有住房折算租金	3470	3622	3685	5017	5183
四、生活用品及服务	**1053**	**1016**	**1225**	**1370**	**1540**
(一)家具及室内装饰品	186	134	236	274	149
(二)家用器具	330	285	380	391	490
(三)家用纺织品	77	93	74	91	141
(四)家庭日用杂品	280	290	307	330	385
(五)个人用品	151	181	206	230	319
(六)家庭服务	29	32	22	54	57
五、交通通信	**2953**	**2965**	**2937**	**3346**	**3816**
(一)交通	2212	2202	2157	2458	2840
(二)通信	741	763	780	888	976
六、教育文化娱乐	**1788**	**2226**	**1776**	**2204**	**2121**
(一)教育	1278	1667	1341	1674	1501
(二)文化娱乐	510	559	435	530	620
七、医疗保健	**1627**	**1777**	**1546**	**1752**	**1847**
(一)医疗器具及药品	527	503	457	593	597
(二)医疗服务	1100	1274	1089	1159	1250
八、其他用品及服务	**310**	**367**	**355**	**439**	**531**
(一)其他用品	160	231	225	263	324
(二)其他服务	150	135	130	176	207

2-30 全体居民家庭人均消费支出构成（2018-2022）

单位：%

指　　标	2018	2019	2020	2021	2022
消费支出	**100.0**	**100.0**	**100.0**	**100.0**	**100.0**
一、食品烟酒	**27.8**	**27.9**	**28.5**	**27.7**	**28.1**
(一)食品	18.0	17.8	19.7	17.3	17.2
(二)烟酒	2.9	2.8	2.8	3.0	3.2
(三)饮料	0.5	0.5	0.5	0.6	0.7
(四)饮食服务	6.4	6.8	5.4	6.8	6.9
二、衣着	**6.2**	**5.9**	**5.4**	**5.6**	**5.4**
(一)衣类	5.0	4.8	4.4	4.5	4.4
(二)鞋类	1.1	1.1	1.0	1.1	1.0
三、居住	**26.2**	**26.2**	**28.8**	**27.1**	**27.1**
(一)租赁房房租	2.0	1.8	1.4	1.2	1.2
(二)住房维修及管理	2.5	2.9	4.2	4.3	4.3
(三)水电燃料及其他	3.3	3.2	3.2	2.9	3.3
(四)自有住房折算租金	18.4	18.4	19.9	18.8	18.4
四、生活用品及服务	**5.6**	**5.4**	**5.7**	**5.7**	**5.9**
(一)家具及室内装饰品	0.9	0.8	1.0	1.0	1.0
(二)家用器具	1.4	1.3	1.5	1.4	1.8
(三)家用纺织品	0.5	0.5	0.4	0.5	0.5
(四)家庭日用杂品	1.2	1.1	1.2	1.1	1.1
(五)个人用品	1.2	1.3	1.3	1.3	1.3
(六)家庭服务	0.4	0.3	0.3	0.3	0.3
五、交通通信	**14.6**	**14.2**	**13.7**	**14.2**	**14.9**
(一)交通	11.1	11.1	10.5	11.2	12.1
(二)通信	3.5	3.1	3.2	2.9	2.9
六、教育文化娱乐	**10.3**	**11.3**	**9.2**	**10.3**	**9.1**
(一)教育	6.0	7.0	6.5	7.7	6.6
(二)文化娱乐	4.3	4.3	2.8	2.6	2.5
七、医疗保健	**7.0**	**6.6**	**6.2**	**6.8**	**6.5**
(一)医疗器具及药品	2.3	2.0	1.9	1.9	1.9
(二)医疗服务	4.7	4.7	4.3	4.9	4.6
八、其他用品及服务	**2.4**	**2.5**	**2.3**	**2.7**	**3.0**
(一)其他用品	1.2	1.3	1.4	1.5	1.9
(二)其他服务	1.2	1.2	1.0	1.1	1.1

2-31 城镇常住居民家庭人均消费支出构成（2018-2022）

单位：%

指　　标	2018	2019	2020	2021	2022
消费支出	100.0	100.0	100.0	100.0	100.0
一、食品烟酒	**27.1**	**27.1**	**27.4**	**26.7**	**27.2**
(一)食品	17.0	16.7	18.6	15.7	15.9
(二)烟酒	2.5	2.4	2.3	2.8	3.0
(三)饮料	0.5	0.5	0.5	0.6	0.7
(四)饮食服务	7.1	7.5	6.0	7.6	7.6
二、衣着	**6.5**	**6.0**	**5.6**	**5.8**	**5.5**
(一)衣类	5.3	4.9	4.6	4.7	4.5
(二)鞋类	1.2	1.1	1.1	1.0	1.0
三、居住	**26.5**	**26.6**	**29.5**	**26.8**	**26.7**
(一)租赁房房租	2.4	2.2	1.7	1.4	1.4
(二)住房维修及管理	2.4	2.7	4.1	4.2	4.3
(三)水电燃料及其他	3.1	2.9	3.0	2.7	2.8
(四)自有住房折算租金	18.6	18.8	20.7	18.6	18.3
四、生活用品及服务	**5.7**	**5.5**	**5.7**	**5.7**	**6.0**
(一)家具及室内装饰品	0.9	0.9	1.0	1.0	1.1
(二)家用器具	1.4	1.3	1.4	1.4	1.8
(三)家用纺织品	0.5	0.5	0.5	0.5	0.5
(四)家庭日用杂品	1.2	1.1	1.1	1.0	1.0
(五)个人用品	1.4	1.4	1.4	1.5	1.3
(六)家庭服务	0.4	0.3	0.3	0.4	0.3
五、交通通信	**14.5**	**14.3**	**13.8**	**14.5**	**15.3**
(一)交通	11.1	11.4	10.6	11.7	12.6
(二)通信	3.4	2.9	3.1	2.8	2.7
六、教育文化娱乐	**10.6**	**11.6**	**9.5**	**10.8**	**9.5**
(一)教育	5.9	6.8	6.5	8.0	6.9
(二)文化娱乐	4.8	4.8	3.0	2.8	2.6
七、医疗保健	**6.6**	**6.1**	**6.0**	**6.8**	**6.4**
(一)医疗器具及药品	2.1	1.8	1.9	1.8	1.8
(二)医疗服务	4.5	4.3	4.1	5.0	4.6
八、其他用品及服务	**2.6**	**2.7**	**2.5**	**2.9**	**3.3**
(一)其他用品	1.3	1.4	1.4	1.7	2.2
(二)其他服务	1.3	1.4	1.1	1.3	1.1

2-32 农村常住居民家庭人均消费支出构成（2018-2022）

单位：%

指　　标	2018	2019	2020	2021	2022
消费支出	**100.0**	**100.0**	**100.0**	**100.0**	**100.0**
一、食品烟酒	**30.3**	**30.6**	**32.3**	**31.0**	**30.9**
(一)食品	21.3	21.6	23.6	22.6	21.5
(二)烟酒	4.4	4.2	4.4	3.9	4.1
(三)饮料	0.5	0.6	0.6	0.6	0.8
(四)饮食服务	4.1	4.2	3.6	3.8	4.4
二、衣着	**5.2**	**5.3**	**4.8**	**5.0**	**4.9**
(一)衣类	4.1	4.2	3.8	3.8	3.8
(二)鞋类	1.0	1.1	1.0	1.1	1.0
三、居住	**25.3**	**25.0**	**26.5**	**28.2**	**28.4**
(一)租赁房房租	0.6	0.6	0.7	0.6	0.5
(二)住房维修及管理	3.0	3.4	4.9	4.4	4.3
(三)水电燃料及其他	4.1	4.1	3.9	3.5	4.8
(四)自有住房折算租金	17.6	17.0	17.1	19.7	18.9
四、生活用品及服务	**5.3**	**4.8**	**5.7**	**5.4**	**5.6**
(一)家具及室内装饰品	0.9	0.6	1.1	1.1	0.5
(二)家用器具	1.7	1.3	1.8	1.5	1.8
(三)家用纺织品	0.4	0.4	0.3	0.4	0.5
(四)家庭日用杂品	1.4	1.4	1.4	1.3	1.4
(五)个人用品	0.8	0.8	1.0	0.9	1.2
(六)家庭服务	0.1	0.1	0.1	0.2	0.2
五、交通通信	**15.0**	**13.9**	**13.6**	**13.2**	**13.9**
(一)交通	11.2	10.3	10.0	9.7	10.3
(二)通信	3.8	3.6	3.6	3.5	3.6
六、教育文化娱乐	**9.1**	**10.4**	**8.2**	**8.7**	**7.7**
(一)教育	6.5	7.8	6.2	6.6	5.5
(二)文化娱乐	2.6	2.6	2.0	2.1	2.3
七、医疗保健	**8.3**	**8.3**	**7.2**	**6.9**	**6.7**
(一)医疗器具及药品	2.7	2.4	2.1	2.3	2.2
(二)医疗服务	5.6	6.0	5.1	4.6	4.5
八、其他用品及服务	**1.6**	**1.7**	**1.6**	**1.7**	**1.9**
(一)其他用品	0.8	1.1	1.0	1.0	1.2
(二)其他服务	0.8	0.6	0.6	0.7	0.8

2-33 全体居民家庭人均现金消费支出（2018-2022）

单位：元

指　　标	2018	2019	2020	2021	2022
现金消费支出	**23224**	**25247**	**24237**	**28669**	**30722**
一、食品烟酒	**7906**	**8624**	**8623**	**9898**	**10668**
(一)食品	5103	5491	5963	6144	6507
(二)烟酒	863	899	877	1113	1260
(三)饮料	150	168	170	223	275
(四)饮食服务	1790	2065	1613	2418	2627
二、衣着	**1813**	**1876**	**1703**	**2050**	**2098**
(一)衣类	1481	1525	1376	1661	1703
(二)鞋类	332	351	328	389	395
三、居住	**2282**	**2483**	**2777**	**2965**	**3293**
(一)租赁房房租	589	575	453	433	458
(二)住房维修及管理	740	923	1327	1560	1664
(三)水电燃料及其他	953	985	997	972	1171
四、生活用品及服务	**1642**	**1702**	**1778**	**2066**	**2304**
(一)家具及室内装饰品	261	272	325	384	384
(二)家用器具	420	418	457	525	701
(三)家用纺织品	137	166	139	166	196
(四)家庭日用杂品	355	349	358	383	406
(五)个人用品	363	401	409	489	503
(六)家庭服务	105	96	90	119	114
五、交通通信	**4298**	**4550**	**4297**	**5192**	**5817**
(一)交通	3280	3561	3280	4116	4704
(二)通信	1018	989	1017	1076	1113
六、教育文化娱乐	**3029**	**3621**	**2883**	**3765**	**3545**
(一)教育	1772	2257	2022	2810	2573
(二)文化娱乐	1256	1364	861	955	972
七、医疗保健	**1570**	**1595**	**1457**	**1761**	**1837**
(一)医疗器具及药品	668	627	604	693	739
(二)医疗服务	902	968	853	1068	1098
八、其他用品及服务	**685**	**796**	**719**	**972**	**1160**
(一)其他用品	349	411	420	562	753
(二)其他服务	335	385	299	410	408

2-34 城镇常住居民家庭人均现金消费支出（2018-2022）

单位：元

指　标	2018	2019	2020	2021	2022
现金消费支出	**27319**	**29596**	**27884**	**33259**	**35358**
一、食品烟酒	**9180**	**9950**	**9714**	**11127**	**11938**
(一)食品	5817	6167	6631	6541	6977
(二)烟酒	861	896	841	1168	1320
(三)饮料	173	193	190	256	305
(四)饮食服务	2330	2695	2053	3162	3336
二、衣着	**2231**	**2258**	**2035**	**2437**	**2465**
(一)衣类	1832	1844	1654	1998	2019
(二)鞋类	399	413	382	439	447
三、居住	**2703**	**2915**	**3161**	**3454**	**3749**
(一)租赁房房租	837	807	606	572	618
(二)住房维修及管理	817	1025	1466	1776	1898
(三)水电燃料及其他	1049	1083	1089	1106	1232
四、生活用品及服务	**1956**	**2060**	**2064**	**2412**	**2678**
(一)家具及室内装饰品	302	343	370	439	498
(二)家用器具	468	486	496	591	804
(三)家用纺织品	168	204	172	203	222
(四)家庭日用杂品	397	384	391	411	421
(五)个人用品	475	515	511	616	591
(六)家庭服务	145	129	124	151	141
五、交通通信	**5004**	**5364**	**4981**	**6100**	**6784**
(一)交通	3841	4259	3845	4932	5604
(二)通信	1164	1105	1136	1168	1180
六、教育文化娱乐	**3680**	**4338**	**3442**	**4533**	**4233**
(一)教育	2032	2561	2365	3368	3090
(二)文化娱乐	1648	1778	1076	1165	1143
七、医疗保健	**1679**	**1692**	**1582**	**1962**	**2046**
(一)医疗器具及药品	743	692	679	744	808
(二)医疗服务	936	1000	903	1218	1238
八、其他用品及服务	**886**	**1019**	**905**	**1235**	**1466**
(一)其他用品	450	504	521	710	960
(二)其他服务	435	515	384	525	505

2-35 农村常住居民家庭人均现金消费支出（2018-2022）

单位：元

指　　标	2018	2019	2020	2021	2022
现金消费支出	**15424**	**16780**	**16992**	**19319**	**21110**
一、食品烟酒	**5478**	**6042**	**6455**	**7393**	**8036**
(一)食品	3744	4176	4637	5334	5532
(二)烟酒	869	905	951	1001	1135
(三)饮料	105	120	129	156	212
(四)饮食服务	761	841	739	902	1156
二、衣着	**1018**	**1133**	**1043**	**1263**	**1335**
(一)衣类	812	904	823	975	1048
(二)鞋类	206	230	220	288	288
三、居住	**1478**	**1642**	**2015**	**1969**	**2348**
(一)租赁房房租	117	125	151	149	127
(二)住房维修及管理	593	723	1049	1122	1177
(三)水电燃料及其他	769	794	816	698	1044
四、生活用品及服务	**1044**	**1007**	**1210**	**1362**	**1528**
(一)家具及室内装饰品	183	134	236	271	149
(二)家用器具	330	285	380	391	490
(三)家用纺织品	77	93	74	91	141
(四)家庭日用杂品	273	281	291	324	373
(五)个人用品	151	181	206	230	319
(六)家庭服务	29	32	22	54	57
五、交通通信	**2952**	**2965**	**2937**	**3343**	**3813**
(一)交通	2211	2201	2157	2454	2836
(二)通信	741	763	780	888	976
六、教育文化娱乐	**1788**	**2226**	**1774**	**2202**	**2118**
(一)教育	1278	1667	1341	1674	1501
(二)文化娱乐	510	559	433	528	617
七、医疗保健	**1364**	**1406**	**1209**	**1353**	**1405**
(一)医疗器具及药品	526	501	457	590	596
(二)医疗服务	838	905	752	762	809
八、其他用品及服务	**302**	**360**	**349**	**435**	**527**
(一)其他用品	157	230	219	261	322
(二)其他服务	145	131	129	174	205

2-36 全体居民家庭耐用消费品拥有量（2018-2022）

指　　标		2018	2019	2020	2021	2022
平均每百户拥有量						
(一)家用汽车	(辆)	44.4	44.9	48.2	53.3	55.5
#新能源汽车	(辆)					1.4
(二)摩托车	(辆)	12.7	11.6	11.5	8.6	8.8
(三)电冰箱(柜)	(台)	104.0	105.6	106.5	111.7	110.7
(四)洗衣机	(台)	90.6	92.9	93.7	97.8	97.4
(五)热水器	(个)	101.9	104.0	105.9	106.7	106.7
#太阳能热水器	(个)	33.7				
(六)空调	(台)	193.1	195.8	198.5	217.9	218.8
(七)彩色电视机	(台)	173.2	175.5	176.1	175.0	174.5
(八)照相机	(架)	17.3	17.6	17.0	11.5	11.9
(九)计算机	(台)	72.6	72.3	73.7	62.5	62.8
#接入互联网计算机	(台)	64.7	62.5	65.7	58.3	-
(十)中高档乐器	(架)	7.6	8.5	8.5	7.4	7.4
(十一)固定电话	(部)	27.8	20.9	19.4	10.2	9.7
(十二)移动电话	(部)	243.6	245.0	247.9	253.6	251.8
#接入互联网移动电话	(部)	178.8	188.3	211.5	222.0	
(十三)洗碗机	（台）					4.6
(十四)健身器材	（台）					8.1
(十五)空气净化器（含新风系统）	（台）					8.8
(十六)地面清洁电器	（台）					17.7

注：太阳能热水器数量于 2019 年暂停统计。接入互联网计算机、接入互联网移动电话数量于 2022 年暂停统计。

2-37 城镇常住居民家庭耐用消费品拥有量（2018-2022）

指标		2018	2019	2020	2021	2022
平均每百户拥有量						
(一)家用汽车	(辆)	52.4	52.8	55.6	62.5	64.4
#新能源汽车	(辆)					1.6
(二)摩托车	(辆)	7.8	7.7	7.2	5.8	6.5
(三)电冰箱(柜)	(台)	103.2	104.5	105.2	108.1	107.5
(四)洗衣机	(台)	93.9	95.4	96.5	99.5	99.3
(五)热水器	(个)	105.3	107.2	109.2	108.3	108.6
#太阳能热水器	(个)	27.8				
(六)空调	(台)	220.5	220.6	222.5	236.6	236.4
(七)彩色电视机	(台)	171.9	175.1	176.2	172.2	171.0
(八)照相机	(架)	23.2	23.7	22.9	15.2	15.7
(九)计算机	(台)	86.4	85.2	86.0	75.8	75.8
#接入互联网计算机	(台)	78.3	75.1	78.2	71.4	
(十)中高档乐器	(架)	10.6	11.8	11.6	10.3	10.3
(十一)固定电话	(部)	28.2	21.5	19.7	10.3	9.6
(十二)移动电话	(部)	243.1	242.8	245.4	254.4	252.8
#接入互联网移动电话	(部)	193.1	200.2	221.6	228.5	
(十三)洗碗机	(台)					5.8
(十四)健身器材	(台)					10.7
(十五)空气净化器（含新风系统）	(台)					11.3
(十六)地面清洁电器	(台)					22.8

注：太阳能热水器数量于 2019 年暂停统计。接入互联网计算机、接入互联网移动电话数量于 2022 年暂停统计。

2-38 农村常住居民家庭耐用消费品拥有量（2018-2022）

指　　标		2018	2019	2020	2021	2022
平均每百户拥有量						
(一)家用汽车	(辆)	28.8	28.9	33.0	35.5	38.1
#新能源汽车	(辆)					1.0
(二)摩托车	(辆)	22.2	19.6	20.3	13.9	13.5
(三)电冰箱(柜)	(台)	105.6	107.7	109.2	118.7	117.1
(四)洗衣机	(台)	84.2	87.9	87.8	94.4	93.9
(五)热水器	(个)	95.4	97.5	99.1	103.7	102.9
#太阳能热水器	(个)	45.2				
(六)空调	(台)	139.6	145.4	149.0	181.7	184.3
(七)彩色电视机	(台)	175.7	176.3	175.9	180.4	181.5
(八)照相机	(架)	5.8	5.1	4.9	4.4	4.4
(九)计算机	(台)	45.5	46.1	48.2	36.8	37.1
#接入互联网计算机	(台)	38.3	36.9	39.9	32.9	
(十)中高档乐器	(架)	1.9	1.9	2.1	1.9	1.8
(十一)固定电话	(部)	27.2	19.6	18.7	9.9	9.7
(十二)移动电话	(部)	244.5	249.6	253.1	251.9	249.9
#接入互联网移动电话	(部)	151.2	164.1	190.9	209.3	
(十三)洗碗机	(台)					2.2
(十四)健身器材	(台)					3.1
(十五)空气净化器（含新风系统）	(台)					4.0
(十六)地面清洁电器	(台)					7.8

注：太阳能热水器数量于 2019 年暂停统计。接入互联网计算机、接入互联网移动电话数量于 2022 年暂停统计。

2-39 全体居民主要食品消费量（2018-2022）

单位：公斤/人

指　标	2018	2019	2020	2021	2022
一、粮食消费量	**132.9**	**132.9**	**137.3**	**152.1**	**146.5**
(一)谷物消费量	119.6	119.0	123.0	135.4	129.8
1.小麦	19.2	20.3	22.1	27.7	27.1
2.稻谷	88.0	85.7	87.8	94.0	89.8
3.玉米	3.7	4.0	4.1	5.2	4.9
4.其他谷物	8.7	9.1	9.0	8.5	8.0
(二)薯类消费量	2.4	2.2	2.4	2.3	2.0
1.红薯	1.0	0.8	0.8	0.6	0.5
2.马铃薯	1.0	1.0	1.2	1.3	1.0
3.其他薯类	0.3	0.4	0.4	0.4	0.4
(三)豆类消费量	10.9	11.7	11.9	14.4	14.7
1.大豆	0.9	0.8	0.5	0.6	0.5
2.其他豆类	10.0	10.9	11.4	13.9	14.2
二、油脂类消费量	**11.6**	**11.3**	**11.5**	**11.8**	**10.7**
(一)植物油	10.9	10.8	11.0	11.1	10.2
(二)动物油	0.7	0.5	0.5	0.7	0.5
三、蔬菜及菜制品消费量	**91.7**	**95.4**	**96.9**	**109.9**	**108.4**
(一)鲜菜	87.1	90.5	92.0	104.7	103.5
(二)干菜及菜制品	2.6	2.7	2.7	2.7	2.4
(三)鲜菌	1.6	1.8	1.9	2.3	2.2
(四)干菌及菌制品	0.4	0.4	0.3	0.3	0.3
四、肉类	**29.8**	**28.3**	**26.3**	**37.2**	**39.5**
(一)猪肉	23.7	22.0	20.0	29.4	31.7
(二)牛肉	2.5	2.7	2.9	3.5	3.7
(三)羊肉	0.7	0.7	0.6	0.8	0.9
(四)其他肉类及制品	2.9	3.0	2.8	3.5	3.2
五、禽类	**10.7**	**11.9**	**13.0**	**14.3**	**13.8**
(一)鸡	5.4	6.0	6.7	7.4	7.2
(二)鸭	3.0	3.4	3.7	3.8	3.6
(三)鹅	0.1	0.1	0.2	0.2	0.1
(四)其他禽类及制品	2.1	2.4	2.4	2.9	2.9

2-39 续表

指　标	2018	2019	2020	2021	2022
六、水产品	**22.9**	**25.9**	**25.9**	**30.5**	**30.5**
(一)鱼类	13.3	14.6	14.4	17.4	16.7
(二)虾贝蟹类	6.5	8.0	8.2	9.9	10.7
(三)藻类	0.5	0.6	0.6	0.6	0.4
(四)其他	2.5	2.7	2.7	2.6	2.7
七、蛋类及蛋制品	8.4	9.2	10.6	12.4	**12.4**
(一)鲜蛋	7.7	8.5	9.8	11.8	11.9
(二)蛋制品	0.7	0.7	0.7	0.6	0.6
八、奶和奶制品	**13.2**	**13.5**	**14.7**	**16.9**	**14.1**
(一)鲜奶	8.0	8.6	10.1	12.9	11.0
(二)酸奶	2.4	2.6	2.5	2.3	1.7
(三)奶粉	0.8	0.7	0.7	0.6	0.5
(四)其他奶制品	2.0	1.6	1.4	1.0	1.0
九、干鲜瓜果类	**52.6**	**55.6**	**56.0**	**68.3**	**64.8**
(一)鲜瓜果	47.5	50.1	50.7	61.9	
(二)瓜果制品	1.5	1.5	1.4	1.7	
(三)坚果类	3.6	3.9	3.9	4.8	
十、糖果糕点类	**7.5**	**7.4**	**7.2**	**8.8**	
(一)食糖	1.5	1.6	1.6	1.8	
(二)糖果	0.7	0.7	0.6	0.7	
(三)糕点	4.1	4.3	4.2	5.4	
(四)其他糖果糕点	1.1	0.9	0.8	0.9	
十一、饮料	**0.2**	**0.2**	**0.2**	**0.2**	
(一)茶叶	0.2	0.2	0.2	0.2	
十二、烟叶消费量	**29.7**	**30.8**	**30.0**	**35.2**	
十三、酒	9.5	8.9	8.7	10.7	
(一)白酒	2.1	2.2	2.1	2.7	
(二)啤酒	6.9	6.2	6.2	7.6	
(三)果酒	0.4	0.5	0.4	0.4	

2-40 城镇常住居民主要食品消费量（2018-2022）

单位：公斤/人

指　标	2018	2019	2020	2021	2022
一、粮食消费量	**119.2**	**118.0**	**124.2**	**135.7**	**127.3**
(一)谷物消费量	106.9	104.8	110.5	120.6	112.4
1. 小麦	20.1	21.1	22.8	27.4	25.7
2. 稻谷	76.0	72.8	76.1	81.0	74.7
3. 玉米	3.1	3.6	3.8	4.5	4.6
4. 其他谷物	7.7	7.3	7.7	7.7	7.3
(二)薯类消费量	1.7	1.9	2.0	2.1	1.9
1. 红薯	0.5	0.5	0.5	0.5	0.5
2. 马铃薯	0.9	1.0	1.1	1.2	1.0
3. 其他薯类	0.4	0.4	0.4	0.5	0.4
(三)豆类消费量	10.6	11.2	11.6	13.0	12.9
1. 大豆	0.6	0.5	0.4	0.4	0.4
2. 其他豆类	9.9	10.7	11.2	12.6	12.6
二、油脂类消费量	**11.1**	**10.8**	**10.9**	**10.7**	**10.2**
(一)植物油	10.5	10.3	10.5	10.2	9.8
(二)动物油	0.6	0.5	0.4	0.5	0.4
三、蔬菜及菜制品消费量	**91.2**	**95.4**	**97.8**	**105.7**	**102.7**
(一)鲜菜	86.3	90.3	92.8	100.5	97.8
(二)干菜及菜制品	2.7	2.8	2.7	2.6	2.4
(三)鲜菌	1.7	1.9	2.0	2.3	2.2
(四)干菌及菌制品	0.4	0.4	0.3	0.3	0.3
四、肉类	**29.6**	**28.5**	**27.1**	**36.5**	**38.1**
(一)猪肉	22.7	21.4	19.8	27.8	29.4
(二)牛肉	2.9	3.1	3.4	3.9	4.2
(三)羊肉	0.7	0.7	0.6	0.9	0.9
(四)其他肉类及制品	3.2	3.2	3.2	4.0	3.6
五、禽类	**11.4**	**12.5**	**13.6**	**14.1**	**13.9**
(一)鸡	5.6	6.2	6.9	7.1	7.0
(二)鸭	3.2	3.5	3.8	3.7	3.7
(三)鹅	0.1	0.1	0.2	0.2	0.1
(四)其他禽类及制品	2.4	2.7	2.7	3.2	3.1

2-40 续表

指　标	2018	2019	2020	2021	2022
六、水产品	**25.2**	**28.3**	**28.3**	**31.4**	**31.7**
(一)鱼类	14.2	15.5	15.3	17.4	16.8
(二)虾贝蟹类	7.5	9.1	9.2	10.7	11.6
(三)藻类	0.5	0.5	0.6	0.5	0.4
(四)其他	2.9	3.1	3.1	2.9	3.0
七、蛋类及蛋制品	**8.7**	**9.3**	**10.9**	**12.0**	**12.1**
(一)鲜蛋	7.9	8.6	10.2	11.4	11.6
(二)蛋制品	0.7	0.7	0.8	0.6	0.5
八、奶和奶制品	**15.1**	**15.1**	**16.5**	**18.2**	**15.0**
(一)鲜奶	9.4	9.7	11.4	13.7	11.5
(二)酸奶	2.9	3.0	2.9	2.7	2.0
(三)奶粉	0.9	0.9	0.9	0.8	0.6
(四)其他奶制品	1.9	1.5	1.4	1.1	1.0
九、干鲜瓜果类	**59.0**	**62.1**	**62.1**	**71.3**	**67.9**
(一)鲜瓜果	53.4	56.3	56.4	65.0	
(二)瓜果制品	1.7	1.7	1.6	1.7	
(三)坚果类	3.9	4.2	4.1	4.6	
十、糖果糕点类	**8.1**	**7.7**	**7.5**	**8.8**	
(一)食糖	1.4	1.4	1.5	1.4	
(二)糖果	0.8	0.7	0.6	0.8	
(三)糕点	4.7	4.7	4.4	5.7	
(四)其他糖果糕点	1.2	0.9	0.9	0.8	
十一、饮料	**0.2**	**0.2**	**0.2**	**0.2**	
(一)茶叶	0.2	0.2	0.2	0.2	
十二、烟叶消费量	**24.6**	**26.2**	**24.7**	**31.7**	
十三、酒	**7.6**	**7.5**	**7.3**	**9.4**	
(一)白酒	1.9	2.0	1.9	2.7	
(二)啤酒	5.1	4.8	4.8	6.1	
(三)果酒	0.6	0.7	0.6	0.5	

2-41 农村常住居民主要食品消费量（2018-2022）

单位：公斤/人

指　标	2018	2019	2020	2021	2022
一、粮食消费量	**158.9**	**162.1**	**163.5**	**185.5**	**186.4**
(一)谷物消费量	143.8	146.7	147.9	165.4	165.9
1. 小麦	17.6	18.8	20.6	28.2	29.9
2. 稻谷	110.9	110.7	110.9	120.5	121.0
3. 玉米	4.8	4.8	4.7	6.6	5.5
4. 其他谷物	10.6	12.5	11.7	10.1	9.5
(二)薯类消费量	3.6	2.7	3.2	2.7	2.1
1. 红薯	2.0	1.3	1.4	0.8	0.6
2. 马铃薯	1.3	1.1	1.4	1.5	1.1
3. 其他薯类	0.3	0.3	0.3	0.4	0.4
(三)豆类消费量	11.5	12.7	12.4	17.4	18.4
1. 大豆	1.3	1.4	0.8	1.0	0.7
2. 其他豆类	10.2	11.3	11.7	16.5	17.7
二、油脂类消费量	**12.5**	**12.2**	**12.7**	**13.8**	**11.8**
(一)植物油	11.7	11.6	12.0	12.8	11.1
(二)动物油	0.8	0.7	0.7	1.0	0.8
三、蔬菜及菜制品消费量	**92.8**	**95.3**	**95.1**	**118.5**	**120.4**
(一)鲜菜	88.7	90.8	90.5	113.2	115.4
(二)干菜及菜制品	2.5	2.6	2.6	2.8	2.5
(三)鲜菌	1.2	1.5	1.7	2.2	2.2
(四)干菌及菌制品	0.3	0.3	0.3	0.3	0.3
四、肉类	**30.0**	**28.1**	**24.8**	**38.7**	**42.5**
(一)猪肉	25.4	23.2	20.2	32.7	36.5
(二)牛肉	1.6	1.8	2.0	2.7	2.8
(三)羊肉	0.6	0.6	0.5	0.8	0.8
(四)其他肉类及制品	2.4	2.4	2.1	2.6	2.4
五、禽类	**9.4**	**10.8**	**11.8**	**14.8**	**13.6**
(一)鸡	5.0	5.8	6.2	7.9	7.4
(二)鸭	2.7	3.2	3.5	4.2	3.6
(三)鹅	0.1	0.1	0.2	0.2	0.2
(四)其他禽类及制品	1.6	1.8	1.9	2.5	2.4

2-41 续表

指　标	2018	2019	2020	2021	2022
六、水产品	**18.5**	**21.2**	**21.2**	**28.5**	**27.9**
（一）鱼类	11.7	12.8	12.6	17.3	16.5
（二）虾贝蟹类	4.6	5.7	6.0	8.4	8.9
（三）藻类	0.5	0.7	0.7	0.7	0.6
（四）其他	1.7	2.0	1.9	2.1	2.0
七、蛋类及蛋制品	**8.0**	**9.1**	**9.8**	**13.2**	**13.0**
（一）鲜蛋	7.4	8.4	9.1	12.6	12.4
（二）蛋制品	0.6	0.7	0.7	0.6	0.6
八、奶和奶制品	**9.5**	**10.4**	**11.3**	**14.3**	**12.2**
（一）鲜奶	5.4	6.4	7.6	11.4	9.9
（二）酸奶	1.6	1.7	1.7	1.6	1.2
（三）奶粉	0.5	0.5	0.5	0.4	0.2
（四）其他奶制品	2.1	1.9	1.4	1.0	1.0
九、干鲜瓜果类	**40.4**	**42.8**	**43.8**	**62.3**	**58.2**
（一）鲜瓜果	36.2	38.1	39.3	55.6	
（二）瓜果制品	1.1	1.2	1.1	1.5	
（三）坚果类	3.1	3.5	3.5	5.2	
十、糖果糕点类	**6.4**	**6.8**	**6.8**	**9.0**	
（一）食糖	1.8	1.9	1.9	2.5	
（二）糖果	0.6	0.6	0.5	0.6	
（三）糕点	3.0	3.4	3.7	4.9	
（四）其他糖果糕点	1.0	0.8	0.8	1.0	
十一、饮料	**0.1**	**0.2**	**0.4**	**0.2**	
（一）茶叶	0.1	0.2	0.4	0.2	
十二、烟叶消费量	**39.3**	**39.8**	**40.6**	**42.3**	
十三、酒	**13.0**	**11.6**	**11.5**	**13.3**	
（一）白酒	2.5	2.6	2.4	2.6	
（二）啤酒	10.3	8.9	9.0	10.5	
（三）果酒	0.1	0.1	0.1	0.2	

2-42 全省居民收支及增长（2021-2022）

指　　标	2021(元)	2022(元)	名义增长率(%)
一、全体居民人均可支配收入	**57541**	**60302**	**4.8**
按常住地分：			
城镇居民	68487	71268	4.1
农村居民	35247	37565	6.6
按收入来源分：			
工资性收入	32821	34177	4.1
经营净收入	9294	9880	6.3
财产净收入	6905	7397	7.1
转移净收入	8520	8848	3.8
二、全体居民人均消费支出	**36668**	**38971**	**6.3**
按常住地分：			
城镇居民	42193	44511	5.5
农村居民	25415	27483	8.1
按消费类别分：			
食品烟酒	10160	10931	7.6
衣着	2051	2098	2.3
居住	9943	10558	6.2
生活用品及服务	2073	2313	11.6
交通通信	5196	5823	12.1
教育文化娱乐	3769	3549	-5.8
医疗保健	2499	2534	1.4
其他用品及服务	977	1165	19.3

2-43 城乡居民收支及增长（2021-2022）

指　　标	2021(元)	2022(元)	名义增长率(%)
一、城镇居民人均可支配收入	**68487**	**71268**	**4.1**
按收入来源分：			
工资性收入	38412	39718	3.4
经营净收入	9671	10233	5.8
财产净收入	9765	10397	6.5
转移净收入	10639	10919	2.6
二、城镇居民人均消费支出	**42193**	**44511**	**5.5**
按消费类别分：			
食品烟酒	11283	12106	7.3
衣着	2437	2466	1.2
居住	11307	11890	5.2
生活用品及服务	2418	2685	11.1
交通通信	6105	6791	11.2
教育文化娱乐	4537	4238	-6.6
医疗保健	2866	2865	0.0
其他用品及服务	1241	1471	18.6
三、农村居民人均可支配收入	**35247**	**37565**	**6.6**
按收入来源分：			
工资性收入	21434	22687	5.8
经营净收入	8527	9149	7.3
财产净收入	1082	1177	8.8
转移净收入	4205	4552	8.3
四、农村居民人均消费支出	**25415**	**27483**	**8.1**
按消费类别分：			
食品烟酒	7873	8497	7.9
衣着	1265	1336	5.6
居住	7166	7795	8.8
生活用品及服务	1370	1540	12.4
交通通信	3346	3816	14.1
教育文化娱乐	2204	2121	-3.7
医疗保健	1752	1847	5.4
其他用品及服务	439	531	20.9

2-44 居民家庭人均消费支出（2022）

单位：元

指　　标	全体居民	城镇常住居民	农村常住居民
消费支出	**38971**	**44511**	**27483**
一、食品烟酒	10931	12106	8497
1. 食品	6697	7075	5913
(1)谷物	670	675	659
(2)薯类	68	61	81
(3)豆类	108	103	117
(4)食用油	189	188	191
(5)蔬菜和食用菌	791	821	728
(6)肉类	1415	1439	1366
(7)禽类	465	487	419
(8)水产品	1223	1348	965
(9)蛋类	173	176	168
(10)奶类	304	360	187
(11)干鲜瓜果类	864	958	670
(12)糖果糕点类	234	262	177
(13)其他食品	193	197	185
2. 烟酒	1260	1320	1135
(1)烟草	980	990	960
(2)酒类	279	330	175
3. 饮料	281	306	231
4. 饮食服务	2693	3405	1218
(1)食堂用餐	181	216	108
(2)其他在外饮食	2508	3186	1102
(3)食品加工服务费	4	2	8
二、衣着	**2098**	**2466**	**1336**
1. 衣类	1703	2019	1049
2. 鞋类	395	447	288
三、居住	**10558**	**11890**	**7795**
1. 租赁房房租	458	618	127
2. 住房维修及管理	1664	1898	1177
3. 水电燃料及其他	1267	1247	1308
4. 自有住房折算租金	7169	8127	5183
四、生活用品及服务	**2313**	**2685**	**1540**
1. 家具及室内装饰品	384	498	149
2. 家用器具	701	804	490
3. 家用纺织品	196	222	141

2-44 续表

指　　标	全体居民	城镇常住居民	农村常住居民
4. 家庭日用杂品	415	429	385
5. 个人用品	503	591	319
6. 家庭服务	114	141	57
五、交通通信	**5823**	**6791**	**3816**
1. 交通	4710	5611	2840
(1)交通工具	2196	2768	1011
(2)交通费	213	259	116
(3)交通工具用燃料	1315	1461	1012
(4)交通工具使用及维修	986	1123	701
其中：车辆保险支出	495	570	338
2. 通信	1113	1180	976
(1)通信工具	433	467	361
(2)通信服务	681	713	615
六、教育文化娱乐	**3549**	**4238**	**2121**
1. 教育	2573	3090	1501
(1)学前教育	414	516	204
(2)小学教育	578	717	289
(3)初中教育	288	333	194
(4)高中教育	429	500	280
(5)中专职高教育	6	7	6
(6)大专及以上教育	727	864	443
(7)成人教育	131	153	86
2. 文化娱乐	976	1148	620
(1)文娱耐用消费品	346	384	267
(2)其他文娱用品	288	334	190
(3)文化娱乐服务	342	429	162
七、医疗保健	**2534**	**2865**	**1847**
1. 医疗器具及药品	740	809	597
2. 医疗服务	1793	2056	1250
(1)门诊费用	991	1083	802
(2)住院费用	802	973	448
八、其他用品及服务	**1165**	**1471**	**531**
1. 其他用品	756	964	324
2. 其他服务	410	508	207

2-45 农民工基本情况（2018-2022）

单位：%

指　　标		2018	2019	2020	2021	2022
调查户数	（户）	**3770**	**3770**	**3750**	**3770**	**3770**
一、农民工人数	（万人）	**1367**	**1345**	**1296**	**1341**	**1368**
（一）外出农民工	（万人）	511	515	475	469	473
1. 住户中外出农民工	（万人）	306	310	274	265	279
①外出务工	（万人）	267	269	245	233	248
②外出自营	（万人）	39	41	29	32	31
2. 举家外出农民工	（万人）	205	205	201	204	194
（二）本地农民工	（万人）	856	830	821	872	895
1. 本地非农务工	（万人）	677	651	647	687	708
2. 本地非农自营	（万人）	179	179	174	185	187
二、按农民工类型分		**100**	**100**	**100**	**100**	**100**
（一）外出农民工		37.4	38.3	36.6	35.0	34.6
1. 住户中外出农民工		22.4	23.0	21.1	19.7	20.4
①外出务工		19.5	20.0	18.9	17.4	18.1
②外出自营		2.9	3.0	2.3	2.3	2.3
2. 举家外出农民工		15.0	15.2	15.5	15.3	14.2
（二）本地农民工		62.6	61.7	63.4	65.0	65.4
1. 本地非农务工		49.5	48.4	50.0	51.2	51.7
2. 本地非农自营		13.1	13.3	13.4	13.8	13.7
三、按农民工年龄分		**100**	**100**	**100**	**100**	**100**
（一）16-19 岁		0.4	0.2	0.2	0.2	0.1
（二）20-24 岁		4.9	4.2	4.2	3.9	3.4
（三）25-29 岁		10.3	9.3	8.7	8.4	8.0
（四）30-34 岁		10.2	10.4	10.3	10.0	9.3
（五）35-40 岁		10.5	10.5	10.7	10.9	11.6
（六）41-50 岁		27.9	26.7	25.1	25.6	23.7
（七）51-60 岁		24.4	26.1	27.6	30.7	32.5
（八）61-65 岁		6.9	7.1	6.9	5.5	5.8
（九）66 岁及以上		4.5	5.6	6.3	4.8	5.6
四、按农民工受教育程度分		**100**	**100**	**100**	**100**	**100**
（一）未上过学		2.1	1.9	1.7	1.0	1.1
（二）小学		20.4	20.2	20.0	15.9	16.8
（三）初中		43.3	42.8	42.1	44.9	43.4
（四）高中		18.5	18.9	18.9	19.0	18.5
（五）大学专科		10.9	11.1	11.9	13.1	13.7
（六）大学本科		4.8	4.8	5.1	5.8	6.2
（七）研究生		0.1	0.1	0.1	0.3	0.3

2-45 续表

指　　标	2018	2019	2020	2021	2022
五、按农民工本年度从事主要行业分	**100**	**100**	**100**	**100**	**100**
(一)第一产业	0.3	0.1	0.2	0.2	0.3
1. 农、林、牧、渔业	0.3	0.1	0.2	0.2	0.3
(二)第二产业	54.2	53.7	54.3	52.2	52.2
2. 采矿业	0.1	0.2	0.2	0.2	0.1
3. 制造业	41.6	41.1	42.1	40.4	40.4
4. 电力、热力、燃气及水的生产和供	1.4	1.2	1.0	1.4	1.4
5. 建筑业	11.0	11.2	11.0	10.2	10.3
(三)第三产业	45.5	46.2	45.5	47.6	47.5
6. 批发和零售业	13.5	13.2	13.4	13.2	13.3
7. 交通运输、仓储和邮政业	4.4	4.4	4.1	4.8	4.7
8. 住宿和餐饮业	4.0	4.4	3.9	4.0	4.8
9. 信息传输、软件和信息技术服务业	1.5	1.5	1.5	2.0	2.0
10. 金融业	1.3	1.5	1.4	1.0	1.0
11. 房地产业	0.3	0.5	0.4	0.6	0.5
12. 租赁和商务服务业	1.5	1.3	1.4	0.9	1.0
13. 科学研究和技术服务	0.1	0.1	0.1	0.3	0.2
14. 水利、环境和公共设施管理业	0.8	0.8	1.1	0.7	0.7
15. 居民服务、修理和其他服务业	10.5	11.0	10.8	11.0	10.7
16. 教育	1.5	1.3	1.4	1.6	1.6
17. 卫生、社会工作	2.2	2.1	2.1	2.3	2.4
18. 文化、体育和娱乐业	0.5	0.6	0.5	0.6	0.6
19. 公共管理、社会保障和社会组织	3.3	3.4	3.5	4.5	4.5
20. 国际组织					
六、按外出农民工外出地区分	**100**	**100**	**100**	**100**	**100**
(一)本省	91.5	91.9	92.1	93.1	93.4
1. 乡外县内	58.5	62.7	60.6	64.4	60.9
2. 县外省内	32.9	29.2	31.5	28.7	32.5
(二)省外	8.5	8.1	7.9	6.9	6.6
1. 东部地区	5.5	5.1	4.7	4.9	4.5
2. 中部地区	1.6	1.4	1.5	0.6	0.8
3. 西部地区	0.8	1.2	1.2	0.9	1.1
4. 其他地区	0.6	0.3	0.3	0.3	0.2

三 价格指数

3-1 各种价格总指数（1978-2022）

（上年=100）

年份	居民消费价格指数	商品零售价格指数	农业生产资料价格指数	农产品生产者价格指数	工业生产者出厂价格指数	工业生产者购进价格指数
1978		100.1		103.6		
1982		100.9		103.9		
1983		102.0	103.2	103.9		
1984	103.0	103.4	108.5	108.1		
1985	114.8	114.0	108.7	110.8		
1986	106.2	106.0	105.3	100.6		
1987	108.8	109.5	111.1	119.1		
1988	121.5	122.1	121.0	133.1		
1989	118.2	117.8	117.4	113.6		
1990	102.1	101.6	104.0	98.7	100.4	104.7
1991	103.5	103.0	103.1	101.0	101.8	102.7
1992	107.5	106.6	103.7	106.4	104.8	106.3
1993	119.8	116.7	113.3	117.8	117.3	126.3
1994	124.8	121.7	126.5	136.8	117.5	124.8
1995	116.6	113.5	129.8	112.4	112.3	119.2
1996	107.9	105.8	106.7	104.2	99.5	98.2
1997	102.8	100.3	99.7	96.2	99.2	96.5
1998	99.7	98.4	92.4	94.0	95.6	92.6
1999	98.8	97.7	95.8	88.2	96.8	96.2
2000	101.0	99.0	100.4	100.8	101.1	107.2
2001	99.8	98.1	99.7		98.3	99.6
2002	99.1	98.7	99.5	101.7	96.9	97.5
2003	101.9	99.6	102.9	101.5	100.6	105.8
2004	103.9	102.7	113.2	119.0	105.0	113.4
2005	101.3	100.9	105.8	105.9	102.3	105.4
2006	101.1	100.8	99.6	102.7	103.8	105.6
2007	104.2	103.8	107.3	108.6	102.4	105.3
2008	105.0	106.3	118.9	112.9	104.3	110.6
2009	98.5	98.8	95.9	100.3	94.9	92.6
2010	103.8	103.9	102.9	114.8	106.2	112.0
2011	105.4	105.5	110.8	113.6	105.0	108.3
2012	102.2	101.9	104.2	104.3	97.3	96.7
2013	102.3	101.0	102.8	103.0	98.2	97.7
2014	102.1	100.9	99.8	99.5	98.8	98.2
2015	101.4	99.9	100.9	102.0	96.4	94.5
2016	101.9	101.0	99.5	104.5	98.3	97.8
2017	102.1	101.4	101.8	99.1	104.8	109.6
2018	102.3	102.1	101.8	100.8	103.4	105.1
2019	102.9	102.5	102.9	109.9	98.9	97.1
2020	102.3	101.2	106.1	107.3	96.9	95.9
2021	101.5	102.2		99.3	106.3	114.5
2022	102.2	103.2		101.5	104.0	106.1

注：1. 农产品生产者价格指数2000年前称农副产品收购价格指数。
2. 农业生产资料价格指数2021年起不再统计。

3-2 居民消费和商品零售价格指数（1978-2022）

（上年=100）

年份	居民消费价格指数			商品零售价格指数		
	全省	城市	农村	全省	城市	农村
1978		100.0		100.1	99.9	100.1
1982		101.9		100.9	102.1	100.1
1983		102.8		102.0	102.9	101.2
1984	103.0	103.7	101.8	103.4	103.5	103.4
1985	114.8	115.1	114.3	114.0	115.2	112.9
1986	106.2	106.3	106.1	106.0	106.1	105.9
1987	108.8	110.9	106.4	109.5	111.3	107.4
1988	121.5	123.4	119.8	122.1	124.2	120.5
1989	118.2	116.8	119.6	117.8	116.6	118.7
1990	102.1	102.1	102.0	101.6	101.4	101.8
1991	103.5	105.6	101.5	103.0	105.2	101.4
1992	107.5	109.2	104.8	106.6	108.9	104.1
1993	119.8	121.4	117.4	116.7	119.1	115.2
1994	124.8	124.7	124.9	121.7	120.0	124.8
1995	116.6	117.0	116.4	113.5	113.0	114.3
1996	107.9	109.8	107.0	105.8	106.4	105.1
1997	102.8	104.1	102.1	100.3	100.9	99.4
1998	99.7	100.5	99.3	98.4	98.4	98.4
1999	98.8	99.5	98.5	97.7	97.7	97.7
2000	101.0	100.9	101.1	99.0	98.8	99.1
2001	99.8	99.6	100.0	98.1	97.4	99.0
2002	99.1	98.8	99.3	98.7	98.4	99.3
2003	101.9	100.5	102.9	99.6	99.4	99.9
2004	103.9	102.8	104.6	102.7	102.0	103.6
2005	101.3	101.5	101.2	100.9	101.0	100.7
2006	101.1	101.1	101.0	100.8	100.7	101.0
2007	104.2	103.9	104.4	103.8	103.7	103.9
2008	105.0	104.8	105.3	106.3	106.3	106.1
2009	98.5	98.7	98.2	98.8	98.9	98.6
2010	103.8	104.0	103.7	103.9	103.9	103.9
2011	105.4	105.3	105.6	105.5	105.4	105.8
2012	102.2	102.2	102.3	101.9	101.9	101.8
2013	102.3	102.3	102.4	101.0	101.2	100.5
2014	102.1	102.0	102.2	100.9	100.8	101.1
2015	101.4	101.4	101.4	99.9	99.8	100.2
2016	101.9	102.0	101.8	101.0	101.0	101.0
2017	102.1	102.1	102.0	101.4	101.3	101.7
2018	102.3	102.3	102.2	102.1	102.1	102.3
2019	102.9	102.8	103.2	102.5	102.5	102.5
2020	102.3	102.1	102.8	101.2	101.0	102.1
2021	101.5	101.5	101.4	102.2	102.2	102.4
2022	102.2	102.2	102.2	103.2	103.2	103.5

注：1. 城市居民消费价格指数 1984 年前称城镇职工生活费用价格指数。

2. 1994 年前商品零售价格指数包括农业生产资料。

3-3 居民消费和商品零售价格指数（1987-2022）

（1985 年=100）

年份	居民消费价格指数			商品零售价格指数
	全省	城市	农村	
1987	115.5	117.9	112.9	116.1
1988	140.4	145.5	135.2	141.7
1989	165.9	169.9	161.8	166.9
1990	169.4	173.5	165.0	169.6
1991	175.4	183.2	167.5	174.7
1992	188.5	200.0	175.5	186.2
1993	225.8	242.9	206.0	217.3
1994	281.8	302.8	257.3	264.5
1995	328.6	354.3	299.5	300.2
1996	354.6	389.1	320.5	317.6
1997	364.5	405.0	327.2	318.6
1998	363.4	407.0	324.9	313.5
1999	359.1	405.0	320.1	306.3
2000	362.6	408.6	323.6	303.2
2001	361.9	407.0	323.6	297.4
2002	358.6	402.1	321.3	293.5
2003	365.4	404.1	330.6	292.3
2004	379.7	415.4	345.8	300.2
2005	384.6	421.6	349.9	302.9
2006	388.8	426.2	353.4	305.3
2007	405.1	442.8	368.9	316.9
2008	425.4	464.1	388.5	336.9
2009	419.0	458.1	381.5	332.9
2010	434.9	476.4	395.6	345.9
2011	458.4	501.6	417.8	364.9
2012	468.4	512.4	427.2	371.7
2013	479.2	524.0	437.4	375.4
2014	489.0	534.6	447.0	378.8
2015	495.9	542.1	453.4	378.5
2016	505.6	552.9	461.6	382.3
2017	516.3	564.7	471.1	387.7
2018	528.1	577.7	481.3	395.9
2019	543.3	593.9	496.6	406.0
2020	555.6	606.4	510.7	410.8
2021	563.9	615.6	518.1	419.9
2022	576.1	628.9	529.4	433.6

注：1994 年以前商品零售价格指数包括农业生产资料。

3-4 居民消费和商品零售定基价格指数（2022）

基期年份	居民消费价格指数			商品零售价格指数
	全　省	城　市	农　村	
1978=100		893.4		588.7
1985=100		628.9		433.5
1986=100	542.5	591.7	499.0	409.0
1987=100	498.6	533.6	468.8	373.6
1988=100	410.4	432.4	391.5	306.0
1989=100	347.3	370.3	327.1	259.7
1990=100	340.1	363.0	320.7	255.5
1991=100	328.4	343.8	316.1	248.1
1992=100	305.5	314.8	301.6	232.8
1993=100	255.1	259.4	257.0	199.5
1994=100	204.4	207.9	205.6	163.9
1995=100	175.2	177.7	176.7	144.4
1996=100	162.5	161.7	165.2	136.6
1997=100	158.4	155.2	161.8	136.1
1998=100	158.8	154.5	163.3	138.5
1999=100	160.5	155.2	165.4	141.5
2000=100	159.1	153.9	163.9	143.0
2001=100	159.4	154.5	163.9	146.0
2002=100	160.7	156.5	164.7	147.6
2003=100	157.8	155.6	160.3	148.2
2004=100	151.8	151.5	153.0	144.4
2005=100	149.8	149.2	151.2	143.1
2006=100	148.2	147.6	150.0	141.9
2007=100	142.2	141.9	143.5	136.7
2008=100	135.4	135.4	136.2	128.6
2009=100	137.5	137.4	138.8	130.1
2010=100	132.4	132.1	133.8	125.4
2011=100	125.7	125.5	126.8	118.8
2012=100	123.0	122.7	123.9	116.6
2013=100	120.2	120.0	121.0	115.5
2014=100	117.8	117.6	118.4	114.4
2015=100	116.1	115.9	116.7	114.5
2016=100	114.0	113.8	114.6	113.5
2017=100	111.6	111.4	112.4	111.9
2018=100	109.1	108.9	110.0	109.5
2019=100	106.1	105.9	106.6	106.8
2020=100	103.7	103.7	103.7	105.5
2021=100	102.2	102.2	102.2	103.2

3-5 居民消费价格分类指数（2017-2018）

（上年=100）

指标	2017			2018		
	全省	城市	农村	全省	城市	农村
居民消费价格总指数	**102.1**	**102.1**	**102.0**	**102.3**	**102.3**	**102.2**
#服务价格指数	103.6	103.6	103.3	102.3	102.3	102.4
一、食品烟酒	**100.3**	**100.4**	**100.0**	**102.6**	**102.8**	**101.9**
1.食品	99.1	99.2	98.9	102.6	102.8	102.0
(1)粮食	101.3	101.1	101.9	100.5	100.4	100.8
(2)薯类	98.6	98.1	100.2	105.5	105.2	106.3
(3)豆类	101.3	101.6	100.5	101.7	101.5	102.1
(4)食用油	99.7	100.0	99.1	99.3	99.4	99.1
(5)菜	90.7	90.6	90.9	107.2	107.2	107.3
#鲜菜	89.4	89.4	89.7	107.9	107.8	108.2
(6)畜肉类	96.1	96.5	95.2	98.3	98.5	98.0
#猪肉	94.3	94.5	93.9	96.3	96.3	96.4
(7)禽肉类	100.5	100.1	101.4	106.7	106.8	106.5
(8)水产品	105.7	105.9	104.9	103.8	103.8	103.6
(9)蛋类	97.0	97.2	96.1	109.6	109.6	109.5
(10)奶类	100.7	101.0	99.6	102.3	102.7	100.9
(11)干鲜瓜果类	101.3	101.0	102.7	103.8	104.3	101.8
(12)糖果糕点类	102.1	102.3	101.8	101.2	101.1	101.4
(13)调味品	102.4	101.9	103.7	102.0	101.7	102.6
(14)其他食品类	100.2	99.9	101.2	100.5	100.3	101.4
2.茶及饮料	102.2	101.9	102.9	101.4	101.6	100.9
3.烟酒	100.8	101.0	100.5	101.2	101.3	101.0
(1)烟草	100.1	100.2	100.0	100.0	100.0	100.0
(2)酒类	102.4	102.8	101.5	103.7	104.0	103.1
4.在外餐饮	103.3	103.2	103.7	103.5	103.6	102.8
二、衣着	**101.9**	**101.6**	**103.1**	**101.1**	**101.1**	**101.3**
1.服装	102.3	101.9	103.9	101.9	102.0	101.9
(1)男式服装	102.5	102.2	103.5	102.0	102.1	101.6
(2)女式服装	102.4	101.8	104.5	102.3	102.3	102.2
(3)儿童服装	101.6	101.1	103.0	100.1	99.8	101.3
2.服装材料	105.3	105.5	104.7	103.2	103.5	102.6
3.其他衣着及配件	99.4	99.0	100.5	100.0	99.5	101.9
4.衣着加工服务费	102.3	101.8	103.8	103.4	103.5	103.4
5.鞋类	100.6	100.6	100.7	98.0	97.7	99.1
(1)鞋	100.6	100.6	100.6	97.9	97.6	99.0
(2)鞋类加工服务	104.0	104.4	102.7	103.5	104.4	101.2

3-5 续表1

指　　标	2017			2018		
	全省	城市	农村	全省	城市	农村
三、居住	**105.1**	**105.1**	**105.1**	**103.4**	**103.3**	**103.8**
1. 租赁房房租	106.7	106.8	106.2	103.9	103.9	104.1
2. 住房保养维修及管理	103.0	102.8	103.7	103.4	102.9	105.1
(1)住房装潢材料	102.8	102.8	102.8	103.9	103.7	104.5
(2)物业管理费	100.3	100.2	101.2	100.7	100.7	100.1
(3)住房装潢维修	105.0	104.6	105.8	104.3	103.3	107.3
3. 水电燃料	103.4	103.4	103.4	102.2	102.1	102.7
(1)水	109.0	107.7	113.2	101.3	101.4	101.0
(2)电	100.0	100.0	100.0	100.0	100.0	100.0
(3)燃气	107.5	108.3	105.1	107.1	106.5	108.6
(4)取暖费	100.0	100.0	100.0	100.0	100.0	100.0
(5)其他燃料	102.3	101.7	103.9	102.3	102.5	102.0
4. 自有住房	105.9	105.9	106.1	103.6	103.6	103.8
四、生活用品及服务	**100.7**	**100.5**	**101.5**	**101.4**	**101.4**	**101.2**
1. 家具及室内装饰品	101.0	101.1	100.6	101.7	101.5	102.2
(1)家具	101.2	101.4	100.7	101.9	101.8	102.2
(2)室内装饰品	99.2	98.8	100.3	100.2	99.5	102.4
2. 家用器具	99.1	98.4	101.2	99.5	99.4	99.7
(1)大型家用器具	99.1	98.5	101.0	99.7	99.6	99.8
(2)小家电	98.7	97.9	102.3	98.5	98.3	99.3
3. 家用纺织品	99.3	99.4	99.0	100.0	100.0	99.9
(1)床上用品	99.1	99.3	98.7	98.8	98.6	99.7
(2)窗帘门帘	102.1	102.2	101.9	109.4	111.7	101.8
(3)其他家用纺织品	98.1	97.9	99.2	100.5	100.7	99.4
4. 家庭日用杂品	101.3	101.2	101.7	102.0	102.2	101.7
(1)洗涤卫生用品	101.6	101.8	101.0	102.7	102.8	102.3
(2)厨具餐具茶具	100.5	99.4	103.8	102.1	102.2	101.9
(3)家用手工工具	102.1	102.3	101.7	102.5	102.1	103.1
(4)其他家庭日用杂品	101.3	101.2	101.7	101.1	101.3	100.8
5. 个人护理用品	100.7	100.5	101.7	100.1	100.0	101.0
(1)化妆品	101.1	100.9	102.6	99.9	99.7	101.1
(2)其他护理用品类	100.0	100.0	100.5	100.5	100.4	100.8
6. 家庭服务	104.9	104.4	108.6	107.6	107.7	106.9
五、交通通信	**101.3**	**101.1**	**101.7**	**101.0**	**100.9**	**101.4**
1. 交通	102.4	102.4	102.3	103.3	103.2	103.7
(1)交通工具	98.9	98.9	98.9	99.1	98.8	100.0
(2)交通工具用燃料	109.0	109.1	108.6	112.5	112.5	112.6
(3)交通工具使用和维修	103.3	102.9	104.9	102.4	102.1	103.4
(4)交通费	102.0	102.1	101.7	101.1	101.1	100.9

3-5 续表2

指标	2017			2018		
	全省	城市	农村	全省	城市	农村
2.通信	99.0	98.6	100.5	96.3	96.1	97.1
(1)通信工具	95.6	94.5	99.6	93.4	92.6	95.9
(2)通信服务	100.0	99.8	100.8	97.0	96.9	97.3
(3)邮递服务	100.8	100.9	100.6	104.1	104.3	103.3
六、教育文化娱乐	**102.7**	**102.8**	**102.2**	**102.2**	**102.2**	**102.3**
1.教育	102.8	102.9	102.4	103.0	103.0	102.8
(1)教育用品	99.4	99.1	100.5	101.1	100.9	101.8
(2)教育服务	102.9	103.0	102.4	103.0	103.1	102.9
2.文化娱乐	102.6	102.7	101.7	101.1	101.1	100.6
(1)文娱耐用消费品	97.8	97.1	100.4	96.6	96.5	96.7
(2)其他文娱用品	100.9	100.9	100.8	103.2	103.1	103.6
(3)文化娱乐服务	101.4	101.5	100.9	100.6	100.5	100.9
(4)旅游	105.7	105.7	105.2	102.4	102.4	103.2
七、医疗保健	**102.3**	**102.6**	**101.5**	**102.6**	**103.0**	**101.6**
1.药品及医疗器具	106.2	106.5	104.9	105.3	105.9	102.8
(1)中药	106.5	106.9	105.3	105.5	106.0	103.8
(2)西药	106.3	107.1	103.9	107.2	108.5	103.0
(3)滋补保健品	108.0	107.8	109.4	103.2	103.3	102.7
(4)医疗卫生器具	101.1	101.1	101.2	101.1	101.1	101.1
(5)保健器具	100.4	100.4	100.7	100.3	100.7	97.4
2.医疗服务	100.2	100.2	100.2	101.0	101.0	101.0
(1)综合医疗类	100.8	100.8	100.8	103.0	102.4	104.5
(2)诊断类	100.0	100.0	100.0	100.3	100.4	100.0
(3)治疗类	100.0	100.0	100.1	100.5	100.7	100.1
(4)康复类	100.0	100.0	100.0	101.0	101.4	99.9
(5)中医医疗服务类	100.3	100.4	100.1	103.1	103.1	103.1
(6)其他医疗服务	100.1	100.1	100.0	100.1	100.2	100.1
八、其他用品及服务	**101.1**	**100.8**	**102.3**	**100.2**	**100.0**	**101.2**
1.其他用品类	100.5	99.8	103.4	99.2	98.9	100.5
(1)首饰手表	101.6	100.7	105.7	98.8	98.5	100.1
(2)其他杂项用品	98.6	98.3	99.8	99.8	99.5	101.2
2.其他服务类	101.5	101.5	101.5	100.9	100.7	101.7
(1)旅馆住宿	102.2	102.3	102.0	100.6	100.3	101.8
(2)美容美发洗浴	104.0	104.1	103.6	103.1	102.8	104.1
(3)养老服务	102.6	103.0	100.5	104.5	104.8	102.8
(4)金融保险	98.6	98.6	98.8	98.0	98.0	98.3
(5)其他服务类	105.8	105.8	105.5	103.8	103.7	104.2

3-6 居民消费价格分类指数（2019-2020）

（上年=100）

指　　标	2019			2020		
	全省	城市	农村	全省	城市	农村
居民消费价格总指数	**102.9**	**102.8**	**103.2**	**102.3**	**102.1**	**102.8**
#服务价格指数	102.0	102.0	101.9	101.0	101.1	100.8
一、食品烟酒	**106.2**	**105.8**	**107.3**	**107.4**	**106.9**	**109.0**
1.食品	108.0	107.4	109.6	109.5	108.8	111.7
(1)粮食	100.2	100.3	99.9	101.7	101.7	101.5
(2)薯类	102.9	103.3	101.7	105.2	101.9	114.7
(3)豆类	104.9	104.3	106.5	105.8	105.7	106.3
(4)食用油	102.0	101.4	103.6	105.3	104.1	108.1
(5)菜	104.8	104.7	105.1	104.6	104.4	105.3
#鲜菜	105.1	105.0	105.5	105.1	104.8	106.0
(6)畜肉类	126.3	125.1	129.4	137.3	137.1	137.9
#猪肉	133.1	131.9	135.9	143.0	143.3	142.3
(7)禽肉类	107.3	107.4	107.1	104.0	104.6	102.4
(8)水产品	98.7	98.3	100.1	102.1	101.9	102.8
(9)蛋类	103.9	104.0	103.5	94.5	95.3	92.1
(10)奶类	102.5	102.6	102.3	100.8	100.8	101.0
(11)干鲜瓜果类	112.3	112.3	112.3	93.3	93.1	94.3
(12)糖果糕点类	100.9	100.7	101.6	102.7	103.1	101.3
(13)调味品	102.8	102.9	102.4	102.4	102.9	101.2
(14)其他食品类	101.3	101.3	101.0	102.9	103.1	102.2
2.茶及饮料	102.2	102.2	102.3	100.7	100.4	101.8
3.烟酒	101.0	101.0	101.0	100.8	100.5	101.4
(1)烟草	100.1	100.0	100.1	100.4	100.2	100.8
(2)酒类	102.9	103.0	102.7	101.6	101.2	102.5
4.在外餐饮	104.0	104.0	103.9	104.8	104.7	105.0
二、衣着	**101.8**	**101.5**	**102.8**	**100.5**	**100.5**	**100.5**
1.服装	102.1	101.8	103.1	100.9	101.0	100.8
(1)男式服装	102.6	103.2	100.5	101.3	101.5	100.7
(2)女式服装	101.8	101.0	104.7	100.5	100.6	100.3
(3)儿童服装	101.6	100.9	104.1	101.6	101.2	103.0
2.服装材料	102.3	102.4	102.0	100.1	100.3	99.5
3.其他衣着及配件	101.1	101.3	100.3	101.0	101.4	99.7
4.衣着加工服务费	104.5	104.1	105.4	103.2	103.0	103.7
5.鞋类	100.3	99.8	101.8	98.5	98.3	99.4
(1)鞋	100.3	99.8	101.8	98.5	98.2	99.4
(2)鞋类加工服务	102.2	102.2	102.3	101.1	101.1	100.9

3-6 续表 1

指　　标	2019			2020		
	全省	城市	农村	全省	城市	农村
三、居住	**100.6**	**100.6**	**100.8**	**99.9**	**100.0**	**99.6**
1.租赁房房租	100.6	100.7	100.6	99.9	99.9	99.4
2.住房保养维修及管理	102.2	102.0	103.0	101.6	101.4	101.9
(1)住房装潢材料	100.9	100.7	101.7	100.1	99.8	101.0
(2)物业管理费	100.0	100.0	100.4	101.1	101.1	101.0
(3)住房装潢维修	105.5	105.5	105.4	104.0	104.2	103.3
3.水电燃料	100.1	100.1	100.3	98.9	99.0	98.8
(1)水	100.8	101.1	100.0	100.0	100.0	100.0
(2)电	100.0	100.0	99.9	100.0	100.0	100.0
(3)燃气	100.0	99.7	100.9	96.3	96.3	96.2
(4)取暖费	100.0	100.0	100.0	100.0	100.0	100.0
(5)其他燃料	101.2	100.7	102.4	101.0	100.5	102.0
4.自有住房	100.4	100.4	100.3	99.8	100.0	99.2
四、生活用品及服务	**101.8**	**102.1**	**101.0**	**101.6**	**101.8**	**100.8**
1.家具及室内装饰品	101.7	102.1	100.6	101.1	101.2	100.8
(1)家具	102.0	102.4	100.8	101.2	101.4	100.5
(2)室内装饰品	99.3	99.2	99.6	100.2	99.2	102.9
2.家用器具	99.9	99.6	100.7	98.7	98.3	99.8
(1)大型家用器具	99.8	99.6	100.2	98.7	98.3	99.6
(2)小家电	100.5	99.7	103.6	98.7	98.2	100.7
3.家用纺织品	103.2	104.0	100.5	102.4	102.1	103.5
(1)床上用品	103.5	104.4	99.8	102.6	102.3	103.8
(2)窗帘门帘	104.6	104.4	105.4	100.9	100.5	102.4
(3)其他家用纺织品	99.4	99.1	101.2	103.0	103.1	102.5
4.家庭日用杂品	102.4	103.0	100.7	102.2	102.9	100.3
(1)洗涤卫生用品	103.6	104.6	100.6	103.6	104.6	100.6
(2)厨具餐具茶具	101.9	102.3	100.6	102.3	103.1	100.0
(3)家用手工工具	101.8	101.6	102.2	101.5	101.6	101.2
(4)其他家庭日用杂品	101.1	101.2	100.8	100.4	100.6	100.0
5.个人护理用品	102.3	102.3	102.0	102.9	103.1	101.1
(1)化妆品	102.9	103.0	102.4	103.4	103.8	100.9
(2)其他护理用品类	101.3	101.3	101.5	102.0	102.1	101.4
6.家庭服务	103.7	103.6	104.6	105.3	105.5	104.0
五、交通通信	**99.0**	**99.0**	**98.9**	**96.5**	**96.3**	**97.0**
1.交通	98.4	98.5	98.1	94.9	94.9	95.3
(1)交通工具	98.9	99.1	98.5	97.1	97.0	97.4
(2)交通工具用燃料	94.1	94.1	94.1	86.0	86.0	85.9
(3)交通工具使用和维修	102.5	102.9	101.1	104.0	104.5	102.3
(4)交通费	101.7	101.7	101.5	97.5	97.1	98.9

3-6 续表2

指　　标	2019			2020		
	全省	城市	农村	全省	城市	农村
2.通信	100.2	100.1	100.6	99.8	99.6	100.4
(1)通信工具	101.7	101.6	101.9	101.1	100.9	101.8
(2)通信服务	99.8	99.7	100.3	99.4	99.2	100.1
(3)邮递服务	100.3	100.2	100.5	99.1	99.0	99.4
六、教育文化娱乐	**103.7**	**103.8**	**103.4**	**101.8**	**101.8**	**101.8**
1.教育	104.4	104.6	103.9	103.6	103.9	102.5
(1)教育用品	101.6	101.7	101.6	101.2	101.6	100.0
(2)教育服务	104.5	104.7	104.0	103.6	104.0	102.6
2.文化娱乐	102.6	102.7	102.0	99.1	99.0	99.9
(1)文娱耐用消费品	99.7	99.4	100.8	100.3	100.0	101.2
(2)其他文娱用品	103.9	104.0	103.1	101.1	100.9	101.8
(3)文化娱乐服务	101.4	101.5	101.1	100.4	100.7	99.0
(4)旅游	103.8	103.9	103.5	97.5	97.5	97.7
七、医疗保健	**104.8**	**105.3**	**103.2**	**101.5**	**101.4**	**101.9**
1.药品及医疗器具	107.1	107.9	103.7	98.5	98.0	100.5
(1)中药	104.8	104.9	104.2	100.2	100.0	100.9
(2)西药	107.2	108.1	104.0	95.7	94.9	98.5
(3)滋补保健品	110.5	111.9	103.3	100.5	100.7	99.2
(4)医疗卫生器具	103.2	103.3	102.5	105.8	103.3	117.8
(5)保健器具	100.1	100.2	98.9	100.0	99.7	102.0
2.医疗服务	103.3	103.5	102.9	103.5	103.9	102.5
(1)综合医疗类	106.3	106.2	106.5	105.7	106.2	104.5
(2)诊断类	102.9	102.7	103.2	104.4	105.0	103.1
(3)治疗类	101.4	102.0	99.7	100.4	100.8	99.4
(4)康复类	103.4	104.5	100.7	101.4	100.4	103.9
(5)中医医疗服务类	108.1	107.7	109.1	108.4	108.9	107.2
(6)其他医疗服务	101.3	100.7	102.5	101.1	101.5	100.1
八、其他用品及服务	**103.2**	**103.2**	**103.3**	**104.2**	**104.3**	**103.9**
1.其他用品类	104.8	104.7	105.1	110.2	110.2	110.3
(1)首饰手表	107.3	107.3	107.4	115.4	115.2	116.3
(2)其他杂项用品	100.4	100.2	101.2	100.7	101.0	99.7
2.其他服务类	102.1	102.1	102.1	100.2	100.4	99.6
(1)旅馆住宿	102.1	101.8	103.0	99.5	100.1	97.8
(2)美容美发洗浴	104.4	104.6	103.7	104.8	105.6	102.2
(3)养老服务	104.9	105.3	102.7	101.5	101.7	100.9
(4)金融保险	100.0	100.0	100.0	96.4	96.3	96.7
(5)其他服务类	100.8	100.9	99.9	100.4	100.5	99.6

3-7 居民消费价格分类指数（2021-2022）

（上年=100）

指 标	2021			2022		
	全省	城市	农村	全省	城市	农村
居民消费价格指数	**101.5**	**101.5**	**101.4**	**102.2**	**102.2**	**102.2**
#服务价格指数	101.3	101.3	101.2	101.0	101.1	100.7
一、食品烟酒	**100.7**	**100.8**	**100.1**	**102.6**	**102.6**	**102.5**
1.食品	99.8	99.9	99.3	102.7	102.8	102.5
(1)粮食	100.5	100.5	100.6	101.4	101.3	101.6
(2)薯类	97.9	98.2	96.7	107.9	108.3	106.1
(3)豆类	105.6	105.4	106.3	103.5	103.8	102.4
(4)食用油	109.8	110.0	109.1	107.2	107.2	107.3
(5)菜及食用菌	105.1	104.6	107.1	103.1	103.4	101.8
#鲜菜	105.6	105.0	108.0	102.8	103.1	101.3
(6)畜肉类	81.6	82.3	79.7	96.0	95.9	96.2
#猪肉	72.8	73.1	72.3	95.2	95.0	95.7
(7)禽肉类	95.6	95.3	96.6	103.9	103.8	104.2
(8)水产品	110.3	109.9	112.0	102.5	102.4	103.1
(9)蛋类	106.8	106.2	109.0	104.8	104.4	106.3
(10)奶类	103.3	103.3	103.3	100.5	100.4	101.0
(11)干鲜瓜果类	103.1	102.9	103.9	110.0	110.1	109.4
(12)糖果糕点类	102.5	102.6	102.0	103.8	103.8	103.9
(13)调味品	101.5	101.6	101.3	104.8	104.6	105.3
(14)其他食品类	101.1	100.9	101.8	103.4	103.2	104.2
2.茶及饮料	101.2	101.4	100.2	101.8	101.9	101.4
3.烟酒	101.4	101.5	101.4	102.7	102.6	103.0
(1)卷烟	100.9	100.7	101.4	102.6	102.2	103.9
(2)酒类	102.7	103.1	101.5	102.8	103.5	100.7
4.在外餐饮	102.8	102.8	103.1	102.1	102.0	102.1
二、衣着	**101.0**	**100.8**	**101.7**	**100.4**	**100.2**	**101.2**
1.服装	100.8	100.7	101.4	100.6	100.4	101.2
(1)男式服装	101.0	101.1	100.9	100.9	100.7	101.6
(2)女式服装	100.6	100.5	101.2	100.6	100.5	100.9
(3)儿童服装	100.5	100.0	102.5	99.0	98.4	101.3
(4)衣着材料及配件	101.5	101.4	102.1	100.8	100.8	100.7
(5)衣着服务费	101.3	100.4	104.7	103.4	103.9	101.8
2.鞋类	101.7	101.3	103.2	99.8	99.5	101.0
(1)鞋	101.7	101.3	103.2	99.8	99.5	101.1
(2)鞋类服务	103.7	103.1	106.0	100.9	102.4	95.7

3-7 续表 1

指 标	2021			2022		
	全省	城市	农村	全省	城市	农村
三、居住	**100.9**	**100.8**	**101.1**	**100.7**	**100.6**	**101.1**
1.租赁房房租	99.9	99.9	100.3	99.5	99.4	99.8
2.住房保养维修及管理	104.7	105.2	102.8	104.6	105.0	103.0
(1)住房装潢材料	104.4	104.5	104.0	103.0	102.8	103.9
(2)住房维修管理费用	105.0	105.9	101.2	106.3	107.2	101.9
3.水电燃料	101.7	101.4	102.7	102.8	102.4	104.2
(1)水	100.1	100.0	100.6	100.0	100.0	100.1
(2)电	100.0	100.0	100.0	100.0	100.0	100.0
(3)燃气	106.3	105.4	108.6	110.2	109.4	112.3
(4)其他水电燃料类	102.5	102.0	104.0	104.1	102.6	108.6
4.自有住房	100.0	99.9	100.3	99.5	99.4	99.9
四、生活用品及服务	**101.6**	**101.4**	**102.5**	**101.8**	**101.6**	**102.2**
1.家具及室内装饰品	101.4	100.6	104.2	100.2	99.4	102.8
(1)家具	101.6	100.7	104.4	100.3	99.3	103.2
(2)室内装饰品	100.5	99.9	102.6	100.0	100.1	99.6
2.家用器具	102.2	101.8	103.6	103.2	103.3	102.8
(1)大型家用器具	102.5	102.2	103.7	103.5	103.7	102.7
(2)小家电	101.0	100.5	103.0	101.8	101.5	103.0
3.家用纺织品	101.6	101.3	102.8	99.4	98.9	101.9
(1)床上用品	101.3	100.9	103.0	99.3	98.8	101.2
(2)窗帘门帘	104.0	103.8	104.6	103.5	102.3	107.6
(3)其他家用纺织品	102.0	102.7	98.2	96.6	95.9	100.2
4.家庭日用杂品	101.2	101.3	101.1	101.0	100.9	101.0
(1)洗涤卫生用品	101.4	101.6	100.6	100.9	100.9	100.7
(2)厨具餐具茶具	99.7	100.1	98.1	101.6	101.1	103.2
(3)其他家庭日用杂品	101.9	101.5	102.9	100.7	100.9	100.3
5.个人护理用品	99.9	100.1	98.9	102.3	102.3	102.7
(1)化妆品	99.1	99.3	97.8	102.6	102.6	102.6
(2)其他护理用品类	101.5	101.7	100.7	101.9	101.7	102.9
6.家庭服务	104.0	103.8	105.7	102.7	102.7	102.3
五、交通通信	**104.1**	**104.2**	**103.6**	**105.1**	**105.1**	**105.0**
1.交通	105.0	105.1	104.5	106.8	106.8	106.7
(1)交通工具	99.4	99.4	99.4	100.7	100.6	100.9
(2)交通工具用燃料	117.0	116.9	117.6	120.8	120.7	121.0
(3)交通工具使用和维修	103.5	103.9	101.9	102.7	102.6	103.0
(4)交通费	102.1	102.2	101.5	99.9	99.8	100.5
2.通信	101.1	101.1	101.0	99.2	99.0	99.9
(1)通信工具	104.3	104.3	104.4	98.8	98.6	99.6
(2)通信服务	99.8	99.8	99.6	99.2	99.0	100.0
(3)邮递服务	99.7	99.4	100.9	100.5	100.6	100.1

3-7 续表2

指　　标	2021			2022		
	全省	城市	农村	全省	城市	农村
六、教育文化娱乐	**103.5**	**103.7**	**102.7**	**103.1**	**103.4**	**101.5**
1.教育	103.9	104.2	102.9	103.8	104.4	101.7
(1)教育用品	101.0	101.0	101.1	102.0	101.9	102.4
(2)教育服务	104.0	104.3	102.9	103.9	104.4	101.7
2.文化娱乐	102.9	103.0	102.4	101.8	101.9	101.1
(1)文娱耐用消费品	102.4	102.5	102.0	100.4	100.4	100.3
(2)其他文娱用品	100.4	100.4	100.6	101.2	101.1	101.5
(3)文化娱乐服务	102.2	102.2	102.1	100.1	100.1	99.9
(4)旅游	104.6	104.6	104.2	104.1	104.2	103.1
七、医疗保健	**100.8**	**100.5**	**101.6**	**100.3**	**100.2**	**100.9**
1.药品及医疗器具	100.0	99.9	100.3	99.8	99.9	99.4
(1)中药	100.4	100.5	100.0	93.8	93.8	93.6
(2)西药	99.5	99.3	100.2	102.1	102.4	101.3
(3)滋补保健品	99.5	99.4	99.8	100.4	100.4	100.0
(4)医疗卫生器具	102.3	102.3	102.3	99.4	99.3	100.0
(5)保健器具	99.6	99.6	99.2	101.0	101.2	100.1
2.医疗服务	101.1	100.8	102.1	100.5	100.3	101.4
(1)综合医疗类	102.0	101.4	104.1	101.3	101.3	101.1
(2)诊断类	101.2	100.7	102.5	101.0	100.8	101.6
(3)治疗类	100.4	100.5	100.0	98.8	98.2	100.6
(4)康复类	100.2	100.3	100.1	103.4	102.5	106.1
(5)中医医疗服务类	101.0	100.4	102.9	101.0	100.4	103.1
(6)其他医疗保健服务	100.8	100.7	100.9	100.9	101.4	99.5
八、其他用品及服务	**97.1**	**97.1**	**97.1**	**101.8**	**101.8**	**101.8**
1.其他用品	99.0	99.0	99.0	102.5	102.4	102.8
(1)首饰手表	98.0	97.9	98.6	101.8	101.7	102.5
(2)母婴用品	99.6	99.7	98.9	104.0	103.5	106.6
(3)其他杂项用品	100.8	101.0	99.9	103.1	103.4	101.4
2.其他服务	95.4	95.4	95.4	101.1	101.1	100.8
(1)在外住宿	101.5	101.6	100.9	99.4	99.6	98.0
(2)美容美发洗浴	101.9	101.7	102.4	102.7	102.8	102.2
(3)养老服务	103.7	104.1	101.4	100.7	100.3	103.3
(4)金融及保险服务	87.4	87.6	86.1	100.5	100.6	99.7
(5)中介法律及其他服务	100.5	100.4	101.1	100.8	100.9	100.0

3-8 商品零售价格分类指数（2017-2018）

（上年=100）

指　　标	2017			2018		
	全省	城市	农村	全省	城市	农村
商品零售价格总指数	**101.4**	**101.3**	**101.7**	**102.1**	**102.1**	**102.3**
一、食品	**100.1**	**100.1**	**99.8**	**102.9**	**103.0**	**102.5**
1.粮食	101.2	101.0	102.1	100.6	100.5	100.9
2.薯类	98.3	98.1	99.6	105.1	104.9	106.2
3.豆类	101.6	101.9	100.8	102.0	101.9	102.2
4.食用油	100.0	100.2	99.3	99.4	99.6	99.0
5.菜	90.8	90.7	91.3	107.1	107.1	106.8
6.畜肉类	96.1	96.4	94.8	98.3	98.3	98.1
7.禽肉类	100.3	100.0	101.8	106.5	106.5	106.4
8.水产品	105.9	106.0	105.6	103.7	103.8	103.6
9.蛋类	97.1	97.3	96.3	109.4	109.4	109.4
10.奶类	100.7	100.9	99.4	102.5	102.7	101.1
11.干鲜瓜果类	101.3	101.1	102.2	103.5	103.9	101.6
12.糖果糕点类	102.2	102.2	101.7	101.3	101.1	102.3
13.调味品	102.2	101.9	103.3	101.9	101.7	102.9
14.其他食品类	100.2	99.9	101.5	100.8	100.6	101.7
15.在外餐饮	103.3	103.2	104.2	103.5	103.5	103.6
二、饮料、烟酒	**101.1**	**101.2**	**100.9**	**101.3**	**101.3**	**101.2**
1.茶及饮料	102.0	101.9	102.3	101.6	101.6	101.5
2.烟草	100.2	100.2	100.1	100.0	100.0	100.0
3.酒类	102.2	102.4	101.4	103.5	103.5	103.3
三、服装、鞋帽	**101.8**	**101.7**	**102.5**	**101.1**	**101.1**	**101.3**
1.服装	102.3	102.0	103.5	102.0	102.0	102.1
(1)男士服装	102.8	102.8	102.7	102.1	102.1	102.1
(2)女士服装	102.1	101.7	104.2	102.3	102.3	102.3
(3)儿童服装	101.5	101.1	103.0	100.6	100.4	101.8
2.鞋帽袜	100.6	100.9	99.5	98.2	98.2	98.5
(1)鞋	100.6	100.9	99.3	98.0	97.9	98.3
(2)袜子	100.4	100.1	101.9	101.4	101.2	102.2
(3)帽子	101.2	101.4	100.4	100.2	100.2	100.1
3.其他衣着配件	98.4	98.2	99.5	98.8	97.9	102.8
四、纺织品	**100.8**	**101.1**	**99.6**	**99.9**	**99.6**	**101.5**
1.服装材料	106.4	107.0	103.3	103.5	103.5	103.4
2.床上用品	99.0	99.1	98.3	98.7	98.3	100.8

3-8 续表

指 标	2017			2018		
	全省	城市	农村	全省	城市	农村
五、家用电器及音像器材	**98.4**	**98.0**	**100.4**	**98.2**	**98.2**	**98.3**
1.家庭设备	99.1	98.7	101.0	99.7	99.6	99.9
2.文娱用耐用消费品	96.9	96.3	99.2	95.2	95.3	95.0
3.专业音像器材	99.0	98.7	100.8	98.4	98.4	97.9
六、文化办公用品	**99.2**	**98.8**	**101.6**	**100.5**	**100.5**	**101.0**
七、日用品	**100.5**	**100.3**	**101.5**	**101.5**	**101.2**	**102.6**
1.日用百货	101.3	101.1	101.9	101.9	101.8	102.6
2.厨具餐具茶具	100.3	99.7	103.1	102.4	102.3	103.0
3.清洗用品	101.2	101.2	100.8	101.7	101.2	104.1
4.其他日用品	98.8	98.5	99.9	99.8	99.5	101.0
八、体育娱乐用品	**100.1**	**100.2**	**99.6**	**100.7**	**100.7**	**100.8**
1.体育户外用品	100.1	100.2	99.5	100.7	100.6	101.4
2.娱乐用品	100.1	100.1	99.6	100.7	100.7	100.6
九、交通、通信用品	**98.8**	**98.7**	**99.7**	**98.4**	**98.3**	**99.3**
1.交通运输机械	99.4	99.4	99.3	99.3	99.1	100.3
2.通信器材	96.5	95.5	100.9	94.6	94.2	96.4
十、家具	**101.3**	**101.4**	**100.6**	**101.8**	**101.8**	**102.0**
十一、化妆品	**100.9**	**100.8**	**101.9**	**99.8**	**99.7**	**100.8**
十二、金银饰品	**101.5**	**100.8**	**106.5**	**98.3**	**98.0**	**100.0**
十三、中西药品及医疗保健用品	**106.5**	**106.7**	**105.8**	**105.3**	**105.8**	**102.8**
1.医疗卫生器具	101.2	101.1	101.8	101.1	101.1	101.1
2.中药	106.6	106.7	105.8	105.1	105.4	103.5
3.西药	106.2	106.6	104.3	107.1	108.1	102.7
4.保健器具及用品	107.9	107.6	110.2	102.9	103.0	102.4
十四、书报杂志及电子出版物	**101.1**	**101.0**	**101.5**	**104.3**	**104.2**	**104.9**
1.教材及参考书	99.4	99.2	100.6	101.1	101.0	101.5
2.书报杂志	102.6	102.6	102.6	109.9	109.9	109.9
3.计算机办公软件	100.7	100.7	100.7	97.9	97.9	97.9
十五、燃料	**108.6**	**108.9**	**107.2**	**110.0**	**109.9**	**110.4**
1.煤炭及制品	107.9	108.8	104.3	102.0	101.9	102.7
2.石油及制品	108.7	108.9	107.6	111.0	110.8	111.7
十六、建筑材料及五金电料	**102.3**	**102.2**	**102.8**	**103.6**	**103.4**	**104.3**
1.建筑装潢材料	102.8	102.8	102.8	104.0	103.8	104.7
2.五金水暖	101.1	100.8	102.6	102.6	102.4	103.5

3-9 商品零售价格分类指数（2019-2020）

（上年=100）

指　　标	2019			2020		
	全省	城市	农村	全省	城市	农村
商品零售价格总指数	**102.5**	**102.5**	**102.5**	**101.2**	**101.0**	**102.1**
一、食品	**106.8**	**106.5**	**108.1**	**108.1**	**107.8**	**109.5**
1. 粮食	100.2	100.3	100.0	101.5	101.5	101.4
2. 薯类	103.3	103.5	101.7	103.5	102.1	111.4
3. 豆类	105.2	104.9	106.2	106.0	105.9	106.3
4. 食用油	101.9	101.5	103.4	104.8	103.9	107.9
5. 菜	104.4	104.4	104.3	104.7	104.5	105.7
6. 畜肉类	126.0	125.2	129.4	137.6	137.3	139.0
7. 禽肉类	107.4	107.5	107.2	104.4	105.0	102.0
8. 水产品	98.5	98.2	99.9	102.1	102.0	102.7
9. 蛋类	104.0	104.1	103.3	94.6	95.0	92.6
10. 奶类	102.6	102.7	102.6	101.0	101.0	100.9
11. 干鲜瓜果类	112.5	112.6	111.7	93.3	93.1	94.1
12. 糖果糕点类	101.1	100.8	102.4	102.6	102.9	101.3
13. 调味品	102.8	102.8	102.9	102.2	102.5	101.2
14. 其他食品类	101.3	101.4	100.8	102.8	102.9	102.2
15. 在外餐饮	104.3	104.1	105.4	104.9	104.9	104.9
二、饮料、烟酒	**101.3**	**101.3**	**101.2**	**100.7**	**100.6**	**101.3**
1. 茶及饮料	102.0	102.0	101.9	100.7	100.5	101.6
2. 烟草	100.0	100.0	100.1	100.3	100.2	100.8
3. 酒类	102.7	102.8	102.6	101.4	101.2	102.1
三、服装、鞋帽	**101.5**	**101.4**	**102.2**	**100.4**	**100.3**	**100.8**
1. 服装	101.9	101.8	102.6	100.8	100.8	101.1
(1) 男士服装	102.7	103.0	101.1	101.2	101.2	101.1
(2) 女士服装	101.5	101.0	103.7	100.5	100.5	100.7
(3) 儿童服装	101.2	100.9	102.5	101.1	100.7	102.6
2. 鞋帽袜	100.1	100.0	101.0	98.9	98.6	100.0
(1) 鞋	100.0	99.8	101.1	98.7	98.4	100.2
(2) 袜子	103.0	103.5	100.2	101.3	102.0	97.8
(3) 帽子	98.5	98.2	100.2	100.7	101.0	99.6
3. 其他衣着配件	100.1	99.8	101.3	101.1	101.2	100.5
四、纺织品	**103.7**	**104.3**	**100.5**	**102.1**	**102.2**	**101.8**
1. 服装材料	102.8	103.0	101.7	100.1	100.3	99.3
2. 床上用品	104.0	104.8	100.0	102.8	102.8	102.7

3-9 续表

指　标	2019			2020		
	全省	城市	农村	全省	城市	农村
五、家用电器及音像器材	**99.0**	**98.8**	**100.0**	**98.9**	**98.8**	**99.6**
1.家庭设备	99.9	99.8	100.4	98.6	98.3	99.6
2.文娱用耐用消费品	98.7	98.3	100.0	99.5	99.5	99.3
3.专业音像器材	94.1	93.9	95.1	99.3	99.2	99.8
六、文化办公用品	**100.3**	**100.3**	**100.6**	**99.8**	**99.2**	**103.1**
七、日用品	**102.4**	**102.6**	**101.4**	**101.2**	**101.5**	**99.7**
1.日用百货	102.9	103.3	101.3	100.8	101.0	99.7
2.厨具餐具茶具	102.0	102.3	101.0	102.3	102.9	99.4
3.清洗用品	103.8	104.1	102.1	102.0	102.3	100.3
4.其他日用品	100.1	99.9	101.0	100.5	100.7	99.5
八、体育娱乐用品	**101.3**	**101.5**	**100.5**	**101.3**	**101.3**	**101.0**
1.体育户外用品	99.5	99.5	99.2	102.2	102.5	100.3
2.娱乐用品	102.2	102.4	101.1	100.9	100.8	101.3
九、交通、通信用品	**99.7**	**99.9**	**99.1**	**98.5**	**98.5**	**98.7**
1.交通运输机械	99.4	99.5	98.7	97.9	97.8	98.0
2.通信器材	101.5	101.8	100.2	101.6	101.7	100.8
十、家具	**102.2**	**102.4**	**100.7**	**101.2**	**101.3**	**100.8**
十一、化妆品	**102.8**	**102.9**	**102.1**	**103.3**	**103.7**	**101.1**
十二、金银饰品	**108.3**	**108.3**	**108.4**	**116.6**	**116.4**	**117.6**
十三、中西药品及医疗保健用品	**107.6**	**108.3**	**103.7**	**98.5**	**98.0**	**101.0**
1.医疗卫生器具	103.2	103.3	102.5	105.6	103.3	117.8
2.中药	104.6	104.7	104.2	100.4	100.2	101.2
3.西药	107.1	107.6	104.4	96.1	95.3	100.1
4.保健器具及用品	111.3	112.7	101.7	100.4	100.5	99.8
十四、书报杂志及电子出版物	**104.5**	**104.5**	**104.2**	**101.0**	**101.0**	**101.3**
1.教材及参考书	101.8	101.9	101.0	101.7	102.0	100.2
2.书报杂志	109.7	110.1	108.0	101.2	101.0	102.4
3.计算机办公软件	96.6	96.2	99.1	99.0	98.9	100.0
十五、燃料	**96.4**	**96.3**	**97.0**	**90.4**	**90.3**	**91.1**
1.煤炭及制品	98.9	98.5	100.5	100.1	99.9	100.9
2.石油及制品	96.1	96.0	96.4	89.2	89.2	89.5
十六、建筑材料及五金电料	**101.1**	**100.9**	**101.9**	**100.3**	**100.1**	**100.8**
1.建筑装潢材料	101.0	100.9	101.8	99.9	99.8	100.5
2.五金水暖	101.3	101.1	102.3	101.1	101.0	101.3

3-10 商品零售价格分类指数（2021-2022）

（上年=100）

指　　标	2021			2022		
	全省	城市	农村	全省	城市	农村
商品零售价格总指数	**102.2**	**102.2**	**102.4**	**103.2**	**103.2**	**103.5**
一、食品	**100.6**	**100.7**	**99.8**	**102.6**	**102.6**	**102.4**
1.粮食	100.7	100.6	100.9	101.4	101.2	102.1
2.薯类	97.9	98.1	97.0	107.8	108.3	105.1
3.豆类	105.2	105.4	104.5	103.3	103.6	102.2
4.食用油	109.5	110.0	107.9	107.1	107.1	107.1
5.菜及食用菌	105.1	104.7	106.5	103.3	103.5	102.6
6.畜肉类	81.8	82.4	79.7	95.9	95.9	96.0
7.禽肉类	95.7	95.4	97.3	103.9	103.8	104.1
8.水产品	110.5	110.1	112.4	102.6	102.5	103.3
9.蛋类	106.7	106.2	108.9	104.8	104.4	106.3
10.奶类	103.2	103.3	102.5	100.6	100.5	100.8
11.干鲜瓜果类	103.2	102.9	104.6	110.1	110.1	110.0
12.糖果糕点类	102.5	102.6	102.0	103.7	103.7	104.0
13.调味品	101.4	101.6	100.9	104.6	104.5	104.9
14.其他食品类	100.8	100.8	100.7	103.0	103.2	102.3
15.餐饮业零售	102.8	102.8	102.8	102.0	102.1	101.8
二、饮料、烟酒	**101.4**	**101.4**	**101.2**	**102.5**	**102.5**	**102.6**
1.茶及饮料	101.3	101.5	100.4	101.8	101.9	101.4
2.卷烟	100.9	100.8	101.5	102.5	102.3	103.8
3.酒类	102.7	103.0	101.0	102.9	103.4	100.1
三、服装、鞋帽	**100.8**	**100.7**	**101.1**	**100.3**	**100.1**	**101.0**
1.服装	100.7	100.6	101.1	100.4	100.3	101.1
(1)男士服装	101.0	101.0	101.1	100.8	100.7	101.3
(2)女士服装	100.6	100.5	100.9	100.4	100.3	100.8
(3)儿童服装	100.3	99.9	102.0	98.9	98.3	101.5
2.鞋帽袜	101.2	101.2	101.1	99.8	99.6	100.9
(1)鞋	101.2	101.2	101.1	99.7	99.4	100.9
(2)袜子	102.1	102.3	100.9	100.9	101.0	100.4
(3)帽子	101.4	100.9	104.0	102.5	102.8	100.8
3.其他衣着配件	100.8	100.7	101.6	100.3	100.3	100.5
四、纺织品	**101.4**	**101.0**	**102.8**	**100.0**	**99.8**	**100.5**
1.服装材料	101.7	101.2	103.3	101.7	101.8	101.4
2.床上用品	101.3	101.0	102.6	99.4	99.2	100.2

3-10 续表

指标	2021			2022		
	全省	城市	农村	全省	城市	农村
五、家用电器及音像器材	**102.6**	**102.4**	**103.6**	**101.9**	**102.0**	**101.5**
1.家庭设备	102.1	101.8	103.3	103.2	103.3	102.7
2.文娱用耐用消费品	103.8	103.6	104.7	99.4	99.4	99.4
3.专业音像器材	101.8	101.9	100.2	102.1	102.4	99.7
六、文化办公用品	**101.0**	**101.0**	**101.2**	**101.7**	**101.6**	**102.4**
七、日用品	**100.5**	**100.5**	**100.3**	**101.6**	**101.4**	**102.7**
1.日用百货	100.4	100.3	100.9	102.1	101.5	105.1
2.厨具餐具茶具	99.7	100.0	97.9	101.4	101.1	102.9
3.清洗用品	101.0	101.1	100.7	100.4	100.7	99.1
4.其他日用品	100.7	100.7	100.5	102.1	102.2	102.0
八、体育娱乐用品	**100.6**	**100.7**	**100.3**	**101.7**	**101.4**	**103.1**
1.体育户外用品	101.5	101.8	99.9	104.1	103.3	108.5
2.娱乐用品	100.3	100.2	100.5	100.6	100.6	100.6
九、交通、通信用品	**100.6**	**100.6**	**100.6**	**100.6**	**100.6**	**100.4**
1.交通运输机械	99.7	99.7	99.8	101.0	101.0	100.8
2.通信器材	104.2	104.3	103.9	99.2	99.2	99.0
十、家具	**101.4**	**100.8**	**104.4**	**100.7**	**99.5**	**106.5**
十一、化妆品	**99.8**	**100.0**	**98.4**	**102.6**	**102.6**	**102.8**
十二、金银饰品	**97.2**	**97.0**	**98.5**	**102.2**	**102.1**	**102.9**
十三、中西药品及医疗保健用品	**99.9**	**99.8**	**100.2**	**100.0**	**100.2**	**99.2**
1.医疗卫生器具	102.1	102.1	102.3	99.3	99.1	100.1
2.中药	100.5	100.5	100.2	93.6	93.7	93.1
3.西药	99.4	99.3	99.8	102.7	103.0	100.9
4.保健器具及用品	99.3	99.1	100.5	100.4	100.4	100.3
十四、书报杂志及电子出版物	**100.2**	**100.2**	**100.2**	**101.2**	**101.3**	**100.5**
1.教材及参考书	101.0	101.0	101.1	102.2	102.2	102.3
2.书报杂志及音像制品	100.0	100.0	100.0	101.6	101.9	100.0
3.计算机办公软件	98.8	98.8	98.8	97.5	97.4	97.7
十五、燃料	**115.4**	**115.3**	**115.7**	**118.7**	**118.6**	**119.3**
1.煤炭及制品	120.6	122.0	113.1	111.9	111.3	115.5
2.石油及制品	114.9	114.7	116.0	119.4	119.3	119.6
十六、建筑材料及五金电料	**104.2**	**104.0**	**105.0**	**103.0**	**102.8**	**104.0**
1.建筑装潢材料	104.4	104.4	104.4	103.0	102.7	104.1
2.五金水暖	103.5	102.9	106.4	102.9	102.8	103.6

3-11 居民消费价格分类指数（2022年1月）

指　标	上年同月=100(同比)			上月=100(环比)		
	全省	城市	农村	全省	城市	农村
居民消费价格总指数	**101.4**	**101.5**	**100.7**	**100.6**	**100.7**	**100.4**
#服务价格指数	102.0	102.2	101.2	100.5	100.6	100.3
工业品价格指数	102.7	102.7	102.9	100.1	100.2	100.1
消费品价格指数	100.9	101.0	100.3	100.7	100.7	100.5
非食品价格指数	102.4	102.4	102.1	100.4	100.4	100.3
一、食品烟酒	**98.8**	**99.2**	**97.5**	**101.4**	**101.5**	**101.0**
1.食品	96.9	97.3	95.2	101.9	102.1	101.3
(1)粮食	101.1	101.0	101.6	100.4	100.5	100.3
(2)薯类	101.0	101.3	99.9	101.9	101.8	102.5
(3)豆类	106.9	107.5	105.2	100.5	100.6	100.1
(4)食用油	105.5	105.9	104.4	100.1	100.2	99.9
(5)菜及食用菌	93.1	93.6	91.0	99.5	99.7	98.6
#鲜菜	91.9	92.6	89.4	99.3	99.6	98.2
(6)畜肉类	74.4	75.3	71.8	99.2	99.4	98.6
#猪肉	63.8	64.1	62.9	98.4	98.6	97.8
(7)禽肉类	99.3	99.3	99.2	100.2	100.2	100.3
(8)水产品	107.6	107.7	107.3	107.7	108.2	106.0
(9)蛋类	103.6	103.5	103.9	99.0	98.9	99.1
(10)奶类	101.6	101.4	102.4	99.8	99.8	99.8
(11)干鲜瓜果类	106.1	105.6	108.2	104.9	104.7	105.9
(12)糖果糕点类	101.8	101.7	102.5	99.9	99.9	100.1
(13)调味品	102.8	102.3	104.1	99.7	99.2	101.1
(14)其他食品类	103.3	103.2	103.4	100.1	100.0	100.4
2.茶及饮料	101.4	101.5	101.2	100.2	100.2	100.1
3.烟酒	102.3	102.0	103.2	99.7	99.5	100.3
(1)卷烟	102.8	102.2	104.5	100.4	100.2	100.8
(2)酒类	101.1	101.5	100.0	98.1	97.9	98.9
4.在外餐饮	102.9	103.0	102.4	100.7	100.8	100.3
二、衣着	**98.8**	**99.1**	**97.8**	**99.7**	**99.7**	**99.8**
1.服装	99.1	99.5	97.6	99.7	99.7	99.8
(1)男式服装	98.9	99.0	98.3	99.6	99.5	99.6
(2)女式服装	99.3	99.9	96.8	99.7	99.7	99.8
(3)儿童服装	98.0	98.1	97.6	99.7	99.5	100.8
(4)衣着材料及配件	101.3	101.5	100.3	100.3	100.5	99.6
(5)衣着服务费	102.1	102.3	101.6	100.7	100.7	100.8
2.鞋类	97.7	97.4	98.8	99.8	99.8	99.8
(1)鞋	97.6	97.3	98.7	99.8	99.8	99.7
(2)鞋类服务	104.4	103.9	106.1	100.2	100.2	100.4

3-11 续表1

指　　标	上年同月=100(同比)			上月=100(环比)		
	全省	城市	农村	全省	城市	农村
三、居住	**101.2**	**101.1**	**101.5**	**100.1**	**100.1**	**100.0**
1.租赁房房租	99.9	99.9	99.9	99.9	99.9	100.0
2.住房保养维修及管理	106.0	106.3	104.5	100.4	100.6	99.8
(1)住房装潢材料	106.3	106.2	107.0	99.8	99.9	99.6
(2)住房维修管理费用	105.6	106.5	101.5	101.1	101.3	100.0
3.水电燃料	102.6	102.2	104.2	100.2	100.2	100.4
(1)水	100.1	100.0	100.7	100.0	100.0	100.0
(2)电	100.0	100.0	100.0	100.0	100.0	100.0
(3)燃气	109.1	108.3	111.4	100.9	100.9	100.8
(4)其他水电燃料类	105.3	103.7	110.7	100.1	99.6	101.6
4.自有住房	100.0	99.9	100.1	99.9	99.9	100.0
四、生活用品及服务	**101.9**	**101.8**	**102.3**	**100.5**	**100.8**	**99.8**
1.家具及室内装饰品	101.6	100.6	105.1	99.9	100.0	99.6
(1)家具	101.9	100.7	105.8	99.9	100.0	99.8
(2)室内装饰品	99.5	99.5	99.5	99.4	99.7	97.9
2.家用器具	103.0	102.6	104.2	99.9	100.0	99.7
(1)大型家用器具	103.4	103.0	104.6	99.9	99.9	99.6
(2)小家电	101.3	101.1	102.3	100.2	100.2	100.2
3.家用纺织品	99.8	99.1	102.6	99.5	99.3	100.2
(1)床上用品	99.3	98.8	101.6	99.8	99.7	100.4
(2)窗帘门帘	105.4	103.6	112.0	100.1	100.1	100.0
(3)其他家用纺织品	98.4	98.0	100.6	95.7	95.0	99.5
4.家庭日用杂品	100.3	100.5	99.7	99.7	99.7	99.5
(1)洗涤卫生用品	99.0	99.3	98.0	99.5	99.4	99.6
(2)厨具餐具茶具	100.0	100.3	99.0	99.6	99.7	99.3
(3)其他家庭日用杂品	102.0	102.1	101.7	100.0	100.1	99.5
5.个人护理用品	98.7	98.9	97.4	99.2	99.2	98.8
(1)化妆品	97.3	97.7	95.0	98.8	98.9	98.2
(2)其他护理用品类	101.2	101.2	101.3	99.9	100.0	99.7
6.家庭服务	109.7	110.3	105.9	107.9	108.7	102.6
五、交通通信	**105.3**	**105.4**	**105.0**	**101.2**	**101.2**	**101.1**
1.交通	107.2	107.2	107.0	101.4	101.4	101.3
(1)交通工具	101.1	101.0	101.8	99.9	99.8	100.2
(2)交通工具用燃料	120.2	120.2	120.4	102.3	102.3	102.3
(3)交通工具使用和维修	103.7	103.8	103.5	100.5	100.6	100.4
(4)交通费	104.6	104.9	103.5	105.1	105.4	103.9
2.通信	99.3	99.3	99.3	100.3	100.2	100.5
(1)通信工具	97.5	97.5	97.4	100.9	100.7	101.8
(2)通信服务	100.0	100.0	100.0	100.0	100.0	100.0
(3)邮递服务	100.6	100.5	101.2	100.6	100.5	101.0

3-11 续表2

指　　标	上年同月=100(同比)			上月=100(环比)		
	全省	城市	农村	全省	城市	农村
六、教育文化娱乐	**104.9**	**105.5**	**102.2**	**100.4**	**100.5**	**100.0**
1.教育	105.5	106.4	102.2	100.0	100.0	100.0
(1)教育用品	101.6	101.6	101.4	100.0	100.0	100.0
(2)教育服务	105.6	106.5	102.3	99.9	99.9	100.0
2.文化娱乐	103.8	104.0	102.1	101.2	101.3	100.1
(1)文娱耐用消费品	100.7	100.8	100.1	99.0	99.1	98.7
(2)其他文娱用品	100.4	100.4	100.5	99.8	99.8	99.6
(3)文化娱乐服务	101.3	101.3	101.5	100.2	100.2	100.0
(4)旅游	108.6	108.8	106.5	103.6	103.7	102.5
七、医疗保健	**100.6**	**100.5**	**101.0**	**100.0**	**99.9**	**100.1**
1.药品及医疗器具	100.1	100.2	99.8	99.5	99.6	99.0
(1)中药	95.7	95.5	96.5	94.8	94.6	95.7
(2)西药	102.5	102.9	101.4	101.5	102.0	99.9
(3)滋补保健品	99.2	99.2	99.6	99.0	98.9	99.5
(4)医疗卫生器具	99.5	99.7	98.7	99.9	99.9	100.0
(5)保健器具	99.4	99.2	100.1	100.0	100.1	99.5
2.医疗服务	100.8	100.6	101.4	100.1	100.0	100.4
(1)综合医疗类	101.9	101.8	102.4	100.8	100.9	100.5
(2)诊断类	101.3	101.1	102.1	100.6	100.6	100.7
(3)治疗类	98.8	98.7	99.3	98.5	98.3	99.3
(4)康复类	103.4	102.8	105.2	102.5	101.7	105.2
(5)中医医疗服务类	100.7	100.5	101.5	100.1	99.8	101.1
(6)其他医疗保健服务	100.9	101.4	99.3	100.4	100.7	99.3
八、其他用品及服务	**100.3**	**100.4**	**99.8**	**101.2**	**101.3**	**101.0**
1.其他用品	98.2	98.4	96.9	100.7	100.8	100.3
(1)首饰手表	96.1	96.1	96.4	101.6	101.7	101.1
(2)母婴用品	97.3	97.7	95.0	98.4	98.4	98.5
(3)其他杂项用品	102.9	103.7	98.7	100.2	100.3	99.9
2.其他服务	102.3	102.3	102.6	101.7	101.7	101.6
(1)在外住宿	99.2	99.4	97.6	98.7	98.5	99.7
(2)美容美发洗浴	107.8	108.0	106.7	106.1	106.4	104.5
(3)养老服务	101.2	100.7	104.5	100.0	100.0	100.0
(4)金融及保险服务	99.6	99.6	99.5	100.0	100.0	100.0
(5)中介法律及其他服务	101.2	101.3	100.7	100.0	100.0	100.0

3-12 居民消费价格分类指数（2022 年 2 月）

指标	上年同月=100(同比)			上月=100(环比)		
	全省	城市	农村	全省	城市	农村
居民消费价格总指数	**101.1**	**101.3**	**100.5**	**100.8**	**100.8**	**100.8**
#服务价格指数	101.5	101.7	100.6	100.0	100.0	100.0
工业品价格指数	103.4	103.3	103.5	100.8	100.8	100.8
消费品价格指数	100.9	101.0	100.4	101.3	101.4	101.3
非食品价格指数	102.3	102.4	102.0	100.4	100.4	100.3
一、食品烟酒	**98.2**	**98.4**	**97.1**	**102.0**	**102.0**	**101.9**
1. 食品	95.9	96.2	94.7	102.7	102.8	102.7
(1) 粮食	100.8	100.6	101.2	99.9	99.9	100.1
(2) 薯类	96.4	96.1	97.9	104.2	103.8	105.7
(3) 豆类	106.0	107.1	102.8	101.0	101.0	100.8
(4) 食用油	104.1	104.4	103.4	99.6	99.5	99.7
(5) 菜及食用菌	96.7	96.8	96.6	107.8	107.6	108.6
#鲜菜	95.6	95.7	95.2	108.7	108.4	109.8
(6) 畜肉类	73.8	74.6	71.4	99.3	99.5	98.8
#猪肉	62.9	63.2	62.0	97.8	98.2	97.0
(7) 禽肉类	98.0	98.1	98.0	100.8	100.7	101.2
(8) 水产品	102.4	102.5	101.9	108.0	108.2	107.4
(9) 蛋类	101.1	100.8	101.9	99.0	99.0	98.8
(10) 奶类	100.7	100.5	101.8	99.2	99.1	99.7
(11) 干鲜瓜果类	103.4	103.1	105.1	101.9	101.7	102.8
(12) 糖果糕点类	102.1	101.7	103.5	100.1	100.0	100.3
(13) 调味品	102.8	102.3	104.1	100.9	100.9	100.7
(14) 其他食品类	101.2	100.8	102.7	97.4	96.8	99.7
2. 茶及饮料	101.4	101.4	101.3	99.6	99.5	100.0
3. 烟酒	102.9	102.8	103.4	100.5	100.7	100.0
(1) 卷烟	103.0	102.5	104.4	100.2	100.3	99.8
(2) 酒类	102.8	103.4	101.0	101.2	101.6	100.3
4. 在外餐饮	102.8	102.8	102.4	100.7	100.7	100.6
二、衣着	**99.2**	**99.3**	**98.6**	**100.0**	**99.9**	**100.5**
1. 服装	99.4	99.6	98.6	100.0	99.8	100.7
(1) 男式服装	99.2	99.2	99.0	100.0	99.8	100.7
(2) 女式服装	99.5	99.8	98.0	99.8	99.6	100.6
(3) 儿童服装	98.6	98.6	98.4	100.4	100.2	101.2
(4) 衣着材料及配件	101.7	101.7	101.4	100.2	100.2	100.4
(5) 衣着服务费	103.1	103.8	100.6	101.2	101.4	100.4
2. 鞋类	98.3	98.2	98.6	100.2	100.4	99.6
(1) 鞋	98.2	98.1	98.5	100.2	100.4	99.5
(2) 鞋类服务	103.0	103.9	99.8	100.5	100.0	102.4

3-12 续表 1

指　　标	上年同月=100(同比)			上月=100(环比)		
	全省	城市	农村	全省	城市	农村
三、居住	**101.4**	**101.5**	**101.4**	**100.4**	**100.4**	**100.0**
1.租赁房房租	100.1	100.1	99.8	100.2	100.2	99.9
2.住房保养维修及管理	106.8	107.3	104.6	101.5	101.7	100.3
(1)住房装潢材料	106.2	106.1	106.9	100.0	100.0	100.2
(2)住房维修管理费用	107.3	108.5	101.9	103.0	103.6	100.4
3.水电燃料	102.8	102.5	104.0	100.3	100.3	100.2
(1)水	100.0	100.0	100.0	100.0	100.0	100.0
(2)电	100.0	100.0	100.0	100.0	100.0	100.0
(3)燃气	110.3	109.8	111.6	101.1	101.4	100.6
(4)其他水电燃料类	104.8	103.3	109.5	100.0	100.0	100.0
4.自有住房	100.2	100.2	100.0	100.2	100.2	99.9
四、生活用品及服务	**101.1**	**100.7**	**102.5**	**99.7**	**99.5**	**100.5**
1.家具及室内装饰品	101.5	100.5	104.9	99.9	99.9	99.9
(1)家具	101.8	100.6	105.6	99.9	99.9	99.9
(2)室内装饰品	99.4	99.4	99.3	99.8	99.8	100.0
2.家用器具	103.9	103.5	105.5	101.0	100.9	101.4
(1)大型家用器具	104.6	104.1	106.3	101.3	101.2	101.7
(2)小家电	101.0	100.8	101.9	99.8	99.8	99.9
3.家用纺织品	99.7	99.0	102.8	100.0	99.9	100.1
(1)床上用品	99.3	98.7	101.9	99.9	99.8	100.1
(2)窗帘门帘	105.2	103.4	112.0	100.4	100.5	100.0
(3)其他家用纺织品	97.4	97.1	98.7	100.3	100.3	100.2
4.家庭日用杂品	100.1	100.3	99.5	100.2	100.1	100.3
(1)洗涤卫生用品	98.4	98.6	97.6	99.9	100.1	99.4
(2)厨具餐具茶具	100.8	100.6	101.5	100.9	100.4	102.6
(3)其他家庭日用杂品	101.8	102.3	100.5	100.0	100.0	100.0
5.个人护理用品	100.1	100.2	99.1	100.9	100.9	100.9
(1)化妆品	99.6	99.9	97.8	101.5	101.5	101.3
(2)其他护理用品类	100.9	100.8	101.3	99.9	99.8	100.2
6.家庭服务	97.8	97.3	100.5	93.5	92.8	98.3
五、交通通信	**105.3**	**105.5**	**104.6**	**101.0**	**101.0**	**100.7**
1.交通	107.2	107.4	106.6	101.3	101.3	101.0
(1)交通工具	101.1	101.0	101.6	99.9	100.0	99.7
(2)交通工具用燃料	123.3	123.2	123.5	106.0	106.0	106.1
(3)交通工具使用和维修	102.3	102.9	99.4	101.6	101.8	100.5
(4)交通费	99.4	99.6	98.5	94.7	94.5	95.6
2.通信	99.0	99.0	98.8	99.8	99.8	99.8
(1)通信工具	96.7	96.9	96.1	99.5	99.6	99.5
(2)通信服务	100.0	100.0	100.0	100.0	100.0	100.0
(3)邮递服务	98.6	98.8	97.8	99.4	99.5	99.1

3-12 续表2

指　　标	上年同月=100(同比)			上月=100(环比)		
	全省	城市	农村	全省	城市	农村
六、教育文化娱乐	**104.2**	**104.6**	**102.0**	**100.3**	**100.3**	**100.3**
1.教育	105.6	106.5	102.3	100.1	100.1	100.0
(1)教育用品	101.6	101.6	101.5	100.0	100.0	100.0
(2)教育服务	105.7	106.6	102.3	100.1	100.1	100.0
2.文化娱乐	101.7	101.8	101.3	100.6	100.6	101.2
(1)文娱耐用消费品	100.8	100.8	100.9	100.0	99.8	100.7
(2)其他文娱用品	100.2	100.0	101.3	99.6	99.5	100.2
(3)文化娱乐服务	100.3	100.3	99.8	101.1	100.9	102.3
(4)旅游	103.8	103.8	103.6	101.0	101.0	101.2
七、医疗保健	**100.5**	**100.4**	**100.9**	**100.1**	**100.0**	**100.6**
1.药品及医疗器具	100.4	100.6	99.5	99.9	100.0	99.7
(1)中药	95.0	95.3	94.0	99.2	99.8	97.3
(2)西药	103.1	103.6	101.5	100.1	100.1	100.1
(3)滋补保健品	100.0	100.0	100.3	100.3	100.2	100.9
(4)医疗卫生器具	98.8	98.9	98.5	99.3	99.2	99.8
(5)保健器具	99.4	99.2	100.4	100.1	100.0	100.7
2.医疗服务	100.5	100.2	101.4	100.2	100.0	100.9
(1)综合医疗类	101.2	101.2	101.2	100.1	100.0	100.5
(2)诊断类	101.0	100.8	101.6	100.2	100.0	100.7
(3)治疗类	98.8	98.2	100.7	100.3	100.0	101.4
(4)康复类	103.6	102.8	106.2	100.2	100.0	101.0
(5)中医医疗服务类	101.1	100.4	103.5	100.5	100.0	102.0
(6)其他医疗保健服务	100.9	101.4	99.5	100.1	100.0	100.1
八、其他用品及服务	**100.5**	**100.7**	**99.6**	**99.9**	**99.9**	**100.2**
1.其他用品	101.1	101.4	99.5	101.3	101.2	101.5
(1)首饰手表	100.1	100.2	99.2	101.8	101.8	101.8
(2)母婴用品	98.2	98.4	97.0	100.9	100.6	102.0
(3)其他杂项用品	104.6	105.2	101.3	100.4	100.3	100.7
2.其他服务	100.0	100.0	99.7	98.6	98.6	99.0
(1)在外住宿	98.5	98.9	96.2	100.4	100.1	102.3
(2)美容美发洗浴	100.0	100.1	99.8	95.1	94.8	96.8
(3)养老服务	101.2	100.7	104.5	100.0	100.0	100.0
(4)金融及保险服务	100.0	100.0	99.5	100.3	100.4	100.0
(5)中介法律及其他服务	100.3	100.5	98.8	100.0	100.0	100.0

3-13 居民消费价格分类指数（2022 年 3 月）

指　　标	上年同月=100(同比)			上月=100(环比)		
	全省	城市	农村	全省	城市	农村
居民消费价格总指数	**101.7**	**101.7**	**101.3**	**99.9**	**99.9**	**100.0**
#服务价格指数	101.6	101.8	100.9	99.8	99.8	99.9
工业品价格指数	103.9	103.7	104.3	101.3	101.3	101.3
消费品价格指数	101.7	101.7	101.5	100.0	100.0	100.0
非食品价格指数	102.5	102.6	102.5	100.4	100.4	100.5
一、食品烟酒	**99.2**	**99.4**	**98.4**	**98.5**	**98.5**	**98.5**
1.食品	97.6	97.9	96.6	97.7	97.7	97.7
(1)粮食	100.7	100.5	101.4	99.8	99.7	100.0
(2)薯类	96.7	96.8	96.3	99.7	100.0	98.2
(3)豆类	104.9	105.7	102.3	99.5	99.5	99.6
(4)食用油	104.7	104.7	104.6	100.7	100.6	101.1
(5)菜及食用菌	108.0	108.0	108.2	96.5	96.4	96.8
#鲜菜	108.3	108.2	108.5	96.2	96.0	96.7
(6)畜肉类	74.7	75.4	72.6	94.2	94.4	93.6
#猪肉	63.5	63.6	63.4	90.6	90.5	90.8
(7)禽肉类	98.4	98.4	98.4	99.6	99.7	99.6
(8)水产品	102.1	102.2	101.8	97.0	96.8	97.8
(9)蛋类	102.9	102.3	105.0	98.9	98.8	99.2
(10)奶类	100.1	99.9	100.8	100.4	100.6	99.9
(11)干鲜瓜果类	101.9	101.8	102.3	96.8	96.8	96.5
(12)糖果糕点类	103.1	103.1	102.9	101.8	102.2	100.3
(13)调味品	104.0	103.7	105.0	100.9	101.0	100.5
(14)其他食品类	103.3	103.5	102.7	102.7	103.2	100.7
2.茶及饮料	100.6	100.5	101.1	100.4	100.5	100.3
3.烟酒	102.8	102.5	103.6	100.6	100.6	100.5
(1)卷烟	103.2	102.6	104.7	100.2	100.1	100.4
(2)酒类	101.9	102.2	100.9	101.6	101.8	101.0
4.在外餐饮	102.2	102.2	101.9	99.6	99.6	99.8
二、衣着	**99.8**	**99.8**	**99.8**	**101.0**	**101.0**	**100.9**
1.服装	99.9	100.0	99.7	100.9	100.9	100.9
(1)男式服装	99.4	99.4	99.6	101.1	101.2	101.0
(2)女式服装	100.1	100.1	99.9	100.8	100.8	101.0
(3)儿童服装	100.0	100.2	99.1	101.0	101.2	100.2
(4)衣着材料及配件	101.4	101.7	100.0	100.3	100.3	100.1
(5)衣着服务费	103.6	104.2	101.3	99.9	100.0	99.7
2.鞋类	99.3	99.2	100.0	101.3	101.5	100.9
(1)鞋	99.3	99.2	100.0	101.4	101.5	101.0
(2)鞋类服务	100.0	100.3	98.9	99.8	100.1	98.6

3-13 续表1

指　　标	上年同月=100(同比)			上月=100(环比)		
	全省	城市	农村	全省	城市	农村
三、居住	**101.6**	**101.5**	**101.7**	**100.2**	**100.2**	**100.3**
1. 租赁房房租	100.1	100.2	99.8	100.1	100.1	100.0
2. 住房保养维修及管理	105.9	106.2	104.4	99.9	99.9	100.1
(1)住房装潢材料	104.9	104.5	106.4	99.9	99.9	100.0
(2)住房维修管理费用	106.9	108.0	102.0	100.0	99.9	100.1
3. 水电燃料	104.0	103.5	105.9	101.1	101.0	101.6
(1)水	100.0	100.0	100.0	100.0	100.0	100.0
(2)电	100.0	100.0	100.0	100.0	100.0	100.0
(3)燃气	115.7	114.9	118.2	104.8	104.6	105.6
(4)其他水电燃料类	104.0	101.9	110.7	99.3	98.9	100.4
4. 自有住房	100.2	100.3	100.0	100.1	100.1	100.0
四、生活用品及服务	**101.3**	**101.0**	**102.4**	**99.9**	**99.8**	**100.1**
1. 家具及室内装饰品	100.8	99.5	104.9	99.5	99.3	100.1
(1)家具	100.8	99.4	105.4	99.2	99.1	99.8
(2)室内装饰品	100.5	100.4	101.0	101.4	101.3	101.9
2. 家用器具	103.8	103.4	105.0	100.1	100.1	100.0
(1)大型家用器具	104.3	104.0	105.4	100.0	100.1	99.7
(2)小家电	101.3	100.9	102.9	100.4	100.1	101.2
3. 家用纺织品	99.8	99.3	102.0	100.3	100.4	100.1
(1)床上用品	99.6	99.2	101.0	100.4	100.4	100.2
(2)窗帘门帘	104.3	102.4	111.4	100.0	100.0	100.0
(3)其他家用纺织品	97.2	96.7	99.6	100.3	100.6	98.8
4. 家庭日用杂品	99.3	99.3	99.6	99.7	99.5	100.2
(1)洗涤卫生用品	98.3	98.1	98.7	100.4	100.1	101.7
(2)厨具餐具茶具	100.4	100.0	102.0	99.2	98.9	99.9
(3)其他家庭日用杂品	100.1	100.4	99.5	99.1	99.2	99.0
5. 个人护理用品	100.2	100.4	99.1	100.1	100.0	100.5
(1)化妆品	99.8	100.1	97.9	100.0	99.9	100.5
(2)其他护理用品类	101.0	101.0	101.0	100.2	100.2	100.5
6. 家庭服务	102.3	102.4	102.2	99.5	99.5	99.9
五、交通通信	**105.7**	**105.6**	**105.7**	**101.5**	**101.5**	**101.8**
1. 交通	107.7	107.7	107.8	102.0	102.0	102.2
(1)交通工具	100.8	100.6	101.8	99.8	99.8	100.0
(2)交通工具用燃料	124.0	123.9	124.2	107.0	107.0	107.1
(3)交通工具使用和维修	103.5	103.5	103.8	98.8	98.5	100.1
(4)交通费	99.1	99.0	99.3	99.8	99.7	100.3
2. 通信	98.8	98.5	99.6	99.7	99.5	100.6
(1)通信工具	97.9	97.7	98.5	101.1	100.9	102.1
(2)通信服务	99.0	98.7	100.0	99.0	98.7	100.0
(3)邮递服务	100.5	100.6	100.2	100.5	100.6	100.0

3-13 续表2

指标	上年同月=100(同比)			上月=100(环比)		
	全省	城市	农村	全省	城市	农村
六、教育文化娱乐	**104.3**	**104.8**	**102.1**	**99.6**	**99.5**	**99.7**
1.教育	105.3	106.1	102.3	100.0	100.0	100.0
(1)教育用品	101.5	101.6	101.5	100.2	100.2	99.9
(2)教育服务	105.4	106.2	102.3	100.0	100.0	100.0
2.文化娱乐	102.5	102.6	101.7	98.7	98.7	98.9
(1)文娱耐用消费品	100.5	100.5	100.4	100.1	100.1	100.1
(2)其他文娱用品	100.8	100.7	101.0	100.7	100.8	100.4
(3)文化娱乐服务	100.2	100.2	100.7	98.9	99.0	98.3
(4)旅游	106.0	106.1	105.2	97.3	97.3	97.4
七、医疗保健	**100.5**	**100.4**	**100.9**	**100.0**	**100.0**	**100.0**
1.药品及医疗器具	100.4	100.6	99.6	100.1	100.1	100.1
(1)中药	94.2	94.6	92.7	99.0	99.1	98.7
(2)西药	103.4	103.7	102.3	100.1	99.9	100.7
(3)滋补保健品	100.1	100.2	99.7	101.0	101.3	99.7
(4)医疗卫生器具	99.3	99.5	98.8	100.0	100.0	100.0
(5)保健器具	100.5	100.3	101.5	99.9	100.0	99.5
2.医疗服务	100.5	100.3	101.4	100.0	100.0	100.0
(1)综合医疗类	101.2	101.2	101.1	100.0	100.0	100.0
(2)诊断类	101.0	100.8	101.6	100.0	100.0	100.0
(3)治疗类	98.8	98.2	100.7	100.0	100.0	100.0
(4)康复类	103.6	102.8	106.2	100.0	100.0	100.0
(5)中医医疗服务类	101.1	100.4	103.5	100.0	100.0	100.0
(6)其他医疗保健服务	101.2	101.8	99.5	100.3	100.4	100.0
八、其他用品及服务	**103.0**	**103.0**	**102.6**	**101.4**	**101.4**	**101.1**
1.其他用品	105.0	105.1	104.4	102.5	102.4	102.7
(1)首饰手表	106.5	106.4	107.3	103.7	103.6	103.9
(2)母婴用品	99.0	99.3	97.7	101.4	101.4	101.3
(3)其他杂项用品	105.2	105.6	103.2	100.8	100.6	101.5
2.其他服务	101.1	101.1	101.0	100.3	100.4	99.6
(1)在外住宿	100.4	100.9	97.3	100.7	101.3	96.7
(2)美容美发洗浴	102.5	102.5	102.7	100.3	100.4	99.9
(3)养老服务	100.7	100.1	104.5	100.1	100.1	100.0
(4)金融及保险服务	100.3	100.4	99.5	100.3	100.4	100.0
(5)中介法律及其他服务	101.2	101.4	100.0	100.0	100.0	100.0

3-14 居民消费价格分类指数（2022年4月）

指　标	上年同月=100(同比)			上月=100(环比)		
	全省	城市	农村	全省	城市	农村
居民消费价格总指数	**102.8**	**102.8**	**102.4**	**100.7**	**100.8**	**100.7**
#服务价格指数	101.5	101.6	100.8	100.1	100.1	100.0
工业品价格指数	104.3	104.2	104.7	100.4	100.4	100.4
消费品价格指数	103.6	103.7	103.4	101.2	101.2	101.1
非食品价格指数	102.7	102.7	102.6	100.2	100.3	100.2
一、食品烟酒	**102.9**	**103.1**	**102.1**	**102.1**	**102.1**	**101.8**
1.食品	103.1	103.5	101.7	103.1	103.2	102.7
(1)粮食	101.2	100.8	102.3	100.4	100.3	100.5
(2)薯类	115.7	116.3	113.3	116.1	116.8	112.9
(3)豆类	103.3	103.8	101.9	100.0	100.1	99.9
(4)食用油	104.6	104.5	104.9	100.7	100.7	100.8
(5)菜及食用菌	127.0	127.7	124.3	109.1	109.5	107.6
#鲜菜	130.1	130.8	127.3	110.2	110.6	108.6
(6)畜肉类	80.1	80.4	79.4	100.3	100.1	100.9
#猪肉	71.3	70.8	72.6	101.0	100.8	101.6
(7)禽肉类	101.4	101.4	101.5	101.7	101.6	101.9
(8)水产品	101.1	101.2	100.7	101.3	101.2	101.6
(9)蛋类	105.9	105.3	108.3	102.4	102.5	102.2
(10)奶类	100.6	100.6	100.4	100.3	100.4	100.0
(11)干鲜瓜果类	116.7	117.1	114.6	108.1	108.2	107.3
(12)糖果糕点类	103.5	103.4	104.0	100.4	100.3	100.9
(13)调味品	103.5	102.8	105.4	99.3	99.0	100.2
(14)其他食品类	104.0	104.1	103.7	101.2	101.3	100.8
2.茶及饮料	101.3	101.2	101.4	100.4	100.5	100.4
3.烟酒	103.2	103.0	103.6	100.3	100.6	99.8
(1)卷烟	103.1	102.6	104.5	100.0	100.1	99.8
(2)酒类	103.4	104.1	101.2	101.2	101.7	99.7
4.在外餐饮	102.1	102.1	102.2	100.1	100.1	100.2
二、衣着	**100.0**	**100.0**	**100.2**	**100.0**	**99.9**	**100.1**
1.服装	100.3	100.3	100.3	100.1	100.1	100.1
(1)男式服装	100.0	100.0	100.1	100.4	100.4	100.3
(2)女式服装	100.4	100.4	100.5	100.0	100.0	100.0
(3)儿童服装	99.4	99.3	99.6	99.6	99.5	99.9
(4)衣着材料及配件	101.5	101.7	100.7	100.0	99.9	100.8
(5)衣着服务费	103.6	104.5	100.5	100.2	100.2	100.0
2.鞋类	99.2	99.0	100.2	99.5	99.3	100.2
(1)鞋	99.2	98.9	100.3	99.5	99.3	100.3
(2)鞋类服务	98.5	100.3	92.1	98.5	100.0	93.1

3-14 续表1

指　　标	上年同月=100（同比）			上月=100（环比）		
	全省	城市	农村	全省	城市	农村
三、居住	**101.4**	**101.3**	**101.7**	**99.8**	**99.8**	**99.9**
1.租赁房房租	100.0	100.1	99.9	99.8	99.7	99.9
2.住房保养维修及管理	105.6	105.9	104.2	100.1	100.1	100.0
(1)住房装潢材料	104.5	104.1	106.0	100.0	100.0	100.0
(2)住房维修管理费用	106.7	107.8	102.1	100.1	100.1	100.1
3.水电燃料	103.7	103.1	105.7	99.8	99.8	99.9
(1)水	100.0	100.0	100.0	100.0	100.0	100.0
(2)电	100.0	100.0	100.0	100.0	100.0	100.0
(3)燃气	114.4	113.3	117.4	99.4	99.2	99.8
(4)其他水电燃料类	103.7	101.7	110.3	99.9	99.9	100.0
4.自有住房	100.1	100.1	100.0	99.8	99.7	99.9
四、生活用品及服务	**101.5**	**101.3**	**102.6**	**100.6**	**100.6**	**100.6**
1.家具及室内装饰品	100.7	99.7	104.1	100.1	100.3	99.7
(1)家具	100.7	99.5	104.4	100.1	100.3	99.6
(2)室内装饰品	101.0	100.8	101.7	100.3	100.3	100.4
2.家用器具	103.3	103.0	104.2	100.3	100.3	100.5
(1)大型家用器具	103.7	103.5	104.4	100.4	100.3	100.5
(2)小家电	101.3	100.8	103.0	100.2	100.2	100.2
3.家用纺织品	99.1	98.4	102.0	99.4	99.2	100.1
(1)床上用品	98.7	98.3	100.8	99.2	99.0	100.0
(2)窗帘门帘	104.1	102.2	111.1	100.1	100.0	100.3
(3)其他家用纺织品	97.1	96.2	101.8	99.9	99.7	101.2
4.家庭日用杂品	100.1	100.0	100.6	101.0	101.0	101.0
(1)洗涤卫生用品	99.7	99.7	99.6	101.5	101.6	100.9
(2)厨具餐具茶具	102.0	101.7	103.0	101.9	102.1	101.5
(3)其他家庭日用杂品	99.8	99.5	100.3	100.0	99.7	100.9
5.个人护理用品	101.8	101.9	101.2	101.7	101.6	102.3
(1)化妆品	101.5	101.8	99.6	101.9	101.8	102.5
(2)其他护理用品类	102.3	102.0	103.6	101.3	101.2	102.0
6.家庭服务	102.3	102.3	102.2	100.0	100.0	100.0
五、交通通信	**106.5**	**106.6**	**106.2**	**100.9**	**101.0**	**100.7**
1.交通	108.8	108.8	108.5	101.2	101.3	101.0
(1)交通工具	101.1	101.1	101.2	100.1	100.2	99.8
(2)交通工具用燃料	128.2	128.1	128.5	102.6	102.6	102.7
(3)交通工具使用和维修	103.6	103.5	104.0	100.2	100.2	100.2
(4)交通费	97.6	97.5	98.2	101.7	101.8	101.3
2.通信	98.8	98.6	99.6	100.0	100.0	100.0
(1)通信工具	98.0	97.9	98.4	100.0	100.0	99.8
(2)通信服务	99.0	98.8	100.0	100.0	100.0	100.0
(3)邮递服务	100.5	100.6	100.2	100.0	100.0	100.0

3-14 续表 2

指标	上年同月=100(同比)			上月=100(环比)		
	全省	城市	农村	全省	城市	农村
六、教育文化娱乐	**104.3**	**104.8**	**101.9**	**100.6**	**100.7**	**100.1**
1.教育	105.4	106.3	102.2	100.2	100.3	100.0
(1)教育用品	101.6	101.6	101.4	100.0	100.1	100.0
(2)教育服务	105.6	106.4	102.2	100.2	100.3	100.0
2.文化娱乐	102.2	102.4	101.1	101.2	101.4	100.4
(1)文娱耐用消费品	99.6	99.6	99.3	99.6	99.5	99.8
(2)其他文娱用品	100.9	100.8	101.6	100.0	99.9	100.6
(3)文化娱乐服务	100.4	100.4	100.1	99.7	99.8	99.4
(4)旅游	105.4	105.5	104.3	103.6	103.7	102.2
七、医疗保健	**100.5**	**100.4**	**101.0**	**100.0**	**100.0**	**100.1**
1.药品及医疗器具	100.6	100.8	99.7	100.0	100.0	100.2
(1)中药	94.1	94.4	92.7	100.0	100.0	100.2
(2)西药	103.3	103.7	102.1	100.0	100.0	100.0
(3)滋补保健品	100.9	101.0	100.6	100.2	100.1	101.0
(4)医疗卫生器具	99.3	99.3	99.4	99.9	99.8	100.1
(5)保健器具	101.4	101.5	100.8	101.1	101.2	100.3
2.医疗服务	100.5	100.2	101.4	100.0	100.0	100.0
(1)综合医疗类	101.1	101.2	101.0	100.0	100.0	100.0
(2)诊断类	101.0	100.8	101.6	100.0	100.0	100.0
(3)治疗类	98.8	98.2	100.7	100.0	100.0	100.0
(4)康复类	103.6	102.8	106.2	100.0	100.0	100.0
(5)中医医疗服务类	101.1	100.4	103.1	100.0	100.0	100.0
(6)其他医疗保健服务	101.0	101.5	99.5	99.8	99.7	100.0
八、其他用品及服务	**102.4**	**102.3**	**102.6**	**99.7**	**99.7**	**99.9**
1.其他用品	104.1	104.0	104.3	99.6	99.5	99.9
(1)首饰手表	104.1	104.0	104.7	99.2	99.2	99.2
(2)母婴用品	100.5	100.0	102.9	101.1	100.4	104.5
(3)其他杂项用品	106.0	106.3	104.5	99.6	99.7	98.8
2.其他服务	100.8	100.7	101.0	99.8	99.8	100.0
(1)在外住宿	97.7	97.8	97.2	98.3	98.1	99.7
(2)美容美发洗浴	102.4	102.3	102.7	100.0	100.0	100.0
(3)养老服务	100.7	100.1	104.5	100.0	100.0	100.0
(4)金融及保险服务	100.3	100.4	99.5	100.0	100.0	100.0
(5)中介法律及其他服务	101.2	101.4	100.0	100.0	100.0	100.0

3-15 居民消费价格分类指数（2022 年 5 月）

指　　标	上年同月=100(同比)			上月=100(环比)		
	全省	城市	农村	全省	城市	农村
居民消费价格总指数	**102.5**	**102.5**	**102.4**	**99.5**	**99.4**	**99.6**
#服务价格指数	101.1	101.2	100.7	99.8	99.8	99.9
工业品价格指数	104.3	104.2	104.8	100.1	100.1	100.3
消费品价格指数	103.4	103.4	103.5	99.3	99.2	99.5
非食品价格指数	102.5	102.5	102.5	99.9	99.9	100.1
一、食品烟酒	**102.4**	**102.5**	**102.0**	**98.3**	**98.2**	**98.5**
1. 食品	102.4	102.6	101.7	97.4	97.2	97.8
(1)粮食	101.6	101.3	102.3	100.5	100.6	100.0
(2)薯类	120.4	121.2	116.9	100.3	100.8	98.2
(3)豆类	103.3	103.8	101.8	100.2	100.2	100.2
(4)食用油	104.2	103.7	105.9	100.5	100.3	100.9
(5)菜及食用菌	116.8	117.5	114.5	88.7	88.7	88.6
#鲜菜	118.6	119.2	116.0	87.4	87.5	87.1
(6)畜肉类	87.1	87.1	87.2	102.0	102.1	101.8
#猪肉	81.9	81.3	83.6	103.7	103.9	103.2
(7)禽肉类	103.2	103.3	103.2	101.0	101.1	100.8
(8)水产品	97.3	97.2	97.9	96.4	95.9	98.3
(9)蛋类	106.2	105.8	107.5	101.0	100.9	101.2
(10)奶类	100.4	100.4	100.6	100.1	100.1	100.2
(11)干鲜瓜果类	115.4	115.8	113.2	95.2	95.3	94.5
(12)糖果糕点类	104.0	103.9	104.5	100.4	100.4	100.5
(13)调味品	104.8	104.5	105.5	101.3	101.6	100.5
(14)其他食品类	103.4	102.9	105.2	99.5	99.2	100.9
2. 茶及饮料	102.1	102.2	101.8	100.8	100.9	100.3
3. 烟酒	102.8	102.6	103.4	99.7	99.6	100.2
(1)卷烟	103.0	102.5	104.3	100.1	100.0	100.1
(2)酒类	102.4	102.8	101.3	99.0	98.5	100.4
4. 在外餐饮	102.0	102.0	102.1	100.1	100.1	100.0
二、衣着	**100.3**	**100.1**	**101.0**	**99.8**	**99.6**	**100.6**
1. 服装	100.4	100.2	101.1	99.8	99.6	100.5
(1)男式服装	100.5	100.3	101.3	99.7	99.6	100.5
(2)女式服装	100.5	100.4	101.1	99.9	99.8	100.5
(3)儿童服装	98.8	98.4	100.4	99.2	98.8	100.9
(4)衣着材料及配件	100.8	100.8	100.8	99.1	99.0	99.9
(5)衣着服务费	103.5	104.3	100.6	100.0	100.0	100.2
2. 鞋类	99.9	99.6	101.0	100.1	99.8	101.1
(1)鞋	99.9	99.6	101.2	100.1	99.8	101.1
(2)鞋类服务	98.5	100.3	92.1	100.0	100.0	100.0

3-15 续表 1

指　标	上年同月=100(同比)			上月=100(环比)		
	全省	城市	农村	全省	城市	农村
三、居住	**101.2**	**101.1**	**101.6**	**99.9**	**99.9**	**99.9**
1.租赁房房租	99.8	99.7	99.9	99.8	99.7	99.9
2.住房保养维修及管理	105.4	105.8	103.9	100.1	100.1	100.1
(1)住房装潢材料	104.2	103.9	105.4	100.1	100.1	100.1
(2)住房维修管理费用	106.7	107.7	102.1	100.0	100.0	100.0
3.水电燃料	103.7	103.1	105.6	100.1	100.1	99.9
(1)水	100.0	100.0	100.0	100.0	100.0	100.0
(2)电	100.0	100.0	100.0	100.0	100.0	100.0
(3)燃气	114.2	113.0	117.5	100.0	100.0	100.1
(4)其他水电燃料类	104.2	102.5	109.6	100.9	101.5	99.1
4.自有住房	99.8	99.8	100.0	99.8	99.8	99.9
四、生活用品及服务	**101.7**	**101.4**	**102.7**	**100.1**	**100.1**	**100.1**
1.家具及室内装饰品	100.8	99.8	104.2	100.1	100.2	99.9
(1)家具	100.8	99.6	104.6	100.1	100.2	99.9
(2)室内装饰品	101.0	100.9	101.1	100.1	100.1	100.0
2.家用器具	103.1	102.9	103.9	100.4	100.5	100.0
(1)大型家用器具	103.4	103.3	103.9	100.3	100.5	100.0
(2)小家电	101.7	101.3	103.5	100.5	100.7	100.0
3.家用纺织品	99.3	98.7	101.9	100.3	100.4	100.0
(1)床上用品	99.0	98.5	100.9	100.3	100.4	100.0
(2)窗帘门帘	104.2	102.8	109.4	100.5	100.6	100.0
(3)其他家用纺织品	97.2	96.3	102.1	100.3	100.4	100.0
4.家庭日用杂品	100.2	100.0	100.5	99.6	99.5	100.0
(1)洗涤卫生用品	100.5	100.5	100.5	99.7	99.6	100.0
(2)厨具餐具茶具	101.1	100.2	104.0	98.9	98.2	101.2
(3)其他家庭日用杂品	99.3	99.4	99.1	99.9	100.1	99.5
5.个人护理用品	102.7	102.6	103.1	100.4	100.2	101.1
(1)化妆品	102.8	102.9	102.7	100.9	100.7	101.9
(2)其他护理用品类	102.3	102.1	103.7	99.4	99.3	99.9
6.家庭服务	102.3	102.4	102.1	100.0	100.0	100.0
五、交通通信	**106.1**	**106.1**	**106.1**	**99.9**	**99.8**	**100.1**
1.交通	108.2	108.2	108.3	99.9	99.8	100.2
(1)交通工具	101.4	101.3	101.8	100.1	100.0	100.4
(2)交通工具用燃料	126.9	126.9	127.3	100.7	100.7	100.7
(3)交通工具使用和维修	103.6	103.4	104.2	100.1	100.1	100.0
(4)交通费	94.7	94.2	96.7	97.1	96.8	98.6
2.通信	98.8	98.6	99.4	99.8	99.8	99.7
(1)通信工具	97.8	97.7	98.0	99.2	99.3	98.9
(2)通信服务	99.0	98.8	100.0	100.0	100.0	100.0
(3)邮递服务	100.5	100.6	100.2	100.0	100.0	100.0

3-15 续表 2

指　　标	上年同月=100(同比)			上月=100(环比)		
	全省	城市	农村	全省	城市	农村
六、教育文化娱乐	**103.7**	**104.1**	**101.7**	**99.9**	**99.9**	**100.0**
1.教育	105.3	106.2	102.2	100.0	100.0	100.0
(1)教育用品	101.6	101.6	101.4	100.0	100.0	100.0
(2)教育服务	105.4	106.3	102.2	100.0	100.0	100.0
2.文化娱乐	100.9	101.0	100.4	99.8	99.8	100.1
(1)文娱耐用消费品	99.2	99.2	99.2	99.5	99.5	99.8
(2)其他文娱用品	101.2	101.0	102.2	100.4	100.5	100.3
(3)文化娱乐服务	99.9	99.8	99.9	99.9	99.9	100.3
(4)旅游	102.4	102.5	101.4	99.7	99.7	100.0
七、医疗保健	**100.6**	**100.4**	**100.9**	**100.0**	**100.0**	**100.0**
1.药品及医疗器具	100.6	100.8	99.6	100.0	100.0	99.9
(1)中药	93.7	94.0	92.6	99.6	99.5	99.9
(2)西药	103.8	104.2	102.2	100.3	100.4	100.0
(3)滋补保健品	100.3	100.3	100.1	99.6	99.7	99.6
(4)医疗卫生器具	99.3	99.3	99.3	100.0	100.0	100.0
(5)保健器具	101.6	101.9	100.1	100.4	100.4	100.1
2.医疗服务	100.5	100.3	101.4	100.0	100.0	100.0
(1)综合医疗类	101.2	101.3	101.0	100.1	100.1	100.0
(2)诊断类	101.0	100.8	101.6	100.0	100.0	100.0
(3)治疗类	98.8	98.2	100.7	100.0	100.0	100.0
(4)康复类	103.6	102.8	106.2	100.0	100.0	100.0
(5)中医医疗服务类	101.1	100.4	103.1	100.0	100.0	100.0
(6)其他医疗保健服务	101.0	101.5	99.5	100.0	100.0	100.0
八、其他用品及服务	**102.1**	**102.1**	**102.3**	**100.4**	**100.4**	**100.5**
1.其他用品	104.0	104.0	104.1	101.0	101.0	101.0
(1)首饰手表	102.5	102.5	102.4	100.3	100.3	99.9
(2)母婴用品	106.7	105.8	111.2	104.8	104.6	105.5
(3)其他杂项用品	105.6	106.0	103.4	100.4	100.3	100.6
2.其他服务	100.4	100.4	100.5	99.9	99.9	100.0
(1)在外住宿	94.1	94.4	92.1	98.9	98.6	100.6
(2)美容美发洗浴	102.4	102.4	102.7	100.0	100.0	100.0
(3)养老服务	100.7	100.1	104.5	100.0	100.0	100.0
(4)金融及保险服务	100.3	100.4	99.5	100.0	100.0	100.0
(5)中介法律及其他服务	101.2	101.4	100.0	100.0	100.0	100.0

3-16 居民消费价格分类指数（2022 年 6 月）

指　　标	上年同月=100(同比)			上月=100(环比)		
	全省	城市	农村	全省	城市	农村
居民消费价格总指数	**102.8**	**102.8**	**102.6**	**100.1**	**100.2**	**100.0**
#服务价格指数	101.4	101.6	100.8	100.2	100.3	100.1
工业品价格指数	104.9	104.8	105.3	100.8	100.8	100.7
消费品价格指数	103.7	103.7	103.9	100.1	100.1	100.0
非食品价格指数	102.8	102.9	102.8	100.4	100.4	100.3
一、食品烟酒	**102.3**	**102.3**	**102.2**	**99.2**	**99.2**	**99.2**
1. 食品	102.4	102.4	102.1	98.7	98.7	98.8
(1) 粮食	101.4	101.3	101.6	99.7	99.7	99.7
(2) 薯类	113.4	114.3	109.4	93.6	93.3	94.9
(3) 豆类	103.3	103.7	102.4	100.1	99.8	100.9
(4) 食用油	106.9	106.6	107.6	102.8	103.1	101.8
(5) 菜及食用菌	105.7	106.3	103.4	92.4	92.5	92.4
#鲜菜	105.6	106.3	103.0	91.4	91.5	91.2
(6) 畜肉类	95.0	94.5	96.6	101.2	101.0	101.6
#猪肉	94.6	93.7	97.1	102.5	102.3	103.1
(7) 禽肉类	103.8	103.6	104.5	100.1	99.9	100.7
(8) 水产品	97.4	97.3	97.5	99.7	99.7	99.8
(9) 蛋类	105.5	105.2	106.5	99.3	99.3	99.5
(10) 奶类	99.7	99.5	100.6	99.7	99.6	100.1
(11) 干鲜瓜果类	114.4	114.7	113.2	97.6	98.0	95.8
(12) 糖果糕点类	103.5	103.4	104.0	99.7	99.5	100.4
(13) 调味品	105.2	105.2	105.1	100.6	100.7	100.1
(14) 其他食品类	104.1	103.8	105.1	100.8	101.0	100.3
2. 茶及饮料	101.7	101.8	101.1	100.0	100.0	99.7
3. 烟酒	102.8	102.8	103.0	100.3	100.4	100.1
(1) 卷烟	102.9	102.5	103.9	100.1	100.1	100.2
(2) 酒类	102.6	103.3	100.7	100.9	101.2	99.8
4. 在外餐饮	102.0	102.0	101.9	100.0	100.0	100.0
二、衣着	**100.3**	**100.2**	**100.8**	**99.6**	**99.6**	**99.7**
1. 服装	100.3	100.2	100.8	99.7	99.6	99.8
(1) 男式服装	100.3	100.2	100.8	99.6	99.5	99.7
(2) 女式服装	100.4	100.3	100.8	99.8	99.7	99.8
(3) 儿童服装	99.1	98.9	100.0	99.4	99.4	99.6
(4) 衣着材料及配件	101.0	100.9	101.5	100.0	100.0	99.9
(5) 衣着服务费	103.7	104.3	101.3	100.2	100.0	100.7
2. 鞋类	100.2	100.1	100.8	99.4	99.4	99.6
(1) 鞋	100.3	100.1	101.0	99.4	99.4	99.6
(2) 鞋类服务	99.0	100.3	94.3	100.0	100.0	100.0

3-16 续表 1

指　　标	上年同月=100(同比)			上月=100(环比)		
	全省	城市	农村	全省	城市	农村
三、居住	**101.0**	**100.9**	**101.4**	**99.9**	**99.9**	**99.9**
1.租赁房房租	99.6	99.5	99.8	99.9	99.9	99.9
2.住房保养维修及管理	105.1	105.5	103.5	99.9	99.9	99.9
(1)住房装潢材料	103.5	103.2	104.7	99.8	99.8	99.8
(2)住房维修管理费用	106.7	107.8	102.1	100.0	100.0	100.0
3.水电燃料	103.7	103.1	105.6	100.0	99.9	100.1
(1)水	100.0	100.0	100.0	100.0	100.0	100.0
(2)电	100.0	100.0	100.0	100.0	100.0	100.0
(3)燃气	113.6	112.3	117.1	99.6	99.4	100.0
(4)其他水电燃料类	105.3	103.6	110.5	101.0	101.1	100.9
4.自有住房	99.6	99.6	99.8	99.9	99.8	99.9
四、生活用品及服务	**101.8**	**101.6**	**102.7**	**100.2**	**100.3**	**99.9**
1.家具及室内装饰品	100.4	99.4	104.0	99.6	99.5	99.8
(1)家具	100.5	99.2	104.6	99.7	99.6	100.0
(2)室内装饰品	100.0	100.2	99.1	98.8	99.0	98.0
2.家用器具	103.0	103.0	103.0	99.9	100.1	99.2
(1)大型家用器具	103.2	103.4	102.7	99.9	100.2	99.1
(2)小家电	102.1	101.5	104.3	99.6	99.5	99.8
3.家用纺织品	99.3	98.7	101.9	100.1	100.1	100.1
(1)床上用品	99.0	98.6	101.0	100.1	100.1	100.1
(2)窗帘门帘	103.9	102.4	109.5	100.0	100.0	100.0
(3)其他家用纺织品	96.9	96.2	100.6	99.8	99.5	101.3
4.家庭日用杂品	100.8	100.7	101.4	100.8	100.9	100.5
(1)洗涤卫生用品	100.5	100.5	100.2	100.5	100.7	99.4
(2)厨具餐具茶具	103.1	102.0	106.8	101.5	101.6	101.2
(3)其他家庭日用杂品	100.1	100.1	100.1	100.8	100.6	101.3
5.个人护理用品	103.0	102.8	103.9	100.4	100.4	100.2
(1)化妆品	102.8	102.7	103.3	100.3	100.2	100.4
(2)其他护理用品类	103.3	103.0	104.7	100.6	100.7	99.9
6.家庭服务	102.5	102.5	102.0	100.2	100.3	100.1
五、交通通信	**108.0**	**108.1**	**107.8**	**102.2**	**102.2**	**101.9**
1.交通	110.8	110.8	110.6	102.8	102.9	102.5
(1)交通工具	101.2	101.1	101.6	99.9	99.9	99.7
(2)交通工具用燃料	132.7	132.6	133.1	106.6	106.6	106.7
(3)交通工具使用和维修	103.4	103.3	103.8	99.9	99.9	99.7
(4)交通费	100.6	100.4	101.4	104.5	104.8	103.6
2.通信	98.6	98.4	99.5	99.8	99.7	99.9
(1)通信工具	97.4	97.2	98.2	99.2	99.1	99.7
(2)通信服务	99.0	98.8	100.0	100.0	100.0	100.0
(3)邮递服务	100.5	100.6	100.2	100.0	100.0	100.0

3-16 续表 2

指　　标	上年同月=100(同比)			上月=100(环比)		
	全省	城市	农村	全省	城市	农村
六、教育文化娱乐	**104.4**	**105.0**	**101.7**	**100.5**	**100.6**	**100.0**
1. 教育	105.3	106.1	102.0	100.0	100.0	99.8
(1)教育用品	101.5	101.5	101.4	99.9	99.9	100.0
(2)教育服务	105.4	106.3	102.0	100.0	100.0	99.8
2. 文化娱乐	103.0	103.3	101.0	101.4	101.6	100.3
(1)文娱耐用消费品	100.1	100.2	99.8	101.0	101.1	100.5
(2)其他文娱用品	101.4	101.2	102.5	100.1	100.1	100.0
(3)文化娱乐服务	100.0	100.2	99.1	99.9	100.0	98.8
(4)旅游	107.2	107.5	103.9	103.2	103.3	102.0
七、医疗保健	**100.5**	**100.3**	**100.9**	**100.0**	**99.9**	**100.0**
1. 药品及医疗器具	100.3	100.5	99.5	99.8	99.8	100.0
(1)中药	93.5	93.8	92.5	100.2	100.2	99.9
(2)西药	103.2	103.5	102.3	99.6	99.5	100.2
(3)滋补保健品	100.4	100.6	99.3	100.0	100.1	99.9
(4)医疗卫生器具	99.3	99.2	99.6	100.0	100.0	100.0
(5)保健器具	101.2	101.9	98.0	99.7	100.0	98.0
2. 医疗服务	100.5	100.3	101.4	100.0	100.0	100.0
(1)综合医疗类	101.2	101.3	100.9	100.0	100.0	100.0
(2)诊断类	101.0	100.8	101.6	100.0	100.0	100.0
(3)治疗类	98.8	98.2	100.7	100.0	100.0	100.0
(4)康复类	103.6	102.8	106.2	100.0	100.0	100.0
(5)中医医疗服务类	101.2	100.6	103.1	100.1	100.2	100.0
(6)其他医疗保健服务	101.0	101.5	99.5	100.0	100.0	100.0
八、其他用品及服务	**101.6**	**101.6**	**102.0**	**99.9**	**99.9**	**100.1**
1. 其他用品	102.5	102.4	103.1	99.7	99.6	100.2
(1)首饰手表	100.0	99.9	100.6	99.0	98.9	99.4
(2)母婴用品	108.3	107.1	115.0	101.5	101.3	102.8
(3)其他杂项用品	104.5	105.1	101.2	100.0	100.0	99.9
2. 其他服务	100.8	100.8	101.0	100.2	100.2	100.1
(1)在外住宿	97.7	97.5	98.8	101.5	101.6	101.0
(2)美容美发洗浴	102.5	102.6	102.2	100.2	100.2	100.0
(3)养老服务	100.7	100.1	104.5	100.0	100.0	100.0
(4)金融及保险服务	100.3	100.4	99.5	100.0	100.0	100.0
(5)中介法律及其他服务	101.2	101.4	100.0	100.0	100.0	100.0

3-17 居民消费价格分类指数（2022 年 7 月）

指　　标	上年同月=100(同比)			上月=100(环比)		
	全省	城市	农村	全省	城市	农村
居民消费价格总指数	**103.0**	**102.9**	**103.1**	**100.6**	**100.5**	**100.8**
#服务价格指数	101.2	101.3	100.8	100.3	100.3	100.3
工业品价格指数	103.9	103.8	104.4	99.6	99.5	99.8
消费品价格指数	104.2	104.1	104.5	100.8	100.7	101.1
非食品价格指数	102.4	102.4	102.4	100.0	99.9	100.1
一、食品烟酒	**104.4**	**104.4**	**104.7**	**102.2**	**102.1**	**102.6**
1. 食品	105.7	105.7	105.8	103.5	103.4	103.8
(1)粮食	101.7	101.6	102.0	100.1	100.1	100.3
(2)薯类	112.1	112.9	108.6	98.7	98.4	100.1
(3)豆类	103.0	103.2	102.5	100.0	99.9	100.1
(4)食用油	109.9	110.1	109.1	102.5	102.8	101.6
(5)菜及食用菌	111.5	111.9	109.9	108.0	107.7	108.8
#鲜菜	112.3	112.8	110.7	109.0	108.7	110.2
(6)畜肉类	109.9	109.1	112.3	113.9	113.5	115.3
#猪肉	119.9	119.4	121.1	125.1	125.2	124.9
(7)禽肉类	104.8	104.5	105.8	101.1	101.1	101.1
(8)水产品	97.7	97.6	97.8	102.2	102.4	101.5
(9)蛋类	105.2	105.0	105.8	100.1	100.1	100.1
(10)奶类	99.8	99.7	100.1	100.3	100.4	100.0
(11)干鲜瓜果类	114.4	114.7	112.7	97.7	97.9	97.2
(12)糖果糕点类	105.1	105.2	104.6	101.8	102.0	100.8
(13)调味品	105.9	105.9	105.8	101.5	101.9	100.3
(14)其他食品类	104.8	105.0	104.4	100.7	101.0	99.7
2. 茶及饮料	101.7	101.8	101.3	100.2	100.2	100.2
3. 烟酒	102.7	102.6	102.7	100.0	99.9	100.3
(1)卷烟	102.8	102.4	103.9	100.1	100.0	100.4
(2)酒类	102.3	103.1	100.0	99.8	99.7	100.1
4. 在外餐饮	102.0	102.0	102.1	99.9	99.9	100.2
二、衣着	**100.7**	**100.5**	**101.5**	**100.2**	**100.1**	**100.5**
1. 服装	100.8	100.7	101.6	100.2	100.2	100.5
(1)男式服装	101.2	101.0	102.0	100.5	100.4	100.9
(2)女式服装	100.6	100.4	101.7	100.0	100.0	100.3
(3)儿童服装	100.0	99.9	100.7	100.4	100.3	100.7
(4)衣着材料及配件	100.8	100.9	100.5	99.9	99.9	99.8
(5)衣着服务费	103.8	104.6	101.3	100.0	100.0	100.0
2. 鞋类	99.9	99.7	100.9	100.0	99.9	100.4
(1)鞋	99.9	99.7	101.0	100.0	99.9	100.4
(2)鞋类服务	99.0	100.3	94.3	100.0	100.0	100.0

3-17 续表 1

指标	上年同月=100(同比)			上月=100(环比)		
	全省	城市	农村	全省	城市	农村
三、居住	**100.7**	**100.6**	**101.5**	**99.9**	**99.8**	**100.1**
1.租赁房房租	99.4	99.2	100.0	99.9	99.8	100.2
2.住房保养维修及管理	104.8	105.1	103.6	100.0	99.9	100.2
(1)住房装潢材料	103.0	102.6	104.6	99.9	99.8	100.2
(2)住房维修管理费用	106.8	107.7	102.3	100.0	100.0	100.2
3.水电燃料	103.3	102.8	105.1	99.8	99.9	99.8
(1)水	100.0	100.0	100.0	100.0	100.0	100.0
(2)电	100.0	100.0	100.0	100.0	100.0	100.0
(3)燃气	112.0	111.0	114.9	99.4	99.4	99.3
(4)其他水电燃料类	105.2	103.5	110.7	100.0	100.0	100.1
4.自有住房	99.4	99.3	100.0	99.9	99.8	100.2
四、生活用品及服务	**101.9**	**101.7**	**102.4**	**100.3**	**100.2**	**100.5**
1.家具及室内装饰品	100.4	99.6	103.0	100.2	100.2	100.1
(1)家具	100.3	99.4	103.3	100.0	100.1	99.9
(2)室内装饰品	100.8	101.0	100.3	100.9	100.8	101.5
2.家用器具	103.5	103.7	103.0	100.9	100.9	100.9
(1)大型家用器具	103.9	104.2	102.8	101.0	101.0	101.1
(2)小家电	102.1	101.6	103.9	100.5	100.5	100.5
3.家用纺织品	99.0	98.4	101.7	99.8	99.8	99.9
(1)床上用品	98.9	98.4	101.0	100.0	99.9	100.0
(2)窗帘门帘	103.5	102.4	107.3	100.0	100.0	100.0
(3)其他家用纺织品	95.6	94.5	101.2	98.4	98.4	98.7
4.家庭日用杂品	100.4	100.3	100.6	100.1	99.9	100.8
(1)洗涤卫生用品	99.7	99.7	99.5	100.0	99.7	101.1
(2)厨具餐具茶具	100.5	100.1	101.8	99.6	99.7	99.4
(3)其他家庭日用杂品	101.2	101.2	101.2	100.6	100.4	101.1
5.个人护理用品	103.3	103.2	104.3	99.9	99.9	99.8
(1)化妆品	103.6	103.5	104.3	99.7	99.7	99.5
(2)其他护理用品类	102.8	102.6	104.2	100.2	100.2	100.2
6.家庭服务	102.3	102.3	102.0	100.0	100.0	100.1
五、交通通信	**106.3**	**106.3**	**106.2**	**99.6**	**99.6**	**99.6**
1.交通	108.4	108.4	108.3	99.4	99.4	99.3
(1)交通工具	101.1	101.1	101.3	100.1	100.1	100.0
(2)交通工具用燃料	124.0	123.9	124.3	96.6	96.6	96.6
(3)交通工具使用和维修	103.4	103.2	104.1	100.1	100.1	100.4
(4)交通费	101.4	101.1	102.2	104.1	104.4	103.3
2.通信	98.9	98.6	100.0	100.4	100.4	100.5
(1)通信工具	98.3	97.8	99.9	101.5	101.4	101.9
(2)通信服务	99.0	98.8	100.0	100.0	100.0	100.0
(3)邮递服务	100.5	100.6	100.2	100.0	100.0	100.0

3-17 续表2

指　　标	上年同月=100(同比)			上月=100(环比)		
	全省	城市	农村	全省	城市	农村
六、教育文化娱乐	**103.9**	**104.5**	**101.3**	**100.5**	**100.6**	**100.3**
1.教育	105.0	106.0	101.3	100.0	100.0	99.8
(1)教育用品	101.6	101.5	101.7	100.1	100.0	100.2
(2)教育服务	105.1	106.1	101.3	99.9	100.0	99.8
2.文化娱乐	102.0	102.1	101.1	101.5	101.5	101.5
(1)文娱耐用消费品	100.1	100.3	99.5	100.5	100.6	100.3
(2)其他文娱用品	101.2	101.0	102.1	100.0	100.0	100.0
(3)文化娱乐服务	99.9	99.9	99.9	99.7	99.6	100.8
(4)旅游	104.6	104.6	103.7	103.8	103.7	104.8
七、医疗保健	**100.4**	**100.3**	**100.9**	**100.0**	**100.0**	**100.1**
1.药品及医疗器具	100.0	100.2	99.4	100.1	100.0	100.4
(1)中药	93.2	93.2	93.1	99.5	99.3	100.5
(2)西药	102.6	102.9	101.4	100.1	100.0	100.3
(3)滋补保健品	100.7	100.8	100.1	100.5	100.4	100.8
(4)医疗卫生器具	99.4	99.3	99.9	100.1	100.0	100.3
(5)保健器具	101.4	101.9	99.3	100.2	100.0	100.9
2.医疗服务	100.5	100.3	101.4	100.0	100.0	100.0
(1)综合医疗类	101.2	101.3	100.9	100.0	100.0	100.0
(2)诊断类	101.0	100.8	101.6	100.0	100.0	100.0
(3)治疗类	98.8	98.2	100.7	100.0	100.0	100.0
(4)康复类	103.6	102.8	106.2	100.0	100.0	100.0
(5)中医医疗服务类	101.2	100.6	103.1	100.0	100.0	100.0
(6)其他医疗保健服务	101.0	101.5	99.5	100.0	100.0	100.0
八、其他用品及服务	**101.0**	**101.0**	**101.0**	**99.1**	**99.1**	**99.1**
1.其他用品	100.7	100.6	101.0	97.5	97.4	97.8
(1)首饰手表	98.0	97.9	99.1	96.2	96.1	96.6
(2)母婴用品	106.0	105.3	109.3	98.8	99.2	96.8
(3)其他杂项用品	103.0	103.6	100.0	99.3	99.1	100.3
2.其他服务	101.4	101.5	101.0	100.6	100.7	100.3
(1)在外住宿	102.4	102.9	99.2	105.5	105.7	103.6
(2)美容美发洗浴	102.5	102.6	102.2	100.0	100.0	100.0
(3)养老服务	100.8	100.3	104.5	100.1	100.2	100.0
(4)金融及保险服务	100.5	100.6	99.5	100.2	100.2	100.0
(5)中介法律及其他服务	101.2	101.4	100.0	100.0	100.0	100.0

3-18 居民消费价格分类指数（2022年8月）

指标	上年同月=100(同比)			上月=100(环比)		
	全省	城市	农村	全省	城市	农村
居民消费价格总指数	**102.8**	**102.7**	**103.0**	**99.8**	**99.7**	**99.9**
#服务价格指数	101.0	101.0	100.9	99.7	99.7	100.0
工业品价格指数	103.7	103.6	104.0	99.5	99.5	99.4
消费品价格指数	104.1	104.0	104.4	99.8	99.7	99.9
非食品价格指数	102.1	102.1	102.3	99.7	99.6	99.8
一、食品烟酒	**104.5**	**104.4**	**104.9**	**100.1**	**100.0**	**100.4**
1.食品	105.9	105.8	106.2	100.2	100.1	100.4
(1)粮食	101.7	101.6	101.9	100.0	100.0	100.0
(2)薯类	110.2	110.6	108.7	99.2	98.8	100.7
(3)豆类	102.5	102.6	102.0	100.1	100.1	99.9
(4)食用油	109.3	109.1	109.7	99.9	99.7	100.5
(5)菜及食用菌	106.6	106.8	105.5	103.5	103.3	104.0
#鲜菜	106.6	106.9	105.5	103.7	103.5	104.3
(6)畜肉类	110.7	110.0	112.8	100.1	100.2	99.9
#猪肉	121.0	120.7	121.7	100.0	100.1	99.8
(7)禽肉类	106.3	106.2	106.7	101.4	101.4	101.0
(8)水产品	101.4	101.2	101.8	98.1	97.9	99.0
(9)蛋类	101.8	101.5	102.6	101.5	101.4	101.9
(10)奶类	100.6	100.6	100.8	100.4	100.4	100.2
(11)干鲜瓜果类	112.8	112.9	112.6	99.4	99.4	99.4
(12)糖果糕点类	105.2	105.3	104.7	99.8	99.7	100.2
(13)调味品	106.2	106.3	105.8	100.4	100.5	100.2
(14)其他食品类	104.0	103.9	104.3	100.0	99.9	100.1
2.茶及饮料	102.2	102.4	101.5	100.2	100.2	100.2
3.烟酒	102.3	102.1	102.8	100.0	99.9	100.4
(1)卷烟	102.3	101.8	103.6	100.2	100.0	100.6
(2)酒类	102.2	102.8	100.6	99.7	99.7	99.7
4.在外餐饮	101.7	101.7	101.7	99.9	99.9	100.0
二、衣着	**101.4**	**101.1**	**102.8**	**100.6**	**100.6**	**100.4**
1.服装	101.3	101.0	102.6	100.5	100.5	100.5
(1)男式服装	102.1	101.6	104.3	100.5	100.4	100.8
(2)女式服装	101.0	100.8	102.0	100.4	100.4	100.3
(3)儿童服装	100.1	99.9	100.8	100.8	100.9	100.3
(4)衣着材料及配件	100.7	100.8	100.5	100.0	99.9	100.4
(5)衣着服务费	104.3	104.6	103.4	100.0	100.0	100.0
2.鞋类	101.6	101.2	103.3	101.0	101.2	100.2
(1)鞋	101.7	101.2	103.5	101.0	101.2	100.2
(2)鞋类服务	99.0	100.3	94.3	100.0	100.0	100.0

3-18 续表 1

指　　标	上年同月=100(同比)			上月=100(环比)		
	全省	城市	农村	全省	城市	农村
三、居住	**100.5**	**100.3**	**101.3**	**99.9**	**99.9**	**100.0**
1.租赁房房租	99.1	98.9	100.0	99.8	99.8	100.0
2.住房保养维修及管理	104.6	105.0	103.2	100.0	100.0	100.1
(1)住房装潢材料	102.7	102.3	103.9	100.0	100.0	100.1
(2)住房维修管理费用	106.8	107.8	102.3	100.0	100.0	100.0
3.水电燃料	103.2	102.7	104.7	99.9	99.9	99.9
(1)水	100.0	100.0	100.0	100.0	100.0	100.0
(2)电	100.0	100.0	100.0	100.0	100.0	100.0
(3)燃气	111.3	110.6	113.4	99.7	99.7	99.7
(4)其他水电燃料类	105.1	103.5	110.4	100.0	100.0	100.1
4.自有住房	99.2	99.0	100.0	99.8	99.8	100.0
四、生活用品及服务	**102.2**	**102.3**	**101.9**	**100.1**	**100.2**	**99.8**
1.家具及室内装饰品	100.2	99.5	102.7	99.8	99.8	99.8
(1)家具	100.3	99.4	103.0	99.9	99.8	99.9
(2)室内装饰品	100.1	100.2	99.7	99.2	99.3	98.5
2.家用器具	103.5	104.2	101.4	100.1	100.3	99.4
(1)大型家用器具	103.7	104.6	100.9	100.1	100.3	99.3
(2)小家电	102.9	102.6	104.0	100.0	100.0	99.9
3.家用纺织品	98.9	98.3	101.4	99.7	99.6	100.1
(1)床上用品	98.8	98.3	100.9	99.6	99.5	100.1
(2)窗帘门帘	103.3	102.4	106.4	100.0	100.0	100.0
(3)其他家用纺织品	95.1	94.5	98.6	99.9	99.8	100.0
4.家庭日用杂品	102.1	102.3	101.6	100.4	100.6	99.7
(1)洗涤卫生用品	102.3	102.5	101.3	100.9	101.1	100.4
(2)厨具餐具茶具	103.3	102.5	105.9	100.7	100.7	100.7
(3)其他家庭日用杂品	101.3	101.9	100.0	99.6	100.0	98.7
5.个人护理用品	103.4	103.4	103.2	100.2	100.2	100.4
(1)化妆品	104.0	104.1	103.2	100.7	100.7	100.9
(2)其他护理用品类	102.4	102.2	103.3	99.3	99.2	99.7
6.家庭服务	102.4	102.4	102.1	100.2	100.2	100.0
五、交通通信	**105.2**	**105.2**	**105.1**	**98.4**	**98.4**	**98.5**
1.交通	106.8	106.9	106.8	98.0	98.0	98.1
(1)交通工具	100.9	100.9	101.0	99.9	99.9	99.8
(2)交通工具用燃料	119.7	119.7	120.0	95.3	95.3	95.3
(3)交通工具使用和维修	102.2	101.9	103.2	100.0	99.9	100.3
(4)交通费	101.5	101.4	102.1	97.4	97.3	97.8
2.通信	99.3	99.2	100.0	100.0	100.0	99.9
(1)通信工具	99.7	99.7	99.9	99.9	100.0	99.5
(2)通信服务	99.0	98.8	100.0	100.0	100.0	100.0
(3)邮递服务	100.9	101.1	100.2	100.4	100.5	100.0

3-18 续表 2

指　　标	上年同月=100(同比)			上月=100(环比)		
	全省	城市	农村	全省	城市	农村
六、教育文化娱乐	**103.5**	**103.9**	**101.6**	**99.6**	**99.4**	**100.4**
1.教育	105.1	106.0	102.0	100.2	100.0	100.8
(1)教育用品	101.6	101.5	102.2	100.1	100.0	100.1
(2)教育服务	105.3	106.1	102.0	100.2	100.0	100.8
2.文化娱乐	100.7	100.8	100.5	98.6	98.5	99.5
(1)文娱耐用消费品	101.3	101.6	100.0	100.6	100.6	100.5
(2)其他文娱用品	101.2	101.1	101.7	99.9	99.9	99.6
(3)文化娱乐服务	99.8	99.7	100.4	100.2	100.1	100.4
(4)旅游	101.0	101.1	100.7	96.3	96.2	97.2
七、医疗保健	**100.3**	**100.1**	**100.9**	**100.0**	**100.0**	**100.0**
1.药品及医疗器具	99.7	99.8	99.4	100.0	100.0	100.0
(1)中药	92.8	92.8	93.1	99.8	99.7	100.2
(2)西药	102.3	102.5	101.5	100.0	100.1	100.0
(3)滋补保健品	100.4	100.5	99.8	100.1	100.2	99.8
(4)医疗卫生器具	99.0	98.8	99.9	100.2	100.3	100.0
(5)保健器具	101.4	101.8	99.9	100.1	100.0	100.5
2.医疗服务	100.5	100.3	101.4	100.0	100.0	100.0
(1)综合医疗类	101.2	101.3	100.9	100.0	100.0	100.0
(2)诊断类	101.0	100.8	101.6	100.0	100.0	100.0
(3)治疗类	98.8	98.2	100.7	100.0	100.0	100.0
(4)康复类	103.6	102.8	106.2	100.0	100.0	100.0
(5)中医医疗服务类	101.2	100.6	103.1	100.0	100.0	100.0
(6)其他医疗保健服务	101.0	101.5	99.5	100.0	100.0	100.0
八、其他用品及服务	**102.2**	**102.2**	**102.3**	**100.4**	**100.4**	**100.4**
1.其他用品	102.8	102.6	103.6	100.6	100.6	100.7
(1)首饰手表	101.7	101.5	102.6	102.0	102.1	101.7
(2)母婴用品	106.7	105.7	112.2	99.6	99.4	100.3
(3)其他杂项用品	102.9	103.2	100.9	98.5	98.4	99.0
2.其他服务	101.7	101.8	101.1	100.2	100.2	100.1
(1)在外住宿	103.9	104.4	100.7	101.8	101.9	101.0
(2)美容美发洗浴	102.4	102.6	101.5	100.0	100.0	100.0
(3)养老服务	100.8	100.3	104.5	100.0	100.0	100.0
(4)金融及保险服务	100.9	101.1	100.0	100.0	100.0	100.0
(5)中介法律及其他服务	101.2	101.4	100.0	100.0	100.0	100.0

3-19 居民消费价格分类指数（2022年9月）

指　　标	上年同月=100(同比)			上月=100(环比)		
	全省	城市	农村	全省	城市	农村
居民消费价格总指数	**102.9**	**102.8**	**103.4**	**100.3**	**100.3**	**100.4**
#服务价格指数	100.3	100.2	100.7	99.9	99.9	100.0
工业品价格指数	103.3	103.2	103.7	99.9	99.9	99.9
消费品价格指数	104.7	104.6	105.1	100.6	100.5	100.6
非食品价格指数	101.7	101.6	102.1	100.0	100.0	100.0
一、食品烟酒	**106.4**	**106.3**	**106.9**	**101.3**	**101.3**	**101.4**
1.食品	108.8	108.7	109.0	101.9	101.9	102.0
(1)粮食	101.7	101.7	101.7	100.1	100.2	99.8
(2)薯类	109.5	110.1	107.1	97.9	98.1	97.0
(3)豆类	102.1	102.0	102.2	100.0	100.0	100.0
(4)食用油	109.3	108.9	110.5	99.8	99.7	100.1
(5)菜及食用菌	110.7	111.1	109.4	104.6	104.4	105.4
#鲜菜	111.1	111.5	109.6	105.0	104.8	105.8
(6)畜肉类	115.8	114.7	119.3	101.8	101.5	102.7
#猪肉	129.8	129.1	131.8	102.7	102.6	103.2
(7)禽肉类	107.2	107.2	107.4	101.1	101.1	101.1
(8)水产品	106.8	106.7	107.4	101.6	101.7	101.4
(9)蛋类	104.9	104.5	106.4	103.4	103.2	104.1
(10)奶类	101.1	101.2	100.5	99.7	99.6	100.3
(11)干鲜瓜果类	115.2	115.6	113.5	104.2	104.4	103.4
(12)糖果糕点类	104.7	104.9	103.9	99.8	100.0	98.9
(13)调味品	106.1	106.2	105.8	99.6	99.4	100.3
(14)其他食品类	103.6	103.3	104.6	100.0	99.8	100.6
2.茶及饮料	102.3	102.5	101.6	99.8	99.8	100.1
3.烟酒	102.6	102.6	102.7	100.1	100.1	100.0
(1)卷烟	102.4	102.0	103.5	100.3	100.4	100.1
(2)酒类	103.2	104.1	100.9	99.7	99.6	100.0
4.在外餐饮	101.9	101.8	102.4	100.4	100.3	100.6
二、衣着	**101.3**	**101.0**	**102.4**	**100.4**	**100.5**	**100.1**
1.服装	101.3	101.1	102.5	100.4	100.5	100.2
(1)男式服装	102.5	102.2	103.5	100.7	100.8	100.0
(2)女式服装	101.2	100.9	102.3	100.5	100.5	100.4
(3)儿童服装	98.5	97.9	100.8	99.6	99.5	100.3
(4)衣着材料及配件	99.6	99.5	100.3	100.1	100.2	99.9
(5)衣着服务费	104.3	104.6	103.1	100.0	100.0	100.0
2.鞋类	101.1	100.9	101.8	100.3	100.4	99.9
(1)鞋	101.1	100.9	101.9	100.3	100.4	99.9
(2)鞋类服务	99.0	100.3	94.3	100.0	100.0	100.0

3-19 续表 1

指　　标	上年同月=100(同比)			上月=100(环比)		
	全省	城市	农村	全省	城市	农村
三、居住	**100.4**	**100.2**	**101.1**	**99.9**	**99.9**	**99.9**
1. 租赁房房租	99.0	98.9	99.9	99.9	99.9	100.0
2. 住房保养维修及管理	104.3	104.7	102.5	100.0	100.1	100.0
(1)住房装潢材料	102.0	101.8	102.7	100.1	100.1	100.0
(2)住房维修管理费用	106.8	107.8	102.3	100.0	100.0	100.0
3. 水电燃料	102.7	102.2	104.2	99.9	99.9	99.9
(1)水	100.0	100.0	100.0	100.0	100.0	100.0
(2)电	100.0	100.0	100.0	100.0	100.0	100.0
(3)燃气	109.4	108.7	111.6	99.8	100.0	99.5
(4)其他水电燃料类	104.5	102.8	110.1	99.3	99.1	100.0
4. 自有住房	99.1	99.0	100.0	99.9	99.9	99.9
四、生活用品及服务	**102.3**	**102.3**	**102.0**	**100.0**	**100.0**	**100.2**
1. 家具及室内装饰品	99.8	99.1	102.1	100.0	100.0	99.9
(1)家具	99.9	99.1	102.7	100.1	100.1	100.0
(2)室内装饰品	99.1	99.5	97.4	99.1	99.2	98.5
2. 家用器具	103.3	104.0	101.0	99.9	99.9	99.9
(1)大型家用器具	103.5	104.4	100.6	99.8	99.8	99.9
(2)小家电	102.4	102.3	103.1	100.1	100.0	100.2
3. 家用纺织品	99.1	98.5	101.7	100.2	100.2	100.3
(1)床上用品	99.0	98.4	101.3	100.2	100.1	100.2
(2)窗帘门帘	103.2	102.4	105.9	100.2	100.0	100.9
(3)其他家用纺织品	96.0	95.3	99.4	101.0	101.2	100.0
4. 家庭日用杂品	102.3	102.6	101.5	100.1	100.0	100.2
(1)洗涤卫生用品	103.5	104.1	101.4	100.3	100.1	100.9
(2)厨具餐具茶具	101.4	101.1	102.4	98.9	99.4	97.3
(3)其他家庭日用杂品	101.3	101.4	101.2	100.4	100.1	100.9
5. 个人护理用品	103.9	103.6	105.6	100.2	100.1	101.1
(1)化妆品	105.3	105.0	107.0	100.4	100.2	101.5
(2)其他护理用品类	101.4	101.0	103.5	100.0	99.9	100.4
6. 家庭服务	102.4	102.5	101.9	100.1	100.1	100.0
五、交通通信	**104.7**	**104.7**	**104.7**	**99.6**	**99.6**	**99.6**
1. 交通	106.2	106.2	106.2	99.4	99.4	99.5
(1)交通工具	100.3	100.2	100.4	99.8	99.8	99.8
(2)交通工具用燃料	118.8	118.7	119.1	98.8	98.8	98.8
(3)交通工具使用和维修	102.0	101.7	103.2	100.1	100.1	100.0
(4)交通费	101.5	101.3	102.2	99.3	99.2	99.6
2. 通信	99.6	99.4	100.2	100.1	100.1	100.1
(1)通信工具	100.6	100.6	100.9	100.3	100.2	100.4
(2)通信服务	99.0	98.8	100.0	100.0	100.0	100.0
(3)邮递服务	100.9	101.1	100.2	100.0	100.0	100.0

3-19 续表 2

指　标	上年同月=100(同比)			上月=100(环比)		
	全省	城市	农村	全省	城市	农村
六、教育文化娱乐	**101.0**	**101.0**	**101.0**	**100.2**	**100.1**	**100.4**
1. 教育	100.9	100.9	101.0	100.6	100.6	100.6
(1)教育用品	102.9	102.6	104.0	102.7	102.4	103.8
(2)教育服务	100.9	100.9	100.9	100.5	100.5	100.5
2. 文化娱乐	101.2	101.2	100.8	99.4	99.4	99.6
(1)文娱耐用消费品	101.4	101.3	101.7	100.6	100.4	101.5
(2)其他文娱用品	101.8	101.9	101.3	100.8	101.0	99.8
(3)文化娱乐服务	99.8	100.0	99.1	100.0	100.2	99.2
(4)旅游	101.7	101.8	101.3	97.9	97.9	97.7
七、医疗保健	**100.2**	**100.1**	**100.8**	**100.0**	**100.0**	**100.0**
1. 药品及医疗器具	99.4	99.5	99.1	99.9	99.9	100.0
(1)中药	92.8	92.6	93.3	100.2	100.1	100.2
(2)西药	101.6	101.8	101.0	100.1	100.1	99.9
(3)滋补保健品	100.7	101.0	99.2	99.2	99.2	99.4
(4)医疗卫生器具	99.1	98.7	100.9	100.2	100.1	100.9
(5)保健器具	101.4	101.7	100.0	100.0	99.9	100.3
2. 医疗服务	100.6	100.3	101.4	100.0	100.0	100.0
(1)综合医疗类	101.3	101.5	100.9	100.1	100.1	99.9
(2)诊断类	101.0	100.8	101.7	100.1	100.1	100.1
(3)治疗类	98.8	98.2	100.7	100.0	100.0	100.0
(4)康复类	103.6	102.8	106.2	100.0	100.0	100.0
(5)中医医疗服务类	101.2	100.6	103.3	100.1	100.0	100.2
(6)其他医疗保健服务	101.0	101.5	99.5	100.0	100.0	100.0
八、其他用品及服务	**101.2**	**101.1**	**101.6**	**99.5**	**99.5**	**99.6**
1. 其他用品	101.0	100.7	102.5	99.2	99.2	99.3
(1)首饰手表	99.2	98.9	101.1	98.3	98.3	98.5
(2)母婴用品	105.4	104.6	109.4	99.7	99.8	99.2
(3)其他杂项用品	102.0	102.2	101.2	100.6	100.6	101.0
2. 其他服务	101.4	101.5	100.8	99.8	99.8	99.8
(1)在外住宿	100.6	100.7	99.7	96.4	96.3	97.6
(2)美容美发洗浴	102.7	102.9	101.5	100.7	100.9	100.0
(3)养老服务	100.6	100.3	102.9	100.0	100.0	100.0
(4)金融及保险服务	100.9	101.1	100.0	100.0	100.0	100.0
(5)中介法律及其他服务	100.7	100.8	100.0	100.0	100.0	100.0

3-20 居民消费价格分类指数（2022年10月）

指标	上年同月=100(同比)			上月=100(环比)		
	全省	城市	农村	全省	城市	农村
居民消费价格总指数	**102.0**	**101.8**	**102.6**	**99.8**	**99.8**	**100.0**
#服务价格指数	100.0	100.0	100.4	100.0	100.0	99.9
工业品价格指数	102.2	102.1	102.8	100.0	100.0	100.1
消费品价格指数	103.3	103.1	104.1	99.7	99.6	100.0
非食品价格指数	101.1	101.0	101.6	100.0	100.0	100.0
一、食品烟酒	**104.6**	**104.4**	**105.6**	**99.3**	**99.2**	**99.8**
1.食品	106.2	105.9	107.1	98.8	98.6	99.7
(1)粮食	101.8	101.8	101.8	100.1	100.0	100.3
(2)薯类	107.0	107.4	105.4	97.4	97.2	98.4
(3)豆类	102.4	102.4	102.3	100.3	100.3	100.1
(4)食用油	110.3	110.2	110.6	100.8	100.9	100.5
(5)菜及食用菌	92.3	92.5	91.4	93.4	93.4	93.2
#鲜菜	90.8	91.1	89.6	92.7	92.7	92.5
(6)畜肉类	124.0	122.8	127.7	105.7	105.4	106.4
#猪肉	143.7	143.4	144.7	108.8	108.7	109.0
(7)禽肉类	108.0	107.9	108.3	100.4	100.3	100.6
(8)水产品	105.9	105.5	107.4	95.8	95.5	97.1
(9)蛋类	107.1	106.5	108.9	101.2	101.2	101.4
(10)奶类	100.2	100.1	100.8	99.3	99.1	100.1
(11)干鲜瓜果类	107.9	108.3	106.1	97.3	97.1	98.4
(12)糖果糕点类	104.6	104.8	103.7	99.8	99.7	100.3
(13)调味品	105.8	105.7	106.1	99.9	99.7	100.4
(14)其他食品类	103.3	103.0	104.7	100.1	99.9	100.6
2.茶及饮料	102.5	102.7	101.6	100.2	100.2	100.1
3.烟酒	102.4	102.4	102.5	100.5	100.6	100.2
(1)卷烟	102.2	101.8	103.3	100.2	100.2	100.2
(2)酒类	103.0	103.9	100.6	101.1	101.4	100.2
4.在外餐饮	101.6	101.5	102.4	100.1	100.0	100.1
二、衣着	**101.2**	**100.6**	**103.5**	**100.2**	**100.1**	**100.8**
1.服装	101.4	100.8	103.7	100.4	100.3	100.8
(1)男式服装	102.3	101.9	104.0	100.6	100.6	100.6
(2)女式服装	101.3	101.0	102.8	100.4	100.4	100.6
(3)儿童服装	98.6	96.6	106.8	100.0	99.4	102.2
(4)衣着材料及配件	100.2	99.9	101.3	100.2	100.2	100.3
(5)衣着服务费	103.6	103.7	103.4	100.1	100.0	100.3
2.鞋类	100.3	99.7	102.8	99.3	98.9	100.7
(1)鞋	100.3	99.6	102.9	99.2	98.8	100.7
(2)鞋类服务	103.6	106.2	94.3	104.7	105.9	100.0

3-20 续表 1

指　　标	上年同月=100(同比)			上月=100(环比)		
	全省	城市	农村	全省	城市	农村
三、居住	**99.8**	**99.7**	**100.3**	**99.9**	**99.9**	**99.9**
1. 租赁房房租	98.9	98.8	99.6	99.9	99.9	99.8
2. 住房保养维修及管理	102.3	102.6	100.8	100.1	100.1	100.2
(1)住房装潢材料	100.1	100.1	100.2	100.1	100.2	100.0
(2)住房维修管理费用	104.6	105.2	101.7	100.1	100.0	100.4
3. 水电燃料	101.4	101.1	102.4	100.0	100.0	100.0
(1)水	100.0	100.0	100.0	100.0	100.0	100.0
(2)电	100.0	100.0	100.0	100.0	100.0	100.0
(3)燃气	104.5	104.0	105.8	99.9	99.9	100.0
(4)其他水电燃料类	103.3	102.1	106.9	100.1	100.1	100.0
4. 自有住房	99.0	98.8	99.6	99.9	99.9	99.8
四、生活用品及服务	**101.9**	**101.9**	**101.9**	**100.4**	**100.4**	**100.4**
1. 家具及室内装饰品	99.3	98.8	101.1	100.2	100.2	100.4
(1)家具	99.2	98.6	101.4	100.2	100.1	100.3
(2)室内装饰品	99.8	100.1	98.5	100.7	100.6	101.2
2. 家用器具	103.2	103.7	101.6	100.3	100.3	100.5
(1)大型家用器具	103.4	104.1	101.1	100.4	100.3	100.6
(2)小家电	102.6	102.2	103.9	100.0	100.0	100.2
3. 家用纺织品	99.2	98.7	101.3	100.4	100.4	100.0
(1)床上用品	99.1	98.7	100.9	100.4	100.5	100.0
(2)窗帘门帘	102.1	101.4	104.5	100.0	100.0	100.0
(3)其他家用纺织品	96.7	96.1	100.1	100.6	100.8	100.0
4. 家庭日用杂品	101.6	101.5	101.8	100.5	100.6	100.4
(1)洗涤卫生用品	102.4	102.2	103.2	100.9	100.9	101.1
(2)厨具餐具茶具	101.0	100.5	102.7	100.6	100.5	100.8
(3)其他家庭日用杂品	100.9	101.3	100.1	100.0	100.2	99.6
5. 个人护理用品	103.2	103.0	104.5	100.5	100.5	100.0
(1)化妆品	104.2	104.0	105.7	100.3	100.4	99.8
(2)其他护理用品类	101.4	101.1	102.8	100.7	100.7	100.2
6. 家庭服务	102.5	102.6	102.0	100.2	100.2	100.3
五、交通通信	**102.9**	**102.9**	**103.2**	**99.5**	**99.5**	**99.5**
1. 交通	103.9	103.8	104.1	99.3	99.3	99.4
(1)交通工具	100.2	100.2	100.2	100.1	100.1	100.0
(2)交通工具用燃料	112.2	112.2	112.4	98.8	98.8	98.8
(3)交通工具使用和维修	101.8	101.5	103.2	100.0	99.9	100.2
(4)交通费	98.6	98.3	100.0	97.6	97.5	98.2
2. 通信	99.6	99.3	100.7	100.1	100.1	100.1
(1)通信工具	100.6	100.1	102.7	100.3	100.4	100.3
(2)通信服务	99.0	98.8	100.0	100.0	100.0	100.0
(3)邮递服务	100.9	101.1	100.2	100.0	100.0	100.0

3-20 续表 2

指标	上年同月=100(同比)			上月=100(环比)		
	全省	城市	农村	全省	城市	农村
六、教育文化娱乐	**101.0**	**101.1**	**101.0**	**100.4**	**100.4**	**100.2**
1. 教育	100.9	100.9	101.0	100.0	100.0	100.0
(1)教育用品	102.9	102.6	104.0	100.0	100.0	100.0
(2)教育服务	100.9	100.9	100.9	100.0	100.0	100.0
2. 文化娱乐	101.2	101.3	100.8	101.1	101.1	100.7
(1)文娱耐用消费品	100.5	100.3	101.2	99.6	99.6	99.6
(2)其他文娱用品	102.0	102.0	101.7	100.3	100.3	100.7
(3)文化娱乐服务	99.5	99.6	98.9	100.4	100.4	100.4
(4)旅游	102.5	102.5	102.0	102.6	102.6	102.3
七、医疗保健	**99.9**	**99.7**	**100.7**	**99.8**	**99.8**	**99.9**
1. 药品及医疗器具	98.7	98.6	98.7	99.4	99.4	99.6
(1)中药	92.9	92.6	93.7	100.3	100.3	100.5
(2)西药	99.7	99.7	100.0	98.4	98.2	99.0
(3)滋补保健品	100.7	101.0	99.2	100.7	100.8	100.4
(4)医疗卫生器具	99.5	99.2	101.0	100.0	100.0	100.0
(5)保健器具	101.5	101.7	100.4	100.1	100.0	100.5
2. 医疗服务	100.5	100.2	101.4	100.0	100.0	100.0
(1)综合医疗类	101.1	101.2	100.9	100.0	100.0	100.0
(2)诊断类	101.1	100.9	101.7	100.0	100.1	100.0
(3)治疗类	98.7	98.1	100.7	99.9	99.8	100.0
(4)康复类	102.8	101.7	106.2	100.0	100.0	100.0
(5)中医医疗服务类	100.7	99.9	103.3	100.0	100.0	100.0
(6)其他医疗保健服务	100.5	100.8	99.5	99.9	99.9	100.0
八、其他用品及服务	**101.9**	**101.9**	**102.1**	**100.9**	**100.9**	**100.9**
1. 其他用品	102.8	102.6	103.8	101.4	101.4	101.5
(1)首饰手表	102.8	102.7	103.8	102.2	102.1	102.5
(2)母婴用品	106.3	105.4	110.8	100.5	100.5	100.4
(3)其他杂项用品	100.8	101.0	100.2	100.4	100.4	100.6
2. 其他服务	101.1	101.3	100.5	100.4	100.4	100.4
(1)在外住宿	99.6	100.0	96.9	103.4	103.5	103.0
(2)美容美发洗浴	102.6	102.8	101.8	100.1	100.0	100.3
(3)养老服务	100.3	100.3	100.8	100.0	100.0	100.0
(4)金融及保险服务	100.8	101.0	100.0	100.0	100.0	100.0
(5)中介法律及其他服务	100.3	100.4	100.0	100.0	100.0	100.0

3-21 居民消费价格分类指数（2022年11月）

指　　标	上年同月=100(同比)			上月=100(环比)		
	全省	城市	农村	全省	城市	农村
居民消费价格总指数	**101.4**	**101.3**	**101.9**	**99.6**	**99.6**	**99.6**
#服务价格指数	100.0	99.9	100.3	99.6	99.5	99.8
工业品价格指数	102.0	101.9	102.3	100.1	100.2	99.9
消费品价格指数	102.4	102.3	102.9	99.6	99.6	99.5
非食品价格指数	101.0	100.9	101.3	99.9	99.9	99.9
一、食品烟酒	**103.0**	**102.8**	**103.6**	**99.0**	**99.0**	**99.1**
1.食品	103.5	103.3	104.4	98.3	98.2	98.7
(1)粮食	101.4	101.5	101.3	100.3	100.3	100.0
(2)薯类	105.3	105.6	104.0	98.5	98.8	96.9
(3)豆类	102.1	102.1	102.1	100.2	100.1	100.2
(4)食用油	109.2	109.4	108.7	100.8	100.9	100.8
(5)菜及食用菌	82.0	82.5	80.3	88.9	89.0	88.4
#鲜菜	79.6	80.2	77.6	87.6	87.7	86.9
(6)畜肉类	117.8	116.8	120.8	99.7	99.6	99.9
#猪肉	129.7	129.5	130.4	98.5	98.4	98.8
(7)禽肉类	108.4	108.2	109.2	100.5	100.5	100.6
(8)水产品	105.9	105.3	108.5	98.1	97.9	98.9
(9)蛋类	106.6	106.1	108.3	101.3	101.1	101.9
(10)奶类	100.5	100.3	101.3	100.7	100.7	100.5
(11)干鲜瓜果类	106.7	107.0	105.3	100.1	99.8	101.5
(12)糖果糕点类	103.9	103.8	104.2	100.3	100.1	101.2
(13)调味品	105.5	105.3	106.0	100.3	100.4	100.3
(14)其他食品类	103.4	103.1	104.8	100.7	100.8	100.6
2.茶及饮料	101.9	102.0	101.5	100.0	100.0	100.0
3.烟酒	102.7	102.8	102.3	100.5	100.6	100.4
(1)卷烟	102.0	101.6	103.0	100.1	100.1	100.2
(2)酒类	104.3	105.6	100.5	101.5	101.7	100.8
4.在外餐饮	101.6	101.6	101.7	100.2	100.2	99.9
二、衣着	**101.1**	**100.7**	**102.6**	**100.0**	**100.1**	**99.5**
1.服装	101.3	101.0	102.7	100.1	100.2	99.4
(1)男式服装	102.4	102.4	102.6	100.4	100.7	99.1
(2)女式服装	101.2	100.9	102.4	100.1	100.3	99.6
(3)儿童服装	98.5	96.9	104.8	98.7	98.6	99.1
(4)衣着材料及配件	100.2	100.1	100.5	100.2	100.2	100.0
(5)衣着服务费	103.1	103.2	102.6	100.1	100.0	100.4
2.鞋类	100.1	99.6	102.1	99.6	99.6	99.8
(1)鞋	100.1	99.5	102.2	99.6	99.6	99.8
(2)鞋类服务	103.6	106.2	94.3	100.0	100.0	100.0

3-21 续表 1

指标	上年同月=100(同比)			上月=100(环比)		
	全省	城市	农村	全省	城市	农村
三、居住	**99.7**	**99.6**	**100.0**	**99.9**	**99.9**	**100.0**
1.租赁房房租	98.8	98.7	99.4	99.8	99.8	99.9
2.住房保养维修及管理	102.0	102.4	100.5	100.0	100.0	100.0
(1)住房装潢材料	99.7	99.7	99.9	99.9	99.9	100.0
(2)住房维修管理费用	104.5	105.2	101.2	100.0	100.0	100.0
3.水电燃料	101.2	101.1	101.7	100.1	100.1	100.1
(1)水	100.0	100.0	100.0	100.0	100.0	100.0
(2)电	100.0	100.0	100.0	100.0	100.0	100.0
(3)燃气	104.2	103.9	104.8	100.0	99.9	100.2
(4)其他水电燃料类	102.3	102.2	102.8	100.7	101.0	100.0
4.自有住房	98.9	98.7	99.5	99.8	99.8	99.9
四、生活用品及服务	**101.6**	**101.7**	**101.5**	**99.7**	**99.7**	**99.5**
1.家具及室内装饰品	98.0	97.7	98.9	99.7	99.6	99.9
(1)家具	97.9	97.5	99.1	99.7	99.7	100.0
(2)室内装饰品	98.9	99.1	97.8	99.1	99.1	99.3
2.家用器具	102.2	102.7	100.4	99.0	99.2	98.4
(1)大型家用器具	102.3	103.0	100.1	99.0	99.1	98.6
(2)小家电	101.5	101.4	101.7	99.2	99.5	97.9
3.家用纺织品	99.6	99.2	101.6	100.0	100.0	100.2
(1)床上用品	100.0	99.6	101.7	100.2	100.2	100.2
(2)窗帘门帘	101.6	101.3	102.6	100.0	100.0	99.9
(3)其他家用纺织品	94.6	93.8	98.8	98.3	97.9	100.4
4.家庭日用杂品	101.9	101.7	102.3	99.7	99.6	99.7
(1)洗涤卫生用品	102.7	102.4	103.9	99.9	99.8	100.5
(2)厨具餐具茶具	102.4	101.9	104.0	98.6	98.8	98.0
(3)其他家庭日用杂品	100.5	100.7	100.0	99.8	99.9	99.8
5.个人护理用品	104.0	103.7	105.9	100.4	100.4	100.3
(1)化妆品	105.4	104.9	108.1	100.6	100.6	100.9
(2)其他护理用品类	101.5	101.3	102.6	100.0	100.1	99.4
6.家庭服务	102.4	102.5	102.1	100.0	100.0	100.1
五、交通通信	**102.6**	**102.6**	**102.7**	**100.2**	**100.2**	**100.0**
1.交通	103.5	103.5	103.5	100.4	100.4	100.3
(1)交通工具	99.7	99.7	99.6	99.8	99.9	99.6
(2)交通工具用燃料	111.1	111.1	111.3	102.0	102.0	102.0
(3)交通工具使用和维修	101.4	101.2	102.2	100.0	100.0	99.9
(4)交通费	99.6	99.3	100.5	98.2	98.1	98.6
2.通信	99.5	99.2	100.4	99.6	99.6	99.3
(1)通信工具	100.3	99.9	101.7	98.6	98.8	97.6
(2)通信服务	99.0	98.8	100.0	100.0	100.0	100.0
(3)邮递服务	100.9	101.1	100.2	100.0	100.0	100.0

3-21 续表 2

指　　标	上年同月=100(同比)			上月=100(环比)		
	全省	城市	农村	全省	城市	农村
六、教育文化娱乐	**101.0**	**101.0**	**101.0**	**99.0**	**98.9**	**99.5**
1. 教育	101.0	100.9	101.0	100.0	100.0	100.0
(1) 教育用品	102.9	102.6	104.0	100.0	100.0	100.0
(2) 教育服务	100.9	100.9	100.9	100.0	100.0	100.0
2. 文化娱乐	101.0	101.0	100.8	97.3	97.2	98.3
(1) 文娱耐用消费品	100.4	100.1	101.2	99.3	99.3	99.3
(2) 其他文娱用品	101.5	101.6	101.1	99.6	99.7	99.3
(3) 文化娱乐服务	99.0	99.1	98.8	98.9	98.9	98.9
(4) 旅游	102.6	102.6	102.6	94.5	94.4	95.8
七、医疗保健	**100.0**	**99.8**	**100.8**	**100.0**	**100.0**	**100.0**
1. 药品及医疗器具	98.9	98.9	99.0	99.9	99.9	100.2
(1) 中药	93.3	93.1	93.9	100.4	100.4	100.7
(2) 西药	100.0	100.0	100.0	99.9	99.8	100.0
(3) 滋补保健品	100.5	100.5	100.6	99.5	99.4	100.2
(4) 医疗卫生器具	100.2	100.0	101.1	100.1	100.2	100.0
(5) 保健器具	101.5	101.7	100.4	100.0	100.0	100.0
2. 医疗服务	100.5	100.2	101.4	100.0	100.0	100.0
(1) 综合医疗类	101.1	101.2	100.9	100.0	100.0	100.0
(2) 诊断类	101.1	100.9	101.7	100.0	100.0	100.0
(3) 治疗类	98.7	98.1	100.7	100.0	100.0	100.0
(4) 康复类	102.8	101.7	106.2	100.0	100.0	100.0
(5) 中医医疗服务类	100.7	99.9	103.3	100.0	100.0	100.0
(6) 其他医疗保健服务	100.5	100.8	99.5	100.0	100.0	100.0
八、其他用品及服务	**102.1**	**102.0**	**102.7**	**100.1**	**100.2**	**99.9**
1. 其他用品	103.4	103.1	105.1	100.8	101.0	100.1
(1) 首饰手表	104.1	103.9	105.7	102.4	102.4	102.2
(2) 母婴用品	107.2	106.7	109.7	99.0	99.3	97.3
(3) 其他杂项用品	100.0	99.7	101.6	98.9	99.0	98.0
2. 其他服务	100.9	101.0	100.5	99.5	99.4	99.6
(1) 在外住宿	98.9	98.9	99.1	94.9	94.7	96.1
(2) 美容美发洗浴	102.3	102.4	101.5	100.0	100.0	100.0
(3) 养老服务	100.2	100.3	100.0	100.0	100.0	100.0
(4) 金融及保险服务	100.8	101.0	100.0	100.0	100.0	100.0
(5) 中介法律及其他服务	100.0	100.0	100.0	100.0	100.0	100.0

3-22 居民消费价格分类指数（2022年12月）

指　　标	上年同月=100(同比)			上月=100(环比)		
	全省	城市	农村	全省	城市	农村
居民消费价格总指数	**101.8**	**101.7**	**102.4**	**100.1**	**100.1**	**100.1**
#服务价格指数	100.2	100.1	100.4	100.2	100.2	100.1
工业品价格指数	101.9	101.8	102.3	99.2	99.2	99.5
消费品价格指数	103.0	102.9	103.6	100.1	100.1	100.2
非食品价格指数	101.1	101.0	101.4	99.8	99.8	99.9
一、食品烟酒	**104.4**	**104.2**	**105.2**	**101.1**	**101.1**	**100.9**
1.食品	105.6	105.3	106.7	101.5	101.6	101.1
(1)粮食	101.3	101.5	100.7	100.0	100.1	99.7
(2)薯类	107.6	107.8	106.9	101.6	101.3	102.5
(3)豆类	102.0	102.0	101.8	100.3	100.4	99.9
(4)食用油	108.4	108.6	107.7	99.9	99.9	99.8
(5)菜及食用菌	96.8	96.7	97.5	108.0	107.8	108.7
#鲜菜	95.8	95.7	96.4	108.8	108.6	109.6
(6)畜肉类	113.7	113.2	115.1	96.8	97.0	96.1
#猪肉	122.0	122.1	121.6	94.6	94.7	94.4
(7)禽肉类	108.4	108.2	109.2	100.3	100.4	100.0
(8)水产品	107.3	106.6	110.1	102.0	102.2	101.3
(9)蛋类	107.1	106.2	110.0	99.8	99.7	100.4
(10)奶类	101.3	101.2	101.4	101.3	101.4	100.6
(11)干鲜瓜果类	107.3	107.2	107.8	104.7	104.5	105.9
(12)糖果糕点类	103.8	103.8	104.1	100.0	100.0	100.0
(13)调味品	104.7	104.8	104.3	100.2	100.4	99.5
(14)其他食品类	102.6	102.1	104.6	99.5	99.3	100.1
2.茶及饮料	102.1	102.3	101.3	100.3	100.3	100.0
3.烟酒	102.6	102.7	102.4	100.3	100.2	100.4
(1)卷烟	102.0	101.6	102.9	100.2	100.1	100.5
(2)酒类	104.2	105.3	101.1	100.4	100.4	100.3
4.在外餐饮	102.0	101.9	102.4	100.4	100.4	100.6
二、衣着	**101.0**	**100.5**	**103.1**	**99.5**	**99.4**	**100.1**
1.服装	101.2	100.6	103.4	99.5	99.3	100.2
(1)男式服装	102.0	101.7	103.3	99.0	98.8	100.1
(2)女式服装	101.1	100.7	102.8	99.6	99.6	99.8
(3)儿童服装	98.6	96.5	106.9	99.9	99.4	101.7
(4)衣着材料及配件	100.3	100.3	100.6	100.1	100.2	99.6
(5)衣着服务费	102.5	102.5	102.6	100.0	100.0	100.0
2.鞋类	100.3	99.9	101.7	99.9	99.9	99.6
(1)鞋	100.3	99.8	101.9	99.9	99.9	99.6
(2)鞋类服务	103.6	106.2	94.3	100.0	100.0	100.0

3-22 续表1

指　　标	上年同月=100(同比)			上月=100(环比)		
	全省	城市	农村	全省	城市	农村
三、居住	**99.7**	**99.6**	**100.0**	**100.0**	**100.0**	**99.9**
1.租赁房房租	98.8	98.7	99.4	99.9	99.8	99.9
2.住房保养维修及管理	102.4	102.9	100.4	100.5	100.6	99.9
(1)住房装潢材料	99.4	99.3	99.7	99.7	99.7	99.8
(2)住房维修管理费用	105.8	106.8	101.2	101.3	101.5	100.0
3.水电燃料	101.3	101.1	101.8	100.0	100.0	100.0
(1)水	100.0	100.0	100.0	100.0	100.0	100.0
(2)电	100.0	100.0	100.0	100.0	100.0	100.0
(3)燃气	104.7	104.3	105.6	100.0	100.0	100.1
(4)其他水电燃料类	101.4	101.1	102.3	100.0	100.0	100.1
4.自有住房	98.8	98.7	99.4	99.9	99.8	99.9
四、生活用品及服务	**102.0**	**102.1**	**101.8**	**100.5**	**100.5**	**100.5**
1.家具及室内装饰品	99.2	99.1	99.3	100.3	100.3	100.4
(1)家具	99.0	99.0	99.3	100.1	100.1	100.1
(2)室内装饰品	100.1	100.3	99.4	101.4	101.1	102.2
2.家用器具	102.2	102.6	100.6	100.4	100.3	100.7
(1)大型家用器具	102.4	103.0	100.5	100.3	100.2	100.6
(2)小家电	101.2	101.2	101.3	100.8	100.6	101.4
3.家用纺织品	100.4	100.1	101.5	100.7	100.8	100.2
(1)床上用品	100.7	100.4	101.7	100.6	100.7	100.2
(2)窗帘门帘	101.1	101.2	100.8	99.9	100.0	99.6
(3)其他家用纺织品	96.7	96.0	100.9	102.3	102.6	100.8
4.家庭日用杂品	102.3	102.2	102.8	100.6	100.6	100.3
(1)洗涤卫生用品	103.5	103.3	104.3	100.0	100.2	99.2
(2)厨具餐具茶具	103.2	102.7	105.1	102.8	102.6	103.2
(3)其他家庭日用杂品	100.4	100.4	100.3	100.1	100.1	100.1
5.个人护理用品	103.7	103.3	105.6	99.9	99.8	100.2
(1)化妆品	104.7	104.2	107.6	99.6	99.5	100.0
(2)其他护理用品类	101.9	101.7	102.6	100.4	100.3	100.5
6.家庭服务	103.5	103.5	103.1	102.3	102.3	101.9
五、交通通信	**102.4**	**102.4**	**102.4**	**98.6**	**98.5**	**98.8**
1.交通	103.1	103.2	103.0	98.1	98.1	98.3
(1)交通工具	99.4	99.5	98.9	99.9	99.8	100.0
(2)交通工具用燃料	110.4	110.3	110.5	94.1	94.1	94.0
(3)交通工具使用和维修	101.4	101.3	101.9	100.2	100.2	100.1
(4)交通费	100.7	100.4	101.7	101.5	101.5	101.4
2.通信	99.7	99.4	100.9	100.2	100.1	100.5
(1)通信工具	101.1	100.5	103.2	100.6	100.2	101.9
(2)通信服务	99.0	98.8	100.0	100.0	100.0	100.0
(3)邮递服务	100.9	101.1	100.2	100.0	100.0	100.0

3-22 续表 2

指　　标	上年同月=100(同比)			上月=100(环比)		
	全省	城市	农村	全省	城市	农村
六、教育文化娱乐	**101.3**	**101.3**	**101.1**	**100.3**	**100.3**	**100.2**
1.教育	101.0	100.9	101.0	100.0	100.0	100.0
(1)教育用品	103.0	102.7	104.1	100.0	100.0	100.0
(2)教育服务	100.9	100.9	100.9	100.0	100.0	100.0
2.文化娱乐	101.8	101.9	101.4	100.9	100.9	100.8
(1)文娱耐用消费品	100.1	99.9	100.9	100.2	100.3	100.1
(2)其他文娱用品	101.6	101.7	100.7	100.2	100.1	100.3
(3)文化娱乐服务	100.5	100.5	100.9	101.6	101.5	102.1
(4)旅游	103.8	103.9	103.1	101.0	101.0	100.3
七、医疗保健	**100.0**	**99.7**	**100.9**	**100.1**	**100.0**	**100.2**
1.药品及医疗器具	99.0	98.8	99.7	100.2	100.1	100.6
(1)中药	93.9	93.4	95.6	100.7	100.4	101.8
(2)西药	100.0	100.0	100.1	100.0	100.0	99.9
(3)滋补保健品	100.5	100.3	101.5	100.2	100.2	100.3
(4)医疗卫生器具	100.2	99.4	103.5	100.5	100.1	102.4
(5)保健器具	101.5	101.8	100.4	100.0	100.0	100.0
2.医疗服务	100.4	100.1	101.3	100.0	100.0	100.0
(1)综合医疗类	101.1	101.2	100.9	100.0	100.0	100.0
(2)诊断类	100.9	100.7	101.5	100.0	100.0	100.0
(3)治疗类	98.7	98.1	100.7	100.0	100.0	100.0
(4)康复类	102.8	101.7	106.2	100.0	100.0	100.0
(5)中医医疗服务类	100.7	99.9	103.3	100.0	100.0	100.0
(6)其他医疗保健服务	100.5	100.8	99.5	100.0	100.0	100.0
八、其他用品及服务	**102.9**	**102.9**	**103.2**	**100.4**	**100.3**	**100.5**
1.其他用品	104.9	104.7	106.0	100.6	100.6	100.9
(1)首饰手表	107.2	107.2	107.6	100.6	100.6	100.7
(2)母婴用品	106.4	105.7	109.9	100.8	100.7	101.2
(3)其他杂项用品	99.7	99.4	101.3	100.7	100.6	101.1
2.其他服务	101.1	101.2	100.6	100.1	100.1	100.0
(1)在外住宿	99.8	99.7	101.1	99.8	99.7	100.4
(2)美容美发洗浴	102.5	102.8	101.3	100.4	100.4	100.0
(3)养老服务	100.2	100.3	100.0	100.0	100.0	100.0
(4)金融及保险服务	100.8	101.0	100.0	100.0	100.0	100.0
(5)中介法律及其他服务	100.0	100.0	100.0	100.0	100.0	100.0

3-23 商品零售价格分类指数（2022年1月）

指　　标	上年同月=100(同比)			上月=100(环比)		
	全省	城市	农村	全省	城市	农村
商品零售价格总指数	**102.1**	**102.1**	**101.9**	**100.4**	**100.4**	**100.3**
一、食品	**98.4**	**98.8**	**96.3**	**101.6**	**101.7**	**101.2**
1.粮食	101.2	101.0	101.9	100.4	100.4	100.3
2.薯类	101.0	101.5	98.9	102.0	101.8	102.7
3.豆类	106.5	107.2	104.4	100.4	100.6	99.9
4.食用油	105.4	105.7	104.2	100.1	100.2	99.9
5.菜及食用菌	93.4	93.7	92.1	99.7	99.7	99.6
6.畜肉类	74.4	75.3	71.4	99.3	99.5	98.9
7.禽肉类	99.4	99.4	99.4	100.2	100.2	100.3
8.水产品	107.7	107.8	107.4	107.8	108.1	106.3
9.蛋类	103.6	103.4	104.3	99.0	98.9	99.3
10.奶类	101.5	101.4	102.1	99.8	99.7	99.8
11.干鲜瓜果类	106.3	105.9	108.4	104.7	104.6	105.2
12.糖果糕点类	101.7	101.5	102.6	99.9	99.8	100.3
13.调味品	102.6	102.4	103.4	99.7	99.2	101.2
14.其他食品类	102.7	103.1	100.9	99.9	99.9	99.8
15.餐饮业零售	102.9	103.0	102.0	100.7	100.8	100.2
二、饮料、烟酒	**102.1**	**101.9**	**102.7**	**99.7**	**99.7**	**100.0**
1.茶及饮料	101.4	101.5	101.3	100.2	100.2	100.1
2.卷烟	102.7	102.3	104.5	100.4	100.3	100.7
3.酒类	100.9	101.3	98.9	98.0	97.9	98.4
三、服装、鞋帽	**98.8**	**99.0**	**97.5**	**99.7**	**99.7**	**99.9**
1.服装	99.2	99.5	97.5	99.6	99.6	99.9
(1)男士服装	99.2	99.3	98.5	99.6	99.5	99.8
(2)女士服装	99.5	100.0	96.7	99.6	99.6	99.8
(3)儿童服装	97.7	97.6	97.9	99.7	99.5	100.6
2.鞋帽袜	97.3	97.2	97.4	100.0	100.0	99.8
(1)鞋	96.9	96.8	97.3	100.0	100.0	99.9
(2)袜子	103.2	103.8	99.4	100.6	100.8	98.7
(3)帽子	103.9	104.3	101.5	101.2	101.4	100.0
3.其他衣着配件	99.3	99.1	99.9	99.7	99.7	99.8
四、纺织品	**100.1**	**99.6**	**101.7**	**99.9**	**99.8**	**100.2**
1.服装材料	102.3	102.0	103.3	100.0	100.0	100.0
2.床上用品	99.3	98.8	101.1	99.8	99.7	100.3

3-23 续表

指　标	上年同月=100(同比)			上月=100(环比)		
	全省	城市	农村	全省	城市	农村
五、家用电器及音像器材	**102.4**	**102.4**	**102.7**	**99.6**	**99.7**	**99.3**
1.家庭设备	102.8	102.6	103.8	100.0	100.0	99.7
2.文娱用耐用消费品	101.6	101.7	101.2	99.0	99.1	98.6
3.专业音像器材	102.5	102.9	98.9	99.9	100.0	98.9
六、文化办公用品	**100.4**	**100.2**	**101.5**	**99.0**	**99.0**	**98.7**
七、日用品	**100.5**	**100.6**	**99.8**	**99.8**	**99.9**	**99.5**
1.日用百货	101.0	100.6	103.0	100.2	100.2	99.9
2.厨具餐具茶具	100.0	100.3	98.5	99.7	99.8	99.4
3.清洗用品	99.1	99.7	95.9	99.4	99.6	98.9
4.其他日用品	101.3	101.7	98.8	99.7	99.8	99.3
八、体育娱乐用品	**100.6**	**100.7**	**100.4**	**100.0**	**100.0**	**99.9**
1.体育户外用品	101.4	101.0	103.4	100.9	100.7	101.6
2.娱乐用品	100.3	100.5	99.1	99.6	99.7	99.2
九、交通、通信用品	**100.6**	**100.7**	**100.5**	**100.1**	**100.0**	**100.5**
1.交通运输机械	101.3	101.3	101.5	99.9	99.8	100.1
2.通信器材	98.0	98.2	97.2	100.7	100.5	101.8
十、家具	**102.3**	**100.8**	**109.8**	**100.0**	**100.0**	**99.9**
十一、化妆品	**98.3**	**98.6**	**96.4**	**99.0**	**99.1**	**98.5**
十二、金银饰品	**94.9**	**94.6**	**96.4**	**102.0**	**102.0**	**101.5**
十三、中西药品及医疗保健用品	**100.3**	**100.5**	**99.6**	**99.7**	**99.8**	**99.1**
1.医疗卫生器具	99.3	99.4	98.9	99.8	99.8	100.0
2.中药	95.8	95.7	96.6	94.9	94.7	96.0
3.西药	103.1	103.6	100.9	101.9	102.3	99.9
4.保健器具及用品	99.0	98.9	99.4	99.1	99.0	99.6
十四、书报杂志及电子出版物	**101.3**	**101.3**	**101.2**	**99.9**	**99.9**	**100.1**
1.教材及参考书	101.7	101.7	101.4	100.0	100.0	100.0
2.书报杂志及音像制品	100.0	100.0	100.0	100.0	100.0	100.0
3.计算机办公软件	103.8	103.7	104.5	99.6	99.5	100.7
十五、燃料	**118.8**	**118.7**	**119.5**	**101.8**	**101.8**	**101.7**
1.煤炭及制品	121.6	120.7	126.3	100.2	100.4	99.4
2.石油及制品	118.5	118.5	118.8	102.0	102.0	102.0
十六、建筑材料及五金电料	**106.0**	**105.7**	**107.5**	**100.2**	**100.3**	**99.7**
1.建筑装潢材料	106.3	106.1	107.4	99.8	99.8	99.6
2.五金水暖	105.2	104.7	107.6	101.1	101.3	99.9

3-24 商品零售价格分类指数（2022年2月）

指　　标	上年同月=100(同比)			上月=100(环比)		
	全省	城市	农村	全省	城市	农村
商品零售价格总指数	**102.4**	**102.4**	**102.2**	**101.0**	**101.0**	**101.1**
一、食品	**97.5**	**97.9**	**95.9**	**102.3**	**102.2**	**102.5**
1.粮食	100.8	100.6	101.7	100.0	99.9	100.4
2.薯类	96.6	96.3	98.1	104.2	103.7	106.8
3.豆类	105.9	106.8	103.1	101.1	101.1	101.3
4.食用油	104.0	104.3	103.0	99.6	99.6	99.6
5.菜及食用菌	96.7	96.7	96.9	107.9	107.6	109.1
6.畜肉类	73.8	74.6	71.1	99.4	99.5	99.2
7.禽肉类	98.2	98.2	98.1	100.8	100.7	101.2
8.水产品	102.5	102.7	101.8	108.2	108.2	108.1
9.蛋类	101.1	100.8	102.2	99.0	99.0	99.0
10.奶类	100.7	100.5	101.6	99.2	99.1	99.6
11.干鲜瓜果类	103.7	103.4	105.2	101.9	101.8	102.9
12.糖果糕点类	101.9	101.5	103.7	100.0	99.9	100.3
13.调味品	102.6	102.2	103.8	100.9	100.9	100.9
14.其他食品类	100.6	100.7	100.2	97.3	96.8	99.6
15.餐饮业零售	102.7	102.8	102.1	100.7	100.7	100.5
二、饮料、烟酒	**102.6**	**102.5**	**102.9**	**100.4**	**100.4**	**100.0**
1.茶及饮料	101.5	101.5	101.4	99.6	99.5	100.0
2.卷烟	102.9	102.6	104.5	100.2	100.3	100.0
3.酒类	102.6	103.2	99.7	101.3	101.5	100.1
三、服装、鞋帽	**99.2**	**99.3**	**98.5**	**100.0**	**99.9**	**100.5**
1.服装	99.4	99.6	98.4	99.9	99.7	100.7
(1)男士服装	99.4	99.5	99.2	99.9	99.8	100.8
(2)女士服装	99.6	100.0	97.8	99.7	99.6	100.6
(3)儿童服装	98.4	98.3	98.5	100.3	100.2	100.9
2.鞋帽袜	98.2	98.1	98.6	100.3	100.4	99.7
(1)鞋	97.9	97.7	98.4	100.3	100.4	99.7
(2)袜子	103.3	103.6	101.8	99.9	99.7	100.6
(3)帽子	102.6	103.0	100.4	100.0	100.0	100.0
3.其他衣着配件	100.4	100.3	100.8	100.6	100.6	101.0
四、纺织品	**100.3**	**99.8**	**102.0**	**100.1**	**100.1**	**100.1**
1.服装材料	102.4	102.0	103.7	100.1	100.0	100.3
2.床上用品	99.6	99.1	101.4	100.1	100.1	100.1

3-24 续表

指　　标	上年同月=100(同比)			上月=100(环比)		
	全省	城市	农村	全省	城市	农村
五、家用电器及音像器材	**103.1**	**102.9**	**103.8**	**100.6**	**100.5**	**101.1**
1.家庭设备	103.8	103.5	105.1	101.0	100.9	101.4
2.文娱用耐用消费品	101.8	101.8	102.1	99.9	99.8	100.7
3.专业音像器材	102.5	102.9	98.9	100.0	100.0	100.0
六、文化办公用品	**100.7**	**100.3**	**102.7**	**100.3**	**100.1**	**101.2**
七、日用品	**100.4**	**100.4**	**100.7**	**100.0**	**99.9**	**100.5**
1.日用百货	101.1	100.6	104.0	100.0	99.9	100.3
2.厨具餐具茶具	100.8	100.6	101.5	100.8	100.4	103.0
3.清洗用品	97.6	98.0	95.4	99.2	99.3	98.9
4.其他日用品	101.8	102.2	99.8	100.1	100.0	100.5
八、体育娱乐用品	**101.1**	**100.9**	**102.2**	**100.2**	**100.0**	**101.2**
1.体育户外用品	103.9	103.4	106.8	101.8	101.5	103.3
2.娱乐用品	99.8	99.8	100.1	99.4	99.3	100.2
九、交通、通信用品	**100.5**	**100.6**	**100.1**	**99.9**	**100.0**	**99.8**
1.交通运输机械	101.4	101.4	101.4	100.0	100.1	99.9
2.通信器材	97.4	97.6	95.9	99.5	99.6	99.2
十、家具	**102.2**	**100.7**	**109.8**	**99.9**	**99.9**	**99.9**
十一、化妆品	**100.0**	**100.2**	**98.5**	**101.1**	**101.1**	**101.2**
十二、金银饰品	**99.7**	**99.7**	**99.7**	**102.3**	**102.3**	**102.0**
十三、中西药品及医疗保健用品	**100.6**	**100.9**	**99.2**	**99.9**	**100.0**	**99.7**
1.医疗卫生器具	98.6	98.6	98.6	99.2	99.2	99.7
2.中药	95.1	95.4	93.3	99.2	99.7	96.5
3.西药	103.7	104.3	101.1	100.2	100.1	100.3
4.保健器具及用品	99.8	99.7	100.6	100.3	100.1	101.3
十四、书报杂志及电子出版物	**101.9**	**101.9**	**101.9**	**100.1**	**100.1**	**99.9**
1.教材及参考书	101.7	101.8	101.4	100.0	100.0	100.0
2.书报杂志及音像制品	100.0	100.0	100.0	100.0	100.0	100.0
3.计算机办公软件	107.3	107.0	109.1	100.4	100.6	99.3
十五、燃料	**121.2**	**121.2**	**121.3**	**104.2**	**104.2**	**103.8**
1.煤炭及制品	118.7	117.8	123.1	98.1	97.9	99.4
2.石油及制品	121.4	121.5	121.1	104.8	104.9	104.3
十六、建筑材料及五金电料	**105.8**	**105.5**	**106.9**	**100.0**	**99.9**	**100.1**
1.建筑装潢材料	106.2	106.0	107.3	100.0	99.9	100.2
2.五金水暖	104.7	104.4	106.0	99.9	99.9	99.9

3-25 商品零售价格分类指数（2022年3月）

指　　标	上年同月=100(同比)			上月=100(环比)		
	全省	城市	农村	全省	城市	农村
商品零售价格总指数	**103.2**	**103.2**	**103.2**	**100.7**	**100.7**	**100.6**
一、食品	**98.7**	**99.0**	**97.3**	**98.2**	**98.3**	**98.0**
1.粮食	100.8	100.5	101.9	99.7	99.6	99.9
2.薯类	96.9	96.9	97.1	99.5	100.0	97.4
3.豆类	104.6	105.3	102.1	99.4	99.4	99.3
4.食用油	104.5	104.5	104.2	100.7	100.5	101.2
5.菜及食用菌	108.1	108.0	108.6	96.5	96.5	96.4
6.畜肉类	74.7	75.4	72.0	94.2	94.4	93.1
7.禽肉类	98.4	98.4	98.1	99.6	99.7	99.3
8.水产品	102.0	102.1	101.3	96.9	96.8	97.7
9.蛋类	102.8	102.2	105.2	98.9	98.9	99.1
10.奶类	100.1	99.9	100.9	100.5	100.6	100.1
11.干鲜瓜果类	102.3	102.1	103.4	96.9	96.8	97.4
12.糖果糕点类	103.1	103.1	103.4	102.0	102.3	100.5
13.调味品	103.9	103.6	104.8	100.9	101.0	100.5
14.其他食品类	103.0	103.6	100.8	102.8	103.2	101.1
15.餐饮业零售	102.1	102.2	101.7	99.7	99.7	99.8
二、饮料、烟酒	**102.4**	**102.2**	**103.2**	**100.6**	**100.6**	**100.6**
1.茶及饮料	100.7	100.6	101.1	100.4	100.5	100.2
2.卷烟	103.1	102.7	104.9	100.1	100.1	100.3
3.酒类	101.8	102.1	100.1	101.8	101.8	101.4
三、服装、鞋帽	**99.8**	**99.8**	**99.7**	**101.1**	**101.1**	**100.8**
1.服装	99.9	99.9	99.6	101.0	101.0	100.8
(1)男士服装	99.7	99.7	99.7	101.2	101.2	100.9
(2)女士服装	100.1	100.2	99.7	100.8	100.8	100.9
(3)儿童服装	99.7	99.9	99.2	101.1	101.2	100.4
2.鞋帽袜	99.3	99.2	99.8	101.4	101.5	100.7
(1)鞋	99.1	98.9	99.8	101.5	101.6	100.7
(2)袜子	102.7	103.3	99.1	100.1	100.2	99.4
(3)帽子	102.5	102.8	101.0	99.9	99.8	100.4
3.其他衣着配件	100.8	100.8	100.6	100.8	100.8	101.0
四、纺织品	**100.4**	**100.2**	**101.2**	**100.2**	**100.3**	**99.8**
1.服装材料	102.4	102.0	103.7	100.0	100.0	100.0
2.床上用品	99.7	99.6	100.3	100.2	100.4	99.7

3-25 续表

指标	上年同月=100(同比)			上月=100(环比)		
	全省	城市	农村	全省	城市	农村
五、家用电器及音像器材	**102.6**	**102.5**	**103.2**	**99.9**	**99.9**	**100.0**
1.家庭设备	103.6	103.4	104.7	100.1	100.1	100.0
2.文娱用耐用消费品	100.5	100.4	100.8	99.3	99.2	99.7
3.专业音像器材	103.2	103.7	99.6	100.8	100.8	100.7
六、文化办公用品	**101.3**	**101.2**	**102.2**	**100.9**	**101.0**	**100.4**
七、日用品	**100.6**	**100.4**	**101.7**	**100.4**	**100.2**	**101.3**
1.日用百货	101.0	100.3	104.4	100.5	100.3	101.2
2.厨具餐具茶具	100.4	100.1	101.9	99.1	99.0	99.7
3.清洗用品	98.7	98.8	98.2	100.9	100.5	103.1
4.其他日用品	101.9	102.2	100.4	100.6	100.5	101.1
八、体育娱乐用品	**101.6**	**101.5**	**102.2**	**100.6**	**100.6**	**100.5**
1.体育户外用品	103.4	102.8	107.1	99.9	99.8	100.7
2.娱乐用品	100.8	100.9	100.0	101.0	101.1	100.5
九、交通、通信用品	**100.6**	**100.6**	**100.8**	**100.1**	**100.1**	**100.4**
1.交通运输机械	101.2	101.2	101.4	99.9	99.9	99.9
2.通信器材	98.4	98.4	98.4	101.0	100.8	102.2
十、家具	**101.2**	**99.6**	**109.6**	**99.3**	**99.2**	**99.9**
十一、化妆品	**100.3**	**100.5**	**98.8**	**100.0**	**100.0**	**100.3**
十二、金银饰品	**107.6**	**107.4**	**108.9**	**104.5**	**104.5**	**104.6**
十三、中西药品及医疗保健用品	**100.6**	**100.9**	**99.2**	**100.0**	**100.1**	**99.8**
1.医疗卫生器具	99.2	99.2	98.8	100.0	100.0	100.0
2.中药	94.2	94.6	92.1	98.9	98.9	98.7
3.西药	104.0	104.5	101.9	100.1	100.0	100.5
4.保健器具及用品	99.9	100.0	99.5	100.8	101.1	98.9
十四、书报杂志及电子出版物	**100.5**	**100.5**	**100.4**	**100.0**	**100.0**	**99.9**
1.教材及参考书	101.7	101.8	101.4	100.2	100.3	99.9
2.书报杂志及音像制品	100.0	100.0	100.0	100.0	100.0	100.0
3.计算机办公软件	98.9	98.9	99.0	99.3	99.4	99.3
十五、燃料	**124.9**	**124.9**	**124.9**	**106.9**	**106.9**	**106.6**
1.煤炭及制品	126.9	127.1	126.2	104.6	105.1	101.5
2.石油及制品	124.7	124.6	124.8	107.1	107.1	107.1
十六、建筑材料及五金电料	**104.5**	**104.2**	**106.1**	**99.9**	**99.9**	**99.8**
1.建筑装潢材料	104.9	104.5	106.6	99.9	99.9	100.0
2.五金水暖	103.8	103.5	104.8	99.7	99.8	99.4

3-26 商品零售价格分类指数（2022年4月）

指　　标	上年同月=100(同比)			上月=100(环比)		
	全省	城市	农村	全省	城市	农村
商品零售价格总指数	**104.2**	**104.1**	**104.3**	**100.7**	**100.7**	**100.7**
一、食品	**102.9**	**103.1**	**101.6**	**102.3**	**102.3**	**102.3**
1. 粮食	101.2	100.7	102.5	100.3	100.3	100.4
2. 薯类	115.5	116.2	112.0	115.9	116.8	111.7
3. 豆类	103.2	103.6	101.8	100.0	100.1	99.9
4. 食用油	104.4	104.3	104.8	100.7	100.7	100.9
5. 菜及食用菌	127.1	127.8	124.2	109.2	109.6	107.4
6. 畜肉类	80.1	80.4	79.0	100.4	100.1	101.5
7. 禽肉类	101.3	101.4	101.1	101.7	101.6	101.9
8. 水产品	101.0	101.1	100.3	101.2	101.2	101.5
9. 蛋类	105.8	105.2	108.5	102.5	102.5	102.4
10. 奶类	100.7	100.7	100.3	100.4	100.5	99.7
11. 干鲜瓜果类	117.0	117.2	116.0	108.1	108.2	107.6
12. 糖果糕点类	103.5	103.3	104.1	100.4	100.3	100.7
13. 调味品	103.5	102.8	105.5	99.4	99.1	100.5
14. 其他食品类	103.4	103.9	101.3	101.1	101.3	100.3
15. 餐饮业零售	102.0	102.1	101.8	100.1	100.1	100.0
二、饮料、烟酒	**102.8**	**102.8**	**103.2**	**100.4**	**100.5**	**99.8**
1. 茶及饮料	101.3	101.3	101.3	100.4	100.5	100.3
2. 卷烟	103.0	102.7	104.6	100.0	100.1	99.7
3. 酒类	103.4	104.0	100.5	101.3	101.7	99.7
三、服装、鞋帽	**100.0**	**99.9**	**100.3**	**99.9**	**99.9**	**100.2**
1. 服装	100.2	100.1	100.3	100.1	100.0	100.1
(1) 男士服装	100.2	100.2	100.2	100.3	100.4	100.2
(2) 女士服装	100.4	100.4	100.4	100.0	100.0	100.1
(3) 儿童服装	99.3	99.1	100.1	99.6	99.4	100.3
2. 鞋帽袜	99.2	99.0	100.2	99.5	99.3	100.5
(1) 鞋	98.9	98.7	100.2	99.5	99.3	100.5
(2) 袜子	102.6	103.0	100.4	99.8	99.6	101.3
(3) 帽子	103.3	103.7	101.1	100.7	100.8	100.1
3. 其他衣着配件	100.4	100.5	100.1	99.7	99.7	99.5
四、纺织品	**99.8**	**99.5**	**101.0**	**99.5**	**99.4**	**100.0**
1. 服装材料	102.4	102.0	103.7	100.0	100.0	100.0
2. 床上用品	99.0	98.7	100.1	99.3	99.2	100.0

3-26 续表

指标	上年同月=100(同比)			上月=100(环比)		
	全省	城市	农村	全省	城市	农村
五、家用电器及音像器材	**101.6**	**101.5**	**102.1**	**99.9**	**99.9**	**100.2**
1.家庭设备	103.1	103.0	103.7	100.3	100.3	100.4
2.文娱用耐用消费品	98.7	98.6	99.1	99.1	99.0	99.7
3.专业音像器材	101.5	101.8	99.6	100.0	100.0	100.0
六、文化办公用品	**101.2**	**101.1**	**102.0**	**100.0**	**100.0**	**100.1**
七、日用品	**101.6**	**101.4**	**102.8**	**100.8**	**100.8**	**100.9**
1.日用百货	101.6	100.9	104.7	100.2	100.2	100.3
2.厨具餐具茶具	101.9	101.7	103.1	101.9	102.0	101.8
3.清洗用品	100.2	100.4	99.3	101.6	101.6	101.5
4.其他日用品	102.9	102.9	102.7	100.2	100.0	100.8
八、体育娱乐用品	**102.0**	**101.8**	**103.1**	**100.2**	**100.1**	**101.0**
1.体育户外用品	105.5	104.9	108.6	101.1	101.1	101.5
2.娱乐用品	100.5	100.4	100.7	99.8	99.6	100.8
九、交通、通信用品	**101.0**	**101.1**	**100.5**	**100.2**	**100.3**	**99.8**
1.交通运输机械	101.7	101.7	101.2	100.3	100.4	99.9
2.通信器材	98.5	98.6	98.1	100.0	100.1	99.6
十、家具	**101.2**	**99.6**	**109.0**	**100.1**	**100.2**	**99.7**
十一、化妆品	**101.7**	**101.8**	**100.7**	**101.8**	**101.7**	**102.7**
十二、金银饰品	**104.5**	**104.3**	**105.5**	**98.9**	**98.9**	**98.7**
十三、中西药品及医疗保健用品	**100.8**	**101.1**	**99.3**	**100.1**	**100.0**	**100.3**
1.医疗卫生器具	99.0	99.0	99.1	99.9	99.8	100.1
2.中药	94.0	94.4	92.0	100.0	100.0	100.1
3.西药	104.0	104.5	101.8	100.0	100.0	100.1
4.保健器具及用品	100.8	100.8	100.2	100.4	100.2	101.4
十四、书报杂志及电子出版物	**98.9**	**98.7**	**100.3**	**98.6**	**98.4**	**100.1**
1.教材及参考书	101.8	101.8	101.4	100.0	100.1	100.0
2.书报杂志及音像制品	100.0	100.0	100.0	100.0	100.0	100.0
3.计算机办公软件	89.4	88.0	98.2	91.6	90.1	100.7
十五、燃料	**126.5**	**126.4**	**126.9**	**101.3**	**101.2**	**101.6**
1.煤炭及制品	123.1	122.8	124.8	98.5	98.3	99.3
2.石油及制品	126.8	126.7	127.1	101.6	101.5	101.8
十六、建筑材料及五金电料	**104.0**	**103.6**	**105.7**	**100.0**	**100.0**	**100.0**
1.建筑装潢材料	104.5	104.1	106.1	100.0	100.0	99.9
2.五金水暖	102.8	102.4	104.6	100.0	100.0	100.0

3-27 商品零售价格分类指数（2022年5月）

指标	上年同月=100(同比)			上月=100(环比)		
	全省	城市	农村	全省	城市	农村
商品零售价格总指数	**104.0**	**103.9**	**104.3**	**99.7**	**99.7**	**99.8**
一、食品	**102.3**	**102.5**	**101.6**	**98.0**	**97.9**	**98.2**
1.粮食	101.6	101.3	102.7	100.5	100.6	100.3
2.薯类	119.7	120.5	115.3	100.1	100.4	98.6
3.豆类	103.2	103.6	101.7	100.2	100.1	100.2
4.食用油	104.1	103.5	106.1	100.5	100.4	101.0
5.菜及食用菌	117.1	117.6	114.8	88.8	88.7	89.0
6.畜肉类	87.1	87.1	86.8	102.0	102.1	101.9
7.禽肉类	103.1	103.2	102.7	101.0	101.1	100.7
8.水产品	97.2	97.2	97.3	96.2	95.8	98.0
9.蛋类	106.0	105.6	107.3	100.9	100.9	100.9
10.奶类	100.4	100.5	100.2	100.0	100.1	100.0
11.干鲜瓜果类	115.5	115.8	113.9	95.1	95.3	94.5
12.糖果糕点类	104.0	103.8	104.8	100.4	100.4	100.4
13.调味品	104.7	104.4	105.6	101.2	101.6	100.2
14.其他食品类	102.9	102.9	102.8	99.6	99.3	101.1
15.餐饮业零售	102.0	102.1	101.8	100.1	100.1	100.0
二、饮料、烟酒	**102.6**	**102.5**	**103.2**	**99.8**	**99.8**	**100.2**
1.茶及饮料	102.1	102.2	101.7	100.8	100.9	100.2
2.卷烟	102.9	102.5	104.5	100.0	100.0	100.1
3.酒类	102.4	102.7	100.6	98.9	98.6	100.4
三、服装、鞋帽	**100.1**	**99.9**	**101.0**	**99.7**	**99.6**	**100.5**
1.服装	100.2	100.0	101.0	99.7	99.5	100.4
(1)男士服装	100.5	100.4	101.2	99.7	99.6	100.3
(2)女士服装	100.3	100.2	100.9	99.8	99.7	100.3
(3)儿童服装	98.6	98.2	100.8	99.1	98.8	100.6
2.鞋帽袜	99.8	99.5	100.9	100.0	99.8	100.9
(1)鞋	99.6	99.4	100.9	100.1	100.0	100.9
(2)袜子	100.8	100.9	100.4	98.1	97.9	100.0
(3)帽子	103.3	103.6	102.0	99.3	99.0	100.8
3.其他衣着配件	100.1	100.2	99.8	99.7	99.8	99.2
四、纺织品	**99.9**	**99.6**	**101.0**	**100.2**	**100.2**	**100.1**
1.服装材料	102.4	102.0	103.7	100.0	100.0	100.0
2.床上用品	99.1	98.9	100.1	100.3	100.3	100.1

3-27 续表

指　标	上年同月=100(同比)			上月=100(环比)		
	全省	城市	农村	全省	城市	农村
五、家用电器及音像器材	**101.4**	**101.3**	**101.7**	**100.1**	**100.2**	**99.9**
1.家庭设备	103.0	102.9	103.5	100.4	100.5	100.0
2.文娱用耐用消费品	98.2	98.1	98.5	99.6	99.6	99.6
3.专业音像器材	101.5	101.8	99.6	100.0	100.0	100.0
六、文化办公用品	**101.4**	**101.3**	**101.9**	**99.7**	**99.6**	**99.9**
七、日用品	**102.0**	**101.7**	**103.8**	**100.1**	**100.0**	**100.6**
1.日用百货	101.3	100.6	104.7	100.1	100.0	100.3
2.厨具餐具茶具	100.9	100.3	104.2	98.8	98.3	101.1
3.清洗用品	102.1	102.2	101.6	100.2	100.2	100.0
4.其他日用品	104.0	104.0	104.1	101.1	101.0	101.5
八、体育娱乐用品	**102.5**	**102.0**	**104.9**	**100.8**	**100.7**	**101.1**
1.体育户外用品	106.7	105.4	114.0	101.7	101.3	103.8
2.娱乐用品	100.5	100.5	100.8	100.3	100.4	99.9
九、交通、通信用品	**101.2**	**101.2**	**100.7**	**99.9**	**99.9**	**100.0**
1.交通运输机械	101.9	101.9	101.7	100.0	100.0	100.3
2.通信器材	98.4	98.5	97.5	99.4	99.4	98.9
十、家具	**101.3**	**99.7**	**109.3**	**100.1**	**100.2**	**100.0**
十一、化妆品	**103.1**	**103.0**	**103.4**	**100.7**	**100.6**	**101.4**
十二、金银饰品	**102.8**	**102.8**	**102.8**	**100.3**	**100.4**	**99.8**
十三、中西药品及医疗保健用品	**100.8**	**101.1**	**99.2**	**100.0**	**100.0**	**99.9**
1.医疗卫生器具	99.1	99.1	99.1	100.0	100.0	100.0
2.中药	93.6	94.0	92.0	99.6	99.5	99.9
3.西药	104.5	105.1	101.8	100.3	100.4	100.0
4.保健器具及用品	100.3	100.4	100.0	99.7	99.7	99.8
十四、书报杂志及电子出版物	**100.4**	**100.5**	**100.2**	**101.5**	**101.8**	**100.0**
1.教材及参考书	101.8	101.8	101.4	100.0	100.0	100.0
2.书报杂志及音像制品	100.0	100.0	100.0	100.0	100.0	100.0
3.计算机办公软件	98.2	98.3	97.9	109.9	111.7	99.7
十五、燃料	**124.7**	**124.5**	**126.0**	**100.4**	**100.4**	**100.5**
1.煤炭及制品	115.0	113.5	123.0	100.0	99.8	100.6
2.石油及制品	125.7	125.6	126.3	100.4	100.4	100.5
十六、建筑材料及五金电料	**103.6**	**103.4**	**104.8**	**100.0**	**100.1**	**99.8**
1.建筑装潢材料	104.2	103.9	105.6	100.1	100.1	100.1
2.五金水暖	102.3	102.1	103.0	99.9	100.0	99.1

3-28 商品零售价格分类指数（2022年6月）

指标	上年同月=100(同比)			上月=100(环比)		
	全省	城市	农村	全省	城市	农村
商品零售价格总指数	**104.3**	**104.2**	**104.7**	**100.3**	**100.3**	**100.2**
一、食品	**102.2**	**102.3**	**102.0**	**99.0**	**99.1**	**98.9**
1.粮食	101.5	101.2	102.4	99.7	99.7	99.8
2.薯类	112.8	113.8	107.7	93.5	93.4	94.1
3.豆类	103.2	103.5	102.1	100.0	99.9	100.6
4.食用油	106.8	106.6	107.4	102.7	103.1	101.4
5.菜及食用菌	106.0	106.3	104.5	92.3	92.3	92.0
6.畜肉类	94.8	94.5	95.9	101.1	101.0	101.3
7.禽肉类	103.7	103.6	104.1	100.1	99.9	100.8
8.水产品	97.3	97.4	96.9	99.8	99.8	99.6
9.蛋类	105.3	105.1	106.3	99.4	99.3	99.7
10.奶类	99.7	99.6	100.3	99.7	99.7	100.1
11.干鲜瓜果类	114.5	114.6	113.7	97.7	98.1	95.7
12.糖果糕点类	103.4	103.3	103.9	99.7	99.6	100.4
13.调味品	105.2	105.2	105.2	100.6	100.7	100.1
14.其他食品类	103.6	103.7	102.9	100.8	100.9	100.3
15.餐饮业零售	101.9	102.0	101.6	100.0	100.0	100.0
二、饮料、烟酒	**102.6**	**102.6**	**102.7**	**100.3**	**100.4**	**99.9**
1.茶及饮料	101.8	101.9	101.0	100.0	100.1	99.7
2.卷烟	102.9	102.6	104.1	100.1	100.2	100.1
3.酒类	102.7	103.2	99.9	100.9	101.1	99.5
三、服装、鞋帽	**100.1**	**100.0**	**100.7**	**99.6**	**99.6**	**99.7**
1.服装	100.1	100.0	100.6	99.6	99.6	99.7
(1)男士服装	100.3	100.2	100.5	99.5	99.5	99.4
(2)女士服装	100.2	100.1	100.8	99.7	99.7	99.8
(3)儿童服装	99.0	98.7	100.4	99.5	99.4	99.7
2.鞋帽袜	100.3	100.2	101.2	99.4	99.3	99.9
(1)鞋	100.2	100.0	101.1	99.4	99.3	99.9
(2)袜子	101.3	101.1	102.5	100.4	100.3	100.7
(3)帽子	103.7	104.3	100.6	99.8	99.9	99.3
3.其他衣着配件	99.9	100.0	99.7	99.6	99.6	99.6
四、纺织品	**99.9**	**99.7**	**100.8**	**100.1**	**100.1**	**99.8**
1.服装材料	102.1	102.0	102.6	99.8	100.0	99.1
2.床上用品	99.2	99.0	100.1	100.2	100.2	100.1

3-28 续表

指标	上年同月=100(同比)			上月=100(环比)		
	全省	城市	农村	全省	城市	农村
五、家用电器及音像器材	**101.8**	**101.9**	**101.6**	**100.4**	**100.6**	**99.8**
1.家庭设备	103.0	103.1	102.7	100.0	100.1	99.2
2.文娱用耐用消费品	99.6	99.6	99.6	101.6	101.7	100.9
3.专业音像器材	101.5	101.8	99.6	100.0	100.0	100.0
六、文化办公用品	**101.7**	**101.7**	**101.8**	**100.3**	**100.3**	**100.1**
七、日用品	**102.4**	**102.0**	**104.0**	**100.5**	**100.6**	**100.1**
1.日用百货	101.8	101.1	105.1	100.6	100.7	100.2
2.厨具餐具茶具	102.8	102.0	106.6	101.5	101.6	101.1
3.清洗用品	101.5	101.7	100.6	99.6	99.9	98.5
4.其他日用品	103.9	103.9	103.6	100.4	100.4	100.5
八、体育娱乐用品	**102.4**	**102.0**	**104.5**	**99.9**	**100.0**	**99.8**
1.体育户外用品	105.6	104.7	110.6	98.8	98.8	98.8
2.娱乐用品	100.9	100.8	101.7	100.5	100.5	100.3
九、交通、通信用品	**100.9**	**101.0**	**100.6**	**99.8**	**99.8**	**99.7**
1.交通运输机械	101.7	101.7	101.5	99.9	99.9	99.8
2.通信器材	97.9	98.0	97.5	99.3	99.3	99.6
十、家具	**101.0**	**99.4**	**109.3**	**99.7**	**99.7**	**100.0**
十一、化妆品	**103.1**	**102.9**	**104.1**	**100.0**	**100.0**	**100.0**
十二、金银饰品	**100.2**	**100.2**	**100.5**	**99.3**	**99.2**	**99.5**
十三、中西药品及医疗保健用品	**100.5**	**100.8**	**99.3**	**99.8**	**99.8**	**100.1**
1.医疗卫生器具	99.2	99.1	99.5	100.0	100.0	100.0
2.中药	93.4	93.7	91.8	100.1	100.1	99.9
3.西药	103.8	104.2	101.9	99.6	99.5	100.0
4.保健器具及用品	100.6	100.7	100.0	100.1	100.1	100.4
十四、书报杂志及电子出版物	**100.3**	**100.3**	**99.9**	**98.6**	**98.6**	**98.5**
1.教材及参考书	101.7	101.7	101.4	99.9	99.9	100.0
2.书报杂志及音像制品	100.0	100.0	100.0	100.0	100.0	100.0
3.计算机办公软件	97.4	97.7	95.4	91.8	92.0	90.1
十五、燃料	**127.9**	**127.7**	**129.2**	**104.1**	**104.1**	**104.1**
1.煤炭及制品	113.3	111.9	121.1	100.5	100.5	100.0
2.石油及制品	129.4	129.3	130.0	104.4	104.4	104.5
十六、建筑材料及五金电料	**103.4**	**103.1**	**105.1**	**100.1**	**100.0**	**100.6**
1.建筑装潢材料	103.6	103.2	105.1	99.8	99.8	99.8
2.五金水暖	103.2	102.7	105.3	100.8	100.5	102.6

3-29 商品零售价格分类指数（2022年7月）

指标	上年同月=100(同比)			上月=100(环比)		
	全省	城市	农村	全省	城市	农村
商品零售价格总指数	**103.9**	**103.8**	**104.4**	**100.2**	**100.2**	**100.5**
一、食品	**104.7**	**104.6**	**105.1**	**102.6**	**102.5**	**103.2**
1.粮食	101.9	101.6	102.7	100.2	100.2	100.2
2.薯类	111.7	112.9	106.2	98.7	98.5	99.7
3.豆类	102.8	103.0	102.2	100.0	99.9	100.1
4.食用油	109.9	110.0	109.2	102.5	102.8	101.6
5.菜及食用菌	111.6	111.8	110.7	107.9	107.7	109.0
6.畜肉类	109.6	109.0	111.8	113.9	113.5	115.4
7.禽肉类	104.7	104.5	105.8	101.1	101.1	101.3
8.水产品	97.6	97.6	97.6	102.3	102.5	101.7
9.蛋类	105.0	104.9	105.7	100.1	100.1	99.9
10.奶类	99.8	99.8	99.9	100.3	100.3	100.1
11.干鲜瓜果类	114.3	114.6	113.0	97.7	97.7	97.2
12.糖果糕点类	105.0	105.1	104.4	101.7	101.9	100.6
13.调味品	105.7	105.8	105.7	101.4	101.8	100.2
14.其他食品类	104.3	104.8	102.5	100.8	101.0	99.8
15.餐饮业零售	101.9	102.0	101.8	100.0	99.9	100.2
二、饮料、烟酒	**102.5**	**102.5**	**102.3**	**100.0**	**100.0**	**100.3**
1.茶及饮料	101.8	101.9	101.2	100.2	100.2	100.3
2.卷烟	102.7	102.5	103.8	100.1	100.0	100.4
3.酒类	102.3	102.9	99.2	99.8	99.7	100.2
三、服装、鞋帽	**100.5**	**100.3**	**101.5**	**100.1**	**100.1**	**100.5**
1.服装	100.6	100.4	101.6	100.2	100.2	100.6
(1)男士服装	101.2	101.1	101.6	100.5	100.4	100.9
(2)女士服装	100.4	100.1	101.7	100.1	100.0	100.4
(3)儿童服装	100.0	99.8	101.0	100.4	100.4	100.6
2.鞋帽袜	99.9	99.7	101.2	99.8	99.7	100.3
(1)鞋	99.8	99.5	101.2	99.8	99.7	100.3
(2)袜子	101.0	101.0	101.0	99.8	99.9	99.2
(3)帽子	103.9	104.5	100.4	100.3	100.2	100.7
3.其他衣着配件	100.1	100.1	100.2	99.9	99.8	100.5
四、纺织品	**99.8**	**99.6**	**100.4**	**99.9**	**100.0**	**99.6**
1.服装材料	102.1	102.2	101.6	99.9	100.2	99.1
2.床上用品	99.1	98.8	100.0	99.9	99.9	99.8

3-29 续表

指　标	上年同月=100(同比)			上月=100(环比)		
	全省	城市	农村	全省	城市	农村
五、家用电器及音像器材	**102.3**	**102.4**	**101.7**	**100.8**	**100.8**	**100.8**
1.家庭设备	103.6	103.7	102.9	100.9	100.9	101.0
2.文娱用耐用消费品	99.9	100.0	99.6	100.8	100.8	100.4
3.专业音像器材	101.5	101.8	99.6	100.0	100.0	100.0
六、文化办公用品	**101.0**	**101.0**	**101.4**	**100.4**	**100.3**	**100.4**
七、日用品	**101.3**	**101.0**	**102.6**	**99.8**	**99.7**	**100.2**
1.日用百货	102.2	101.5	105.9	100.3	100.2	100.8
2.厨具餐具茶具	100.2	100.0	101.2	99.5	99.6	98.7
3.清洗用品	98.9	99.0	98.3	99.4	99.1	100.8
4.其他日用品	102.7	102.8	102.1	99.5	99.4	99.8
八、体育娱乐用品	**102.1**	**101.7**	**104.4**	**99.9**	**99.9**	**100.2**
1.体育户外用品	105.3	104.1	111.7	100.1	99.9	101.0
2.娱乐用品	100.6	100.5	101.0	99.9	99.9	99.8
九、交通、通信用品	**100.6**	**100.7**	**100.4**	**100.3**	**100.3**	**100.3**
1.交通运输机械	101.2	101.3	100.7	100.0	100.1	100.0
2.通信器材	98.6	98.5	99.2	101.3	101.2	101.7
十、家具	**100.7**	**99.6**	**106.5**	**100.0**	**100.1**	**99.9**
十一、化妆品	**103.7**	**103.6**	**104.3**	**99.9**	**100.0**	**99.6**
十二、金银饰品	**97.9**	**97.7**	**99.3**	**95.3**	**95.1**	**96.2**
十三、中西药品及医疗保健用品	**100.3**	**100.5**	**99.1**	**100.0**	**100.0**	**100.3**
1.医疗卫生器具	99.3	99.2	99.7	100.0	100.0	100.2
2.中药	92.9	93.1	92.4	99.5	99.3	100.4
3.西药	103.2	103.7	101.1	100.1	100.0	100.3
4.保健器具及用品	100.8	100.9	100.5	100.4	100.4	100.4
十四、书报杂志及电子出版物	**99.0**	**99.1**	**98.7**	**100.0**	**100.0**	**100.0**
1.教材及参考书	101.7	101.7	101.6	100.1	100.0	100.2
2.书报杂志及音像制品	100.0	100.0	100.0	100.0	100.0	100.0
3.计算机办公软件	90.1	90.5	87.9	100.0	100.1	99.6
十五、燃料	**121.7**	**121.5**	**122.7**	**97.5**	**97.6**	**97.4**
1.煤炭及制品	112.7	111.6	118.7	100.1	100.4	98.3
2.石油及制品	122.6	122.5	123.1	97.3	97.3	97.3
十六、建筑材料及五金电料	**103.1**	**102.8**	**104.6**	**100.0**	**99.9**	**100.2**
1.建筑装潢材料	102.9	102.6	104.7	99.9	99.8	100.2
2.五金水暖	103.6	103.5	104.2	100.2	100.2	100.2

3-30 商品零售价格分类指数（2022年8月）

指　　标	上年同月=100(同比)			上月=100(环比)		
	全省	城市	农村	全省	城市	农村
商品零售价格总指数	**103.8**	**103.8**	**104.2**	**99.8**	**99.8**	**99.8**
一、食品	**104.8**	**104.7**	**105.5**	**100.1**	**100.1**	**100.5**
1. 粮食	101.8	101.6	102.5	100.0	100.0	100.0
2. 薯类	110.3	110.9	107.1	99.3	98.9	101.0
3. 豆类	102.3	102.5	101.8	100.1	100.1	100.0
4. 食用油	109.2	109.1	109.7	99.9	99.7	100.5
5. 菜及食用菌	106.8	106.9	106.4	103.6	103.4	104.3
6. 畜肉类	110.6	110.0	113.1	100.1	100.1	100.2
7. 禽肉类	106.2	106.2	106.7	101.3	101.4	101.0
8. 水产品	101.4	101.2	102.2	98.2	98.0	99.4
9. 蛋类	101.7	101.5	102.6	101.5	101.4	101.8
10. 奶类	100.7	100.7	100.5	100.4	100.4	100.3
11. 干鲜瓜果类	112.9	112.9	113.0	99.5	99.4	99.9
12. 糖果糕点类	105.1	105.1	104.6	99.8	99.7	100.3
13. 调味品	106.1	106.2	105.7	100.4	100.5	100.1
14. 其他食品类	103.6	103.9	102.3	100.0	100.0	99.7
15. 餐饮业零售	101.7	101.7	101.4	99.9	99.9	100.0
二、饮料、烟酒	**102.2**	**102.2**	**102.2**	**100.0**	**99.9**	**100.3**
1. 茶及饮料	102.3	102.4	101.4	100.2	100.1	100.3
2. 卷烟	102.2	101.9	103.2	100.1	100.0	100.5
3. 酒类	102.2	102.7	100.0	99.7	99.7	99.7
三、服装、鞋帽	**101.2**	**100.9**	**102.6**	**100.5**	**100.6**	**100.4**
1. 服装	101.1	100.8	102.5	100.4	100.4	100.4
(1)男士服装	101.9	101.6	103.6	100.4	100.3	100.7
(2)女士服装	100.8	100.5	102.0	100.4	100.4	100.3
(3)儿童服装	100.1	99.9	101.0	100.8	100.9	100.3
2. 鞋帽袜	101.6	101.3	103.3	101.0	101.2	100.0
(1)鞋	101.6	101.3	103.5	101.1	101.3	100.0
(2)袜子	100.8	100.9	99.8	99.7	99.7	99.8
(3)帽子	103.3	104.0	99.7	99.7	99.7	99.7
3. 其他衣着配件	100.1	100.0	100.8	100.2	100.1	100.5
四、纺织品	**99.5**	**99.5**	**99.6**	**99.7**	**99.6**	**99.8**
1. 服装材料	101.6	102.2	99.5	100.0	100.0	100.0
2. 床上用品	98.9	98.7	99.6	99.5	99.5	99.8

3-30 续表

指 标	上年同月=100(同比)			上月=100(环比)		
	全省	城市	农村	全省	城市	农村
五、家用电器及音像器材	**102.4**	**102.8**	**100.7**	**100.2**	**100.3**	**99.7**
1.家庭设备	103.7	104.2	101.4	100.1	100.2	99.4
2.文娱用耐用消费品	100.1	100.3	99.5	100.4	100.4	100.2
3.专业音像器材	101.5	101.8	99.6	100.0	100.0	100.0
六、文化办公用品	**102.9**	**102.9**	**102.7**	**100.8**	**100.8**	**100.4**
七、日用品	**102.5**	**102.2**	**103.9**	**100.1**	**100.1**	**99.9**
1.日用百货	102.9	102.3	106.0	100.1	100.1	100.0
2.厨具餐具茶具	102.9	102.5	104.7	100.7	100.8	100.3
3.清洗用品	101.4	101.6	100.3	100.7	100.9	99.8
4.其他日用品	102.6	102.5	102.9	98.9	98.8	99.3
八、体育娱乐用品	**101.9**	**101.6**	**103.7**	**99.8**	**99.9**	**99.3**
1.体育户外用品	104.3	103.3	110.4	99.4	99.7	97.9
2.娱乐用品	100.8	100.9	100.7	99.9	99.9	100.0
九、交通、通信用品	**100.8**	**100.9**	**100.5**	**99.9**	**100.0**	**99.8**
1.交通运输机械	101.0	101.0	100.8	99.9	99.9	99.9
2.通信器材	100.1	100.3	99.4	100.0	100.1	99.6
十、家具	**100.7**	**99.6**	**106.3**	**99.9**	**99.9**	**100.0**
十一、化妆品	**103.9**	**104.0**	**103.5**	**100.5**	**100.4**	**100.9**
十二、金银饰品	**102.4**	**102.3**	**102.9**	**102.4**	**102.6**	**101.7**
十三、中西药品及医疗保健用品	**99.9**	**100.1**	**99.1**	**100.0**	**100.1**	**100.0**
1.医疗卫生器具	98.9	98.7	99.9	100.2	100.3	100.0
2.中药	92.6	92.7	92.4	99.8	99.8	100.2
3.西药	102.9	103.3	101.1	100.0	100.0	100.0
4.保健器具及用品	100.6	100.6	100.4	100.1	100.2	100.0
十四、书报杂志及电子出版物	**100.4**	**100.4**	**100.2**	**101.4**	**101.4**	**101.5**
1.教材及参考书	101.7	101.7	102.0	100.1	100.1	100.1
2.书报杂志及音像制品	100.0	100.0	100.0	100.0	100.0	100.0
3.计算机办公软件	98.1	98.3	96.8	108.8	108.6	110.1
十五、燃料	**118.3**	**118.1**	**118.9**	**96.7**	**96.7**	**96.9**
1.煤炭及制品	109.5	108.2	117.3	99.0	98.9	99.6
2.石油及制品	119.2	119.2	119.1	96.5	96.5	96.7
十六、建筑材料及五金电料	**102.6**	**102.4**	**103.7**	**99.8**	**99.9**	**99.7**
1.建筑装潢材料	102.7	102.4	104.1	100.0	100.0	100.1
2.五金水暖	102.6	102.6	102.8	99.3	99.5	98.7

3-31 商品零售价格分类指数（2022年9月）

指标	上年同月=100(同比)			上月=100(环比)		
	全省	城市	农村	全省	城市	农村
商品零售价格总指数	**103.9**	**103.9**	**104.4**	**100.3**	**100.3**	**100.2**
一、食品	**107.0**	**106.8**	**107.8**	**101.5**	**101.5**	**101.6**
1.粮食	101.8	101.7	102.2	100.1	100.2	99.8
2.薯类	109.8	110.6	105.6	98.1	98.4	97.0
3.豆类	102.0	102.0	102.0	100.0	100.0	100.0
4.食用油	109.2	108.9	110.4	99.8	99.7	100.2
5.菜及食用菌	110.8	111.1	109.3	104.4	104.5	104.4
6.畜肉类	115.6	114.7	119.1	101.7	101.5	102.4
7.禽肉类	107.2	107.1	107.3	101.0	101.0	101.0
8.水产品	106.9	106.7	107.9	101.8	101.8	101.6
9.蛋类	104.9	104.6	106.2	103.4	103.3	103.8
10.奶类	101.1	101.2	100.4	99.7	99.6	100.3
11.干鲜瓜果类	115.3	115.5	113.9	104.3	104.4	103.3
12.糖果糕点类	104.6	104.8	103.7	99.8	100.0	98.9
13.调味品	105.9	106.1	105.3	99.5	99.4	99.9
14.其他食品类	103.3	103.4	103.0	100.0	99.8	100.8
15.餐饮业零售	101.9	101.9	102.0	100.4	100.3	100.5
二、饮料、烟酒	**102.6**	**102.6**	**102.4**	**100.1**	**100.1**	**100.1**
1.茶及饮料	102.4	102.5	101.6	99.8	99.8	100.1
2.卷烟	102.3	102.1	103.1	100.3	100.4	100.1
3.酒类	103.4	103.9	100.9	99.7	99.6	100.3
三、服装、鞋帽	**101.1**	**100.9**	**102.2**	**100.5**	**100.5**	**100.1**
1.服装	101.1	100.9	102.3	100.5	100.6	100.1
(1)男士服装	102.2	102.1	102.7	100.6	100.8	99.8
(2)女士服装	101.0	100.8	102.3	100.6	100.7	100.3
(3)儿童服装	98.6	98.0	101.3	99.7	99.5	100.3
2.鞋帽袜	101.1	101.0	101.9	100.3	100.4	99.9
(1)鞋	101.3	101.1	102.0	100.4	100.5	99.9
(2)袜子	98.8	98.6	99.8	100.0	100.0	100.0
(3)帽子	100.3	100.4	100.1	99.8	99.8	99.8
3.其他衣着配件	100.0	99.8	101.3	100.4	100.3	101.1
四、纺织品	**99.8**	**99.8**	**99.7**	**100.2**	**100.2**	**100.0**
1.服装材料	101.6	102.2	99.5	100.0	100.0	100.1
2.床上用品	99.2	99.0	99.7	100.2	100.3	100.0

3-31 续表

指标	上年同月=100(同比)			上月=100(环比)		
	全省	城市	农村	全省	城市	农村
五、家用电器及音像器材	**102.3**	**102.6**	**100.5**	**99.9**	**99.9**	**99.9**
1.家庭设备	103.5	104.0	101.2	99.9	99.9	100.0
2.文娱用耐用消费品	99.6	99.7	99.1	99.6	99.6	99.4
3.专业音像器材	103.2	103.5	101.2	101.7	101.7	101.6
六、文化办公用品	**103.0**	**102.8**	**103.9**	**100.7**	**100.6**	**101.3**
七、日用品	**102.6**	**102.5**	**103.3**	**99.9**	**99.9**	**100.0**
1.日用百货	103.4	102.7	106.7	100.2	100.1	100.6
2.厨具餐具茶具	101.2	101.0	102.1	99.1	99.4	98.0
3.清洗用品	103.7	104.6	99.3	100.1	100.0	100.4
4.其他日用品	101.4	101.3	102.1	99.9	99.9	100.0
八、体育娱乐用品	**101.6**	**101.3**	**103.0**	**99.8**	**99.9**	**99.4**
1.体育户外用品	103.6	102.8	108.2	99.2	99.4	98.0
2.娱乐用品	100.7	100.7	100.7	100.1	100.1	100.0
九、交通、通信用品	**100.5**	**100.6**	**100.3**	**100.0**	**100.0**	**99.9**
1.交通运输机械	100.4	100.4	100.3	99.9	99.9	99.8
2.通信器材	100.9	101.1	100.1	100.2	100.2	100.2
十、家具	**100.4**	**99.3**	**106.1**	**100.1**	**100.1**	**100.0**
十一、化妆品	**104.6**	**104.4**	**106.1**	**100.4**	**100.3**	**101.2**
十二、金银饰品	**99.3**	**99.0**	**100.7**	**97.9**	**97.8**	**98.5**
十三、中西药品及医疗保健用品	**99.6**	**99.8**	**98.8**	**99.9**	**99.9**	**100.0**
1.医疗卫生器具	99.1	98.7	101.3	100.3	100.1	101.3
2.中药	92.5	92.5	92.5	100.2	100.1	100.2
3.西药	102.0	102.4	100.5	100.0	100.1	99.8
4.保健器具及用品	100.9	101.0	99.7	99.3	99.3	99.8
十四、书报杂志及电子出版物	**102.8**	**103.3**	**99.5**	**102.9**	**103.4**	**99.9**
1.教材及参考书	103.2	103.1	103.8	103.0	102.8	103.7
2.书报杂志及音像制品	104.7	105.6	100.0	104.7	105.6	100.0
3.计算机办公软件	97.0	98.6	87.2	98.1	99.3	90.1
十五、燃料	**116.2**	**116.0**	**117.5**	**99.2**	**99.3**	**99.1**
1.煤炭及制品	103.9	102.2	114.3	100.6	100.7	100.2
2.石油及制品	117.6	117.5	117.8	99.1	99.1	99.0
十六、建筑材料及五金电料	**102.1**	**102.0**	**102.8**	**100.2**	**100.2**	**100.2**
1.建筑装潢材料	102.0	101.8	102.9	100.1	100.1	100.0
2.五金水暖	102.6	102.6	102.6	100.4	100.3	100.6

3-32 商品零售价格分类指数（2022年10月）

指标	上年同月=100(同比)			上月=100(环比)		
	全省	城市	农村	全省	城市	农村
商品零售价格总指数	**102.6**	**102.5**	**103.4**	**99.9**	**99.8**	**100.0**
一、食品	**105.0**	**104.8**	**106.4**	**99.1**	**99.0**	**99.8**
1.粮食	101.9	101.8	102.2	100.0	100.0	100.2
2.薯类	107.1	107.8	103.8	97.5	97.2	98.7
3.豆类	102.2	102.2	102.1	100.2	100.3	100.1
4.食用油	110.2	110.2	110.1	100.8	100.9	100.2
5.菜及食用菌	92.6	92.7	92.2	93.4	93.4	93.6
6.畜肉类	123.8	122.8	127.6	105.6	105.4	106.1
7.禽肉类	108.0	107.9	108.2	100.4	100.4	100.6
8.水产品	106.1	105.6	108.4	95.8	95.5	97.4
9.蛋类	107.0	106.6	108.7	101.2	101.1	101.6
10.奶类	100.2	100.1	100.6	99.3	99.1	100.1
11.干鲜瓜果类	108.1	108.3	107.1	97.4	97.2	98.2
12.糖果糕点类	104.5	104.7	103.3	99.8	99.7	100.1
13.调味品	105.6	105.7	105.2	99.8	99.7	100.0
14.其他食品类	103.1	103.1	103.3	100.1	99.9	100.7
15.餐饮业零售	101.6	101.5	102.0	100.1	100.1	100.1
二、饮料、烟酒	**102.4**	**102.5**	**102.1**	**100.4**	**100.5**	**100.0**
1.茶及饮料	102.5	102.7	101.6	100.1	100.1	100.2
2.卷烟	102.1	101.9	103.0	100.2	100.2	100.1
3.酒类	103.2	103.8	100.2	101.1	101.4	99.8
三、服装、鞋帽	**100.9**	**100.4**	**103.2**	**100.2**	**100.0**	**100.7**
1.服装	101.0	100.6	103.3	100.4	100.3	100.7
(1)男士服装	101.8	101.5	103.2	100.6	100.6	100.6
(2)女士服装	101.1	100.8	102.6	100.4	100.4	100.5
(3)儿童服装	98.4	96.8	106.3	99.9	99.5	102.0
2.鞋帽袜	100.3	99.7	102.9	99.2	98.9	100.6
(1)鞋	100.3	99.8	103.0	99.1	98.8	100.6
(2)袜子	99.0	98.6	101.8	99.8	99.7	100.3
(3)帽子	100.6	100.5	101.1	100.3	100.4	100.3
3.其他衣着配件	100.7	100.7	100.5	100.6	100.8	99.7
四、纺织品	**99.8**	**99.9**	**99.4**	**100.2**	**100.2**	**100.0**
1.服装材料	101.4	102.1	98.8	100.0	100.0	100.1
2.床上用品	99.2	99.2	99.6	100.2	100.3	100.0

3-32 续表

指　标	上年同月=100(同比)			上月=100(环比)		
	全省	城市	农村	全省	城市	农村
五、家用电器及音像器材	**101.7**	**101.9**	**100.6**	**99.9**	**99.8**	**100.0**
1.家庭设备	103.4	103.7	101.8	100.3	100.3	100.5
2.文娱用耐用消费品	98.1	98.1	98.0	98.9	98.9	98.9
3.专业音像器材	102.3	102.5	101.2	100.0	100.0	100.0
六、文化办公用品	**102.0**	**101.7**	**103.3**	**100.0**	**100.0**	**100.0**
七、日用品	**101.9**	**101.6**	**103.5**	**100.5**	**100.6**	**100.5**
1.日用百货	103.1	102.5	106.3	100.4	100.5	99.9
2.厨具餐具茶具	100.8	100.5	102.3	100.5	100.5	100.8
3.清洗用品	101.3	101.5	100.7	100.8	100.7	101.4
4.其他日用品	101.3	101.1	102.2	100.6	100.6	100.6
八、体育娱乐用品	**102.0**	**101.6**	**104.2**	**100.7**	**100.5**	**101.5**
1.体育户外用品	104.5	103.5	110.8	101.4	101.0	103.4
2.娱乐用品	100.9	100.8	101.2	100.3	100.3	100.6
九、交通、通信用品	**100.4**	**100.3**	**100.6**	**100.1**	**100.1**	**100.1**
1.交通运输机械	100.3	100.3	100.4	100.0	100.0	100.1
2.通信器材	100.7	100.5	101.7	100.3	100.3	100.2
十、家具	**99.9**	**98.8**	**105.3**	**100.1**	**100.1**	**100.1**
十一、化妆品	**103.7**	**103.5**	**105.0**	**100.4**	**100.5**	**99.9**
十二、金银饰品	**103.7**	**103.6**	**104.3**	**102.6**	**102.6**	**102.5**
十三、中西药品及医疗保健用品	**98.8**	**98.9**	**98.6**	**99.4**	**99.4**	**99.8**
1.医疗卫生器具	99.5	99.2	101.3	100.0	100.0	100.0
2.中药	92.6	92.4	93.3	100.3	100.2	100.8
3.西药	100.2	100.3	99.7	98.4	98.2	99.3
4.保健器具及用品	100.9	101.1	99.8	100.7	100.7	100.3
十四、书报杂志及电子出版物	**104.0**	**104.6**	**100.7**	**100.0**	**100.0**	**100.0**
1.教材及参考书	103.2	103.1	103.8	100.0	100.0	100.0
2.书报杂志及音像制品	104.7	105.6	100.0	100.0	100.0	100.0
3.计算机办公软件	104.2	105.8	94.7	100.0	100.0	100.2
十五、燃料	**109.2**	**109.0**	**110.2**	**99.5**	**99.6**	**99.3**
1.煤炭及制品	98.1	97.1	103.6	103.6	104.2	100.6
2.石油及制品	110.5	110.4	110.9	99.1	99.1	99.2
十六、建筑材料及五金电料	**100.6**	**100.6**	**100.9**	**100.0**	**100.0**	**100.1**
1.建筑装潢材料	100.2	100.1	100.7	100.1	100.2	100.0
2.五金水暖	101.7	101.8	101.4	99.7	99.6	100.3

3-33 商品零售价格分类指数（2022年11月）

指　　标	上年同月=100(同比)			上月=100(环比)		
	全省	城市	农村	全省	城市	农村
商品零售价格总指数	**102.2**	**102.1**	**102.6**	**99.8**	**99.8**	**99.8**
一、食品	**103.2**	**102.9**	**104.5**	**98.8**	**98.7**	**99.1**
1.粮食	101.5	101.4	101.7	100.3	100.4	99.9
2.薯类	105.4	105.9	103.0	98.6	98.8	97.6
3.豆类	102.0	102.0	102.1	100.2	100.1	100.4
4.食用油	109.2	109.4	108.6	100.9	100.9	100.9
5.菜及食用菌	82.7	82.8	82.3	89.2	89.1	89.5
6.畜肉类	117.8	116.9	121.4	99.7	99.5	100.2
7.禽肉类	108.4	108.2	109.4	100.5	100.5	100.8
8.水产品	106.2	105.5	109.8	98.1	97.9	99.1
9.蛋类	106.7	106.2	108.6	101.3	101.1	102.1
10.奶类	100.6	100.4	101.3	100.7	100.7	100.7
11.干鲜瓜果类	106.8	107.0	105.9	100.0	99.8	101.1
12.糖果糕点类	103.9	103.8	104.3	100.4	100.1	101.6
13.调味品	105.1	105.2	105.0	100.3	100.3	100.3
14.其他食品类	103.3	103.2	103.9	100.7	100.8	100.7
15.餐饮业零售	101.6	101.6	101.4	100.2	100.2	99.9
二、饮料、烟酒	**102.6**	**102.7**	**102.0**	**100.5**	**100.5**	**100.4**
1.茶及饮料	102.0	102.0	101.6	100.0	100.0	100.0
2.卷烟	101.9	101.7	102.8	100.1	100.1	100.2
3.酒类	104.7	105.5	100.4	101.6	101.7	101.1
三、服装、鞋帽	**100.8**	**100.5**	**102.4**	**100.0**	**100.1**	**99.6**
1.服装	101.0	100.7	102.6	100.1	100.2	99.5
(1)男士服装	102.0	101.9	102.3	100.4	100.6	99.5
(2)女士服装	100.9	100.7	102.2	100.1	100.2	99.5
(3)儿童服装	98.5	97.2	105.1	98.8	98.6	99.5
2.鞋帽袜	100.2	99.8	102.0	99.7	99.7	99.7
(1)鞋	100.2	99.8	102.1	99.7	99.7	99.7
(2)袜子	98.6	98.5	99.1	100.3	100.5	99.0
(3)帽子	101.8	101.8	101.8	100.1	100.2	99.7
3.其他衣着配件	100.6	100.7	100.3	99.9	99.8	100.2
四、纺织品	**100.0**	**100.1**	**99.7**	**100.1**	**100.1**	**100.0**
1.服装材料	100.2	100.7	98.6	100.0	100.0	100.0
2.床上用品	99.9	99.9	100.0	100.2	100.2	100.0

3-33 续表

指标	上年同月=100(同比)			上月=100(环比)		
	全省	城市	农村	全省	城市	农村
五、家用电器及音像器材	**100.9**	**101.1**	**99.7**	**99.2**	**99.3**	**98.8**
1.家庭设备	102.3	102.7	100.6	99.1	99.2	98.4
2.文娱用耐用消费品	97.6	97.5	97.8	99.3	99.3	99.3
3.专业音像器材	102.3	102.5	101.2	100.0	100.0	100.0
六、文化办公用品	**102.6**	**102.5**	**103.3**	**99.6**	**99.6**	**99.8**
七、日用品	**101.8**	**101.4**	**103.5**	**99.3**	**99.4**	**98.9**
1.日用百货	103.1	102.4	106.4	99.9	99.8	100.1
2.厨具餐具茶具	102.3	101.9	104.2	98.8	98.9	98.1
3.清洗用品	100.1	100.3	99.0	99.0	99.2	98.1
4.其他日用品	101.0	100.7	102.5	99.1	99.3	98.3
八、体育娱乐用品	**101.0**	**100.9**	**102.1**	**99.1**	**99.3**	**98.0**
1.体育户外用品	102.3	101.9	104.7	97.6	98.2	94.7
2.娱乐用品	100.5	100.4	100.9	99.8	99.9	99.7
九、交通、通信用品	**99.9**	**99.9**	**100.0**	**99.6**	**99.7**	**99.3**
1.交通运输机械	99.8	99.8	99.9	99.9	99.9	99.8
2.通信器材	100.2	100.1	100.6	98.6	98.8	97.6
十、家具	**98.1**	**97.8**	**99.4**	**99.7**	**99.7**	**100.0**
十一、化妆品	**104.7**	**104.4**	**106.7**	**100.6**	**100.6**	**100.6**
十二、金银饰品	**105.2**	**105.1**	**105.6**	**103.0**	**103.1**	**102.5**
十三、中西药品及医疗保健用品	**99.0**	**99.0**	**98.9**	**99.9**	**99.9**	**100.1**
1.医疗卫生器具	100.2	100.0	101.3	100.2	100.2	100.0
2.中药	93.0	92.9	93.4	100.4	100.4	100.5
3.西药	100.3	100.5	99.7	99.9	99.8	100.1
4.保健器具及用品	100.7	100.6	101.0	99.5	99.5	99.9
十四、书报杂志及电子出版物	**102.8**	**102.9**	**102.1**	**98.9**	**98.5**	**101.6**
1.教材及参考书	103.2	103.1	103.8	100.0	100.0	100.0
2.书报杂志及音像制品	104.7	105.6	100.0	100.0	100.0	100.0
3.计算机办公软件	96.6	95.3	104.3	93.4	90.7	111.3
十五、燃料	**109.1**	**109.1**	**108.9**	**101.4**	**101.4**	**101.5**
1.煤炭及制品	102.8	103.6	98.6	101.2	101.3	100.5
2.石油及制品	109.7	109.7	109.9	101.4	101.4	101.6
十六、建筑材料及五金电料	**100.2**	**100.3**	**100.2**	**100.0**	**100.0**	**99.9**
1.建筑装潢材料	99.7	99.7	99.9	99.9	99.9	100.0
2.五金水暖	101.6	101.7	100.8	100.1	100.2	99.6

3-34 商品零售价格分类指数（2022年12月）

指　标	上年同月=100(同比)			上月=100(环比)		
	全省	城市	农村	全省	城市	农村
商品零售价格总指数	**102.4**	**102.3**	**103.0**	**99.8**	**99.8**	**100.0**
一、食品	**104.7**	**104.4**	**106.3**	**101.2**	**101.2**	**101.0**
1.粮食	101.3	101.4	101.0	100.1	100.1	99.8
2.薯类	107.6	107.7	107.1	101.4	101.1	102.9
3.豆类	101.8	101.9	101.6	100.3	100.4	99.9
4.食用油	108.4	108.6	107.3	99.9	99.9	100.0
5.菜及食用菌	97.1	96.6	99.1	107.6	107.5	108.1
6.畜肉类	113.8	113.2	115.9	96.8	97.0	96.2
7.禽肉类	108.4	108.2	109.2	100.3	100.4	99.8
8.水产品	107.6	106.8	111.9	101.9	102.0	101.5
9.蛋类	107.0	106.2	110.2	99.8	99.6	100.3
10.奶类	101.3	101.3	101.4	101.3	101.4	100.6
11.干鲜瓜果类	107.1	107.0	107.6	104.5	104.3	105.4
12.糖果糕点类	103.9	103.8	104.4	100.1	100.0	100.2
13.调味品	104.4	104.7	103.6	100.2	100.4	99.6
14.其他食品类	102.5	102.2	103.5	99.4	99.4	99.8
15.餐饮业零售	102.0	102.0	101.9	100.3	100.3	100.5
二、饮料、烟酒	**102.6**	**102.7**	**102.0**	**100.2**	**100.2**	**100.4**
1.茶及饮料	102.2	102.3	101.4	100.3	100.3	100.0
2.卷烟	101.8	101.7	102.5	100.1	100.1	100.3
3.酒类	104.6	105.3	101.2	100.5	100.4	100.6
三、服装、鞋帽	**100.8**	**100.4**	**102.9**	**99.6**	**99.5**	**100.1**
1.服装	100.9	100.5	103.3	99.5	99.3	100.2
(1)男士服装	101.7	101.4	103.1	99.1	98.9	100.3
(2)女士服装	100.9	100.6	102.5	99.7	99.6	99.8
(3)儿童服装	98.5	96.8	106.8	99.8	99.4	101.4
2.鞋帽袜	100.4	100.2	101.7	99.9	100.0	99.7
(1)鞋	100.5	100.3	101.8	99.9	100.0	99.6
(2)袜子	98.7	98.5	100.3	100.2	100.1	101.2
(3)帽子	101.0	101.1	100.6	100.0	100.0	99.8
3.其他衣着配件	101.4	101.3	101.9	100.3	100.3	99.9
四、纺织品	**100.4**	**100.5**	**99.7**	**100.4**	**100.5**	**100.1**
1.服装材料	99.9	100.3	98.6	100.0	100.0	100.0
2.床上用品	100.5	100.6	100.1	100.5	100.6	100.2

3-34 续表

指标	上年同月=100(同比)			上月=100(环比)		
	全省	城市	农村	全省	城市	农村
五、家用电器及音像器材	**100.7**	**100.9**	**99.6**	**100.1**	**100.1**	**100.2**
1. 家庭设备	102.3	102.6	100.8	100.3	100.3	100.7
2. 文娱用耐用消费品	97.2	97.1	97.5	99.9	99.8	99.9
3. 专业音像器材	101.9	102.5	97.3	99.6	100.0	96.1
六、文化办公用品	**102.1**	**102.0**	**102.5**	**100.6**	**100.7**	**100.3**
七、日用品	**101.9**	**101.7**	**103.3**	**100.7**	**100.7**	**100.9**
1. 日用百货	102.9	102.6	104.5	100.5	100.4	100.8
2. 厨具餐具茶具	103.1	102.7	104.8	102.7	102.7	102.9
3. 清洗用品	100.2	100.2	100.4	99.4	99.5	99.1
4. 其他日用品	101.1	100.8	103.0	100.9	100.8	101.5
八、体育娱乐用品	**101.4**	**101.2**	**102.5**	**100.4**	**100.4**	**100.5**
1. 体育户外用品	103.0	102.4	106.1	101.2	101.1	101.8
2. 娱乐用品	100.7	100.7	100.9	100.0	100.0	99.9
九、交通、通信用品	**99.9**	**99.9**	**99.9**	**100.0**	**99.9**	**100.3**
1. 交通运输机械	99.6	99.7	99.3	99.9	99.9	100.0
2. 通信器材	100.9	100.7	102.3	100.5	100.3	101.7
十、家具	**99.2**	**99.1**	**99.5**	**100.1**	**100.1**	**100.1**
十一、化妆品	**104.1**	**103.7**	**106.4**	**99.6**	**99.5**	**100.0**
十二、金银饰品	**109.1**	**109.2**	**108.4**	**100.6**	**100.6**	**100.8**
十三、中西药品及医疗保健用品	**99.1**	**99.0**	**99.8**	**100.2**	**100.1**	**100.5**
1. 医疗卫生器具	100.1	99.4	104.2	100.5	100.1	102.9
2. 中药	93.5	93.3	94.9	100.6	100.4	101.6
3. 西药	100.4	100.4	100.0	99.9	100.0	99.7
4. 保健器具及用品	100.6	100.4	102.1	100.2	100.2	100.2
十四、书报杂志及电子出版物	**101.7**	**101.7**	**101.4**	**99.8**	**99.8**	**100.1**
1. 教材及参考书	103.2	103.1	103.9	100.0	100.0	100.1
2. 书报杂志及音像制品	104.7	105.6	100.0	100.0	100.0	100.0
3. 计算机办公软件	90.5	89.0	99.4	98.9	98.7	100.3
十五、燃料	**109.1**	**109.2**	**108.7**	**96.3**	**96.2**	**96.3**
1. 煤炭及制品	107.1	108.5	99.7	100.7	100.8	100.3
2. 石油及制品	109.3	109.3	109.7	95.8	95.8	96.0
十六、建筑材料及五金电料	**99.9**	**99.9**	**99.9**	**99.8**	**99.8**	**99.9**
1. 建筑装潢材料	99.4	99.3	99.7	99.7	99.7	99.9
2. 五金水暖	101.2	101.4	100.3	100.0	100.1	99.9

3-35 工业生产者购进价格指数（2018-2022）

（上年=100）

指　　标	2018	2019	2020	2021	2022
工业生产者购进价格总指数	**105.1**	**97.1**	**95.9**	**114.5**	**106.1**
1.燃料、动力类	108.0	98.6	89.8	117.8	122.0
2.黑色金属材料类	106.4	97.9	98.6	123.8	94.4
(1)钢材	106.8	96.6	98.0	121.8	96.8
(2)其他	103.2	107.4	102.4	134.7	83.8
3.有色金属材料及电线类	104.0	95.3	101.6	124.8	105.7
4.化工原料类	107.3	91.7	88.6	123.5	103.9
5.木材及纸浆类	105.4	95.3	97.7	106.2	102.7
6.建筑材料及非金属类	122.1	100.9	98.6	107.9	96.4
7.其他工业原材料及半成品类	101.6	98.2	98.7	106.2	103.7
8.农副产品类	101.0	100.6	102.5	103.2	104.5
9.纺织原料类	101.6	98.6	96.4	105.0	105.2

3-36 工业生产者出厂价格指数（2018-2022）

（上年=100）

指　　标	2018	2019	2020	2021	2022
工业生产者出厂价格总指数	**103.4**	**98.9**	**96.9**	**106.3**	**104.0**
按轻重工业分					
1.轻工业	102.3	99.5	96.6	103.1	103.3
(1)以农产品为原料	102.0	99.9	98.0	101.6	102.5
(2)以非农产品为原料	102.7	98.9	94.6	104.4	104.0
2.重工业	104.2	98.6	97.2	107.9	104.4
(1)采掘	110.5	109.5	104.6	99.5	100.3
(2)原料	106.4	96.7	93.0	113.2	112.5
(3)加工	103.1	99.3	98.9	105.7	100.8
按生产生活资料分					
1.生产资料	104.2	98.3	96.2	107.9	104.5
(1)采掘	110.5	109.5	104.6	99.5	100.3
(2)原料	106.2	95.9	91.2	113.5	111.2
(3)加工	103.4	99.2	98.1	105.6	101.7
2.生活资料	101.2	100.6	98.9	100.7	102.1
(1)食品	100.4	102.5	101.2	99.5	102.7
(2)衣着	101.3	100.6	97.8	100.8	102.7
(3)一般日用品	101.5	99.9	98.8	100.7	101.9
(4)耐用消费品	100.9	100.5	99.2	101.2	101.7
按工业部门分					
(1)冶金工业	105.4	97.5	100.2	119.0	100.6
(2)电力工业	98.9	99.6	95.6	99.3	112.5
(3)煤炭及炼焦工业					
(4)石油工业	112.3	100.2	85.6	120.7	129.4
(5)化学工业	106.9	96.0	91.8	113.2	103.7
(6)机械工业	100.2	99.1	98.3	102.3	102.4
(7)建筑材料工业	122.3	105.1	101.9	105.3	95.7
(8)森林工业	101.6	100.5	99.9	101.1	101.4
(9)食品工业	100.5	102.6	102.0	100.1	103.2
(10)纺织工业	102.5	99.9	96.2	101.9	102.6
(11)缝纫工业	101.9	100.7	97.3	101.0	103.0
(12)皮革工业	99.3	100.0	99.2	99.2	101.4
(13)造纸工业	105.4	91.7	99.1	105.9	100.6
(14)文教艺术用品工业	101.1	100.5	99.2	102.5	103.2
(15)其他工业	101.9	101.7	99.5	101.3	103.9

3-37 分行业工业生产者出厂价格指数（2018-2022）

（上年=100）

指　　标	2018	2019	2020	2021	2022
按工业行业分					
黑色金属矿采选业	104.9	125.5	127.3		
有色金属矿采选业	105.8	87.3	87.5		
非金属矿采选业	111.9	111.7	104.8	99.5	100.3
农副食品加工业	101.4	104.9	105.7	100.4	106.4
食品制造业	100.6	101.0	99.9	100.0	103.3
酒、饮料及精制茶制造业	98.9	99.2	96.7	99.2	100.9
烟草制品业	100.4	102.5	100.7	100.0	100.0
纺织业	102.9	100.1	95.8	102.4	102.7
纺织服装、服饰业	100.5	100.7	99.1	99.8	103.0
皮革、毛皮、羽毛及其制品和制鞋业	100.5	100.4	98.3	100.0	101.8
木材加工和木、竹、藤、棕、草制品业	102.1	100.2	99.1	100.7	100.8
家具制造业	100.7	101.3	100.0	101.2	104.1
造纸和纸制品业	105.4	91.7	99.1	105.9	100.6
印刷和记录媒介复制业	100.3	98.0	97.9	105.4	102.1
文教、工美、体育和娱乐用品制造业	101.4	102.4	102.0	100.5	102.7
石油加工、炼焦和核燃料加工业	114.4	98.6	84.4		
石油、煤炭及其他燃料加工业				126.7	130.3
化学原料和化学制品制造业	109.8	94.1	89.7	119.4	105.1
医药制造业	106.8	100.2	99.5	99.6	100.2
化学纤维制造业	107.2	93.7	85.3	115.9	104.5
橡胶和塑料制品业	102.0	99.1	96.8	105.0	101.3
非金属矿物制品业	121.5	104.3	101.3	105.5	96.6
黑色金属冶炼和压延加工业	108.4	96.4	98.6	127.4	94.1
有色金属冶炼和压延加工业	103.8	95.6	102.7	127.4	103.9
金属制品业	103.6	99.8	99.2	105.1	102.1
通用设备制造业	102.0	100.3	98.9	102.9	102.4
专用设备制造业	100.6	99.8	98.8	100.3	101.3
汽车制造业	99.5	99.2	99.1	100.9	100.7
铁路、船舶、航空航天和其他运输设备制造业	100.9	99.7	99.6	103.3	104.7
电气机械和器材制造业	99.8	97.6	97.6	104.9	104.9
计算机、通信和其他电子设备制造业	98.2	98.1	96.4	100.3	100.6
仪器仪表制造业	99.4	100.1	99.2	99.6	100.7
其他制造业	100.8	100.5	99.5	99.7	102.6
废弃资源综合利用业	103.8	98.9	101.6		
金属制品、机械和设备修理业	99.7	107.5	104.1	95.2	110.5
电力、热力生产和供应业	98.9	99.9	95.5	99.3	112.5
燃气生产和供应业	100.9	109.6	91.2	102.9	129.3
水的生产和供应业	100.6	100.2	95.5	105.2	101.1

注：从 2021 年起，黑色金属矿采选业、有色金属矿采选业、废弃资源综合利用业不再统计；石油加工、炼焦和核燃料加工业改为石油、煤炭及其他燃料加工业

3-38 各月工业生产者出厂价格指数（同比）（2022）

（上年同月=100）

指　　标	1月	2月	3月	4月	5月	6月	7月	8月	9月	10月	11月	12月
工业生产者出厂价格总指数	**108.3**	**108.0**	**106.7**	**106.7**	**105.9**	**105.6**	**104.0**	**102.8**	**102.2**	**100.3**	**99.3**	**99.6**
按轻重工业分												
1.轻工业	105.2	105.4	103.9	103.8	104.1	104.6	103.6	102.8	103.0	101.8	100.6	101.2
(1)以农产品为原料	103.2	103.2	102.3	102.4	102.7	103.0	103.0	102.5	102.6	102.2	101.6	101.3
(2)以非农产品为原料	106.9	107.2	105.1	105.1	105.3	106.0	104.2	103.1	103.3	101.4	99.9	101.1
2.重工业	109.8	109.3	108.2	108.1	106.8	106.1	104.1	102.7	101.7	99.5	98.6	98.8
(1)采掘	102.7	102.7	103.3	100.2	99.8	98.2	99.4	100.0	100.3	98.6	99.1	99.5
(2)原料	120.2	118.9	116.7	118.4	117.6	117.2	113.3	111.3	109.7	106.0	102.7	101.9
(3)加工	105.5	105.2	104.5	103.7	102.1	101.4	100.2	99.0	98.2	96.7	96.7	97.4
按生产生活资料分												
1.生产资料	110.1	109.7	108.0	108.1	106.9	106.5	104.4	103.0	102.2	99.8	98.4	98.9
(1)采掘	102.7	102.7	103.3	100.2	99.8	98.2	99.4	100.0	100.3	98.6	99.1	99.5
(2)原料	119.1	117.8	114.4	116.2	115.9	116.5	112.0	109.7	108.9	104.7	101.3	101.3
(3)加工	106.3	106.2	105.3	104.6	103.1	102.3	101.1	100.1	99.3	97.6	97.2	97.9
2.生活资料	102.0	102.1	102.1	101.8	102.2	102.5	102.5	101.9	101.9	102.2	102.2	102.0
(1)食品	99.4	99.2	99.6	100.5	102.3	103.2	104.3	103.9	104.7	105.6	105.4	104.0
(2)衣着	102.9	103.2	102.4	101.7	102.2	103.3	103.4	102.9	103.0	103.2	102.4	102.4
(3)一般日用品	102.6	102.6	102.7	102.4	102.4	102.6	101.7	101.4	101.1	101.0	101.0	101.1
(4)耐用消费品	102.1	102.1	102.4	101.7	101.7	101.4	102.1	100.9	100.9	101.2	102.1	102.0
按工业部门分												
(1)冶金工业	112.2	112.0	109.1	108.3	103.4	101.8	98.0	94.5	93.1	90.9	92.6	94.8
(2)电力工业	110.0	108.7	111.1	114.0	117.4	116.4	110.6	112.1	113.8	113.5	112.5	109.9
(3)煤炭及炼焦工业												
(4)石油工业	132.4	133.5	131.4	136.7	135.1	135.3	133.4	130.8	130.1	125.9	120.4	112.5
(5)化学工业	114.7	113.4	108.6	108.3	107.3	108.3	105.4	101.8	100.0	95.4	91.8	93.9
(6)机械工业	104.2	104.4	104.1	103.6	103.3	102.6	101.9	101.5	101.3	100.7	100.5	100.7
(7)建筑材料工业	104.9	103.2	104.0	102.0	97.9	96.3	96.3	96.4	92.7	87.1	85.0	86.3
(8)森林工业	102.0	102.1	101.6	101.5	101.2	101.2	100.9	101.0	101.3	101.3	101.3	101.5
(9)食品工业	99.5	99.5	100.0	101.1	102.9	103.8	104.8	104.4	105.2	106.3	106.1	104.8
(10)纺织工业	105.5	105.6	104.7	103.5	103.2	103.5	102.5	102.1	101.9	100.2	99.5	99.6
(11)缝纫工业	103.4	104.0	102.8	102.1	102.5	103.7	103.7	103.0	103.0	103.2	102.4	102.3
(12)皮革工业	100.4	100.3	100.5	100.2	100.6	101.2	101.5	101.3	102.2	102.7	103.0	103.0
(13)造纸工业	104.3	102.8	100.1	102.9	102.1	100.6	100.8	100.2	100.0	98.9	97.1	97.3
(14)文教艺术用品工业	104.9	104.8	104.7	103.6	102.8	103.1	102.6	102.8	102.7	103.0	101.8	101.6
(15)其他工业	103.7	103.8	104.6	103.9	103.9	104.6	103.8	103.7	103.6	103.9	104.0	103.2

3-39 各月工业生产者出厂价格指数（环比）（2022）

（上月=100）

指　　标	1月	2月	3月	4月	5月	6月	7月	8月	9月	10月	11月	12月
工业生产者出厂价格总指数	**99.9**	**100.2**	**100.8**	**100.6**	**100.3**	**100.0**	**98.7**	**99.2**	**100.0**	**100.1**	**100.0**	**99.8**
按轻重工业分												
1.轻工业	100.2	100.4	100.5	100.2	100.6	100.6	99.6	99.5	100.1	100.2	99.7	99.7
(1)以农产品为原料	99.9	100.2	100.0	100.4	100.4	100.4	100.2	99.7	100.1	100.4	100.0	99.7
(2)以非农产品为原料	100.4	100.7	100.9	100.1	100.7	100.8	99.0	99.4	100.0	100.0	99.4	99.8
2.重工业	99.8	100.1	101.0	100.7	100.1	99.7	98.2	99.1	99.9	100.0	100.2	99.8
(1)采掘	100.5	100.6	99.8	97.5	99.2	100.2	99.8	100.5	99.7	101.0	100.7	99.9
(2)原料	100.4	100.7	102.7	101.9	100.6	100.0	97.0	98.7	100.0	100.1	100.3	99.5
(3)加工	99.5	99.9	100.3	100.2	99.9	99.6	98.8	99.3	99.9	100.0	100.1	100.0
按生产生活资料分												
1.生产资料	99.8	100.3	101.1	100.7	100.2	100.0	98.2	99.2	99.9	100.0	99.9	99.8
(1)采掘	100.5	100.6	99.8	97.5	99.2	100.2	99.8	100.5	99.7	101.0	100.7	99.9
(2)原料	100.5	100.9	102.8	101.5	100.6	100.6	97.0	98.6	100.1	99.9	99.6	99.3
(3)加工	99.5	100.0	100.3	100.3	100.0	99.7	98.8	99.4	99.8	100.0	100.0	100.0
2.生活资料	100.4	100.0	100.0	100.2	100.6	100.2	100.2	99.5	100.2	100.5	100.3	99.8
(1)食品	99.6	99.9	100.2	100.4	101.3	100.2	101.5	99.7	100.6	100.9	100.6	99.1
(2)衣着	100.1	100.2	100.0	100.0	100.5	101.0	100.3	99.6	100.5	100.7	99.7	99.8
(3)一般日用品	100.5	100.0	100.3	100.2	100.6	100.2	99.2	99.8	99.8	100.3	100.3	100.1
(4)耐用消费品	101.0	100.0	99.7	100.1	100.4	99.7	100.7	99.1	100.4	100.4	100.7	99.9
按工业部门分												
(1)冶金工业	99.9	100.6	101.7	101.1	99.7	98.7	95.4	97.8	99.4	100.0	100.2	100.4
(2)电力工业	103.5	98.9	102.2	101.5	101.8	99.2	95.1	101.4	102.0	100.0	101.0	103.1
(3)煤炭及炼焦工业												
(4)石油工业	101.0	103.6	105.8	103.2	101.2	103.3	100.9	97.1	99.6	100.0	101.4	95.3
(5)化学工业	98.8	100.8	101.4	100.6	99.9	100.5	97.8	97.6	99.0	99.9	98.6	98.8
(6)机械工业	100.0	100.1	100.1	100.2	100.3	100.0	99.9	99.9	100.1	100.0	100.2	100.0
(7)建筑材料工业	96.1	97.6	99.1	99.7	98.4	97.3	97.1	99.8	99.6	100.8	100.4	99.6
(8)森林工业	101.0	100.0	100.0	100.1	100.1	100.0	99.9	99.8	100.3	100.1	100.0	100.2
(9)食品工业	99.5	100.0	100.5	100.7	101.3	100.2	101.5	99.7	100.5	101.1	100.7	99.1
(10)纺织工业	100.2	100.3	100.2	100.0	100.1	100.3	99.6	99.8	99.8	99.8	99.7	99.8
(11)缝纫工业	100.1	100.4	99.8	100.1	100.4	101.0	100.4	99.5	100.4	100.8	99.7	99.7
(12)皮革工业	100.0	99.8	100.2	99.8	100.8	100.4	100.2	100.2	100.7	100.8	100.1	100.0
(13)造纸工业	99.5	100.0	99.3	101.8	99.7	99.8	99.5	99.2	99.5	99.8	99.8	99.6
(14)文教艺术用品工业	100.9	100.0	100.2	100.1	100.0	100.3	100.0	100.0	100.2	100.2	99.8	99.9
(15)其他工业	101.0	100.0	100.4	99.7	100.7	100.2	99.7	100.3	100.2	100.5	100.5	99.8

3-40 各月按行业分工业生产者

指标	1月	2月	3月	4月	5月
按工业行业分					
非金属矿采选业	102.7	102.7	103.3	100.2	99.8
农副食品加工业	97.4	98.1	99.0	101.3	105.6
食品制造业	101.2	101.3	102.2	102.8	103.6
酒、饮料和精制茶制造业	99.9	99.6	99.3	100.3	101.0
烟草制品业	100.0	100.0	100.0	100.0	100.0
纺织业	105.5	105.9	104.5	103.1	103.0
纺织服装、服饰业	102.8	103.0	102.7	102.4	102.6
皮革、毛皮、羽毛及其制品和制鞋业	101.0	101.1	101.3	101.2	101.3
木材加工和木、竹、藤、棕、草制品业	101.5	101.7	101.1	101.0	100.5
家具制造业	104.0	103.9	103.9	103.2	103.5
造纸和纸制品业	104.3	102.8	100.1	102.9	102.1
印刷和记录媒介复制业	108.5	106.7	106.4	103.4	101.3
文教、工美、体育和娱乐用品制造业	101.4	102.6	103.0	102.9	102.8
石油、煤炭及其他燃料加工业	132.8	134.5	132.2	138.9	136.1
化学原料和化学制品制造业	122.7	120.3	114.4	113.6	110.3
医药制造业	102.1	101.3	101.6	101.5	102.5
化学纤维制造业	113.7	113.1	103.9	105.0	106.9
橡胶和塑料制品业	104.9	104.6	103.5	102.9	102.7
非金属矿物制品业	105.5	103.8	104.9	102.9	99.0
黑色金属冶炼和压延加工业	111.1	109.9	107.8	104.7	98.6
有色金属冶炼和压延加工业	119.7	120.2	114.4	115.1	107.3
金属制品业	105.8	105.6	105.0	104.9	103.8
通用设备制造业	105.5	105.3	104.9	103.9	103.2
专用设备制造业	102.2	102.5	101.9	101.8	101.5
汽车制造业	101.4	101.6	101.9	101.6	101.6
铁路、船舶、航空航天和其他运输设备制造业	106.0	107.3	107.0	106.5	106.6
电气机械和器材制造业	107.1	107.8	107.4	107.1	106.3
计算机、通信和其他电子设备制造业	102.2	101.8	101.3	100.6	101.0
仪器仪表制造业	101.5	101.9	101.0	101.0	100.8
其他制造业	102.4	102.0	102.5	102.1	102.1
金属制品、机械和设备修理业	103.5	104.0	100.9	101.8	105.4
电力、热力生产和供应业	110.0	108.7	111.1	114.0	117.4
燃气生产和供应业	130.3	130.6	130.8	132.2	134.9
水的生产和供应业	105.2	102.1	101.4	101.5	100.5

出厂价格指数（同比）（2022）

（上年同月=100）

6月	7月	8月	9月	10月	11月	12月
98.2	99.4	100.0	100.3	98.6	99.1	99.5
107.7	110.4	109.1	111.5	114.2	113.6	110.0
104.1	104.2	104.4	103.9	104.4	104.0	103.5
101.4	101.4	101.7	101.5	101.7	101.7	101.6
100.0	100.0	100.0	100.0	100.0	100.0	100.0
103.9	103.0	102.1	101.9	100.4	99.6	99.9
103.2	103.2	103.7	103.5	103.9	102.9	102.2
101.6	101.6	101.5	101.7	102.4	103.3	103.3
100.8	100.4	100.5	100.7	100.6	100.4	100.5
104.2	104.3	104.2	104.5	104.9	104.6	104.0
100.6	100.8	100.2	100.0	98.9	97.1	97.3
100.8	99.9	100.5	101.0	101.2	98.5	97.6
103.4	102.7	102.7	102.4	102.8	102.6	102.8
136.7	134.3	130.9	130.3	125.0	120.1	116.4
110.1	107.7	102.8	98.1	92.7	88.0	89.8
102.5	100.4	98.6	97.9	98.0	97.9	98.7
112.8	105.7	101.6	105.3	98.0	93.1	97.8
102.8	102.2	100.9	99.8	97.7	96.7	97.1
97.4	97.1	97.2	93.6	88.1	86.0	87.1
97.0	92.0	85.7	83.4	79.8	81.8	85.7
105.2	99.1	95.9	93.9	92.0	94.1	96.1
102.4	101.1	99.6	99.6	98.7	99.2	99.6
103.0	101.3	101.0	100.6	100.4	100.4	100.1
101.6	100.8	100.6	100.8	100.6	100.8	101.0
100.7	101.5	100.4	100.7	99.1	98.6	99.1
106.0	105.0	103.5	103.0	102.4	101.6	102.5
104.9	103.9	103.7	103.5	102.7	102.5	102.7
101.2	100.4	100.2	99.7	99.6	99.4	100.1
100.5	100.0	100.3	100.2	100.1	100.2	100.2
102.7	103.0	102.9	103.3	103.1	103.1	101.6
109.1	110.9	116.8	114.8	118.5	120.6	119.7
116.4	110.6	112.1	113.8	113.5	112.5	109.9
134.7	135.0	134.9	133.8	133.7	126.3	102.4
100.5	100.3	100.3	100.4	100.2	100.5	100.7

3-41 各月按行业分工业生产者

指标	1月	2月	3月	4月	5月
按工业行业分					
非金属矿采选业	100.5	100.6	99.8	97.5	99.2
农副食品加工业	98.5	99.7	100.6	101.1	103.1
食品制造业	99.8	100.4	101.0	100.9	100.7
酒、饮料和精制茶制造业	100.3	99.9	100.2	100.6	100.3
烟草制品业	100.0	100.0	100.0	100.0	100.0
纺织业	100.1	100.5	100.1	100.0	100.2
纺织服装、服饰业	100.3	100.0	99.9	100.0	100.4
皮革、毛皮、羽毛及其制品和制鞋业	99.9	100.2	100.2	99.9	100.4
木材加工和木、竹、藤、棕、草制品业	100.8	100.1	100.0	100.1	100.0
家具制造业	100.6	99.9	100.1	99.9	100.8
造纸和纸制品业	99.5	100.0	99.3	101.8	99.7
印刷和记录媒介复制业	100.0	99.0	100.3	100.0	99.5
文教、工美、体育和娱乐用品制造业	101.4	100.4	99.9	100.1	100.4
石油、煤炭及其他燃料加工业	99.9	105.1	107.9	104.2	101.6
化学原料和化学制品制造业	97.5	100.9	101.3	101.4	99.3
医药制造业	100.4	100.0	100.4	100.3	101.2
化学纤维制造业	101.0	101.9	103.3	99.4	100.5
橡胶和塑料制品业	98.9	100.0	100.1	100.2	100.2
非金属矿物制品业	96.5	97.7	99.4	99.6	98.5
黑色金属冶炼和压延加工业	97.6	100.2	101.8	101.5	100.3
有色金属冶炼和压延加工业	101.2	101.3	102.9	101.6	98.8
金属制品业	100.2	100.4	100.4	100.5	100.0
通用设备制造业	100.3	100.0	100.1	100.0	100.0
专用设备制造业	99.8	100.1	99.8	100.2	100.5
汽车制造业	99.8	100.4	100.1	100.1	99.9
铁路、船舶、航空航天和其他运输设备制造业	100.4	101.3	100.2	100.3	100.5
电气机械和器材制造业	99.7	100.4	100.5	100.7	100.6
计算机、通信和其他电子设备制造业	100.1	99.4	99.8	99.4	100.5
仪器仪表制造业	99.9	100.1	99.8	100.0	99.9
其他制造业	100.6	99.5	100.3	99.8	100.2
金属制品、机械和设备修理业	105.1	99.7	97.1	101.7	102.8
电力、热力生产和供应业	103.5	98.9	102.2	101.5	101.8
燃气生产和供应业	103.7	100.0	100.2	100.1	99.9
水的生产和供应业	100.0	99.8	100.0	100.0	100.7

出厂价格指数（环比）（2022）

（上月=100）

6月	7月	8月	9月	10月	11月	12月
100.2	99.8	100.5	99.7	101.0	100.7	99.9
100.4	103.8	99.0	101.6	102.5	101.8	97.8
100.3	100.2	100.3	99.8	100.5	100.0	99.7
100.0	100.0	100.1	100.1	100.0	100.0	100.0
100.0	100.0	100.0	100.0	100.0	100.0	100.0
100.8	99.7	99.5	100.0	99.7	99.6	99.8
100.3	100.4	100.2	100.2	101.1	99.8	99.8
100.0	100.0	100.1	100.6	101.0	100.9	100.0
99.9	99.9	99.7	100.1	100.1	99.9	100.1
100.6	100.3	100.3	100.4	100.8	100.3	99.9
99.8	99.5	99.2	99.5	99.8	99.8	99.6
100.0	99.6	99.9	99.9	100.0	99.7	99.7
100.2	99.7	100.2	100.2	100.2	100.0	99.9
104.4	101.2	96.3	99.7	100.0	101.9	93.8
99.4	97.5	96.8	98.1	100.2	98.9	98.2
100.2	97.7	98.1	99.6	100.0	100.4	100.5
104.2	97.0	97.4	100.6	98.8	95.7	98.4
100.1	99.5	99.1	99.4	100.0	100.0	99.6
97.4	97.1	99.9	99.6	100.7	100.3	99.6
98.0	94.3	95.3	98.5	99.4	98.2	99.8
98.1	92.4	97.8	99.2	100.5	101.7	100.8
99.8	98.9	99.1	100.1	99.7	100.0	100.4
100.2	99.5	99.9	100.0	100.2	99.9	99.9
100.2	99.8	100.1	100.2	100.3	100.1	99.9
99.4	100.7	99.1	100.4	99.0	100.5	99.7
99.7	99.6	99.8	100.0	100.1	100.4	100.3
99.9	99.8	100.1	100.4	100.2	100.2	100.1
100.6	99.7	100.3	99.4	100.5	100.0	100.4
99.8	100.1	100.5	100.0	100.0	100.1	100.0
100.0	100.4	100.2	100.2	100.2	100.4	99.8
102.1	102.9	105.3	98.3	103.2	101.5	98.8
99.2	95.1	101.4	102.0	100.0	101.0	103.1
99.7	99.8	99.9	99.2	100.0	100.0	100.0
99.9	99.9	99.9	100.1	99.9	100.2	100.2

3-42 各月工业生产者

指　　标	1月	2月	3月	4月	5月
工业生产者购进价格总指数	**114.4**	**112.4**	**111.4**	**112.2**	**110.2**
1.燃料、动力类	127.2	120.7	126.5	135.8	133.6
2.黑色金属材料类	109.8	107.8	105.4	103.5	97.3
(1)钢材	114.5	111.5	108.2	106.0	101.5
(2)其他	89.0	92.4	93.9	92.8	79.9
3.有色金属材料及电线类	119.2	119.6	115.5	114.0	109.8
4.化工原料类	120.0	117.5	111.6	110.0	108.2
5.木材及纸浆类	107.5	105.6	103.2	102.9	103.0
6.建筑材料及非金属类	110.9	104.4	106.6	105.9	100.4
7.其他工业原材料及半成品类	106.9	106.8	106.7	107.1	106.4
8.农副产品类	101.4	102.1	102.2	101.5	104.7
9.纺织原料类	110.5	109.8	108.3	107.9	107.3

3-43 各月工业生产者

指　　标	1月	2月	3月	4月	5月
工业生产者购进价格总指数	**99.3**	**99.9**	**101.6**	**102.2**	**100.3**
1.燃料、动力类	100.2	99.5	103.8	106.6	100.8
2.黑色金属材料类	98.9	100.4	101.2	101.2	99.4
(1)钢材	98.2	99.2	100.9	101.3	99.8
(2)其他	103.7	107.6	103.2	100.6	97.1
3.有色金属材料及电线类	101.1	101.0	101.8	101.5	101.0
4.化工原料类	97.3	100.2	102.4	102.3	99.3
5.木材及纸浆类	99.9	99.4	100.2	100.9	100.7
6.建筑材料及非金属类	95.4	92.4	99.6	101.8	98.7
7.其他工业原材料及半成品类	99.8	100.5	100.5	100.7	100.7
8.农副产品类	99.8	99.8	100.2	100.3	101.9
9.纺织原料类	100.3	99.8	100.4	100.5	100.2

购进价格指数（同比）（2022）

（上年同月=100）

6月	7月	8月	9月	10月	11月	12月
109.1	**106.4**	**103.4**	**101.9**	**99.1**	**97.2**	**98.4**
132.6	125.9	121.9	118.2	112.9	107.3	110.0
94.4	89.5	87.0	87.0	84.3	84.9	87.2
99.8	95.3	90.5	87.0	83.8	84.0	86.1
72.6	66.5	71.3	87.5	87.8	90.6	94.2
108.1	104.4	98.9	96.8	94.6	95.7	97.7
108.4	106.3	100.1	97.7	93.5	89.8	90.6
102.6	102.0	101.8	101.5	101.2	101.1	101.0
94.8	96.1	98.1	93.5	85.0	83.9	84.7
105.0	103.2	101.6	101.1	100.4	100.0	100.4
106.3	107.1	105.9	106.7	107.3	105.1	103.8
106.4	106.0	104.7	103.7	101.9	98.8	98.3

购进价格指数（环比）（2022）

（上月=100）

6月	7月	8月	9月	10月	11月	12月
100.2	**98.5**	**97.8**	**99.1**	**100.2**	**99.8**	**99.4**
102.3	98.5	98.3	99.5	101.4	100.6	98.2
98.5	95.7	96.3	97.1	99.1	98.1	100.7
99.0	96.0	96.2	97.0	99.0	99.1	99.5
95.4	93.7	96.5	97.8	99.4	91.9	108.6
98.9	95.8	95.6	99.2	99.8	101.2	101.1
100.8	98.6	95.8	97.1	99.9	98.7	98.0
100.0	100.3	99.7	99.7	100.2	100.1	99.7
96.3	97.1	99.9	100.6	101.0	101.9	99.3
99.8	99.2	99.0	100.2	100.0	99.9	100.1
100.8	101.5	99.5	100.6	100.1	99.7	99.4
100.0	100.0	99.2	99.4	99.7	99.1	99.5

3-44 农产品生产者价格指数（2018-2022）

（上年=100）

指　　标	2018	2019	2020	2021	2022
农产品生产者价格总指数	**100.8**	**109.9**	**107.3**	**99.3**	**101.5**
一、种植业产品	**100.1**	**102.8**	**98.2**	**105.5**	**102.3**
谷物	96.9	94.5	102.5	100.8	101.1
稻谷	97.1	93.8	102.7	100.8	100.4
早籼稻	93.0	100.0	105.2	96.8	102.0
晚籼稻	96.7	95.9	100.5	100.3	97.7
粳稻	98.6	90.3	104.4	109.9	102.0
薯类	101.4	106.6	102.0	111.6	109.0
油料	98.7	111.9	97.4	108.0	102.7
油菜籽	104.1	104.3	104.8	104.4	103.2
豆类	111.8		93.4	105.3	106.3
大豆	111.8		125.0	103.1	104.7
蔬菜	102.8	106.4	96.5	105.8	101.8
叶菜类蔬菜	102.8	106.4	98.6	108.6	95.4
根茎类蔬菜	104.3	106.3	94.9	113.7	102.9
瓜菜类蔬菜	102.5	101.6	97.6	102.4	110.8
豆类蔬菜	105.5	95.8	101.9	98.1	98.9
茄果类蔬菜	100.5	108.3	93.5	102.3	100.0
食用菌	99.1	106.2	102.9	98.8	102.1
花卉	105.9	94.2	98.3	97.7	100.4
水果及坚果	108.3	100.2	98.7	111.1	104.4
水果(园林水果)	97.1	104.6	101.2	109.3	106.4
食用坚果	96.9	105.3	83.3	129.1	90.6
茶叶	99.2	97.0	92.1	98.2	99.2
中草药材	98.2	103.0	96.6	104.2	114.3
二、林业产品	**94.7**	**96.4**	**100.4**	**101.9**	**99.5**
苗木	99.2	100.3	98.9	102.4	98.1
木材采伐产品	100.4	98.6	99.9	99.0	101.4
竹材采伐产品	100.6	100.1	93.0	102.4	104.9
林产品	91.5	100.0	109.6	101.6	100.8
三、畜牧业产品	**100.5**	**104.8**	**138.2**	**73.9**	**96.2**
猪	95.6	140.3	155.2	60.3	90.1
羊	90.9	112.7	107.8	107.3	92.7
活鸡	104.7	104.0	94.7	106.2	106.3
活鸭	104.4	106.3	94.9	107.1	108.9
禽蛋	107.3	100.0	90.1	110.5	104.0
鸡蛋	117.6	98.9	92.1	102.6	100.5
鸭蛋	110.5	101.1	88.2	118.5	111.0
天然蜂蜜及副产品	124.6	103.4	97.9	98.2	102.9
蚕茧	101.2	108.8	95.7	116.2	98.6
四、渔业产品	**101.6**	**102.2**	**101.5**	**102.9**	**103.1**
海水养殖产品	106.3	102.7	99.9	104.6	102.2
海水捕捞产品	104.9	103.3	102.3	100.8	104.0
淡水养殖产品	110.0	100.0	100.7	106.2	101.3

3-45 各季农产品生产者价格指数（2022）

（上年同期=100）

指　　标	1季度	2季度	3季度	4季度
农产品生产者价格总指数	**98.4**	**99.4**	**106.8**	**107.0**
一、种植业产品	**109.3**	**101.4**	**107.4**	**98.2**
谷物	98.1	108.8	102.1	101.9
稻谷	98.1		101.5	101.9
早籼稻			101.5	102.9
晚籼稻				97.7
粳稻	98.1			102.6
薯类	104.8	119.8	101.8	112.5
油料	97.9	102.9	100.0	127.3
油菜籽		102.9	109.7	
豆类		117.7		104.7
大豆				104.7
蔬菜	118.9	100.7	104.4	90.0
叶菜类蔬菜	86.6	102.5	101.2	83.1
根茎类蔬菜	91.1	97.0	103.1	123.7
瓜菜类蔬菜	113.8	105.8	111.4	111.8
豆类蔬菜	99.1	93.2	101.5	95.6
茄果类蔬菜	92.4	104.7	103.4	104.8
食用菌	105.4	99.4	121.9	97.7
花卉	103.6	98.5	97.2	99.2
水果及坚果	98.8	102.9	112.9	96.0
水果(园林水果)	97.5	103.0	113.4	100.9
食用坚果	101.7	75.9	88.7	87.5
茶叶	97.7	99.1	99.8	99.6
中草药材	89.7	110.3	144.1	116.5
二、林业产品	**98.9**	**101.0**	**99.2**	**100.1**
苗木	98.5	96.9	98.9	98.3
木材采伐产品	98.0	110.5	98.9	97.8
竹材采伐产品	105.2	104.2	102.3	107.9
林产品	98.5	104.0		
三、畜牧业产品	**69.3**	**84.3**	**115.5**	**142.4**
猪	50.4	71.1	119.1	168.4
羊	93.7	86.5	96.4	97.0
活鸡	96.3	100.3	119.8	109.3
活鸭	106.2	110.0	109.5	111.2
禽蛋	101.1	103.7	103.1	107.7
鸡蛋	100.6	99.9	98.8	102.1
鸭蛋	102.1	111.1	111.7	119.0
天然蜂蜜及副产品	100.6	82.3	97.4	106.7
蚕茧		84.4	106.5	109.0
四、渔业产品	**99.3**	**101.8**	**101.5**	**105.8**
海水养殖产品	106.3	94.9	101.7	99.0
海水捕捞产品	97.4	104.8	103.2	109.5
淡水养殖产品	101.5	101.9	99.1	102.9

四 农业调查

4-1 畜禽监测主要指标（2018-2022）

指　　标		2018	2019	2020	2021	2022
生猪存栏	（万头）	516.79	427.30	627.58	640.23	644.49
#能繁母猪	（万头）	43.31	40.20	58.07	69.31	71.11
生猪出栏	（万头）	911.62	756.05	665.42	773.91	850.53
猪肉产量	（万吨）	73.95	60.16	54.20	65.15	71.41
家禽存栏	（万只）	8320.64	8616.65	8740.08	8036.48	8505.70
#鸡	（万只）	6787.67	7031.19	7198.36	6717.67	6852.36
家禽出栏	（万只）	17195.93	19501.16	20979.21	21962.36	21495.52
禽肉产量	（万吨）	26.39	29.86	31.75	33.87	32.69
禽蛋数量	（万吨）	31.49	33.57	33.17	30.94	31.71
牛存栏	（万头）	13.71	13.24	14.95	16.69	15.54
#奶牛	（万头）	3.19	3.08	4.04	4.31	4.43
牛出栏	（万头）	8.15	8.61	8.84	10.15	9.31
牛肉产量	（万吨）	1.24	1.30	1.39	1.66	1.52
牛奶产量	（万吨）	15.73	15.48	18.33	18.55	19.60
羊存栏	（万只）	125.88	117.46	140.14	151.21	160.04
羊出栏	（万只）	135.06	134.46	129.94	140.05	139.71
羊肉产量	（万吨）	2.29	2.27	2.18	2.42	2.43
猪牛羊禽肉产量	（万吨）	103.87	93.59	89.52	103.10	108.05

注：2007 年以来数据已根据第三次农业普查结果调整。

4-2 粮食播种面积和产量（2013-2014）

单位：千公顷、公斤、万吨

指　　标	2013			2014		
	播种面积	公顷产	总产量	播种面积	公顷产	总产量
粮食作物合计	**1016.85**	**5912**	**601.17**	**1005.59**	**6003**	**603.61**
1.谷　物	832.08	6424	534.55	815.99	6544	534.02
(1)稻　谷	677.05	7001	474.02	654.20	7160	468.38
①早　稻	94.04	6230	58.59	92.37	6144	56.75
②晚　稻	583.01	7126	415.43	561.83	7327	411.63
#单季稻	484.47	7417	359.34	466.48	7555	352.42
(2)小　麦	81.45	3685	30.01	89.53	3769	33.74
(3)大　麦	16.68	4049	6.75	14.71	4259	6.27
(4)玉　米	50.31	4221	21.23	51.07	4523	23.10
(5)其他谷物	6.59	3837	2.53	6.48	3901	2.53
2.豆　类	108.88	2718	29.59	114.78	2691	30.89
(1)大　豆	84.55	2565	21.68	85.10	2707	23.04
(2)杂　豆	24.33	3250	7.91	29.68	2645	7.85
3.薯　类	75.90	4879	37.03	74.81	5174	38.70
(1)马铃薯	40.31	4136	16.67	39.99	4163	16.65
(2)蕃　薯	35.58	5721	20.36	34.82	6334	22.06

注:2007 年以来数据已根据第三次农业普查结果调整。

4-3 粮食播种面积和产量（2015-2016）

单位：千公顷、公斤、万吨

指　　标	2015			2016		
	播种面积	公顷产	总产量	播种面积	公顷产	总产量
粮食作物合计	**989.70**	**5901**	**583.97**	**951.36**	**5937**	**564.84**
1.谷　物	800.90	6428	514.83	757.99	6582	498.92
(1)稻　谷	634.24	7029	445.80	613.09	7256	444.83
①早　稻	89.91	5806	52.21	86.53	6390	55.29
②晚　稻	544.32	7231	393.59	526.56	7398	389.54
#单季稻	450.47	7462	336.14	433.94	7620	330.66
(2)小　麦	98.96	3909	38.68	85.32	3315	28.28
(3)大　麦	10.81	4575	4.94	5.76	3818	2.20
(4)玉　米	51.63	4474	23.10	49.94	4382	21.88
(5)其他谷物	5.26	4392	2.31	3.88	4427	1.72
2.豆　类	114.92	2619	30.10	114.38	2373	27.14
(1)大　豆	86.27	2566	22.14	83.82	2428	20.36
(2)杂　豆	28.65	2779	7.96	30.55	2221	6.79
3.薯　类	73.88	5285	39.04	78.99	4910	38.79
(1)马铃薯	39.38	4158	16.37	41.87	3935	16.47
(2)蕃　薯	34.50	6570	22.67	37.12	6011	22.31

注:2007 年以来数据已根据第三次农业普查结果调整。

4-4 粮食播种面积和产量（2017-2018）

单位：千公顷、公斤、万吨

指　标	2017			2018		
	播种面积	公顷产	总产量	播种面积	公顷产	总产量
粮食作物合计	**977.19**	**5937**	**580.14**	**975.73**	**6140**	**599.14**
1.谷　物	784.86	6542	513.43	789.90	6782	535.74
(1)稻　谷	620.68	7168	444.91	651.07	7333	477.40
①早　稻	86.43	6105	52.77	97.10	6399	62.13
②晚　稻	534.25	7340	392.15	553.97	7496	415.27
#单季稻	439.58	7590	333.64	454.94	7756	352.85
(2)小　麦	103.67	4043	41.92	85.36	4193	35.79
(3)大　麦	5.12	3853	1.97	0.38	4474	0.17
(4)玉　米	51.88	4440	23.04	49.34	4183	20.64
(5)其他谷物	3.50	4536	1.59	3.75	4639	1.74
2.豆　类	108.25	2529	27.38	113.14	2495	28.22
(1)大　豆	80.41	2535	20.38	85.21	2518	21.46
(2)杂　豆	27.84	2513	7.00	27.93	2424	6.77
3.薯　类	84.08	4677	39.32	72.68	4838	35.17
(1)马铃薯	44.99	4148	18.66	34.29	3848	13.20
(2)蕃　薯	39.08	5285	20.66	38.39	5723	21.97

注:2007年以来数据已根据第三次农业普查结果调整。

4-5 粮食播种面积和产量（2019-2020）

单位：千公顷、公斤、万吨

指　标	2019			2020		
	播种面积	公顷产	总产量	播种面积	公顷产	总产量
粮食作物合计	**977.44**	**6058**	**592.15**	**993.40**	**6097**	**605.70**
1.谷　物	791.27	6680	528.57	804.25	6665	536.05
(1)稻　谷	627.52	7363	462.06	636.02	7313	465.12
①早　稻	98.81	6104	60.32	101.22	6202	62.78
②晚　稻	528.71	7599	401.74	534.80	7523	402.35
#单季稻	425.73	7930	337.62	445.21	7700	342.82
(2)小　麦	82.66	3917	32.38	93.36	4370	40.79
(3)大　麦	0.41	3759	0.15	2.01	4416	0.89
(4)玉　米	76.42	4229	32.32	63.28	4094	25.91
(5)其他谷物	4.27	3886	1.66	9.57	3485	3.33
2.豆　类	118.73	2576	30.58	115.81	2663	30.84
(1)大　豆	90.16	2590	23.36	82.75	2628	21.75
(2)杂　豆	28.57	2528	7.22	33.05	2752	9.10
3.薯　类	67.44	4894	33.00	73.35	5291	38.81
(1)马铃薯	32.81	3847	12.62	23.54	3810	8.97
(2)蕃　薯	34.63	5886	20.38	49.81	5991	29.84

注:2007年以来数据已根据第三次农业普查结果调整。

4-6 粮食播种面积和产量（2021-2022）

单位：千公顷、公斤、万吨

指　标	2021			2022		
	播种面积	公顷产	总产量	播种面积	公顷产	总产量
粮食作物合计	**1006.71**	**6168**	**620.90**	**1020.45**	**6085**	**620.97**
1.谷　物	817.30	6698	547.40	827.46	6609	546.89
(1)稻　谷	633.36	7407	469.12	629.19	7357	462.89
①早　稻	101.99	6161	62.83	113.09	6207	70.19
②晚　稻	531.38	7646	406.29	516.10	7609	392.71
#单季稻	440.97	7890	347.92	416.11	7850	326.67
(2)小　麦	114.81	4210	48.34	130.64	4230	55.26
(3)大　麦	1.74	3991	0.70	1.20	4095	0.49
(4)玉　米	57.97	4410	25.56	55.40	4351	24.11
(5)其他谷物	9.41	3909	3.68	11.02	3755	4.14
2.豆　类	108.04	2779	30.03	110.48	2737	30.24
(1)大　豆	75.95	2800	21.27	77.78	2717	21.13
(2)杂　豆	32.09	2729	8.76	32.70	2786	9.11
3.薯　类	81.37	5343	43.48	82.51	5313	43.84
(1)马铃薯	27.45	3875	10.64	27.17	3914	10.63
(2)蕃　薯	53.92	6090	32.84	55.35	5999	33.20

注:2007 年以来数据已根据第三次农业普查结果调整。

4-7 夏、秋粮食播种面积和产量（2013-2014）

单位：千公顷、公斤、万吨

指　标	2013			2014		
	播种面积	公顷产	总产量	播种面积	公顷产	总产量
(一)夏收粮食合计	**147.14**	**3779**	**55.60**	**156.09**	**3756**	**58.63**
1.小　麦	81.45	3685	30.01	89.53	3769	33.74
2.大　麦	16.68	4049	6.75	14.71	4259	6.27
3.春季豆类	14.49	3120	4.52	18.18	2519	4.58
4.春季薯类	34.53	4145	14.31	33.67	4171	14.04
(1)马铃薯	34.14	4114	14.04	33.32	4142	13.80
(2)甘　薯	0.39	6872	0.27	0.35	6933	0.24
(二)秋收粮食合计	**775.66**	**6278**	**486.98**	**757.13**	**6448**	**488.23**
1.晚　稻	583.01	7126	415.43	561.83	7327	411.63
(1)单　晚	484.47	7417	359.34	466.48	7555	352.42
(2)双　晚	98.54	5693	56.09	95.35	6210	59.21
2.夏秋玉米	50.31	4221	21.23	51.07	4523	23.10
3.夏秋豆类	94.39	2656	25.07	96.60	2723	26.31
(1)夏秋大豆	84.55	2565	21.68	85.10	2707	23.04
(2)杂　豆	9.84	3441	3.39	11.50	2845	3.27
4.夏秋薯类	41.37	5491	22.72	41.14	5994	24.66
(1)马铃薯	6.18	4256	2.63	6.67	4266	2.85
(2)甘　薯	35.19	5708	20.09	34.47	6328	21.81
5.秋杂粮	6.59	3837	2.53	6.48	3901	2.53

注:2007 年以来数据已根据第三次农业普查结果调整。

4-8 夏、秋粮食播种面积和产量（2015-2016）

单位：千公顷、公斤、万吨

指　　标	2015			2016		
	播种面积	公顷产	总产量	播种面积	公顷产	总产量
(一)夏收粮食合计	**161.13**	**3883**	**62.57**	**145.32**	**3347**	**48.64**
1.小　麦	98.96	3909	38.68	85.32	3315	28.28
2.大　麦	10.81	4575	4.94	5.76	3818	2.20
3.春季豆类	16.96	2726	4.62	16.72	2157	3.61
4.春季薯类	34.40	4163	14.32	37.52	3878	14.55
(1)马铃薯	34.13	4122	14.07	37.23	3875	14.43
(2)甘　薯	0.26	9475	0.25	0.28	4313	0.12
(二)秋收粮食合计	**738.65**	**6352**	**469.20**	**719.50**	**6406**	**460.91**
1.晚　稻	544.32	7231	393.59	526.56	7398	389.54
(1)单　晚	450.47	7462	336.14	433.94	7620	330.66
(2)双　晚	93.85	6122	57.45	92.62	6358	58.89
2.夏秋玉米	51.63	4474	23.10	49.94	4382	21.88
3.夏秋豆类	97.96	2601	25.48	97.65	2410	23.54
(1)夏秋大豆	86.27	2566	22.14	83.82	2428	20.36
(2)杂　豆	11.69	2857	3.34	13.83	2298	3.18
4.夏秋薯类	39.48	6262	24.72	41.47	5845	24.24
(1)马铃薯	5.24	4397	2.31	4.63	4420	2.05
(2)甘　薯	34.23	6548	22.42	36.84	6024	22.19
5.秋杂粮	5.26	4392	2.31	3.88	4427	1.72

注:2007 年以来数据已根据第三次农业普查结果调整。

4-9 夏、秋粮食播种面积和产量（2017-2018）

单位：千公顷、公斤、万吨

指　　标	2017			2018		
	播种面积	公顷产	总产量	播种面积	公顷产	总产量
(一)夏收粮食合计	**162.28**	**3975**	**64.50**	**129.75**	**3937**	**51.08**
1.小　麦	103.67	4043	41.92	85.36	4193	35.79
2.大　麦	5.12	3853	1.97	0.38	4474	0.17
3.春季豆类	13.02	2828	3.68	13.76	2580	3.55
4.春季薯类	40.46	4184	16.93	30.25	3826	11.57
(1)马铃薯	40.01	4172	16.69	29.83	3809	11.36
(2)甘　薯	0.46	5231	0.24	0.42	5048	0.21
(二)秋收粮食合计	**728.48**	**6354**	**462.87**	**748.88**	**6489**	**485.92**
1.晚　稻	534.25	7340	392.15	553.97	7496	415.27
(1)单　晚	439.58	7590	333.64	454.94	7756	352.85
(2)双　晚	94.67	6180	58.50	99.03	6304	62.43
2.夏秋玉米	51.88	4440	23.04	49.34	4183	20.64
3.夏秋豆类	95.24	2489	23.70	99.38	2483	24.67
(1)夏秋大豆	80.41	2535	20.38	85.21	2518	21.46
(2)杂　豆	14.83	2237	3.32	14.17	2272	3.22
4.夏秋薯类	43.62	5134	22.39	42.43	5560	23.59
(1)马铃薯	4.99	3959	1.98	4.46	4110	1.83
(2)甘　薯	38.63	5286	20.42	37.97	5731	21.76
5.秋杂粮	3.50	4536	1.59	3.75	4639	1.74

注:2007 年以来数据已根据第三次农业普查结果调整。

4-10 夏、秋粮食播种面积和产量（2019-2020）

单位：千公顷、公斤、万吨

指　　标	2019			2020		
	播种面积	公顷产	总产量	播种面积	公顷产	总产量
(一)夏收粮食合计	**127.38**	**3729**	**47.50**	**138.62**	**4015**	**55.66**
1.小　麦	82.66	3917	32.38	93.36	4370	40.79
2.大　麦	0.41	3759	0.15	2.01	4416	0.89
3.春季豆类	16.26	2614	4.25	27.73	2960	8.21
4.春季薯类	28.06	3821	10.72	15.13	3699	5.60
(1)马铃薯	27.70	3791	10.50	14.94	3670	5.48
(2)甘　薯	0.36	6103	0.22	0.19	6001	0.11
(二)秋收粮食合计	**751.24**	**6447**	**484.33**	**753.56**	**6466**	**487.27**
1.晚　稻	528.71	7599	401.74	534.80	7523	402.35
(1)单　晚	425.73	7930	337.62	445.21	7700	342.82
(2)双　晚	102.98	6227	64.12	89.60	6643	59.52
2.夏秋玉米	76.42	4229	32.32	63.28	4094	25.91
3.夏秋豆类	102.48	2569	26.33	88.08	2570	22.64
(1)夏秋大豆	90.16	2590	23.36	78.06	2582	20.15
(2)杂　豆	12.31	2415	2.97	10.02	2480	2.49
4.夏秋薯类	39.38	5659	22.28	58.22	5705	33.22
(1)马铃薯	5.12	4153	2.12	8.60	4054	3.49
(2)甘　薯	34.26	5883	20.16	49.62	5991	29.73
5.秋杂粮	4.27	3886	1.66	9.18	3448	3.16

4-11 夏、秋粮食播种面积和产量（2021-2022）

单位：千公顷、公斤、万吨

指　　标	2021			2022		
	播种面积	公顷产	总产量	播种面积	公顷产	总产量
(一)夏收粮食合计	**166.16**	**3931**	**65.32**	**183.58**	**3980**	**73.07**
1.小　麦	114.81	4210	48.34	130.64	4227	55.26
2.大　麦	1.74	3991	0.70	1.20	4230	0.49
3.春季豆类	28.92	2817	8.15	30.34	2901	8.80
4.春季薯类	20.44	3934	8.04	20.93	3986	8.34
(1)马铃薯	19.75	3862	7.62	20.34	3923	7.98
(2)甘　薯	0.70	6001	0.42	0.60	6164	0.37
5.春杂粮	0.24	4270	0.10	0.46	3551	0.17
(二)秋收粮食合计	**738.57**	**6672**	**492.75**	**723.78**	**6600**	**477.71**
1.晚　稻	531.38	7646	406.29	516.10	7609	392.71
(1)单　晚	440.97	7890	347.92	416.11	7850	326.67
(2)双　晚	90.41	6456	58.37	99.99	6604	66.04
2.夏秋玉米	57.97	4410	25.56	55.40	4351	24.11
3.夏秋豆类	79.11	2766	21.88	80.14	2675	21.44
(1)夏秋大豆	72.05	2775	19.99	73.29	2684	19.67
(2)杂　豆	7.07	2670	1.89	6.85	2578	1.77
4.夏秋薯类	60.93	5815	35.43	61.58	5763	35.49
(1)马铃薯	7.71	3910	3.01	6.83	3889	2.66
(2)甘　薯	53.23	6091	32.42	54.75	5997	32.84
5.秋杂粮	9.18	3900	3.58	10.56	3763	3.97

注:2007年以来数据已根据第三次农业普查结果调整。

五 市县数据

5-1 各设区市全体居民人均可支配收入（2018-2022）

单位：元

地　区	2018	2019	2020	2021	2022
杭州市	54348	59261	61879	67709	70281
宁波市	52402	56982	59952	65436	68348
温州市	46920	51490	54025	59588	63033
嘉兴市	47380	51615	54667	60048	62626
湖州市	44487	48673	51800	57497	60554
绍兴市	49389	53839	56600	62509	65760
金华市	44326	48155	50580	55880	58080
衢州市	32269	35412	37935	42658	45276
舟山市	49217	53568	55830	60848	63848
台州市	43973	47988	50643	55499	58040
丽水市	32245	35450	37744	42042	44450

5-2 各设区市全体居民人均消费支出（2018-2022）

单位：元

地　区	2018	2019	2020	2021	2022
杭州市	37369	40016	38235	44609	46440
宁波市	32200	33944	34455	40478	42997
温州市	31213	34107	34283	39900	42809
嘉兴市	27738	30547	31756	37158	39146
湖州市	26964	29657	30413	35874	38322
绍兴市	28691	31109	31613	37448	40371
金华市	28628	30911	30949	36471	38371
衢州市	18736	20635	21029	25048	26981
舟山市	29989	32347	32459	37561	39710
台州市	29421	31768	30969	36227	38330
丽水市	23508	25718	25940	30390	32586

5-3 各设区市城镇常住居民人均可支配收入（2018-2022）

单位：元

地 区	2018	2019	2020	2021	2022
杭州市	61172	66068	68666	74700	77043
宁波市	60134	64886	68008	73869	76690
温州市	56097	60957	63481	69678	73326
嘉兴市	57437	61940	64124	69839	72096
湖州市	54393	59028	61743	67983	71044
绍兴市	59049	63935	66694	73101	76199
金华市	54883	59348	61545	67374	69626
衢州市	43126	46933	49300	54577	57465
舟山市	56622	61479	63702	69103	71965
台州市	55705	60351	62598	68053	70737
丽水市	42557	46437	48532	53259	55784

5-4 各设区市城镇常住居民人均消费支出（2018-2022）

单位：元

地 区	2018	2019	2020	2021	2022
杭州市	41615	44076	41916	48629	50336
宁波市	36712	38274	38702	45362	47916
温州市	36709	39804	39860	46147	49176
嘉兴市	32366	35435	36384	42305	44112
湖州市	31829	34916	35488	41532	44040
绍兴市	33319	35925	36392	42766	45889
金华市	34503	37166	36828	43031	45061
衢州市	24273	26535	26801	31434	33630
舟山市	33826	36333	36478	42047	44232
台州市	35100	37616	36131	42096	44180
丽水市	29271	31876	31756	36678	38975

5-5 各设区市农村常住居民人均可支配收入（2018-2022）

单位：元

地　区	2018	2019	2020	2021	2022
杭州市	33193	36255	38700	42692	45183
宁波市	33633	36632	39132	42946	45487
温州市	27478	30211	32428	35844	38482
嘉兴市	34279	37413	39801	43598	46276
湖州市	31767	34803	37244	41303	44112
绍兴市	33097	36120	38696	42636	45709
金华市	26218	28511	30365	33709	35630
衢州市	22255	24426	26290	29266	31468
舟山市	33812	36784	39096	42945	45924
台州市	27631	30221	32188	35419	37700
丽水市	19922	21931	23637	26386	28470

5-6 各设区市农村常住居民人均消费支出（2018-2022）

单位：元

地　区	2018	2019	2020	2021	2022
杭州市	24203	26296	25664	30224	31980
宁波市	21248	22797	23481	27451	29514
温州市	19568	21301	21544	25198	27623
嘉兴市	21708	23824	24482	28510	30571
湖州市	20718	22613	22984	27134	29359
绍兴市	20888	22658	23135	27471	29772
金华市	18550	19933	20112	23816	25364
衢州市	13629	15009	15115	17872	19450
舟山市	22007	23891	23915	27831	29724
台州市	21510	23364	23001	26838	28958
丽水市	16623	18141	18335	21613	23577

5-7 杭州居民家庭人均收支及增长情况（2022）

指　　标	全体居民		城镇常住居民		农村常住居民	
	水平(元)	增长(%)	水平(元)	增长(%)	水平(元)	增长(%)
可支配收入	**70281**	**3.8**	**77043**	**3.1**	**45183**	**5.8**
1. 工资性收入	41170	4.5	44976	4.0	27042	5.5
2. 经营净收入	7254	3.4	6281	3.0	10866	5.5
3. 财产净收入	9360	2.4	11358	1.4	1944	8.5
4. 转移净收入	12497	2.8	14428	1.9	5331	7.1
生活消费支出	**46440**	**4.1**	**50336**	**3.5**	**31980**	**5.8**
1. 食品烟酒	11628	3.2	12438	2.5	8620	5.3
2. 衣着	2240	-2.3	2440	-3.5	1497	3.3
3. 居住	12864	6.3	13709	6.5	9729	4.1
4. 生活用品及服务	2558	-3.4	2835	-3.9	1531	-2.2
5. 交通通信	7821	10.4	8514	9.4	5251	14.9
6. 教育文化娱乐	4050	-8.2	4465	-10.0	2511	2.2
7. 医疗保健	3985	12.1	4425	12.6	2351	5.7
8. 其他用品及服务	1294	4.3	1510	2.7	490	16.4

5-8 杭州居民家庭收支构成情况（2022）

单位：%

指　　标	全体居民	城镇常住居民	农村常住居民
可支配收入	**100.0**	**100.0**	**100.0**
1.工资性收入	58.6	58.4	59.8
2.经营净收入	10.3	8.2	24.0
3.财产净收入	13.3	14.7	4.3
4.转移净收入	17.8	18.7	11.8
生活消费支出	**100.0**	**100.0**	**100.0**
1.食品烟酒	25.0	24.7	27.0
2.衣着	4.8	4.8	4.7
3.居住	27.7	27.2	30.4
4.生活用品及服务	5.5	5.6	4.8
5.交通通信	16.8	16.9	16.4
6.教育文化娱乐	8.7	8.9	7.9
7.医疗保健	8.6	8.8	7.4
8.其他用品及服务	2.8	3.0	1.5

5-9 宁波居民家庭人均收支及增长情况（2022）

指　　标	全体居民		城镇常住居民		农村常住居民	
	水平(元)	增长(%)	水平(元)	增长(%)	水平(元)	增长(%)
可支配收入	**68348**	**4.5**	**76690**	**3.8**	**45487**	**5.9**
1.工资性收入	38016	1.8	42390	1.4	26031	2.2
2.经营净收入	12028	1.0	13019	0.5	9313	1.9
3.财产净收入	7332	5.0	9385	3.9	1705	12.8
4.转移净收入	10972	19.5	11896	18.1	8438	23.8
生活消费支出	**42997**	**6.2**	**47916**	**5.6**	**29514**	**7.5**
1.食品烟酒	12689	11.8	13671	10.7	9997	15.4
2.衣着	2287	-2.3	2567	-4.0	1518	4.1
3.居住	11427	4.2	12842	4.5	7548	1.5
4.生活用品及服务	2506	3.1	2835	1.4	1606	10.6
5.交通通信	6562	16.6	7552	19.7	3848	0.9
6.教育文化娱乐	3882	-8.8	4320	-13.2	2679	14.9
7.医疗保健	2415	3.7	2651	4.5	1770	-0.1
8.其他用品及服务	1229	3.7	1478	3.2	548	3.8

5-10 宁波居民家庭收支构成情况（2022）

单位：%

指　　标	全体居民	城镇常住居民	农村常住居民
可支配收入	**100.0**	**100.0**	**100.0**
1.工资性收入	55.6	55.3	57.2
2.经营净收入	17.6	17.0	20.5
3.财产净收入	10.7	12.2	3.7
4.转移净收入	16.1	15.5	18.6
生活消费支出	**100.0**	**100.0**	**100.0**
1.食品烟酒	29.5	28.5	33.9
2.衣着	5.3	5.4	5.1
3.居住	26.6	26.8	25.6
4.生活用品及服务	5.8	5.9	5.4
5.交通通信	15.3	15.8	13.0
6.教育文化娱乐	9.0	9.0	9.1
7.医疗保健	5.6	5.5	6.0
8.其他用品及服务	2.9	3.1	1.9

5-11 温州居民家庭人均收支及增长情况（2022）

指　　标	全体居民		城镇常住居民		农村常住居民	
	水平(元)	增长(%)	水平(元)	增长(%)	水平(元)	增长(%)
可支配收入	**63033**	**5.8**	**73326**	**5.2**	**38482**	**7.4**
1.工资性收入	33500	6.0	38087	5.5	22560	7.5
2.经营净收入	11586	6.3	12577	5.9	9221	7.0
3.财产净收入	9705	5.7	12947	5.3	1970	6.8
4.转移净收入	8243	4.3	9714	3.4	4732	7.7
生活消费支出	**42809**	**7.3**	**49176**	**6.6**	**27623**	**9.6**
1.食品烟酒	12301	6.4	13384	5.1	9716	10.6
2.衣着	2497	-0.3	2811	0.3	1747	-2.9
3.居住	10583	3.7	12681	3.8	5578	1.8
4.生活用品及服务	3424	14.9	3872	12.7	2356	23.9
5.交通通信	5523	39.0	6696	42.2	2724	21.8
6.教育文化娱乐	4542	-14.1	5106	-17.8	3198	3.0
7.医疗保健	2229	2.5	2551	0.7	1460	9.9
8.其他用品及服务	1711	40.0	2075	38.3	845	49.0

5-12 温州居民家庭收支构成情况（2022）

单位：%

指　　标	全体居民	城镇常住居民	农村常住居民
可支配收入	**100.0**	**100.0**	**100.0**
1.工资性收入	53.1	51.9	58.6
2.经营净收入	18.4	17.2	24.0
3.财产净收入	15.4	17.7	5.1
4.转移净收入	13.1	13.2	12.3
生活消费支出	**100.0**	**100.0**	**100.0**
1.食品烟酒	28.7	27.2	35.2
2.衣着	5.8	5.7	6.3
3.居住	24.7	25.8	20.2
4.生活用品及服务	8.0	7.9	8.5
5.交通通信	12.9	13.6	9.9
6.教育文化娱乐	10.6	10.4	11.6
7.医疗保健	5.2	5.2	5.3
8.其他用品及服务	4.0	4.2	3.1

5-13 嘉兴居民家庭人均收支及增长情况（2022）

指　　标	全体居民		城镇常住居民		农村常住居民	
	水平(元)	增长(%)	水平(元)	增长(%)	水平(元)	增长(%)
可支配收入	**62626**	**4.3**	**72096**	**3.2**	**46276**	**6.1**
1. 工资性收入	39449	4.0	45032	2.8	29811	6.0
2. 经营净收入	8241	3.1	7173	1.7	10085	5.2
3. 财产净收入	5094	4.6	6909	3.4	1961	7.5
4. 转移净收入	9842	6.4	12983	5.4	4419	8.3
生活消费支出	**39146**	**5.4**	**44112**	**4.3**	**30571**	**7.2**
1. 食品烟酒	10185	2.6	11488	2.6	7935	1.8
2. 衣着	1939	-4.8	2291	-5.3	1332	-4.7
3. 居住	8600	-1.7	9406	-5.4	7208	6.7
4. 生活用品及服务	2752	14.2	3117	11.0	2123	22.2
5. 交通通信	7502	16.8	8217	18.5	6268	12.8
6. 教育文化娱乐	4170	6.4	5259	7.0	2289	1.8
7. 医疗保健	2845	9.3	3117	10.8	2377	5.5
8. 其他用品及服务	1152	6.0	1217	-4.9	1041	36.3

5-14 嘉兴居民家庭收支构成情况（2022）

单位：%

指　　标	全体居民	城镇常住居民	农村常住居民
可支配收入	**100.0**	**100.0**	**100.0**
1. 工资性收入	63.0	62.5	64.4
2. 经营净收入	13.2	9.9	21.8
3. 财产净收入	8.1	9.6	4.2
4. 转移净收入	15.7	18.0	9.5
生活消费支出	**100.0**	**100.0**	**100.0**
1. 食品烟酒	26.0	26.0	26.0
2. 衣着	5.0	5.2	4.4
3. 居住	22.0	21.3	23.6
4. 生活用品及服务	7.0	7.1	6.9
5. 交通通信	19.2	18.6	20.5
6. 教育文化娱乐	10.7	11.9	7.5
7. 医疗保健	7.3	7.1	7.8
8. 其他用品及服务	2.9	2.8	3.4

5-15 湖州居民家庭人均收支及增长情况（2022）

指　　标	全体居民		城镇常住居民		农村常住居民	
	水平(元)	增长(%)	水平(元)	增长(%)	水平(元)	增长(%)
可支配收入	**60554**	**5.3**	**71044**	**4.5**	**44112**	**6.8**
1. 工资性收入	34899	4.8	38826	3.8	28745	6.5
2. 经营净收入	12756	5.2	13917	4.3	10936	6.6
3. 财产净收入	4881	5.9	6959	5.0	1623	9.3
4. 转移净收入	8018	7.5	11342	6.8	2807	8.8
生活消费支出	**38322**	**6.8**	**44040**	**6.0**	**29359**	**8.2**
1. 食品烟酒	10807	5.6	12099	5.3	8782	5.9
2. 衣着	2671	5.0	3239	5.3	1781	3.5
3. 居住	8818	4.2	10186	2.2	6673	8.6
4. 生活用品及服务	2222	9.0	2386	9.3	1965	8.3
5. 交通通信	6450	13.6	7129	13.0	5385	14.4
6. 教育文化娱乐	4006	5.1	5166	5.0	2188	4.4
7. 医疗保健	2318	7.8	2559	7.0	1941	9.1
8. 其他用品及服务	1028	7.6	1275	6.2	643	11.1

5-16 湖州居民家庭收支构成情况（2022）

单位：%

指　　标	全体居民	城镇常住居民	农村常住居民
可支配收入	**100.0**	**100.0**	**100.0**
1. 工资性收入	57.6	54.7	65.2
2. 经营净收入	21.1	19.6	24.8
3. 财产净收入	8.1	9.8	3.7
4. 转移净收入	13.2	16.0	6.4
生活消费支出	**100.0**	**100.0**	**100.0**
1. 食品烟酒	28.2	27.5	29.9
2. 衣着	7.0	7.4	6.1
3. 居住	23.0	23.1	22.7
4. 生活用品及服务	5.8	5.4	6.7
5. 交通通信	16.8	16.2	18.3
6. 教育文化娱乐	10.5	11.7	7.5
7. 医疗保健	6.1	5.8	6.6
8. 其他用品及服务	2.7	2.9	2.2

5-17 绍兴居民家庭人均收支及增长情况（2022）

指　　标	全体居民		城镇常住居民		农村常住居民	
	水平(元)	增长(%)	水平(元)	增长(%)	水平(元)	增长(%)
可支配收入	**65760**	**5.2**	**76199**	**4.2**	**45709**	**7.2**
1.工资性收入	37184	5.5	42533	4.5	26909	7.7
2.经营净收入	13991	4.7	14614	4.0	12794	5.9
3.财产净收入	6247	3.9	8819	3.1	1307	6.0
4.转移净收入	8339	5.6	10234	4.6	4698	8.0
生活消费支出	**40371**	**7.8**	**45889**	**7.3**	**29772**	**8.4**
1.食品烟酒	11062	7.5	12195	7.0	8885	8.2
2.衣着	2763	7.1	3277	6.7	1777	7.2
3.居住	10352	7.4	12108	6.7	6980	8.4
4.生活用品及服务	1847	8.3	2046	7.8	1465	8.8
5.交通通信	6334	9.6	7011	9.4	5034	9.4
6.教育文化娱乐	4295	6.9	5085	6.4	2778	7.4
7.医疗保健	2724	8.3	2975	7.7	2242	9.3
8.其他用品及服务	993	8.3	1191	8.3	610	6.7

5-18 绍兴居民家庭收支构成情况（2022）

单位：%

指　　标	全体居民	城镇常住居民	农村常住居民
可支配收入	100.0	100.0	100.0
1.工资性收入	56.5	55.8	58.9
2.经营净收入	21.3	19.2	28.0
3.财产净收入	9.5	11.6	2.8
4.转移净收入	12.7	13.4	10.3
生活消费支出	100.0	100.0	100.0
1.食品烟酒	27.4	26.6	29.8
2.衣着	6.8	7.1	6.1
3.居住	25.6	26.4	23.4
4.生活用品及服务	4.6	4.5	4.9
5.交通通信	15.7	15.3	16.9
6.教育文化娱乐	10.6	11.0	9.3
7.医疗保健	6.7	6.5	7.5
8.其他用品及服务	2.6	2.6	2.1

5-19 金华居民家庭人均收支及增长情况（2022）

指　标	全体居民		城镇常住居民		农村常住居民	
	水平(元)	增长(%)	水平(元)	增长(%)	水平(元)	增长(%)
可支配收入	**58080**	**3.9**	**69626**	**3.3**	**35630**	**5.7**
1.工资性收入	31913	3.2	37815	2.6	20437	4.8
2.经营净收入	10385	4.4	10859	3.4	9464	6.7
3.财产净收入	7482	3.1	10566	2.5	1486	7.9
4.转移净收入	8300	7.1	10386	6.9	4243	7.1
生活消费支出	**38371**	**5.2**	**45061**	**4.7**	**25364**	**6.5**
1.食品烟酒	9696	5.0	10785	4.6	7580	6.1
2.衣着	2441	5.3	3012	4.9	1332	6.5
3.居住	9175	4.4	10603	3.9	6397	5.7
4.生活用品及服务	2453	11.5	2841	11.0	1697	12.9
5.交通通信	6189	7.1	7669	6.5	3311	8.7
6.教育文化娱乐	4039	-3.0	4978	-3.1	2213	-3.3
7.医疗保健	3414	9.0	3970	8.1	2331	11.5
8.其他用品及服务	965	12.6	1203	12.3	503	13.4

5-20 金华居民家庭收支构成情况（2022）

单位：%

指　标	全体居民	城镇常住居民	农村常住居民
可支配收入	**100.0**	**100.0**	**100.0**
1.工资性收入	54.9	54.3	57.4
2.经营净收入	17.9	15.6	26.6
3.财产净收入	12.9	15.2	4.2
4.转移净收入	14.3	14.9	11.9
生活消费支出	**100.0**	**100.0**	**100.0**
1.食品烟酒	25.3	23.9	29.9
2.衣着	6.4	6.7	5.3
3.居住	23.9	23.5	25.2
4.生活用品及服务	6.4	6.3	6.7
5.交通通信	16.1	17.0	13.1
6.教育文化娱乐	10.5	11.0	8.7
7.医疗保健	8.9	8.8	9.2
8.其他用品及服务	2.5	2.7	2.0

5-21 衢州居民家庭人均收支及增长情况（2022）

指 标	全体居民		城镇常住居民		农村常住居民	
	水平(元)	增长(%)	水平(元)	增长(%)	水平(元)	增长(%)
可支配收入	**45276**	**6.1**	**57465**	**5.3**	**31468**	**7.5**
1. 工资性收入	27209	6.1	34569	5.1	18870	7.8
2. 经营净收入	7519	5.1	7885	4.2	7105	6.2
3. 财产净收入	3226	6.7	5601	5.9	536	11.7
4. 转移净收入	7322	7.2	9410	6.8	4956	7.7
生活消费支出	**26981**	**7.7**	**33630**	**7.0**	**19450**	**8.8**
1. 食品烟酒	7096	6.4	8185	5.6	5862	7.6
2. 衣着	1518	-2.7	2006	-2.6	965	-3.4
3. 居住	7172	12.5	9070	13.0	5022	10.9
4. 生活用品及服务	1726	21.6	2252	20.4	1131	24.0
5. 交通通信	3311	10.7	4106	8.9	2411	14.0
6. 教育文化娱乐	3778	2.9	4940	0.3	2461	8.7
7. 医疗保健	1810	-1.0	2229	-0.9	1336	-1.3
8. 其他用品及服务	570	7.0	842	7.7	262	3.8

5-22 衢州居民家庭收支构成情况（2022）

单位：%

指 标	全体居民	城镇常住居民	农村常住居民
可支配收入	**100.0**	**100.0**	**100.0**
1. 工资性收入	60.1	60.2	60.0
2. 经营净收入	16.6	13.7	22.6
3. 财产净收入	7.1	9.7	1.7
4. 转移净收入	16.2	16.4	15.8
生活消费支出	**100.0**	**100.0**	**100.0**
1. 食品烟酒	26.3	24.3	30.1
2. 衣着	5.6	6.0	5.0
3. 居住	26.6	27.0	25.8
4. 生活用品及服务	6.4	6.7	5.8
5. 交通通信	12.3	12.2	12.4
6. 教育文化娱乐	14.0	14.7	12.7
7. 医疗保健	6.7	6.6	6.9
8. 其他用品及服务	2.1	2.5	1.3

5-23 舟山居民家庭人均收支及增长情况（2022）

指　　标	全体居民		城镇常住居民		农村常住居民	
	水平(元)	增长(%)	水平(元)	增长(%)	水平(元)	增长(%)
可支配收入	**63848**	**4.9**	**71965**	**4.1**	**45924**	**6.9**
1.工资性收入	42225	4.9	48023	4.1	29422	6.9
2.经营净收入	7520	4.5	7619	3.6	7301	6.6
3.财产净收入	4730	4.9	6064	4.2	1785	7.0
4.转移净收入	9372	5.3	10259	4.5	7416	7.4
生活消费支出	**39710**	**5.7**	**44232**	**5.2**	**29724**	**6.8**
1.食品烟酒	11626	5.3	12721	4.8	9205	6.1
2.衣着	3213	4.9	3853	4.5	1801	5.2
3.居住	9284	6.1	9717	5.5	8328	7.3
4.生活用品及服务	2055	5.3	2258	4.9	1605	6.4
5.交通通信	4432	6.3	5311	6.0	2493	8.2
6.教育文化娱乐	4410	6.1	5312	5.1	2420	7.2
7.医疗保健	2818	6.3	2956	5.8	2513	7.5
8.其他用品及服务	1872	5.5	2104	5.0	1359	6.6

5-24 舟山居民家庭收支构成情况（2022）

单位：%

指　　标	全体居民	城镇常住居民	农村常住居民
可支配收入	**100.0**	**100.0**	**100.0**
1.工资性收入	66.1	66.7	64.1
2.经营净收入	11.8	10.6	15.9
3.财产净收入	7.4	8.4	3.9
4.转移净收入	14.7	14.3	16.1
生活消费支出	**100.0**	**100.0**	**100.0**
1.食品烟酒	29.3	28.8	31.0
2.衣着	8.1	8.7	6.1
3.居住	23.4	22.0	28.0
4.生活用品及服务	5.2	5.1	5.4
5.交通通信	11.1	12.0	8.4
6.教育文化娱乐	11.1	12.0	8.1
7.医疗保健	7.1	6.7	8.4
8.其他用品及服务	4.7	4.7	4.6

5-25 台州居民家庭人均收支及增长情况（2022）

指　　标	全体居民		城镇常住居民		农村常住居民	
	水平(元)	增长(%)	水平(元)	增长(%)	水平(元)	增长(%)
可支配收入	**58040**	**4.6**	**70737**	**3.9**	**37700**	**6.4**
1.工资性收入	34591	4.3	40931	3.6	24436	6.2
2.经营净收入	10759	4.4	12336	3.6	8232	6.3
3.财产净收入	6706	6.2	9620	5.7	2038	9.7
4.转移净收入	5984	4.7	7851	4.1	2994	6.8
生活消费支出	**38330**	**5.8**	**44180**	**5.0**	**28958**	**7.9**
1.食品烟酒	10881	5.3	12481	4.5	8317	7.3
2.衣着	2782	4.0	3408	3.1	1778	6.7
3.居住	8998	5.7	10452	4.7	6670	8.0
4.生活用品及服务	2226	5.2	2726	4.6	1424	7.2
5.交通通信	6502	8.1	7310	7.3	5207	9.9
6.教育文化娱乐	3841	5.0	4393	4.1	2956	7.1
7.医疗保健	2241	6.7	2320	5.8	2114	8.3
8.其他用品及服务	860	4.9	1090	4.7	492	5.7

5-26 台州居民家庭收支构成情况（2022）

单位：%

指　　标	全体居民	城镇常住居民	农村常住居民
可支配收入	**100.0**	**100.0**	**100.0**
1.工资性收入	59.6	57.9	64.8
2.经营净收入	18.5	17.4	21.8
3.财产净收入	11.6	13.6	5.4
4.转移净收入	10.3	11.1	7.9
生活消费支出	**100.0**	**100.0**	**100.0**
1.食品烟酒	28.4	28.3	28.7
2.衣着	7.3	7.7	6.1
3.居住	23.5	23.7	23.0
4.生活用品及服务	5.8	6.2	4.9
5.交通通信	17.0	16.5	18.0
6.教育文化娱乐	10.0	9.9	10.2
7.医疗保健	5.8	5.3	7.3
8.其他用品及服务	2.2	2.5	1.7

5-27 丽水居民家庭人均收支及增长情况（2022）

指　　标	全体居民		城镇常住居民		农村常住居民	
	水平(元)	增长(%)	水平(元)	增长(%)	水平(元)	增长(%)
可支配收入	**44450**	**5.7**	**55784**	**4.7**	**28470**	**7.9**
1.工资性收入	23001	4.5	28874	3.4	14719	6.8
2.经营净收入	8490	6.3	8515	5.3	8455	7.8
3.财产净收入	4927	6.1	7777	5.1	909	13.5
4.转移净收入	8032	8.7	10618	7.8	4387	10.8
生活消费支出	**32586**	**7.2**	**38975**	**6.3**	**23577**	**9.1**
1.食品烟酒	9109	5.6	10749	5.8	6796	4.7
2.衣着	2485	3.6	3115	2.6	1597	5.8
3.居住	9143	7.2	11358	5.9	6021	10.3
4.生活用品及服务	1644	14.7	1806	13.9	1416	15.9
5.交通通信	3758	16.6	4166	15.4	3182	18.7
6.教育文化娱乐	2579	6.8	2952	5.7	2054	8.7
7.医疗保健	3154	2.2	3939	1.1	2046	4.5
8.其他用品及服务	714	5.4	890	2.1	465	14.8

5-28 丽水居民家庭收支构成情况（2022）

单位：%

指　　标	全体居民	城镇常住居民	农村常住居民
可支配收入	**100.0**	**100.0**	**100.0**
1.工资性收入	51.7	51.8	51.7
2.经营净收入	19.1	15.3	29.7
3.财产净收入	11.1	13.9	3.2
4.转移净收入	18.1	19.0	15.4
生活消费支出	**100.0**	**100.0**	**100.0**
1.食品烟酒	28.0	27.6	28.8
2.衣着	7.6	8.0	6.8
3.居住	28.1	29.1	25.5
4.生活用品及服务	5.0	4.6	6.0
5.交通通信	11.5	10.7	13.5
6.教育文化娱乐	7.9	7.6	8.7
7.医疗保健	9.7	10.1	8.7
8.其他用品及服务	2.2	2.3	2.0

5-29 各设区市市区及各调查县(市/区)居民消费价格总指数(2018-2022)

(上年=100)

地　区	2018	2019	2020	2021	2022
杭州市区	102.3	103.1	102.1	101.3	102.4
宁波市区	102.2	103.0	101.9	102.1	102.3
温州市区	102.3	102.2	102.0	101.4	101.8
嘉兴市区	102.3	102.9	102.4	101.6	102.1
湖州市区	102.2	103.0	102.3	102.1	102.3
绍兴市区	102.4	102.7	102.4	101.4	101.7
金华市区	102.3	103.1	102.4	101.4	101.9
衢州市区	102.2	103.0	101.9	101.4	102.5
舟山市区	102.8	102.3	101.9	100.9	101.7
台州市区	102.4	102.3	102.1	101.7	101.6
丽水市区	102.5	103.3	102.0	101.8	101.9
萧山区	102.7	102.5	102.2	101.4	102.3
建德市	102.1	103.0	102.4	101.1	102.0
宁海县	102.0	103.3	102.9	101.0	102.3
瑞安市	101.6	103.3	102.7	101.2	102.1
海宁市	101.6	103.0	103.3	101.4	102.2
桐乡市	102.6	103.2	103.0	101.4	102.4
安吉县	102.7	103.7	103.0	101.4	102.1
新昌县	101.9	102.5	103.0	101.1	101.5
义乌市	102.9	102.9	103.3	102.1	102.6
江山市	101.9	103.1	102.5	101.3	102.3
临海市	102.8	104.2	103.2	102.0	102.1
龙泉市	102.1	103.4	102.6	101.1	101.3

5-30 各设区市市区及各调查县(市/区)商品零售价格总指数（2018-2022）

（上年=100）

地　区	2018	2019	2020	2021	2022
杭州市区	102.0	103.1	100.9	101.6	102.9
宁波市区	102.1	102.3	100.2	103.3	104.1
温州市区	102.5	101.9	101.2	102.2	102.7
嘉兴市区	102.2	102.2	101.5	102.9	103.8
湖州市区	102.3	102.9	101.4	103.2	103.7
绍兴市区	101.8	103.1	101.4	101.6	102.9
金华市区	102.2	102.4	101.2	102.0	103.3
衢州市区	101.9	101.7	100.6	102.2	103.5
舟山市区	102.2	102.1	100.9	101.4	103.3
台州市区	101.6	101.7	101.6	102.6	102.8
丽水市区	102.5	101.9	100.9	102.3	102.6
萧山区	102.4	102.2	101.6	102.2	103.5
建德市	102.9	102.2	101.6	101.4	102.9
宁海县	102.5	102.4	101.9	101.7	103.6
瑞安市	101.9	102.9	102.2	102.5	103.6
海宁市	101.6	101.6	102.0	102.5	103.4
桐乡市	102.7	102.6	102.3	103.2	104.6
安吉县	102.3	102.2	102.2	102.3	103.9
新昌县	101.3	102.3	102.3	101.8	103.0
义乌市	103.0	102.4	102.4	102.3	103.4
江山市	101.2	102.6	101.4	102.3	102.8
临海市	102.3	103.8	101.3	102.9	103.8
龙泉市	103.0	102.9	101.7	101.6	102.1

5-31 全省及部分地区工业生产者出厂价格指数（2018-2022）

（上年=100）

地　区	2018	2019	2020	2021	2022
全　省	103.4	98.9	96.9	106.3	104.0
杭州市	102.4	99.0	97.5	104.9	103.5
宁波市	104.2	97.9	95.7	108.5	105.3
温州市	102.0	100.1	98.9	103.7	103.2
嘉兴市	104.1	98.7	95.8	108.2	102.5
湖州市	103.9	99.2	97.7	105.0	102.5
绍兴市	106.9	98.1	95.4	107.5	104.3
金华市	102.3	99.3	99.6	105.8	103.2
衢州市	107.4	96.7	97.9	114.7	99.6
台州市	102.0	100.1	98.8	102.7	102.7

5-32 全省及部分地区工业生产者购进价格指数（2018-2022）

（上年=100）

地　区	2018	2019	2020	2021	2022
全　省	105.1	97.1	95.9	114.5	106.1
杭州市	103.7	96.8	96.1	113.0	106.1
宁波市	107.5	96.2	92.3	121.2	110.8
温州市	103.5	98.0	97.9	111.7	102.0
嘉兴市	105.8	97.3	96.6	119.4	109.3
湖州市	106.6	94.5	95.2	115.4	104.8
绍兴市	107.1	96.5	95.1	115.1	105.1
金华市	103.7	97.9	98.2	116.2	104.2
衢州市	107.3	100.9	98.8	123.7	104.1
台州市	103.9	97.3	97.3	112.9	104.3

5-33 各设区市市区居民

指　　标	杭州市区	宁波市区	温州市区	嘉兴市区	湖州市区
居民消费价格总指数	**102.4**	**102.3**	**101.8**	**102.1**	**102.3**
#服务价格指数	101.9	100.6	100.8	99.9	100.5
工业品价格指数	103.0	103.8	103.2	104.3	103.6
消费品价格指数	102.9	103.5	102.6	103.6	103.6
非食品价格指数	102.4	102.0	101.7	101.8	102.0
一、食品烟酒	**102.7**	**103.1**	**101.9**	**102.8**	**103.6**
1.食品	102.8	103.7	102.4	103.3	103.8
(1)粮食	99.9	102.9	101.8	103.0	102.2
(2)薯类	111.0	105.0	109.6	106.6	107.6
(3)豆类	102.6	105.0	105.7	113.8	100.8
(4)食用油	105.9	110.6	108.4	106.5	100.6
(5)菜及食用菌	106.2	101.3	99.8	102.3	105.0
#鲜菜	105.9	100.9	99.5	102.1	105.1
(6)畜肉类	95.6	95.2	96.1	97.6	96.6
#猪肉	94.7	94.0	94.7	98.9	95.2
(7)禽肉类	103.1	105.7	103.6	106.0	104.7
(8)水产品	102.9	104.1	101.8	100.8	102.6
(9)蛋类	102.9	103.2	106.4	105.5	103.5
(10)奶类	98.9	102.5	100.7	96.8	103.4
(11)干鲜瓜果类	109.5	113.2	109.7	113.5	113.6
(12)糖果糕点类	103.0	106.3	104.8	104.0	104.6
(13)调味品	106.3	102.2	104.3	105.5	104.0
(14)其他食品类	103.5	103.1	103.2	103.0	105.3
2.茶及饮料	102.0	104.3	100.7	101.1	103.2
3.烟酒	103.5	101.9	100.6	102.3	105.6
(1)卷烟	102.1	102.2	101.0	102.1	107.9
(2)酒类	106.9	101.1	99.7	103.0	100.2
4.在外餐饮	102.3	102.0	101.3	101.8	102.4
二、衣着	**99.9**	**99.7**	**101.3**	**102.2**	**100.9**
1.服装	99.6	99.9	101.9	102.4	100.3
(1)男式服装	100.2	99.3	100.9	102.5	100.8
(2)女式服装	99.2	100.7	102.6	102.7	99.3
(3)儿童服装	98.3	97.4	100.7	101.7	102.1
(4)衣着材料及配件	101.6	99.7	102.6	100.4	101.4
(5)衣着服务费	102.6	105.5	107.5	100.0	101.1
2.鞋类	101.0	98.5	99.0	101.2	103.2
(1)鞋	100.9	98.4	99.0	101.2	103.2
(2)鞋类服务	105.0	100.0	100.0	100.0	105.7

消费价格分类指数（2022）

（上年=100）

绍兴市区	金华市区	衢州市区	舟山市区	台州市区	丽水市区
101.7	**101.9**	**102.5**	**101.7**	**101.6**	**101.9**
100.6	100.5	100.7	99.7	100.2	100.9
103.0	103.6	103.6	103.0	103.6	102.0
102.5	102.8	103.7	103.1	102.5	102.6
101.6	101.8	102.1	101.6	101.7	101.5
102.0	**101.9**	**103.9**	**103.2**	**101.3**	**103.4**
102.2	102.3	104.6	102.4	100.8	104.0
101.3	100.1	103.8	100.9	100.9	103.5
109.2	109.0	107.5	104.7	102.4	110.7
102.4	101.6	102.5	101.7	102.9	102.2
112.3	104.1	109.4	104.9	102.3	108.9
104.6	102.3	105.1	100.1	101.3	105.4
104.6	101.9	105.4	99.7	101.3	105.1
94.6	96.5	98.7	95.3	97.9	96.2
93.2	96.9	99.9	94.4	98.2	93.5
102.2	104.0	107.8	103.4	101.9	107.2
101.3	103.3	102.1	103.0	98.7	101.9
106.0	106.4	105.1	104.3	106.8	110.6
103.0	100.9	101.1	96.7	102.2	99.5
106.6	109.5	113.7	114.6	103.2	114.8
104.3	99.5	105.7	100.8	101.8	101.2
102.0	105.3	104.4	103.8	104.8	104.6
101.6	100.6	106.8	104.5	102.8	103.5
100.6	102.1	102.0	100.5	99.7	104.0
101.8	102.3	102.2	103.3	101.8	102.7
101.5	103.7	102.5	102.9	101.0	103.0
102.5	99.3	101.5	104.1	103.2	102.2
101.5	100.3	102.8	105.4	102.4	101.9
99.6	**100.4**	**100.4**	**97.6**	**102.5**	**96.8**
101.1	100.6	100.3	97.6	103.2	96.0
104.7	101.5	99.5	97.5	102.1	101.2
100.2	100.5	101.0	98.9	104.2	93.1
96.0	97.8	99.3	92.7	100.6	90.8
98.3	100.4	100.8	98.9	100.2	100.3
99.1	100.0	104.1	100.0	115.6	100.0
94.0	99.7	100.7	97.5	99.6	100.3
93.9	99.6	100.7	97.4	99.6	100.3
100.0	100.0	100.0	103.7	100.0	100.0

5-33 续表1

指标	杭州市区	宁波市区	温州市区	嘉兴市区	湖州市区
三、居住	**100.9**	**100.4**	**100.8**	**100.1**	**100.7**
1.租赁房房租	99.3	99.6	99.4	97.8	100.0
2.住房保养维修及管理	108.5	101.7	105.4	102.4	103.2
(1)住房装潢材料	102.9	102.5	104.1	103.5	103.6
(2)住房维修管理费用	114.6	100.8	106.8	101.3	102.8
3.水电燃料	102.1	104.1	102.0	102.0	101.8
(1)水	100.0	100.0	100.0	100.0	100.0
(2)电	100.0	100.0	100.0	100.0	100.0
(3)燃气	108.1	116.3	108.6	105.8	107.9
(4)其他水电燃料类	103.8	102.8	100.0	105.8	100.0
4.自有住房	99.4	99.4	99.6	99.4	99.9
四、生活用品及服务	**101.6**	**101.0**	**101.0**	**102.1**	**102.3**
1.家具及室内装饰品	97.8	100.2	100.5	99.8	102.2
(1)家具	97.3	100.2	100.8	99.8	102.7
(2)室内装饰品	101.2	99.9	98.2	99.5	98.8
2.家用器具	104.9	101.6	101.1	104.1	102.7
(1)大型家用器具	105.9	101.5	100.8	105.1	102.8
(2)小家电	100.5	102.1	102.3	99.9	102.5
3.家用纺织品	95.8	101.9	100.1	99.8	102.2
(1)床上用品	95.9	101.3	100.0	99.7	102.9
(2)窗帘门帘	102.7	104.1	101.1	100.0	100.0
(3)其他家用纺织品	87.9	104.5	100.0	100.0	98.8
4.家庭日用杂品	100.9	100.5	100.8	100.1	101.7
(1)洗涤卫生用品	101.6	100.8	99.4	97.8	101.9
(2)厨具餐具茶具	99.0	101.5	103.1	100.2	99.8
(3)其他家庭日用杂品	101.2	99.4	101.4	103.1	102.3
5.个人护理用品	102.8	99.8	100.8	102.6	102.8
(1)化妆品	103.6	99.1	101.0	103.0	102.4
(2)其他护理用品类	101.3	101.4	100.2	101.9	103.8
6.家庭服务	101.6	103.0	102.8	104.8	101.7
五、交通通信	**104.6**	**105.8**	**105.3**	**106.6**	**104.8**
1.交通	106.3	107.8	107.2	108.4	106.3
(1)交通工具	100.2	101.1	101.0	103.9	100.3
(2)交通工具用燃料	120.7	120.7	120.7	120.6	120.7
(3)交通工具使用和维修	102.4	102.1	103.1	104.0	102.7
(4)交通费	98.8	102.6	100.4	99.5	98.9

（上年=100）

绍兴市区	金华市区	衢州市区	舟山市区	台州市区	丽水市区
100.3	**100.7**	**100.9**	**99.4**	**99.6**	**101.1**
99.8	100.6	100.0	97.9	99.3	100.0
100.9	101.8	103.2	101.6	101.9	106.4
101.7	102.6	101.6	102.6	100.5	104.6
100.2	100.9	104.8	100.7	103.3	108.2
101.8	101.4	103.0	102.9	101.9	101.4
100.0	100.0	100.0	100.0	100.0	100.0
100.0	100.0	100.0	100.0	100.0	100.0
108.6	106.5	108.2	108.3	107.6	105.7
99.9	99.4	110.6	109.8	102.2	100.9
99.9	100.3	100.0	98.4	98.5	99.9
102.4	**102.6**	**102.0**	**101.3**	**103.0**	**100.6**
100.7	101.0	102.1	100.9	100.5	97.7
101.0	100.9	102.5	100.9	100.7	97.9
99.1	102.4	99.2	101.2	99.2	96.2
102.8	102.2	101.1	101.5	104.3	100.2
102.7	101.9	100.9	101.7	104.9	100.8
103.5	103.4	102.0	100.9	102.1	98.0
101.6	98.6	100.3	100.0	101.2	99.3
102.0	98.4	100.0	99.9	101.3	98.1
100.9	102.9	103.7	101.5	101.6	106.2
99.8	95.4	100.1	99.0	100.2	101.5
101.5	102.5	101.2	100.1	101.3	101.0
100.3	101.9	101.4	101.7	101.4	100.8
105.9	105.5	103.4	99.1	102.7	103.5
100.7	101.6	99.9	98.4	100.4	100.1
102.8	104.9	102.2	102.5	105.2	103.2
103.2	105.3	102.2	102.0	106.1	103.6
102.1	104.4	102.4	103.4	103.6	102.5
105.5	105.1	106.0	102.2	103.5	101.4
104.9	**105.6**	**106.0**	**105.6**	**104.8**	**104.6**
106.4	106.8	107.7	107.1	106.2	106.1
100.0	101.2	103.7	100.9	99.8	97.6
120.7	120.7	120.8	120.6	120.6	120.5
104.2	100.4	101.6	100.9	101.7	105.7
98.7	98.4	96.5	102.2	100.0	101.6

5-33 续表 2

指　　标	杭州市区	宁波市区	温州市区	嘉兴市区	湖州市区
2.通信	98.1	99.4	99.0	99.8	99.4
(1)通信工具	99.1	98.1	96.5	99.2	97.8
(2)通信服务	97.2	100.0	100.0	100.0	100.0
(3)邮递服务	101.8	99.7	99.8	100.0	100.3
六、教育文化娱乐	**106.4**	**102.2**	**101.4**	**101.1**	**101.0**
1.教育	108.2	102.8	101.5	100.6	101.2
(1)教育用品	100.1	102.6	100.6	105.1	105.8
(2)教育服务	108.5	102.8	101.5	100.4	101.0
2.文化娱乐	103.4	101.3	101.3	101.9	100.8
(1)文娱耐用消费品	100.4	99.1	100.0	103.2	99.5
(2)其他文娱用品	100.4	101.5	102.4	101.9	100.9
(3)文化娱乐服务	98.9	100.2	101.5	101.5	99.5
(4)旅游	108.5	103.1	101.4	101.4	102.4
七、医疗保健	**99.4**	**101.8**	**99.9**	**99.2**	**101.6**
1.药品及医疗器具	97.8	106.1	97.2	98.7	104.1
(1)中药	92.0	93.2	97.2	92.2	100.8
(2)西药	98.5	115.4	93.7	100.2	110.7
(3)滋补保健品	100.5	103.2	101.0	101.1	94.7
(4)医疗卫生器具	99.0	97.4	102.5	99.9	99.9
(5)保健器具	102.1	101.3	100.0	100.0	100.2
2.医疗服务	100.0	100.0	101.2	99.4	100.5
(1)综合医疗类	100.0	100.0	104.2	98.9	103.0
(2)诊断类	100.0	100.0	107.3	99.7	100.0
(3)治疗类	100.0	100.0	88.7	97.9	98.3
(4)康复类	100.0	100.0	113.0	100.0	100.0
(5)中医医疗服务类	100.0	100.0	100.2	100.0	100.0
(6)其他医疗保健服务	100.4	100.0	100.5	110.9	107.1
八、其他用品及服务	**101.9**	**101.5**	**101.4**	**100.8**	**101.2**
1.其他用品	103.2	101.4	102.4	101.9	102.1
(1)首饰手表	100.9	101.4	103.2	101.9	101.9
(2)母婴用品	102.3	100.9	107.3	104.8	105.1
(3)其他杂项用品	108.5	101.8	98.4	100.4	101.0
2.其他服务	100.7	101.5	100.4	99.8	100.4
(1)在外住宿	99.3	99.2	102.7	96.8	101.2
(2)美容美发洗浴	102.3	105.7	100.4	100.5	101.5
(3)养老服务	100.0	100.6	100.7	100.0	100.0
(4)金融及保险服务	99.8	99.7	99.7	99.8	99.6
(5)中介法律及其他服务	102.7	100.0	100.0	100.0	100.0

（上年=100）

绍兴市区	金华市区	衢州市区	舟山市区	台州市区	丽水市区
100.0	101.1	98.7	99.4	99.6	99.5
100.2	103.8	95.6	97.9	98.5	98.2
100.0	100.0	100.0	100.0	100.0	100.0
100.0	100.1	99.2	99.6	100.2	99.7
101.0	**101.3**	**101.1**	**101.5**	**101.7**	**101.0**
102.3	101.7	101.1	102.1	101.3	100.9
104.2	103.3	102.8	112.9	102.6	100.6
102.2	101.6	101.1	101.7	101.2	100.9
99.2	100.7	101.0	100.4	102.5	101.2
100.6	103.0	98.6	100.8	102.1	100.5
100.4	102.2	101.5	99.6	101.9	100.7
100.8	100.8	103.7	100.3	101.0	100.1
97.1	99.0	100.1	100.5	104.0	102.2
100.7	**100.1**	**100.5**	**100.3**	**100.1**	**101.3**
100.6	100.0	98.8	101.8	99.3	101.6
89.2	93.4	91.9	97.4	99.7	98.6
106.2	104.4	99.8	104.0	99.7	106.0
99.9	96.0	102.6	102.2	97.2	95.7
96.5	101.0	100.0	100.3	100.1	100.4
100.0	100.0	100.3	100.0	104.3	97.2
100.7	100.2	101.3	99.7	100.4	101.2
104.5	107.1	102.1	99.9	100.6	105.2
98.0	101.2	101.5	100.6	100.3	100.2
99.6	94.7	99.9	98.1	100.6	100.0
110.1	100.0	100.0	100.0	100.0	100.0
106.0	91.3	105.9	100.0	100.0	100.2
106.2	100.0	100.0	99.1	100.0	100.0
103.5	**101.4**	**102.0**	**100.6**	**101.7**	**100.4**
101.1	102.2	102.8	102.4	103.4	100.9
100.4	102.2	103.3	102.6	104.5	101.2
103.4	103.6	104.9	104.5	106.1	105.1
101.2	101.4	100.7	100.7	99.7	98.2
105.7	100.6	101.2	98.9	100.2	99.9
98.9	101.5	100.7	91.8	100.1	99.7
106.9	100.9	103.7	99.9	101.2	100.3
100.0	102.3	100.0	100.0	100.0	100.0
109.0	100.0	99.9	99.6	99.7	99.7
99.4	99.5	100.2	100.0	100.0	100.0

5-34 各调查县(市/区)

指　标	萧山区	建德市	宁海县	瑞安市	海宁市
居民消费价格指数	**102.3**	**102.0**	**102.3**	**102.1**	**102.2**
#服务价格指数	100.9	100.6	100.8	100.8	100.5
工业品价格指数	103.7	103.0	103.7	103.4	104.2
消费品价格指数	103.1	103.0	103.2	103.0	103.3
非食品价格指数	102.4	101.7	102.0	102.1	102.1
一、食品烟酒	**102.4**	**103.0**	**102.8**	**102.5**	**102.3**
1.食品	101.9	103.6	103.2	102.1	102.5
(1)粮食	103.4	101.8	99.9	99.9	102.7
(2)薯类	109.5	113.4	103.4	104.7	99.1
(3)豆类	100.6	102.0	102.0	103.7	102.7
(4)食用油	108.4	102.9	106.2	107.3	106.1
(5)菜及食用菌	100.1	101.2	102.8	99.9	101.3
#鲜菜	99.6	100.7	102.1	99.1	100.5
(6)畜肉类	94.2	98.7	96.7	97.5	96.6
#猪肉	93.0	99.5	95.7	97.1	95.0
(7)禽肉类	104.1	103.5	104.6	105.5	104.6
(8)水产品	100.0	106.3	105.8	105.6	99.7
(9)蛋类	106.3	103.7	105.0	109.1	105.5
(10)奶类	101.9	100.3	101.5	99.2	102.1
(11)干鲜瓜果类	112.1	111.4	110.3	102.4	114.8
(12)糖果糕点类	104.1	109.1	104.3	101.7	102.8
(13)调味品	104.7	105.9	103.0	105.0	105.2
(14)其他食品类	105.9	106.4	107.1	103.6	107.1
2.茶及饮料	102.3	100.3	103.2	101.0	101.0
3.烟酒	103.1	101.5	101.7	104.1	102.3
(1)卷烟	103.9	102.0	102.0	104.8	102.6
(2)酒类	101.3	99.9	100.9	102.5	101.6
4.在外餐饮	104.2	102.0	101.7	102.8	101.2
二、衣着	**100.8**	**101.0**	**100.8**	**100.4**	**103.8**
1.服装	100.6	100.9	100.7	101.1	103.3
(1)男式服装	102.7	98.7	100.5	101.7	102.7
(2)女式服装	99.9	101.3	101.2	101.2	104.4
(3)儿童服装	98.0	104.8	99.5	99.2	101.3
(4)衣着材料及配件	100.6	108.9	100.3	96.6	99.9
(5)衣着服务费	100.4	98.8	101.7	105.0	104.7
2.鞋类	101.4	101.0	101.2	97.5	105.5
(1)鞋	101.8	101.0	101.2	97.5	105.5
(2)鞋类服务	82.8	100.0	100.0	100.0	104.2

居民消费价格分类指数（2022）

（上年=100）

桐乡市	安吉县	新昌县	义乌市	江山市	临海市	龙泉市
102.4	**102.1**	**101.5**	**102.6**	**102.3**	**102.1**	**101.3**
100.2	100.0	100.3	101.7	100.9	100.7	100.7
104.3	104.0	103.6	103.8	103.2	104.0	101.9
103.8	103.4	102.4	103.2	103.2	103.1	101.7
102.1	102.0	101.7	102.5	102.0	102.2	101.4
103.2	**102.7**	**100.9**	**102.4**	**103.1**	**102.0**	**101.5**
103.5	102.5	100.9	103.1	103.6	101.9	100.9
103.0	101.1	100.6	103.7	101.6	100.3	100.3
104.3	116.6	90.2	104.2	96.3	112.9	102.6
105.1	102.3	101.3	101.5	102.1	103.2	101.4
108.3	109.9	103.5	106.5	108.0	107.9	106.9
104.1	104.9	100.9	106.1	104.0	101.0	100.5
103.1	104.9	100.4	106.8	104.1	100.4	100.2
94.7	95.4	96.7	95.9	96.9	98.5	92.5
94.8	93.1	96.5	95.4	97.5	99.8	90.0
108.3	102.7	104.6	101.7	107.1	101.0	105.3
103.3	104.2	103.2	105.4	101.5	102.3	103.2
108.5	102.6	105.2	106.3	106.6	105.6	107.8
99.4	101.9	98.7	100.2	101.1	101.8	101.2
112.9	106.6	103.5	109.9	114.6	105.7	107.1
106.7	104.1	102.0	104.5	104.8	102.2	102.6
107.9	104.6	100.0	103.5	111.1	106.5	101.0
105.8	105.2	96.5	93.2	104.2	102.1	100.6
101.2	100.2	99.5	101.3	101.7	101.7	99.5
104.4	105.0	101.6	101.4	102.5	103.0	103.3
105.9	105.8	102.4	103.1	103.7	104.4	104.5
100.6	103.0	99.4	96.9	98.9	99.7	100.2
101.2	101.8	100.5	100.2	101.4	101.4	102.9
100.6	**102.9**	**100.4**	**100.6**	**101.6**	**101.8**	**96.1**
100.0	102.3	100.3	100.8	103.5	101.8	97.0
101.5	101.3	99.1	100.1	103.4	102.4	95.1
97.8	101.8	100.8	100.2	104.5	101.2	96.5
103.7	106.9	100.2	103.7	101.0	104.3	100.8
103.3	102.2	100.6	100.0	100.0	101.5	100.5
100.0	105.5	105.9	111.6	99.7	94.5	111.7
102.8	105.2	100.8	99.4	93.8	101.8	92.7
102.9	105.3	100.8	99.4	93.7	101.8	92.6
100.0	100.0	100.0	100.0	100.0	100.0	100.0

5-34 续表 1

指　　标	萧山区	建德市	宁海县	瑞安市	海宁市
三、居住	**101.2**	**100.6**	**101.0**	**101.6**	**100.4**
1.租赁房房租	99.4	98.7	100.0	100.5	99.3
2.住房保养维修及管理	105.0	101.3	100.2	101.3	102.3
(1)住房装潢材料	106.2	102.3	100.3	102.4	104.0
(2)住房维修管理费用	103.8	100.0	100.0	100.0	100.0
3.水电燃料	104.0	105.6	105.3	105.8	102.4
(1)水	100.0	100.0	100.0	100.0	100.0
(2)电	100.0	100.0	100.0	100.0	100.0
(3)燃气	112.5	108.7	112.1	116.6	108.1
(4)其他水电燃料类	108.2	130.3	119.4	109.0	103.5
4.自有住房	99.7	99.0	100.0	100.5	99.5
四、生活用品及服务	**102.6**	**102.5**	**102.7**	**100.8**	**102.6**
1.家具及室内装饰品	101.4	101.2	100.6	100.1	105.0
(1)家具	101.7	101.4	100.2	100.3	105.8
(2)室内装饰品	98.4	99.8	103.5	98.6	98.7
2.家用器具	103.7	104.5	103.2	102.0	102.2
(1)大型家用器具	103.7	104.9	103.5	101.8	102.4
(2)小家电	103.4	102.7	102.0	103.3	101.4
3.家用纺织品	100.7	100.5	106.7	98.1	102.8
(1)床上用品	100.0	100.4	107.4	97.7	102.0
(2)窗帘门帘	107.8	100.4	106.8	100.0	109.3
(3)其他家用纺织品	98.4	101.1	98.8	100.8	103.0
4.家庭日用杂品	102.6	100.7	101.3	99.5	100.8
(1)洗涤卫生用品	99.9	104.0	102.1	100.0	101.9
(2)厨具餐具茶具	104.8	99.7	106.7	103.4	101.7
(3)其他家庭日用杂品	104.1	97.7	98.4	97.1	99.6
5.个人护理用品	102.6	102.4	102.5	102.7	104.4
(1)化妆品	102.6	102.6	103.1	101.9	105.0
(2)其他护理用品类	102.5	101.9	101.7	103.9	103.6
6.家庭服务	102.2	106.8	107.0	101.3	102.4
五、交通通信	**105.3**	**102.5**	**105.3**	**104.5**	**105.5**
1.交通	107.1	103.5	106.8	106.1	107.3
(1)交通工具	100.2	96.9	100.6	100.8	101.9
(2)交通工具用燃料	121.0	121.0	121.0	121.0	121.0
(3)交通工具使用和维修	103.6	102.1	102.9	99.1	105.1
(4)交通费	101.7	95.7	102.4	102.0	99.1

（上年=100）

桐乡市	安吉县	新昌县	义乌市	江山市	临海市	龙泉市
101.4	**100.1**	**101.4**	**101.1**	**101.8**	**101.1**	**101.1**
100.0	99.0	100.2	99.5	101.2	99.9	100.0
102.8	102.3	104.4	105.5	101.3	103.3	105.7
104.1	104.0	107.9	104.4	100.3	104.3	105.8
101.2	100.0	100.0	107.0	102.5	102.1	105.6
105.2	101.7	103.8	103.7	103.7	104.1	101.4
100.0	100.0	101.4	100.0	100.0	100.0	100.0
100.0	100.0	100.0	100.0	100.0	100.0	100.0
116.1	106.0	112.7	111.4	109.2	113.4	103.0
108.9	101.5	101.9	104.8	111.6	103.2	106.0
100.0	99.2	100.0	99.5	101.3	99.8	100.0
102.4	**101.7**	**101.1**	**104.8**	**101.3**	**102.2**	**99.5**
100.1	100.0	101.7	120.2	99.8	103.1	100.6
100.3	100.2	102.1	122.5	99.9	103.3	100.8
98.4	98.4	99.2	101.3	99.0	100.6	99.5
105.2	104.0	101.7	101.6	102.5	101.4	98.4
105.2	104.3	100.9	101.8	102.8	100.6	98.8
105.4	102.0	105.1	100.7	100.4	104.6	96.5
103.3	101.8	100.1	101.8	100.3	105.0	99.8
103.4	102.2	98.3	96.5	100.0	105.5	99.4
101.9	100.0	111.8	136.3	100.0	105.4	100.0
104.7	100.4	100.0	95.1	104.5	98.2	104.5
100.2	99.9	100.2	102.0	100.7	101.6	97.6
100.7	99.4	98.8	101.8	100.2	100.3	98.8
103.1	103.1	102.9	100.8	104.9	102.1	103.6
98.4	99.1	100.3	102.7	99.2	102.6	93.5
102.3	102.4	102.0	101.7	102.4	103.5	102.1
102.6	103.0	101.9	101.4	102.7	102.3	102.8
101.9	101.6	102.2	102.4	101.8	105.5	101.1
102.6	100.1	100.5	102.1	99.5	101.4	104.6
105.6	**105.0**	**104.5**	**105.0**	**104.4**	**105.4**	**104.7**
107.3	106.9	106.2	107.1	105.9	107.1	106.6
103.2	101.7	99.3	101.1	99.7	101.8	101.2
121.0	121.0	121.1	121.1	121.2	121.0	121.0
104.6	101.1	104.1	102.8	99.4	105.5	103.6
98.9	99.0	99.3	104.1	98.1	100.3	100.2

5-34 续表 2

指　　标	萧山区	建德市	宁海县	瑞安市	海宁市
2.通信	100.1	99.9	100.5	99.4	99.9
(1)通信工具	100.5	99.5	101.9	97.9	99.6
(2)通信服务	100.0	100.0	100.0	100.0	100.0
(3)邮递服务	99.9	100.0	100.0	99.8	100.3
六、教育文化娱乐	**102.8**	**104.5**	**101.7**	**100.9**	**102.4**
1.教育	102.9	105.1	102.4	101.0	103.2
(1)教育用品	101.3	102.3	102.2	103.6	103.4
(2)教育服务	102.9	105.2	102.4	100.9	103.2
2.文化娱乐	102.5	102.6	100.2	100.6	100.5
(1)文娱耐用消费品	99.9	102.0	98.5	101.1	101.2
(2)其他文娱用品	103.7	101.4	101.2	101.5	101.0
(3)文化娱乐服务	100.0	99.6	99.4	98.9	98.6
(4)旅游	108.2	108.4	102.8	101.4	101.4
七、医疗保健	**99.6**	**99.8**	**100.0**	**101.9**	**99.3**
1.药品及医疗器具	97.5	99.2	98.7	101.2	96.5
(1)中药	88.1	93.7	92.0	103.6	83.7
(2)西药	99.6	102.9	99.6	100.8	101.2
(3)滋补保健品	100.8	95.3	102.0	100.0	94.0
(4)医疗卫生器具	100.7	96.6	99.0	100.3	97.5
(5)保健器具	100.0	99.1	100.0	102.1	100.0
2.医疗服务	100.4	100.0	100.4	102.2	100.2
(1)综合医疗类	100.0	100.0	99.9	103.6	99.0
(2)诊断类	101.0	100.0	101.0	104.4	100.9
(3)治疗类	100.0	100.0	100.0	96.8	97.1
(4)康复类	100.0	100.0	100.0	114.0	114.9
(5)中医医疗服务类	100.0	100.0	100.0	100.0	104.9
(6)其他医疗保健服务	100.0	100.0	100.6	96.0	100.6
八、其他用品及服务	**102.5**	**101.5**	**102.4**	**101.9**	**100.8**
1.其他用品	103.0	102.2	102.5	103.9	101.9
(1)首饰手表	102.8	101.5	101.0	103.9	102.5
(2)母婴用品	105.6	105.5	106.4	104.9	105.6
(3)其他杂项用品	102.1	101.5	102.9	103.4	99.2
2.其他服务	101.9	100.8	102.3	100.0	99.7
(1)在外住宿	103.3	101.5	99.8	90.9	98.9
(2)美容美发洗浴	102.1	102.1	106.7	102.6	99.6
(3)养老服务	109.2	100.0	100.0	100.0	100.0
(4)金融及保险服务	99.7	99.7	99.7	99.7	99.8
(5)中介法律及其他服务	100.0	100.0	100.6	100.0	99.8

（上年=100）

桐乡市	安吉县	新昌县	义乌市	江山市	临海市	龙泉市
100.2	99.3	99.7	98.7	99.8	100.4	99.0
100.8	97.4	99.0	95.1	99.3	101.4	96.3
100.0	100.0	100.0	99.8	100.0	100.0	100.0
99.7	100.0	99.8	102.1	100.2	99.8	100.1
100.1	**100.7**	**100.5**	**99.2**	**101.4**	**101.7**	**101.0**
99.9	100.3	100.7	98.7	101.4	102.0	101.3
101.9	102.3	102.5	101.8	104.1	102.4	100.0
99.9	100.3	100.7	98.6	101.3	102.0	101.3
100.7	101.6	99.8	100.3	101.3	100.6	100.3
100.9	102.6	100.4	100.1	102.0	98.3	100.6
99.5	101.3	99.1	101.0	100.7	100.8	100.6
100.7	100.4	102.1	101.3	101.9	99.8	98.4
101.3	102.0	97.3	98.9	100.1	104.0	102.2
100.5	**102.0**	**100.5**	**107.7**	**99.8**	**100.4**	**100.3**
101.3	103.3	101.7	98.5	98.4	100.1	99.8
89.9	93.6	96.1	95.6	90.7	98.8	99.4
104.5	108.1	104.6	98.2	100.2	101.3	99.9
104.1	100.1	98.8	102.5	100.8	98.8	100.0
103.3	102.5	101.0	100.3	99.4	98.8	100.0
102.2	100.0	100.0	97.2	100.0	99.5	100.0
100.2	101.6	100.1	110.9	100.2	100.5	100.4
98.2	103.3	100.0	106.8	99.9	100.8	101.0
100.0	100.0	100.0	107.8	100.5	100.6	100.4
99.3	101.8	100.0	117.9	99.9	100.0	100.0
119.8	100.0	104.3	113.2	100.0	100.0	100.0
100.0	109.5	100.0	125.7	101.2	100.0	100.1
100.0	97.2	100.0	101.1	100.0	100.0	100.0
101.4	**101.5**	**101.9**	**101.9**	**102.2**	**101.8**	**100.7**
102.0	104.3	104.3	102.9	102.8	101.9	102.3
100.4	105.1	103.2	103.1	102.8	101.2	102.5
113.2	107.0	109.6	106.4	106.7	106.4	104.9
98.8	101.1	103.2	100.8	100.5	100.6	100.6
100.8	98.9	99.6	100.9	101.7	101.8	99.1
98.3	91.2	93.5	102.2	93.3	101.7	98.8
102.7	100.0	101.0	102.4	106.9	101.9	98.1
100.0	100.0	100.0	100.0	100.0	110.8	100.0
99.7	99.8	99.8	99.7	99.8	99.7	99.8
100.0	100.0	100.0	100.0	100.0	99.5	100.0

5-35 各设区市市区商品

指标	杭州市区	宁波市区	温州市区	嘉兴市区	湖州市区
商品零售价格指数	**102.9**	**104.1**	**102.7**	**103.8**	**103.7**
一、食品	**102.6**	**103.2**	**102.1**	**102.9**	**103.4**
1.粮食	99.9	102.9	101.8	103.0	102.2
2.薯类	111.0	105.0	109.6	106.6	107.6
3.豆类	102.6	105.0	105.7	113.8	100.8
4.食用油	105.9	110.6	108.4	106.5	100.6
5.菜及食用菌	106.2	101.3	99.8	102.3	105.0
6.畜肉类	95.6	95.2	96.1	97.6	96.6
7.禽肉类	103.1	105.7	103.6	106.0	104.7
8.水产品	102.9	104.1	101.8	100.9	102.6
9.蛋类	102.9	103.2	106.4	105.5	103.5
10.奶类	98.9	102.5	100.7	96.7	103.4
11.干鲜瓜果类	109.5	113.2	109.7	113.5	113.6
12.糖果糕点类	103.0	106.3	104.8	104.0	104.6
13.调味品	106.3	102.2	104.3	105.5	104.0
14.其他食品类	103.5	103.1	103.2	103.0	105.3
15.餐饮业零售	102.3	102.0	101.3	101.8	102.4
二、饮料、烟酒	**103.3**	**102.2**	**100.6**	**102.1**	**105.1**
1.茶及饮料	102.0	104.3	100.7	101.1	103.2
2.卷烟	102.1	102.2	101.0	102.1	107.9
3.酒类	106.9	101.1	99.7	103.0	100.2
三、服装、鞋帽	**99.8**	**99.5**	**101.3**	**102.2**	**100.8**
1.服装	99.5	99.8	101.7	102.5	100.2
(1)男士服装	100.2	99.3	100.9	102.5	100.8
(2)女士服装	99.2	100.7	102.6	102.7	99.3
(3)儿童服装	98.3	97.4	100.7	101.7	102.1
2.鞋帽袜	101.0	98.6	99.4	101.1	103.1
(1)鞋	100.9	98.4	99.0	101.2	103.2
(2)袜子	100.2	100.5	104.5	100.0	101.9
(3)帽子	105.0	101.6	102.6	99.8	100.0
3.其他衣着配件	101.8	98.1	100.7	100.9	101.5
四、纺织品	**97.7**	**101.1**	**100.6**	**99.8**	**102.2**
1.服装材料	103.4	100.5	102.3	100.0	100.0
2.床上用品	95.9	101.3	100.0	99.7	102.9

零售价格分类指数（2022）

（上年=100）

绍兴市区	金华市区	衢州市区	舟山市区	台州市区	丽水市区
102.9	**103.3**	**103.5**	**103.3**	**102.8**	**102.6**
102.1	**101.8**	**104.1**	**103.2**	**101.2**	**103.5**
101.3	100.1	103.8	100.9	100.9	103.5
109.2	109.0	107.5	104.7	102.4	110.7
102.4	101.6	102.5	101.7	102.9	102.2
112.3	104.1	109.4	104.9	102.3	108.9
104.6	102.3	105.1	100.1	101.3	105.4
94.6	96.5	98.7	95.3	97.9	96.2
102.2	104.0	107.8	103.4	101.9	107.2
101.4	103.3	102.1	103.0	98.8	101.9
106.0	106.4	105.1	104.3	106.8	110.6
103.0	100.9	101.1	96.7	102.2	99.5
106.6	109.5	113.7	114.6	103.2	114.8
104.3	99.5	105.7	100.8	101.8	101.2
102.0	105.3	104.4	103.8	104.8	104.6
101.6	100.6	106.8	104.5	102.8	103.5
101.5	100.3	102.8	105.4	102.4	101.9
101.6	**102.3**	**102.2**	**102.7**	**101.4**	**103.0**
100.6	102.1	102.0	100.5	99.7	104.0
101.5	103.7	102.5	102.9	101.0	103.0
102.5	99.3	101.5	104.1	103.2	102.2
99.6	**100.4**	**100.3**	**97.6**	**102.3**	**96.7**
101.2	100.6	100.2	97.7	103.0	95.7
104.7	101.5	99.5	97.5	102.1	101.2
100.2	100.5	101.0	98.9	104.2	93.1
96.0	97.8	99.3	92.7	100.6	90.8
94.1	99.7	100.6	97.5	99.7	100.5
93.9	99.6	100.7	97.4	99.6	100.3
99.9	101.2	100.2	97.6	101.9	103.5
99.0	97.4	99.5	101.1	100.0	97.4
96.6	100.7	101.7	99.2	98.5	98.4
101.5	**99.7**	**100.8**	**100.0**	**101.0**	**98.5**
100.0	103.9	103.4	100.0	100.1	100.0
102.0	98.4	100.0	99.9	101.3	98.1

5-35 续表

指　　标	杭州市区	宁波市区	温州市区	嘉兴市区	湖州市区
五、家用电器及音像器材	**103.1**	**100.1**	**100.3**	**104.2**	**101.4**
1. 家庭设备	104.9	101.6	101.1	104.1	102.7
2. 文娱用耐用消费品	99.3	97.0	98.6	105.2	98.5
3. 专业音像器材	103.3	101.2	101.3	101.2	103.3
六、文化办公用品	**100.9**	**100.9**	**102.3**	**102.6**	**102.2**
七、日用品	**101.2**	**100.8**	**101.8**	**99.6**	**100.8**
1. 日用百货	99.9	101.4	102.2	101.3	101.7
2. 厨具餐具茶具	99.0	101.5	103.1	100.2	99.8
3. 清洗用品	102.3	99.2	101.0	95.1	99.0
4. 其他日用品	103.9	101.0	100.9	100.8	102.0
八、体育娱乐用品	**100.5**	**101.6**	**103.0**	**102.8**	**100.6**
1. 体育户外用品	102.1	102.9	103.4	108.6	102.4
2. 娱乐用品	99.8	101.0	102.9	100.2	99.8
九、交通、通信用品	**100.4**	**101.2**	**100.6**	**103.0**	**99.9**
1. 交通运输机械	100.7	101.8	101.2	103.8	100.4
2. 通信器材	99.0	98.7	98.1	99.8	98.1
十、家具	**97.3**	**100.2**	**100.8**	**99.8**	**102.7**
十一、化妆品	**103.2**	**99.7**	**101.1**	**103.3**	**102.6**
十二、金银饰品	**101.6**	**101.6**	**103.2**	**102.5**	**101.9**
十三、中西药品及医疗保健用品	**97.8**	**106.0**	**97.2**	**98.8**	**104.2**
1. 医疗卫生器具	99.0	97.4	102.5	99.9	99.9
2. 中药	92.0	93.2	97.2	92.2	100.8
3. 西药	98.5	115.4	93.7	100.2	110.7
4. 保健器具及用品	100.7	102.9	100.9	101.0	95.3
十四、书报杂志及电子出版物	**100.3**	**101.5**	**100.6**	**102.5**	**102.8**
1. 教材及参考书	100.1	102.6	100.6	105.1	105.8
2. 书报杂志及音像制品	101.9	101.9	101.9	101.9	101.9
3. 计算机办公软件	97.4	97.4	97.4	97.4	97.4
十五、燃料	**118.2**	**122.3**	**117.0**	**117.9**	**118.2**
1. 煤炭及制品	113.2	120.0	99.2	120.5	111.5
2. 石油及制品	118.7	122.5	118.6	117.6	118.9
十六、建筑材料及五金电料	**103.5**	**101.8**	**103.5**	**103.5**	**103.6**
1. 建筑装潢材料	102.9	102.5	104.1	103.5	103.6
2. 五金水暖	105.3	100.1	102.1	103.5	103.5

（上年=100）

绍兴市区	金华市区	衢州市区	舟山市区	台州市区	丽水市区
101.7	**102.4**	**100.2**	**101.2**	**103.5**	**100.5**
102.8	102.2	101.1	101.5	104.4	100.2
99.1	102.4	97.4	100.4	102.7	100.4
103.2	103.3	103.2	101.2	101.2	103.2
102.6	**103.1**	**101.3**	**102.5**	**101.7**	**101.8**
102.7	**103.7**	**101.5**	**101.3**	**101.7**	**101.0**
104.6	107.6	102.0	101.9	100.9	101.3
105.9	105.5	103.4	99.1	102.7	103.5
98.8	98.1	99.8	101.2	103.0	99.4
101.1	102.2	101.1	101.9	101.3	99.9
101.0	**103.5**	**102.3**	**99.7**	**102.5**	**101.6**
104.6	105.9	104.8	105.3	103.7	105.0
99.3	102.4	101.1	97.2	102.0	99.9
100.2	**101.2**	**101.5**	**100.7**	**100.0**	**99.4**
100.0	100.5	102.9	101.3	100.3	99.3
101.2	104.2	96.2	98.4	98.8	99.6
101.0	**100.9**	**102.5**	**100.9**	**100.7**	**97.9**
103.0	**105.1**	**102.5**	**101.9**	**105.5**	**103.4**
100.8	**102.3**	**103.6**	**102.9**	**105.3**	**102.0**
100.6	**100.0**	**99.0**	**101.8**	**99.3**	**101.6**
96.5	101.0	100.0	100.3	100.1	100.4
89.2	93.4	91.9	97.4	99.7	98.6
106.2	104.4	99.8	104.0	99.7	106.0
99.9	96.4	102.4	102.0	98.0	95.8
102.2	**101.8**	**101.6**	**105.9**	**101.4**	**100.6**
104.2	103.3	102.8	112.9	102.6	100.6
101.9	101.9	101.9	101.9	101.9	101.9
97.4	97.4	97.4	97.4	97.4	97.4
117.7	**115.9**	**117.9**	**119.0**	**116.9**	**115.5**
107.7	99.3	112.6	119.8	102.2	100.6
118.9	117.5	118.5	118.9	118.5	117.2
101.4	**102.9**	**102.0**	**101.9**	**100.4**	**104.0**
101.7	102.6	101.6	102.6	100.5	104.6
100.7	103.5	102.9	100.4	100.3	102.5

5-36 各调查县(市/区)

指　　标	萧山区	建德市	宁海县	瑞安市	海宁市
商品零售价格指数	**103.5**	**102.9**	**103.6**	**103.6**	**103.4**
一、食品	**102.3**	**103.4**	**103.0**	**102.1**	**102.4**
1.粮食	103.4	101.8	99.9	99.9	102.7
2.薯类	109.5	113.4	103.4	104.7	99.1
3.豆类	100.6	102.0	102.0	103.7	102.7
4.食用油	108.4	102.9	106.2	107.3	106.1
5.菜及食用菌	100.1	101.2	102.8	99.9	101.3
6.畜肉类	94.3	98.7	96.7	97.5	96.6
7.禽肉类	104.1	103.5	104.6	105.5	104.6
8.水产品	100.2	106.3	105.8	105.6	99.7
9.蛋类	106.3	103.7	105.0	109.1	105.5
10.奶类	102.0	100.3	101.5	99.2	102.1
11.干鲜瓜果类	112.1	111.4	110.3	102.4	114.8
12.糖果糕点类	104.1	109.1	104.3	101.7	102.8
13.调味品	104.7	105.9	103.0	105.0	105.2
14.其他食品类	105.9	106.4	107.1	103.6	107.1
15.餐饮业零售	104.2	102.0	101.7	102.8	101.2
二、饮料、烟酒	**103.1**	**101.3**	**101.9**	**103.7**	**102.2**
1.茶及饮料	102.3	100.3	103.2	101.0	101.0
2.卷烟	103.9	102.0	102.0	104.8	102.6
3.酒类	101.2	99.9	100.9	102.5	101.6
三、服装、鞋帽	**100.8**	**101.0**	**100.8**	**100.3**	**103.7**
1.服装	100.6	100.7	100.7	101.1	103.4
(1)男士服装	102.7	98.7	100.5	101.7	102.7
(2)女士服装	99.9	101.3	101.2	101.2	104.4
(3)儿童服装	98.0	104.8	99.5	99.2	101.3
2.鞋帽袜	101.7	101.5	101.1	97.6	105.3
(1)鞋	101.8	101.0	101.2	97.5	105.5
(2)袜子	100.5	101.4	98.1	98.8	101.9
(3)帽子	93.9	121.7	102.3	102.8	100.0
3.其他衣着配件	102.7	110.1	101.4	92.0	98.3
四、纺织品	**100.0**	**100.3**	**105.4**	**96.2**	**104.0**
1.服装材料	100.0	100.0	100.0	91.2	109.6
2.床上用品	100.0	100.4	107.4	97.7	102.0

商品零售价格分类指数（2022）

（上年=100）

桐乡市	安吉县	新昌县	义乌市	江山市	临海市	龙泉市
104.6	**103.9**	**103.0**	**103.4**	**102.8**	**103.8**	**102.1**
103.1	**102.6**	**100.9**	**102.6**	**103.2**	**101.8**	**101.3**
103.0	101.1	100.6	103.7	101.6	100.3	100.3
104.3	116.6	90.2	104.2	96.3	112.9	102.6
105.1	102.3	101.3	101.5	102.1	103.2	101.4
108.3	109.9	103.5	106.5	108.1	107.9	106.9
104.1	104.9	100.9	106.1	104.0	101.0	100.5
94.7	95.4	96.7	95.9	96.9	98.5	92.5
108.4	102.7	104.6	101.7	107.0	101.0	105.3
103.6	104.2	103.2	105.5	101.5	102.3	103.2
108.5	102.6	105.2	106.3	106.6	105.6	107.8
99.4	101.9	98.7	100.2	101.1	101.8	101.2
112.9	106.6	103.5	109.9	114.6	105.7	107.1
106.7	104.1	102.0	104.4	104.8	102.2	102.6
107.9	104.6	100.0	103.5	111.1	106.5	101.0
105.8	105.2	96.5	93.2	104.1	102.1	100.6
101.2	101.8	100.5	100.2	101.4	101.4	102.9
104.0	**104.2**	**101.2**	**101.3**	**102.2**	**102.9**	**102.9**
101.2	100.2	99.5	101.3	101.7	101.7	99.5
105.9	105.8	102.4	103.1	103.7	104.4	104.5
100.6	103.0	99.4	96.9	99.0	99.7	100.2
100.5	**102.8**	**100.3**	**100.3**	**101.4**	**102.0**	**95.8**
99.9	102.1	100.1	100.6	103.6	102.0	96.5
101.5	101.3	99.1	100.1	103.3	102.4	95.1
97.8	101.7	100.8	100.2	104.5	101.2	96.5
103.7	106.9	100.2	103.7	101.0	104.3	100.8
102.9	105.2	100.9	99.5	94.1	101.6	92.9
102.9	105.3	100.8	99.4	93.7	101.8	92.6
102.6	104.1	102.0	100.0	100.0	95.0	100.0
105.6	103.0	99.8	100.0	100.0	101.3	100.1
103.3	100.2	99.7	100.0	100.0	106.4	100.9
102.5	**101.6**	**103.6**	**97.4**	**100.0**	**106.0**	**99.6**
100.0	100.0	117.8	100.0	100.0	107.8	100.0
103.4	102.2	98.3	96.5	100.0	105.5	99.4

5-36 续表

指标	萧山区	建德市	宁海县	瑞安市	海宁市
五、家用电器及音像器材	**102.9**	**101.8**	**100.7**	**100.1**	**101.8**
1.家庭设备	103.6	104.4	103.2	102.1	102.2
2.文娱用耐用消费品	101.9	96.5	96.2	96.0	101.5
3.专业音像器材	100.7	100.7	98.6	98.6	98.6
六、文化办公用品	**101.5**	**105.8**	**102.7**	**105.5**	**101.5**
七、日用品	**103.2**	**101.9**	**102.5**	**100.9**	**101.3**
1.日用百货	105.5	104.4	100.7	101.0	103.6
2.厨具餐具茶具	104.8	99.7	106.7	103.4	101.7
3.清洗用品	98.7	100.1	102.2	97.8	97.7
4.其他日用品	102.0	100.7	102.9	102.3	100.6
八、体育娱乐用品	**104.9**	**103.8**	**102.8**	**102.2**	**103.2**
1.体育户外用品	112.5	114.2	109.2	106.7	110.4
2.娱乐用品	101.6	99.3	99.7	100.1	99.6
九、交通、通信用品	**100.0**	**98.3**	**101.3**	**100.7**	**101.6**
1.交通运输机械	100.1	97.9	101.2	101.3	102.2
2.通信器材	99.7	99.6	102.0	98.5	99.7
十、家具	**101.7**	**101.4**	**100.2**	**100.3**	**105.8**
十一、化妆品	**102.9**	**102.8**	**103.2**	**102.8**	**105.2**
十二、金银饰品	**103.1**	**101.8**	**100.9**	**104.7**	**102.9**
十三、中西药品及医疗保健用品	**97.6**	**99.2**	**98.3**	**101.2**	**96.2**
1.医疗卫生器具	100.7	96.6	99.0	100.3	97.5
2.中药	88.1	93.7	92.0	103.6	84.1
3.西药	99.6	102.9	99.6	100.8	101.2
4.保健器具及用品	100.7	95.7	101.8	100.3	94.7
十四、书报杂志及电子出版物	**100.1**	**100.5**	**100.6**	**101.1**	**101.1**
1.教材及参考书	101.3	102.3	102.3	103.6	103.5
2.书报杂志及音像制品	100.0	100.0	100.0	100.0	100.0
3.计算机办公软件	97.7	97.7	97.7	97.7	97.7
十五、燃料	**119.4**	**118.1**	**120.1**	**121.2**	**116.7**
1.煤炭及制品	119.6	116.1	126.7	120.0	105.5
2.石油及制品	119.4	118.2	119.3	121.3	118.0
十六、建筑材料及五金电料	**107.3**	**101.2**	**101.4**	**101.3**	**104.2**
1.建筑装潢材料	106.2	102.3	100.3	102.4	104.0
2.五金水暖	109.7	98.6	103.4	98.7	104.6

（上年=100）

桐乡市	安吉县	新昌县	义乌市	江山市	临海市	龙泉市
103.1	103.3	100.4	101.0	101.8	99.6	98.6
105.2	103.9	101.7	101.6	102.1	101.4	98.4
99.7	102.5	97.5	99.8	101.4	96.2	98.6
98.6	100.7	100.7	100.7	100.7	98.6	100.7
103.8	103.3	103.0	100.6	103.3	102.0	102.3
101.3	102.0	101.3	105.4	100.5	104.0	100.3
100.7	104.2	101.0	112.4	98.8	108.4	100.4
103.1	103.1	102.9	100.8	104.9	102.1	103.6
100.2	97.8	98.0	99.7	99.3	99.1	98.1
102.1	101.2	104.0	102.4	101.3	102.4	100.1
101.5	103.2	99.7	103.6	102.4	102.4	102.2
107.3	107.7	102.2	107.3	107.3	107.3	107.3
98.9	101.1	98.6	101.9	100.1	100.2	99.8
102.7	101.0	99.5	98.8	100.1	101.3	100.7
102.9	102.0	99.6	99.7	100.3	101.2	101.7
102.0	97.7	99.2	95.4	99.6	101.4	97.1
100.3	100.2	102.1	122.4	99.9	103.3	100.8
102.3	103.2	102.0	101.6	102.4	103.3	102.4
100.4	105.6	102.2	103.6	103.3	101.2	102.9
101.3	103.3	101.6	98.6	98.5	100.1	99.8
103.3	102.5	101.0	100.3	99.4	98.8	100.0
89.9	93.6	96.1	95.6	91.4	98.8	99.4
104.5	108.1	104.6	98.2	100.2	101.3	99.9
103.8	100.1	98.9	101.9	100.7	98.9	100.0
100.4	100.5	100.6	100.3	101.2	100.5	99.7
101.9	102.3	102.5	101.8	104.1	102.4	100.0
100.0	100.0	100.0	100.0	100.0	100.0	100.0
97.7	97.7	97.7	97.7	97.7	97.7	97.7
123.2	116.1	118.7	118.4	116.6	120.2	115.9
134.5	105.3	107.8	106.4	103.5	117.6	101.0
121.8	117.5	119.9	119.4	117.9	120.4	117.3
102.4	102.9	106.1	104.2	99.8	105.3	104.2
104.1	104.0	107.9	104.4	100.3	104.3	105.8
98.6	100.1	101.9	103.6	98.5	107.9	100.2

5-37 部分设区市分月新建商品住宅销售价格指数（同比）（2022）

（上年同月=100）

地 区	1月	2月	3月	4月	5月	6月	7月	8月	9月	10月	11月	12月
杭 州	105.8	106.0	106.2	106.3	106.1	106.3	106.6	106.5	106.5	106.4	106.6	106.4
宁 波	103.3	103.5	102.8	102.0	101.3	100.8	100.3	100.3	100.4	100.9	101.2	101.8
温 州	104.3	103.3	102.5	101.1	99.8	98.7	97.5	96.9	95.6	94.9	94.2	93.7
金 华	103.0	102.7	102.4	102.3	101.7	100.8	100.1	99.4	98.7	98.3	98.1	97.9

注：以上城市范围为市辖区，不含县。

5-38 部分设区市分月新建商品住宅销售价格指数（环比）（2022）

（上月=100）

地 区	1月	2月	3月	4月	5月	6月	7月	8月	9月	10月	11月	12月
杭 州	100.3	100.4	100.7	100.6	100.4	101.0	100.7	100.4	100.4	100.3	100.7	100.3
宁 波	100.4	100.7	100.1	99.7	99.7	100.1	99.8	100.3	100.2	100.4	100.1	100.2
温 州	100.7	99.2	99.3	99.2	99.5	99.4	99.3	99.6	99.1	99.3	99.2	99.8
金 华	100.0	100.1	100.4	100.3	99.9	99.7	99.6	99.6	99.4	99.4	99.5	99.7

注：以上城市范围为市辖区，不含县。

5-39 部分设区市分月二手住宅销售价格指数（同比）（2022）

（上年同月=100）

地 区	1月	2月	3月	4月	5月	6月	7月	8月	9月	10月	11月	12月
杭 州	104.8	104.6	103.6	102.7	101.6	101.4	100.6	100.0	99.8	99.5	99.4	99.1
宁 波	101.8	101.5	100.9	100.1	99.4	99.2	99.1	98.6	98.5	98.3	98.2	98.4
温 州	102.5	101.5	100.4	99.1	97.8	96.5	95.9	95.3	95.4	95.5	95.0	95.2
金 华	101.5	100.4	99.2	98.4	96.8	95.4	94.6	94.5	94.2	94.1	93.9	93.9

注：以上城市范围为市辖区，不含县。

5-40 部分设区市分月二手住宅销售价格指数（环比）（2022）

（上月=100）

地 区	1月	2月	3月	4月	5月	6月	7月	8月	9月	10月	11月	12月
杭 州	100.4	100.2	100.3	100.1	99.8	100.6	99.7	99.6	99.4	99.2	99.8	99.9
宁 波	99.5	100.5	100.2	99.9	99.6	100.4	100.1	99.4	99.7	99.5	99.6	100.1
温 州	100.0	99.7	99.5	99.5	99.4	99.3	99.6	99.4	99.8	99.5	99.3	99.9
金 华	99.7	99.3	99.3	99.6	99.0	99.5	99.5	99.7	99.5	99.6	99.5	99.8

注：以上城市范围为市辖区，不含县。

5-41 各设区市及县(市/区)居民可支配收入及增长（2022）

地　区	全体居民		城镇常住居民		农村常住居民	
	人均可支配收入(元)	比上年增长(%)	人均可支配收入(元)	比上年增长(%)	人均可支配收入(元)	比上年增长(%)
杭州市	70281	3.8	77043	3.1	45183	5.8
萧山区	70744	4.0	78289	3.1	49270	5.6
余杭区	70394	3.9	79422	2.9	51384	5.5
富阳区	62399	4.6	71742	3.5	44661	6.2
临安区	55627	4.8	67469	3.2	41837	5.9
桐庐县	55556	4.9	64275	3.7	40190	5.9
淳安县	37506	6.0	55228	4.2	26156	6.0
建德市	48514	4.8	62049	3.1	35869	6.1
宁波市	68348	4.5	76690	3.8	45487	5.9
鄞州区	77552	5.3	84630	4.7	50333	6.9
奉化区	54462	5.6	67490	4.6	41007	6.6
象山县	59160	5.1	69478	4.6	41578	6.4
宁海县	60691	4.2	72549	3.6	42165	5.8
余姚市	65773	3.8	73749	3.1	45665	5.2
慈溪市	66342	3.7	73385	3.1	47142	5.1
温州市	63033	5.8	73326	5.2	38482	7.4
鹿城区	79203	4.9	81666	4.6	46176	7.7
龙湾区	69059	4.4	72953	4.2	47610	7.2
瓯海区	70950	6.2	76147	5.6	46623	7.3
洞头区	50639	7.2	60315	6.2	39091	8.6
永嘉县	48828	6.3	60206	5.6	31333	7.4
平阳县	49339	6.5	61447	5.5	32215	8.5
苍南县	47669	6.0	57465	5.4	30322	7.1
文成县	35983	6.9	50327	5.9	24400	8.1
泰顺县	35420	6.1	49175	5.1	24375	7.0
瑞安市	66628	5.4	77254	4.7	42247	7.2
乐清市	66508	5.7	77058	5.1	44916	7.0
嘉兴市	62626	4.3	72096	3.2	46276	6.1
南湖区	63310	3.9	66042	3.5	45528	6.3
秀洲区	56485	4.7	65096	3.6	44263	6.2

5-41 续表 1

地区	全体居民		城镇常住居民		农村常住居民	
	人均可支配收入(元)	比上年增长(%)	人均可支配收入(元)	比上年增长(%)	人均可支配收入(元)	比上年增长(%)
嘉善县	62280	5.1	72774	3.3	47211	6.5
海盐县	63227	3.8	74280	2.8	47155	6.0
海宁市	63667	3.4	74764	2.4	47777	5.2
平湖市	63495	4.3	74287	3.4	46573	6.1
桐乡市	60323	4.6	70286	3.1	46509	6.4
湖州市	60554	5.3	71044	4.5	44112	6.8
吴兴区	65252	4.7	73113	4.2	44938	6.3
南浔区	57550	6.2	69020	5.0	43956	6.8
德清县	60815	5.1	71707	4.5	45433	6.8
长兴县	60459	5.7	71661	4.7	45100	7.1
安吉县	56788	5.0	68446	4.1	42062	6.5
绍兴市	65760	5.2	76199	4.2	45709	7.2
越城区	64412	5.0	70525	4.1	45540	7.1
柯桥区	74770	5.2	82528	4.2	51605	7.4
上虞区	63461	5.6	77890	4.4	44946	7.1
新昌县	58265	4.9	71438	4.0	39127	7.9
诸暨市	67810	4.7	80438	3.8	49695	6.8
嵊州市	59111	5.1	72865	4.6	40495	6.9
金华市	58080	3.9	69626	3.3	35630	5.7
婺城区	56268	1.3	64921	1.1	30054	1.8
金东区	46752	3.3	57118	2.9	33836	5.6
武义县	42647	4.5	51683	4.0	25185	5.9
浦江县	46581	5.2	57731	4.8	29465	5.2
磐安县	36497	5.4	49199	3.9	24299	5.7
兰溪市	40935	7.0	54816	5.7	27890	8.0
义乌市	78215	1.0	86975	0.4	47042	2.0
东阳市	57081	4.9	66808	3.8	40171	6.5
永康市	56715	4.6	67946	3.2	38406	7.1
衢州市	45276	6.1	57465	5.3	31468	7.5

5-41 续表 2

地 区	全体居民		城镇常住居民		农村常住居民	
	人均可支配收入(元)	比上年增长(%)	人均可支配收入(元)	比上年增长(%)	人均可支配收入(元)	比上年增长(%)
柯城区	55077	6.3	61822	5.8	33521	7.6
衢江区	36014	6.0	47918	5.0	27852	6.6
常山县	38547	6.7	49442	6.0	28996	7.8
开化县	34286	5.7	45846	4.8	24737	6.8
龙游县	44846	6.2	59811	5.4	32037	6.6
江山市	47802	5.9	59908	4.6	34257	8.0
舟山市	63848	4.9	71965	4.1	45924	6.9
定海区	68935	4.6	78511	4.0	45829	6.8
普陀区	62442	5.0	70491	4.1	45570	7.0
岱山县	58326	5.3	64421	4.3	46115	7.1
嵊泗县	57585	5.1	64154	4.4	44249	6.8
台州市	58040	4.6	70737	3.9	37700	6.4
椒江区	66124	4.2	77823	3.1	39096	5.4
黄岩区	58990	5.0	70714	3.5	38787	7.2
路桥区	71245	3.7	85274	3.1	42939	5.7
天台县	44712	3.6	56555	3.2	30501	5.5
仙居县	41833	5.3	51962	4.7	29027	7.7
三门县	44631	5.0	57062	3.6	32735	5.8
临海市	52573	4.5	65777	4.4	37261	5.4
温岭市	61970	5.1	73956	4.1	41879	5.6
玉环市	71680	5.2	85051	4.0	44760	6.9
丽水市	44450	5.7	55784	4.7	28470	7.9
莲都区	53078	5.3	58908	4.5	36602	8.4
青田县	45102	4.8	56673	3.7	32613	6.9
缙云县	42292	5.9	54407	4.1	28721	8.7
遂昌县	41666	5.7	57837	3.8	27073	7.9
松阳县	36377	7.2	49911	6.1	25324	8.2
云和县	43684	4.4	52841	3.4	26078	6.2
庆元县	36455	5.3	49433	5.1	23759	5.3
景宁县	36877	6.9	47807	4.9	26139	8.6
龙泉市	46524	5.5	57331	4.4	30424	7.2

六 综合数据

6-1 全省生产总值（1978-2022）

年份	全省生产总值(亿元)	第一产业	第二产业	第三产业	人均生产总值(元)
1978	123.72	47.09	53.52	23.11	332
1981	204.86	69.06	94.68	41.12	532
1982	234.01	84.88	98.44	50.69	600
1983	257.09	82.89	113.12	61.08	652
1984	323.25	104.40	141.48	77.37	813
1985	429.16	123.88	198.91	106.37	1070
1986	502.47	136.29	230.89	135.29	1241
1987	606.99	159.41	281.47	166.11	1482
1988	770.25	195.68	354.39	220.18	1858
1989	849.44	210.95	386.25	252.24	2028
1990	904.69	225.04	408.18	271.47	2143
1991	1089.33	245.22	494.11	350.00	2564
1992	1375.70	262.67	652.26	460.77	3209
1993	1925.91	315.97	982.19	627.75	4459
1994	2689.28	438.65	1395.61	855.02	6183
1995	3563.90	549.95	1856.32	1157.63	8144
1996	4195.76	594.93	2233.98	1366.85	9534
1997	4695.93	618.90	2557.87	1519.16	10615
1998	5065.50	609.30	2772.28	1683.92	11395
1999	5461.27	606.32	2983.27	1871.68	12229
2000	6164.79	630.97	3287.10	2246.72	13467
2001	6927.70	659.78	3590.07	2677.85	14726
2002	8040.66	685.20	4112.87	3242.59	16918
2003	9753.37	717.85	5126.27	3909.25	20249
2004	11482.11	803.83	6160.40	4517.87	23476
2005	13028.33	881.47	6953.67	5193.19	26277
2006	15302.68	913.16	8295.66	6093.87	30415
2007	18639.95	969.27	10122.74	7547.94	36453
2008	21284.58	1073.30	11512.68	8698.60	41061
2009	22833.74	1134.68	11882.36	9816.70	43543
2010	27399.85	1322.85	14140.90	11936.10	51110
2011	31854.80	1535.20	16271.04	14048.56	57828
2012	34382.39	1610.81	17040.53	15731.05	61097
2013	37334.64	1718.74	18162.78	17453.12	65105
2014	40023.48	1726.57	19580.72	18716.19	68569
2015	43507.72	1771.36	20606.55	21129.81	73276
2016	47254.04	1890.43	21571.25	23792.36	78384
2017	52403.13	1933.92	23246.72	27222.48	85612
2018	58002.84	1975.89	25308.13	30718.83	93230
2019	62462.00	2086.70	26299.51	34075.77	98770
2020	64689.06	2166.26	26361.50	36161.30	100738
2021	74040.77	2211.66	31173.99	40655.12	113839
2022	77715.36	2324.77	33205.17	42185.42	118496

注：1. 本表按当年价格计算。1992 年以后人均生产总值均按常住人口计算。
　　2. 2021 年数据为初步统计数，后表同。

6-2 全省生产总值构成（1978-2022）

单位：%

年份	全省生产总值	第一产业	第二产业	第三产业
1978	100	38.1	43.3	18.7
1981	100	33.7	46.2	20.1
1982	100	36.3	42.1	21.7
1983	100	32.2	44.0	23.8
1984	100	32.3	43.8	23.9
1985	100	28.9	46.3	24.8
1986	100	27.1	46.0	26.9
1987	100	26.3	46.4	27.4
1988	100	25.4	46.0	28.6
1989	100	24.8	45.5	29.7
1990	100	24.9	45.1	30.0
1991	100	22.5	45.4	32.1
1992	100	19.1	47.4	33.5
1993	100	16.4	51.0	32.6
1994	100	16.3	51.9	31.8
1995	100	15.4	52.1	32.5
1996	100	14.2	53.2	32.6
1997	100	13.2	54.5	32.4
1998	100	12.0	54.7	33.2
1999	100	11.1	54.6	34.3
2000	100	10.2	53.3	36.4
2001	100	9.5	51.8	38.7
2002	100	8.5	51.2	40.3
2003	100	7.4	52.6	40.1
2004	100	7.0	53.7	39.3
2005	100	6.8	53.4	39.9
2006	100	6.0	54.2	39.8
2007	100	5.2	54.3	40.5
2008	100	5.0	54.1	40.9
2009	100	5.0	52.0	43.0
2010	100	4.8	51.6	43.6
2011	100	4.8	51.1	44.1
2012	100	4.7	49.6	45.8
2013	100	4.6	48.6	46.7
2014	100	4.3	48.9	46.8
2015	100	4.1	47.4	48.6
2016	100	4.0	45.6	50.3
2017	100	3.7	44.4	51.9
2018	100	3.4	43.6	53.0
2019	100	3.3	42.1	54.6
2020	100	3.3	40.8	55.9
2021	100	3.0	42.1	54.9
2022	100	3.0	42.7	54.3

注：本表按当年价格计算。

6-3 全省生产总值指数（1978-2022）

年份	上年=100		1978 年=100	
	全省生产总值指数	人均生产总值指数	全省生产总值指数	人均生产总值指数
1978	121.9	120.5	100.0	100.0
1981	111.5	110.4	147.4	142.8
1982	111.4	110.0	164.2	157.1
1983	108.0	106.8	177.4	167.8
1984	121.7	120.7	216.0	202.5
1985	121.7	120.7	262.9	244.4
1986	112.1	111.0	294.6	271.3
1987	111.8	110.6	329.4	300.0
1988	111.2	109.9	366.4	329.6
1989	99.4	98.4	364.3	324.2
1990	103.9	103.1	378.6	334.4
1991	117.9	117.2	446.3	391.8
1992	118.8	118.1	530.3	462.8
1993	122.0	121.1	647.1	560.4
1994	120.0	119.2	776.4	667.8
1995	117.0	116.3	908.3	776.4
1996	112.7	112.0	1023.5	869.9
1997	111.1	110.6	1137.5	961.9
1998	110.2	109.7	1253.8	1055.0
1999	110.1	109.6	1380.5	1156.4
2000	111.1	108.4	1533.9	1253.5
2001	110.7	107.7	1697.8	1350.1
2002	112.7	111.5	1913.1	1505.8
2003	114.7	113.2	2195.1	1704.8
2004	113.1	111.4	2482.8	1899.0
2005	112.9	111.4	2804.0	2115.6
2006	114.0	112.3	3195.3	2375.7
2007	114.5	112.7	3658.3	2676.3
2008	110.1	108.6	4026.9	2906.0
2009	109.0	107.8	4389.7	3131.4
2010	111.9	109.4	4910.1	3426.2
2011	109.0	106.1	5350.2	3633.7
2012	108.1	105.8	5781.9	3843.8
2013	108.3	106.3	6263.8	4086.4
2014	107.7	105.8	6744.6	4322.8
2015	108.0	106.2	7286.6	4591.2
2016	107.5	105.9	7834.8	4862.1
2017	107.8	106.1	8444.0	5160.9
2018	107.1	105.4	9047.2	5440.3
2019	106.8	105.0	9658.0	5713.5
2020	103.6	102.0	10000.9	5826.5
2021	108.7	107.4	10875.7	6255.9
2022	103.1	102.2	11208.1	6393.5

注：本表按当年价格计算。

6-4 国民经济和社会

指　　标	1978	2012	2013	2014	2015
人口					
年末常住人口(万人)		5685	5784	5890	5985
年末就业人员数(万人)	**1795**	**3407**	**3436**	**3459**	**3505**
全省生产总值(亿元)	**123.72**	**34382.39**	**37334.64**	**40023.48**	**43507.72**
第一产业	47.09	1610.81	1718.74	1726.57	1771.36
第二产业	53.52	17040.53	18162.78	19580.72	20606.55
第三产业	23.11	15731.05	17453.12	18716.19	21129.81
人均生产总值(元)	**332**	**61097**	**65105**	**68569**	**73276**
财政(亿元)					
财政总收入	27.45	6408.49	6908.41	7521.70	8549.47
#地方财政收入	27.45	3441.23	3796.92	4122.02	4809.94
财政支出	17.43	4161.88	4730.47	5159.57	6645.98
固定资产投资总额(亿元)		**17095.96**	**20194.07**	**23554.76**	**26664.72**
贸易					
社会商品零售总额(亿元)	46.86	13667.59	15335.15	17078.11	18910.74
进出口总额(亿美元)	0.70	3124.03	3357.89	3550.49	3467.84
#出口总额(亿美元)	0.52	2245.19	2487.46	2733.29	2763.32
价格指数					
居民消费价格指数（上年=100)		102.2	102.3	102.1	101.4
居民收支(元)					
城镇居民人均可支配收入	332	34550	37080	40393	43714
农村居民人均可支配收入	165	14552	17494	19373	21125

发展主要指标（1978-2022）

2016	2017	2018	2019	2020	2021	2022
6072	6170	6273	6375	6468	6540	6577
3552	**3613**	**3691**	**3771**	**3857**	**3897**	**3885**
47254.04	**52403.13**	**58002.84**	**62462.00**	**64689.06**	**74040.77**	**77715.36**
1890.43	1933.92	1975.89	2086.70	2166.26	2211.66	2324.77
21571.25	23246.72	25308.13	26299.51	26361.50	31173.99	33205.17
23792.36	27222.48	30718.83	34075.77	36161.30	40655.12	42185.42
78384	**85612**	**93230**	**98770**	**100738**	**113839**	**118496**
9225.07	10301.16	11705.95	12268.24	12421.49	14516.96	14421.25
5301.98	5804.38	6598.21	7048.58	7248.24	8262.57	8039.38
6974.25	7530.32	8629.53	10053.03	10082.01	11016.87	12017.70
29571.00	**31125.99**				-	-
20916.73	23121.32	25162.01	27343.81	26629.81	29210.54	30467.20
3365.76	3779.07	4323.60	4472.25	4885.43	6409.30	7034.41
2678.64	2867.93	3210.39	3346.05	3631.10	4661.00	5157.95
101.9	102.1	102.3	102.9	102.3	101.5	102.2
47237	51261	55574	60182	62699	68487	71268
22866	24956	27302	29876	31930	35247	37565

6-5 人民物质

指　　标		2000	2005	2010	2015
城乡居民收入与支出					
城镇居民人均可支配收入	(元)	9279	16294	27359	43714
农村居民人均可支配收入	(元)	4254	6660	11303	21125
城镇居民人均消费支出	(元)	7020	12254	17858	28661
农村居民人均消费支出	(元)	3231	5215	8390	16108
居民人均住房面积(建筑面积)					
城镇居民	(平方米)	19.87	34.56	35.29	40.53
农村居民	(平方米)	46.42	54.98	58.53	61.28
文化、教育及卫生					
城镇每百户拥有彩色电视机	(台)	139.17	178.62	185.70	173.77
农村每百户拥有彩色电视机	(台)	83.15	130.04	161.40	161.29
城镇每百户拥有家用电脑	(台)	14.02	59.47	89.84	95.68
农村每百户拥有家用电脑	(台)		10.77	35.64	45.47
学龄儿童入学率	(%)	99.93	99.99	99.99	99.99
每千人口拥有在校大学生数	(人)	4.72	13.30	17.13	17.62
每千人口拥有医疗床位数	(张)	2.53	3.07	3.38	4.55
每千人口拥有医生数	(人)	1.65	1.80	2.21	2.64
就业					
城镇居民家庭每一就业者负担人数	(人/户)	1.80	1.93	1.95	1.77
农村居民家庭每一劳动力负担人数	(人/户)	1.39	1.37	1.35	1.58
交通通信					
城镇每百户拥有家用汽车	(辆)	0.48	8.71	26.43	47.90
农村每百户拥有家用汽车	(辆)		2.91	7.79	25.41
城镇每百户拥有固定电话	(部)		96.84	89.13	55.98
农村每百户拥有固定电话	(部)	60.26	94.43	88.40	49.57
城镇每百户拥有移动电话	(部)	31.73	174.73	198.01	228.63
#接入互联网移动电话	(部)				135.45
农村每百户拥有移动电话	(部)	20.22	119.21	189.10	216.41
#接入互联网移动电话	(部)				80.82

文化生活（2000-2022）

2016	2017	2018	2019	2020	2021	2022
47237	51261	55574	60182	62699	68487	71268
22866	24956	27302	29876	31930	35247	37565
30068	31924	34598	37508	36197	42193	44511
17359	18093	19707	21352	21555	25415	27483
40.87	41.51	45.35	48.45	46.71	47.93	48.06
60.27	60.43	65.44	67.31	66.87	71.49	71.21
173.79	179.10	171.90	175.10	176.20	172.18	170.96
170.40	176.40	175.70	176.30	175.90	180.42	181.53
93.01	95.60	86.43	85.20	86.00	75.81	75.83
49.31	52.24	45.54	46.10	48.20	36.83	37.13
99.99	99.99	99.99	99.99	99.99	99.99	99.99
17.51	17.45	17.57	18.31	19.50	20.49	21.35
4.78	5.09	5.29	5.49	5.59	5.65	5.80
2.77	2.91	3.05	3.22	3.37	3.56	3.75
1.79	1.80	1.85	1.86	1.91	1.86	1.90
1.57	1.58	1.59	1.62	1.66	1.58	1.62
53.29	55.54	52.43	52.80	55.60	62.46	64.36
30.17	33.35	28.78	28.90	33.00	35.55	38.09
50.67	47.30	28.20	21.50	19.70	10.33	9.62
41.87	38.20	27.20	19.60	18.70	9.88	9.71
234.79	242.30	243.10	242.80	245.40	254.42	252.76
155.78	170.50	193.10	200.20	221.60	228.53	
230.05	235.20	244.50	249.60	253.10	251.91	249.92
106.52	121.20	151.20	164.10	190.90	209.28	

注：1.从2013年起，国家统计局开展了城乡一体化住户收支与生活状况调查，与2013年前的分城镇和农村住户调查的调查范围、调查方法、指标口径有所不同(以后各表同)。农村居民人均可支配收入2013年前为农村居民人均纯收入。

2.城镇居民人均住房面积在2002年前为使用面积；农村居民人均住房面积在2013年以前为居住面积。

3.每千人口拥有医疗床位和拥有医生数均按常住人口计算。

6-6 全国及各地区居民人均可支配收入及增长（2022）

地 区	全体居民		城镇常住居民		农村常住居民	
	可支配收入(元)	增长(%)	可支配收入(元)	增长(%)	可支配收入(元)	增长(%)
全 国	**36883**	**5.0**	**49283**	**3.9**	**20133**	**6.3**
北 京	77415	3.2	84023	3.1	34754	4.4
天 津	48976	3.2	53003	2.9	29018	3.8
河 北	30867	5.1	41278	3.7	19364	6.5
山 西	29178	6.4	39532	5.6	16323	6.6
内蒙古	35921	5.3	46295	4.3	19641	7.1
辽 宁	36089	2.8	44003	2.2	19908	3.6
吉 林	27975	0.7	35471	-0.5	18134	2.8
黑龙江	28346	4.4	35042	4.1	18577	3.8
上 海	79610	2.0	84034	1.9	39729	3.1
江 苏	49862	5.0	60178	4.2	28486	6.3
浙 江	**60302**	**4.8**	**71268**	**4.1**	**37565**	**6.6**
安 徽	32745	6.0	45133	4.9	19575	6.5
福 建	43118	6.0	53817	5.2	24987	7.6
江 西	32419	5.9	43697	4.8	19936	6.7
山 东	37560	5.2	49050	4.2	22110	6.3
河 南	28222	5.3	38484	3.7	18697	6.6
湖 北	32914	6.8	42626	5.8	19709	7.9
湖 南	34036	6.4	47301	5.4	19546	6.8
广 东	47065	4.6	56905	3.7	23598	5.8
广 西	27981	4.7	39703	3.0	17433	6.5
海 南	30957	1.6	40118	-0.2	19117	5.8
重 庆	35666	5.5	45509	4.6	19313	6.7
四 川	30679	5.5	43233	4.3	18672	6.2
贵 州	25508	6.3	41086	4.8	13707	6.6
云 南	26937	5.0	42168	3.1	15147	6.7
西 藏	26675	6.9	48753	4.8	18209	7.5
陕 西	30116	5.4	42431	4.2	15704	6.5
甘 肃	23273	5.5	37572	3.8	12165	6.4
青 海	27000	4.2	38736	2.6	14456	6.3
宁 夏	29599	6.1	40194	5.0	16430	7.1
新 疆	27063	3.8	38410	2.0	16550	6.3

6-7 全国及各地区居民人均消费支出及增长（2022）

地区	全体居民		城镇常住居民		农村常住居民	
	人均消费支出(元)	增长(%)	人均消费支出(元)	增长(%)	人均消费支出(元)	增长(%)
全国	**24538**	**1.8**	**30391**	**0.3**	**16632**	**4.5**
北京	42683	-2.2	45617	-2.5	23745	0.7
天津	31324	-5.6	33824	-6.2	18934	-1.8
河北	20890	4.7	25071	3.6	16271	5.7
山西	17537	2.0	21923	-0.2	12091	6.0
内蒙古	22298	-1.6	26667	-1.9	15444	-1.6
辽宁	22604	-5.1	26652	-6.3	14326	-1.9
吉林	17898	-8.7	21835	-10.6	12729	-5.1
黑龙江	20412	-1.1	24011	-1.7	15162	-0.4
上海	46045	-5.8	48111	-6.2	27430	0.8
江苏	32848	4.4	37796	3.4	22597	6.9
浙江	**38971**	**6.3**	**44511**	**5.5**	**27483**	**8.1**
安徽	22542	2.9	26832	1.3	17980	4.8
福建	30042	5.6	35692	5.2	20467	6.1
江西	21708	7.0	25976	5.6	16984	8.4
山东	22640	-0.8	28555	-2.6	14687	2.7
河南	19019	3.4	23539	1.6	14824	5.3
湖北	24828	4.1	29121	2.2	18991	7.6
湖南	24083	5.6	29580	4.5	18078	6.6
广东	32169	1.8	36936	0.9	20800	3.9
广西	18343	1.4	22438	-0.5	14658	3.5
海南	21500	-3.3	26418	-4.2	15145	-2.2
重庆	25371	3.1	30574	2.4	16727	3.9
四川	22302	3.6	27637	2.5	17199	4.6
贵州	17939	-0.1	24230	-4.4	13172	4.9
云南	18951	0.5	26240	-4.4	13309	7.4
西藏	15886	3.5	28265	0.4	11139	5.3
陕西	19848	2.6	24766	-0.1	14094	7.1
甘肃	17489	0.2	25207	-2.1	11494	2.6
青海	17261	-9.2	21700	-11.5	12516	-5.9
宁夏	19136	-4.4	24213	-4.6	12825	-5.2
新疆	17927	-5.5	24142	-6.1	12169	-5.1

6-8 全国及各地区各种价格总指数（2022）

（上年=100）

地区	居民消费价格指数	商品零售价格指数	工业生产者出厂价格指数	工业生产者购进价格指数	农产品生产者价格指数
全国	**102.0**	**102.7**	**104.1**	**106.1**	**100.4**
北京	101.8	101.8	102.3	106.2	102.7
天津	101.9	102.0	105.8	104.4	98.4
河北	101.8	102.5	100.5	104.7	103.5
山西	102.1	103.7	111.4	109.7	104.0
内蒙古	101.8	103.8	108.6	111.2	100.8
辽宁	102.0	102.6	107.9	110.1	103.6
吉林	102.1	103.1	101.9	104.6	100.7
黑龙江	101.9	102.5	110.9	110.0	102.5
上海	102.5	101.7	102.6	104.9	102.6
江苏	102.2	102.9	103.2	105.8	100.1
浙江	**102.2**	**103.2**	**104.0**	**106.1**	**101.5**
安徽	102.0	102.7	103.2	104.0	102.8
福建	101.9	102.7	102.9	105.2	100.8
江西	102.0	102.6	103.5	109.4	97.5
山东	101.7	102.3	105.1	105.8	100.6
河南	101.5	102.7	105.0	105.7	97.2
湖北	102.1	102.8	103.4	107.8	100.6
湖南	101.8	103.2	102.0	104.8	103.6
广东	102.2	102.5	103.0	104.1	100.1
广西	101.9	102.2	102.5	107.3	100.8
海南	101.6	102.1	115.0	119.8	106.8
重庆	102.1	102.5	102.3	104.4	98.7
四川	102.0	102.9	102.8	105.8	99.1
贵州	101.6	103.0	105.7	111.2	95.9
云南	101.6	103.1	105.4	107.9	96.7
西藏	101.5	102.7	104.1		
陕西	102.1	103.1	107.3	106.2	104.4
甘肃	101.9	103.7	110.9	113.5	100.2
青海	102.4	103.2	112.2	114.0	98.4
宁夏	102.3	102.4	111.1	117.6	98.3
新疆	101.8	102.8	112.3	114.6	99.6

6-9 全国及各地区农产品生产者价格指数（2022）

（上年=100）

地区	农产品生产者价格总指数	种植业产品	林业产品	畜牧业产品	渔业产品
全国	**100.4**	**102.9**	**98.4**	**95.7**	**100.4**
北京	102.7	103.3		102.0	99.3
天津	98.4	102.3		98.7	87.2
河北	103.5	106.0	102.9	100.7	84.9
山西	104.0	105.3	100.0	101.9	101.2
内蒙古	100.8	107.3	85.4	95.4	101.0
辽宁	103.6	103.6	111.3	103.6	101.5
吉林	100.7	102.1	98.6	96.6	105.2
黑龙江	102.5	103.6		96.7	99.2
上海	102.6	103.4	108.1	93.5	107.0
江苏	100.1	102.9	99.0	95.3	100.9
浙江	**101.5**	**102.3**	**99.5**	**96.2**	**103.1**
安徽	102.8	105.3	100.4	97.8	102.2
福建	100.8	103.2	98.3	95.8	104.8
江西	97.5	100.7	97.4	93.2	95.3
山东	100.6	101.4	95.3	98.3	102.8
河南	97.2	103.9	99.5	91.9	100.8
湖北	100.6	104.1	102.3	94.9	96.3
湖南	103.6	108.7	100.5	96.4	105.0
广东	100.1	102.8	99.8	92.0	101.6
广西	100.8	103.5	100.2	94.3	100.3
海南	106.8	111.7	104.1	100.1	105.1
重庆	98.7	103.2	98.5	92.5	95.6
四川	99.1	104.6	99.0	94.7	100.0
贵州	95.9	103.1	103.5	90.0	105.7
云南	96.7	101.5	96.2	88.2	106.0
西藏					
陕西	104.4	109.3	64.7	94.1	98.4
甘肃	100.2	104.7		92.3	
青海	98.4	110.7		86.7	
宁夏	98.3	103.1		94.4	81.6
新疆	99.6	104.6	106.2	94.9	94.2

注：农产品生产者价格指数 2000 年前称农副产品收购价格指数。

6-10 全国及各地区居民

地区	居民消费价格总指数	一、食品烟酒						
			粮食	鲜菜	畜肉	水产品	蛋	鲜果
全国	**102.0**	**102.4**	**102.8**	**102.8**	**95.7**	**101.9**	**107.2**	**112.9**
北京	101.8	103.1	101.2	101.2	97.7	103.5	106.1	115.4
天津	101.9	102.2	102.9	98.8	97.4	98.6	107.4	113.0
河北	101.8	102.7	104.3	99.8	96.4	100.6	106.4	115.2
山西	102.1	103.7	105.7	103.1	96.4	100.5	105.8	118.3
内蒙古	101.8	102.0	102.7	100.8	96.2	97.3	105.8	113.2
辽宁	102.0	102.9	101.2	105.2	96.5	101.7	107.5	113.4
吉林	102.1	102.5	102.6	106.8	95.9	97.9	107.4	111.3
黑龙江	101.9	102.2	102.1	99.8	96.9	101.4	108.5	111.6
上海	102.5	104.5	103.4	112.3	98.3	106.8	116.0	112.0
江苏	102.2	102.6	102.8	103.0	97.4	99.7	106.8	112.3
浙江	**102.2**	**102.6**	**101.4**	**102.8**	**96.0**	**102.5**	**104.8**	**112.1**
安徽	102.0	102.7	102.0	102.3	97.3	96.6	108.3	116.0
福建	101.9	102.4	100.4	103.1	94.6	105.5	107.9	114.5
江西	102.0	102.2	101.0	104.5	95.3	100.7	109.0	117.5
山东	101.7	102.3	105.5	100.7	95.2	102.3	107.3	112.8
河南	101.5	102.1	106.0	97.5	95.7	96.2	107.2	112.6
湖北	102.1	102.2	101.1	103.6	95.7	97.0	106.7	110.9
湖南	101.8	101.4	102.3	102.4	95.5	97.4	107.8	112.3
广东	102.2	102.9	101.6	106.2	93.5	105.8	106.4	112.7
广西	101.9	101.9	100.4	101.3	93.2	104.0	106.8	113.5
海南	101.6	102.5	100.5	101.8	95.9	107.1	106.1	111.2
重庆	102.1	103.9	101.7	106.8	99.8	101.8	108.9	117.4
四川	102.0	101.9	103.8	101.8	96.2	100.7	105.8	110.6
贵州	101.6	101.0	100.6	101.9	93.4	99.5	107.4	109.1
云南	101.6	101.1	101.5	101.0	94.0	99.4	107.0	106.7
西藏	101.5	100.8	100.5	102.2	99.1	102.0	114.1	102.9
陕西	102.1	102.6	104.6	100.1	96.6	98.0	109.2	112.5
甘肃	101.9	102.8	105.1	102.3	93.5	98.8	108.3	112.5
青海	102.4	102.8	103.8	103.8	97.7	101.1	108.8	114.2
宁夏	102.3	102.2	104.6	100.5	96.6	99.8	105.9	106.4
新疆	101.8	101.4	101.9	107.1	94.3	103.2	106.8	113.2

消费价格分类指数（2022）

（上年=100）

二、衣着	三、居住	四、生活用品及服务	五、交通通信	六、教育文化娱乐	七、医疗保健	八、其他用品及服务
100.5	**100.7**	**101.2**	**105.2**	**101.8**	**100.6**	**101.6**
100.6	100.6	101.6	105.0	100.6	100.7	101.6
101.4	100.3	101.6	105.9	101.8	100.2	100.3
99.7	100.7	100.6	104.5	101.4	100.5	101.8
101.6	100.4	100.8	104.6	101.3	100.3	101.4
100.3	100.5	101.1	105.8	101.2	100.3	101.8
99.2	100.5	100.9	105.9	101.8	100.1	101.8
99.7	101.9	101.4	104.9	101.2	100.7	101.7
101.0	101.3	100.6	105.5	100.9	100.5	101.3
99.0	101.0	102.0	104.4	103.5	102.1	100.6
101.2	100.9	102.0	104.9	101.6	101.9	101.8
100.4	**100.7**	**101.8**	**105.1**	**103.1**	**100.3**	**101.8**
101.3	99.8	101.0	105.3	102.8	100.9	102.0
100.0	100.9	101.3	104.9	101.4	100.3	101.5
100.5	100.9	100.8	105.6	102.1	100.2	101.6
100.3	100.5	101.1	104.8	100.4	100.4	101.8
100.4	100.1	101.1	104.4	101.3	100.7	101.4
101.0	101.4	101.4	104.7	102.3	100.3	102.4
101.3	100.7	101.2	106.3	100.9	101.0	101.6
100.6	100.6	101.2	105.8	102.2	100.4	101.6
100.7	100.4	100.5	104.5	104.0	100.9	101.0
100.0	99.3	100.6	105.0	102.1	100.0	100.5
100.0	99.9	101.4	105.5	101.6	99.7	100.6
101.4	101.0	101.3	105.4	102.0	100.6	101.7
100.6	100.5	100.8	105.4	101.5	100.3	101.4
100.4	100.2	100.8	105.4	101.6	100.8	102.2
100.8	100.5	100.5	106.1	100.3	99.9	102.0
100.5	101.1	101.0	103.8	103.4	100.8	101.9
100.4	100.8	100.9	105.0	100.9	100.5	101.2
101.5	101.1	101.2	104.7	103.6	100.4	100.9
99.2	100.9	101.4	106.8	101.5	102.3	101.1
99.8	101.4	101.0	106.1	100.7	100.0	102.3

6-11 全国及各地区商品

地区	商品零售价格总指数	一、食品	二、饮料、烟酒	三、服装、鞋帽	四、纺织品	五、家用电器及音像器材	六、文化办公用品	七、日用品
全国	**102.7**	**102.6**	**101.8**	**100.5**	**100.3**	**100.6**	**100.9**	**101.1**
北京	101.8	103.1	103.0	100.6	100.3	100.5	100.5	101.5
天津	102.0	102.0	102.4	101.3	101.0	100.1	100.8	101.7
河北	102.5	102.6	101.5	100.1	100.1	100.9	101.8	100.2
山西	103.7	103.9	102.2	101.5	101.3	100.2	100.6	100.8
内蒙古	103.8	102.1	101.9	100.0	100.1	100.2	99.6	100.2
辽宁	102.6	103.1	101.9	99.2	99.9	100.0	100.0	100.9
吉林	103.1	102.9	100.6	99.6	100.3	100.6	100.4	102.1
黑龙江	102.5	102.3	101.6	101.2	98.2	99.9	100.7	101.2
上海	101.7	104.7	101.8	98.8	98.8	100.6	100.9	101.4
江苏	102.9	102.7	102.2	101.3	100.5	100.8	101.9	101.4
浙江	**103.2**	**102.6**	**102.5**	**100.3**	**100.0**	**101.9**	**101.7**	**101.6**
安徽	102.7	103.1	101.7	101.2	101.1	100.0	100.4	100.4
福建	102.7	103.0	100.9	99.8	102.1	100.5	100.7	101.7
江西	102.6	102.5	101.0	100.7	98.7	99.4	100.0	100.8
山东	102.3	102.4	102.0	100.3	99.1	100.9	100.5	101.0
河南	102.7	102.4	100.3	100.4	100.3	99.5	101.5	100.0
湖北	102.8	102.4	101.5	101.1	101.9	101.2	100.8	102.2
湖南	103.2	101.5	101.3	101.4	100.7	101.3	100.8	101.8
广东	102.5	102.9	102.8	100.8	100.3	100.6	100.8	101.2
广西	102.2	102.1	100.9	100.5	99.9	97.9	100.0	100.3
海南	102.1	102.8	101.7	99.8	101.8	100.8	100.4	98.9
重庆	102.5	104.3	100.8	100.0	99.9	100.5	99.7	101.1
四川	102.9	102.3	101.7	101.3	100.1	100.7	100.8	101.0
贵州	103.0	101.2	101.6	100.5	99.1	99.6	100.7	101.1
云南	103.1	101.1	101.3	100.3	99.7	100.0	100.4	100.6
西藏	102.7	100.3	99.8	100.6	99.3	99.4	100.7	100.7
陕西	103.1	103.0	102.4	101.0	100.4	101.9	101.3	100.9
甘肃	103.7	102.9	102.2	100.5	100.7	102.2	101.1	101.2
青海	103.2	103.5	101.3	101.4	99.9	101.4	102.3	100.1
宁夏	102.4	102.5	102.5	99.0	100.4	99.5	101.6	101.9
新疆	102.8	102.1	101.6	99.1	101.2	99.8	102.6	100.4

零售价格分类指数（2022）

（上年=100）

八、体育娱乐用品	九、交通、通信用品	十、家具	十一、化妆品	十二、金银饰品	十三、中西药品及医疗保健用品	十四、书报杂志及电子出版物	十五、燃料	十六、建筑材料及五金电料
101.5	**99.2**	**101.3**	**102.1**	**101.8**	**100.1**	**101.9**	**117.6**	**101.9**
102.3	97.9	101.7	101.1	102.9	100.9	106.8	117.3	102.6
103.2	98.5	99.9	102.1	100.7	100.5	102.9	116.0	101.8
101.2	99.6	99.9	102.3	101.4	100.9	100.5	118.6	101.8
101.4	99.1	100.4	101.9	100.3	100.2	101.8	118.9	102.8
100.5	98.5	101.3	103.1	102.5	100.4	101.8	119.4	100.7
101.4	99.3	100.0	101.8	102.8	99.0	101.4	118.9	101.8
100.8	99.5	102.0	101.7	102.7	101.1	102.4	117.3	102.4
100.5	98.1	101.2	101.9	101.4	100.2	100.9	120.5	101.4
102.2	98.6	103.3	101.4	102.0	97.3	98.0	115.9	101.6
101.1	100.1	102.2	102.7	101.0	97.3	101.8	118.5	102.5
101.7	**100.6**	**100.7**	**102.6**	**102.2**	**100.0**	**101.2**	**118.7**	**103.0**
101.2	100.9	101.2	101.4	102.7	99.9	100.7	114.9	101.4
101.1	98.5	100.6	101.9	101.9	101.0	102.1	118.3	102.9
101.0	99.7	101.0	102.3	102.1	100.4	102.3	119.7	100.8
101.3	98.3	99.7	103.7	102.2	100.7	101.9	120.0	101.1
103.4	99.6	102.6	102.3	102.5	101.3	101.8	117.8	101.8
102.2	98.5	100.7	103.0	100.4	100.7	100.7	118.4	102.4
101.4	100.9	100.8	102.1	103.1	101.7	100.2	119.1	101.4
100.0	98.7	102.1	100.9	100.8	100.8	102.8	115.5	101.0
102.5	98.5	101.2	101.6	100.6	98.9	101.4	118.8	100.3
100.1	98.7	101.3	98.6	101.7	99.0	101.6	115.6	102.4
100.1	98.2	100.7	102.9	102.2	99.2	109.2	114.0	103.9
100.5	98.4	103.6	102.0	100.5	99.9	101.6	115.5	102.7
101.3	99.8	101.7	100.5	101.9	100.4	101.5	118.7	101.3
102.3	99.7	100.5	102.1	103.4	101.3	100.8	117.6	102.4
100.2	100.8	100.1	102.7	101.9	100.5	101.4	112.2	103.2
103.4	99.6	100.9	102.9	101.6	100.4	101.9	116.5	100.5
100.6	100.2	98.6	102.7	100.8	100.9	101.4	118.7	101.9
102.0	100.7	101.5	101.9	102.2	99.3	105.8	114.4	104.6
101.8	99.5	100.7	102.3	101.7	99.8	101.3	115.4	104.3
101.9	101.7	101.1	103.3	102.8	99.7	101.6	117.0	102.1

6-12 全国及各地区分月居民消费价格指数（同比）（2022）

（上年同月=100）

地 区	1月	2月	3月	4月	5月	6月	7月	8月	9月	10月	11月	12月
全 国	**100.9**	**100.9**	**101.5**	**102.1**	**102.1**	**102.5**	**102.7**	**102.5**	**102.8**	**102.1**	**101.6**	**101.8**
北 京	101.3	101.2	101.8	102.0	102.2	102.5	102.1	101.9	102.1	101.3	101.2	101.8
天 津	102.0	101.5	101.8	101.9	101.9	102.2	102.0	102.2	102.5	101.5	101.2	101.7
河 北	101.0	100.9	101.6	102.1	102.0	102.2	102.3	102.1	102.5	101.5	101.2	101.6
山 西	100.6	100.8	101.5	102.6	102.5	102.9	103.0	102.7	102.8	102.0	101.6	101.9
内蒙古	100.6	100.6	101.5	102.1	102.1	102.6	102.5	102.3	102.6	102.0	101.3	101.5
辽 宁	100.8	100.7	101.7	102.2	102.1	102.5	102.7	102.7	103.1	102.1	101.1	101.8
吉 林	100.8	100.6	101.9	103.0	102.5	102.9	103.0	102.5	103.0	101.9	101.2	101.8
黑龙江	100.6	100.7	101.3	102.1	102.3	103.0	102.8	102.5	102.8	102.1	101.3	101.7
上 海	101.6	101.5	102.2	104.3	104.6	102.9	102.9	102.4	102.6	101.8	101.6	102.1
江 苏	101.1	101.2	102.1	102.8	102.2	102.4	102.6	102.4	102.8	102.5	102.0	102.0
浙 江	**101.4**	**101.1**	**101.7**	**102.8**	**102.5**	**102.8**	**103.0**	**102.8**	**102.9**	**102.0**	**101.4**	**101.8**
安 徽	101.1	101.1	101.7	102.7	102.3	102.6	102.9	102.5	102.6	102.1	101.3	101.4
福 建	100.4	100.8	101.2	101.8	101.8	102.6	102.9	102.4	102.6	102.1	101.6	102.1
江 西	100.5	100.8	101.4	102.0	102.0	102.6	102.8	102.6	102.9	102.4	101.8	102.0
山 东	100.8	100.7	101.4	101.8	101.6	102.1	102.2	102.1	102.4	101.9	101.3	101.6
河 南	100.4	100.2	101.0	101.6	101.7	102.0	102.3	101.8	102.3	102.1	101.2	101.1
湖 北	100.7	100.7	101.3	101.7	102.0	102.5	102.8	102.7	103.4	102.9	102.2	102.0
湖 南	100.4	100.6	101.1	101.6	101.8	102.5	102.8	102.5	102.7	102.2	101.6	101.5
广 东	101.7	101.5	101.9	102.4	102.3	103.1	102.9	102.5	102.6	102.0	101.8	102.2
广 西	100.8	101.1	101.2	101.7	102.1	102.9	103.1	102.7	102.6	102.1	101.3	101.7
海 南	100.4	101.0	101.1	101.4	101.4	102.1	102.4	103.2	102.7	101.0	101.1	102.0
重 庆	100.6	101.2	101.4	101.7	101.7	102.0	102.7	102.8	103.5	102.7	102.5	102.7
四 川	100.4	100.6	100.9	101.5	101.8	102.6	103.1	103.0	103.8	102.8	101.7	101.7
贵 州	100.3	100.5	100.7	101.2	101.5	102.3	102.2	102.2	103.4	102.3	101.3	101.4
云 南	100.0	100.3	100.5	101.1	101.5	102.2	102.3	102.4	102.6	102.6	101.9	101.7
西 藏	100.2	99.8	100.5	101.2	101.7	101.9	101.8	102.1	102.3	102.4	102.4	102.1
陕 西	102.1	101.3	102.1	102.5	102.1	102.5	102.9	102.8	102.6	101.8	101.0	101.0
甘 肃	100.5	100.7	101.3	101.6	101.8	102.4	103.0	102.8	102.9	102.1	101.7	101.9
青 海	101.6	101.9	102.3	102.6	102.5	102.7	102.6	102.5	102.8	102.4	102.3	102.1
宁 夏	101.5	102.0	102.4	102.5	102.1	102.7	102.8	102.7	102.8	102.4	101.6	101.7
新 疆	100.6	100.2	100.4	100.9	101.1	101.7	101.9	102.6	103.1	103.6	102.9	102.3

6-13 全国及各地区分月居民消费价格指数（环比）（2022）

（上月=100）

地区	1月	2月	3月	4月	5月	6月	7月	8月	9月	10月	11月	12月
全国	**100.4**	**100.6**	**100.0**	**100.4**	**99.8**	**100.0**	**100.5**	**99.9**	**100.3**	**100.1**	**99.8**	**100.0**
北京	100.2	100.4	100.3	100.3	100.1	99.9	100.3	99.9	100.1	100.1	99.9	100.3
天津	100.9	100.3	100.1	99.9	99.8	100.2	100.5	99.9	100.0	99.8	99.8	100.3
河北	100.6	100.3	100.1	100.1	99.6	99.8	100.4	99.9	100.4	100.0	100.2	100.2
山西	100.6	100.5	100.2	100.5	99.8	99.7	100.3	99.8	100.4	100.1	100.0	100.1
内蒙古	100.4	100.5	100.2	100.2	99.7	100.0	100.3	99.8	100.1	100.3	100.3	100.0
辽宁	100.6	100.5	100.3	100.1	99.7	100.0	100.5	100.0	100.2	99.9	99.9	100.1
吉林	100.9	100.3	100.7	100.3	99.2	99.6	100.4	99.7	100.1	100.2	100.2	100.2
黑龙江	100.4	100.5	100.0	100.2	99.7	99.9	100.2	99.8	100.1	100.2	100.3	100.3
上海	100.6	100.5	100.2	102.1	100.2	98.1	100.3	99.6	100.2	100.0	100.0	100.3
江苏	100.4	100.5	100.4	100.6	99.4	100.1	100.7	100.0	100.2	100.0	99.6	100.0
浙江	**100.6**	**100.8**	**99.9**	**100.7**	**99.5**	**100.1**	**100.6**	**99.8**	**100.3**	**99.8**	**99.6**	**100.1**
安徽	100.5	100.6	100.0	100.5	99.6	99.7	100.5	99.9	100.4	100.1	99.6	99.9
福建	100.4	101.0	99.8	100.3	100.0	100.4	100.4	99.7	100.3	100.1	99.9	99.9
江西	100.3	100.8	100.0	100.4	100.0	100.2	100.3	99.9	100.5	100.1	99.6	99.8
山东	100.6	100.2	100.3	100.1	99.8	100.0	100.5	99.9	100.2	100.1	99.9	100.1
河南	100.5	100.2	100.1	100.2	99.7	99.7	100.6	99.9	100.3	100.3	99.8	99.8
湖北	100.3	100.6	100.1	100.2	100.1	100.2	100.5	100.0	100.9	99.9	99.6	99.6
湖南	100.1	100.6	100.0	100.1	100.0	100.3	100.5	100.0	100.4	100.1	99.8	99.5
广东	100.5	101.0	99.7	100.3	100.0	100.6	100.2	99.7	100.3	100.1	99.8	100.1
广西	100.1	101.0	99.8	100.4	100.1	100.1	100.3	99.7	100.4	100.1	99.7	100.0
海南	100.3	101.6	99.2	100.3	99.8	100.2	100.4	100.7	99.6	99.5	99.7	100.5
重庆	100.5	101.0	99.6	100.3	100.0	99.8	100.9	100.1	100.5	99.9	100.4	99.7
四川	100.2	100.8	99.7	100.4	100.0	100.0	100.8	100.0	100.7	99.8	99.7	99.6
贵州	100.2	100.8	99.8	100.1	100.0	100.2	100.2	100.0	101.0	99.6	99.6	99.7
云南	100.1	100.6	100.0	100.4	100.0	100.3	100.2	99.9	100.3	100.2	99.9	99.7
西藏	100.3	100.0	100.5	100.3	100.0	100.0	100.2	100.3	100.1	100.2	100.5	99.7
陕西	100.8	99.8	100.2	100.3	99.8	99.9	100.6	99.9	100.3	100.0	99.6	100.1
甘肃	100.3	100.6	100.0	100.1	99.9	100.2	100.7	99.8	100.1	100.2	100.2	99.9
青海	100.4	100.6	99.9	100.6	99.7	99.9	100.5	99.8	100.2	100.3	100.5	99.6
宁夏	100.2	100.7	100.2	100.2	99.6	100.0	100.4	99.9	100.2	100.6	99.9	100.0
新疆	100.3	100.1	99.9	100.0	100.0	100.3	100.4	100.4	100.0	101.2	100.1	99.6

6-14 全国及各地区分月工业生产者出厂价格指数（同比）（2022）

（上年同月=100）

地　区	1月	2月	3月	4月	5月	6月	7月	8月	9月	10月	11月	12月
全　国	109.1	108.8	108.3	108.0	106.4	106.1	104.2	102.3	100.9	98.7	98.7	99.3
北　京	103.3	102.7	103.2	103.2	102.6	102.4	102.0	102.3	102.2	101.9	101.4	100.8
天　津	110.5	111.0	111.0	109.6	108.2	109.4	106.1	103.4	102.0	99.6	100.3	100.1
河　北	111.6	110.1	107.8	106.4	102.5	101.8	98.6	95.7	94.4	92.3	93.0	95.4
山　西	132.3	128.0	130.8	134.0	124.0	119.8	112.6	103.9	96.8	89.2	91.7	98.5
内蒙古	126.6	128.5	130.6	126.2	118.7	115.1	108.9	100.8	95.9	85.7	91.5	97.5
辽　宁	113.6	112.9	110.8	112.2	110.6	111.3	109.4	105.4	104.8	102.4	101.2	101.8
吉　林	104.1	104.4	103.9	102.9	102.6	102.6	102.2	101.2	100.7	99.8	99.6	99.5
黑龙江	113.2	113.9	114.7	116.2	115.2	116.2	112.5	109.4	109.4	105.2	103.1	103.6
上　海	103.5	103.7	103.4	103.1	103.1	103.1	102.7	101.8	101.6	101.4	101.7	101.9
江　苏	107.8	107.3	106.6	106.1	105.1	104.9	103.4	101.9	100.9	99.0	98.3	98.5
浙　江	108.3	108.0	106.7	106.7	105.9	105.6	104.0	102.8	102.2	100.3	99.3	99.6
安　徽	108.7	108.0	107.5	107.1	105.8	104.6	102.9	101.3	99.9	98.3	97.7	97.9
福　建	105.7	105.4	104.7	104.7	104.3	104.4	103.1	101.9	101.0	100.1	99.7	100.2
江　西	109.7	109.5	108.1	107.5	105.4	105.1	102.9	100.9	99.8	98.3	98.0	98.5
山　东	110.6	110.1	109.9	109.2	107.4	107.2	105.1	103.2	102.2	99.2	99.1	99.9
河　南	109.6	109.7	109.6	109.5	107.1	106.9	105.6	103.1	101.2	99.4	98.7	100.8
湖　北	106.1	106.1	105.8	105.8	105.0	104.8	103.7	102.5	101.8	100.8	99.9	99.4
湖　南	105.7	105.3	104.6	104.5	103.2	102.9	101.7	100.6	99.7	98.4	98.7	99.2
广　东	104.7	104.9	104.5	104.3	104.2	104.3	102.9	101.9	101.4	101.1	100.9	100.9
广　西	108.2	108.4	107.5	107.2	104.9	104.8	103.1	100.2	98.0	95.5	96.3	97.7
海　南	118.1	118.1	117.7	119.6	118.2	120.3	117.8	113.7	114.4	109.5	106.4	108.2
重　庆	105.2	105.3	104.8	104.2	103.7	103.2	102.5	101.2	100.9	99.4	99.2	99.2
四　川	106.9	106.3	105.9	105.8	104.3	104.0	103.0	101.6	100.4	98.7	98.4	98.8
贵　州	110.5	111.4	110.5	110.5	110.3	108.1	107.1	104.5	101.6	98.5	97.7	99.6
云　南	112.6	112.1	111.9	111.2	110.1	109.1	106.1	102.7	99.9	95.3	97.4	99.1
西　藏	103.7	104.1	105.2	104.7	103.6	102.7	102.5	106.1	103.0	103.4	105.2	105.5
陕　西	117.6	117.2	118.3	118.8	112.5	111.9	107.4	104.6	99.6	91.9	96.6	99.4
甘　肃	118.8	120.1	120.3	120.9	115.6	115.3	109.2	105.8	104.8	100.6	100.6	102.8
青　海	121.4	122.3	121.1	120.3	117.4	116.6	111.8	109.4	105.3	101.3	101.6	104.0
宁　夏	120.6	119.9	124.7	125.4	119.6	117.2	113.4	108.3	101.4	95.5	97.5	100.6
新　疆	124.8	125.5	124.3	122.2	119.5	119.4	114.1	108.9	106.5	97.3	96.3	98.8

6-15 全国及各地区分月工业生产者出厂价格指数（环比）（2022）

（上月=100）

地　区	1月	2月	3月	4月	5月	6月	7月	8月	9月	10月	11月	12月
全　国	**99.8**	**100.5**	**101.1**	**100.6**	**100.1**	**100.0**	**98.7**	**98.8**	**99.9**	**100.2**	**100.1**	**99.5**
北　京	101.5	100.0	100.5	100.0	99.6	100.0	99.9	99.9	99.8	99.5	100.0	100.0
天　津	100.6	101.4	102.6	99.8	100.7	101.0	98.0	98.1	99.2	100.0	100.3	98.4
河　北	99.9	100.9	101.1	101.4	99.7	98.9	97.0	98.0	99.8	99.7	99.0	100.0
山　西	99.3	99.1	102.0	103.1	99.9	99.3	96.3	96.7	100.3	102.4	100.5	100.0
内蒙古	98.3	101.5	102.9	100.9	99.5	100.1	96.9	96.1	100.4	100.8	100.4	100.0
辽　宁	99.8	101.6	102.1	101.8	100.6	101.6	99.0	97.2	99.6	99.8	100.5	98.3
吉　林	99.3	100.6	100.6	100.4	100.1	99.7	99.6	99.5	99.9	100.2	99.8	99.9
黑龙江	100.6	102.7	104.7	100.4	100.7	102.0	99.0	97.1	99.3	99.1	100.5	97.7
上　海	100.2	100.6	100.7	100.2	100.5	100.2	99.8	99.2	100.2	100.4	100.3	99.5
江　苏	99.8	100.2	100.7	100.6	100.3	100.2	98.7	98.8	99.7	100.0	99.8	99.7
浙　江	**99.9**	**100.2**	**100.8**	**100.6**	**100.3**	**100.0**	**98.7**	**99.2**	**100.0**	**100.1**	**100.0**	**99.8**
安　徽	99.6	100.1	100.9	100.6	100.0	99.5	98.8	99.0	99.6	100.2	100.1	99.6
福　建	99.8	100.2	100.6	100.8	100.2	100.2	99.3	99.4	99.6	100.2	100.1	99.8
江　西	99.9	100.5	101.1	100.4	100.0	99.9	97.6	98.7	99.7	100.4	100.2	100.2
山　东	100.0	101.1	101.9	100.4	100.3	100.0	98.5	98.6	100.2	100.0	99.8	99.1
河　南	99.8	100.5	101.3	100.9	100.2	99.4	99.0	98.6	99.9	101.2	99.8	100.2
湖　北	99.9	100.4	100.5	100.4	100.1	100.1	99.4	99.2	99.9	100.1	99.8	99.6
湖　南	99.7	100.2	100.5	100.3	99.8	99.7	99.2	99.5	100.0	100.5	99.9	100.0
广　东	99.6	100.4	100.6	100.5	100.5	100.2	99.4	99.4	99.9	100.5	100.3	99.6
广　西	99.3	100.9	100.9	100.6	99.6	99.7	98.1	98.4	99.9	100.4	100.3	99.6
海　南	101.3	102.5	103.5	101.7	100.4	103.9	99.8	97.1	99.5	99.0	100.0	99.5
重　庆	99.8	100.3	100.2	100.0	100.1	99.8	99.5	99.3	100.3	99.8	100.1	99.9
四　川	99.5	100.1	100.5	100.6	99.8	99.8	99.1	99.1	99.7	100.1	100.3	100.4
贵　州	99.7	100.9	100.1	100.6	100.7	98.6	99.0	98.6	99.8	100.5	100.5	100.6
云　南	100.7	100.9	101.3	100.4	100.2	98.8	96.8	97.2	99.3	100.1	101.6	101.9
西　藏	102.5	99.8	102.4	100.9	100.0	99.7	96.3	101.2	99.5	101.9	100.6	100.7
陕　西	98.9	100.4	102.3	101.6	98.7	100.6	98.8	98.7	99.9	100.0	100.2	99.5
甘　肃	102.5	103.4	104.0	101.3	98.9	99.6	96.1	98.0	99.9	99.1	101.0	99.3
青　海	101.0	102.4	101.8	100.8	100.6	100.4	97.8	99.6	99.9	99.9	99.4	100.1
宁　夏	100.0	100.8	103.8	100.8	99.4	99.4	98.0	98.2	99.5	101.3	100.1	99.5
新　疆	100.5	102.0	103.6	100.4	100.3	101.4	97.4	97.3	100.2	97.3	100.5	98.1

6-16 全国70个大中城市各月新建商品住宅销售价格指数（环比）（2022）

（上月=100）

地　区	1月	2月	3月	4月	5月	6月	7月	8月	9月	10月	11月	12月
北　京	101.0	100.6	100.4	100.7	100.4	100.8	100.5	100.4	100.2	100.4	100.1	100.2
天　津	99.3	100.1	100.2	99.9	99.5	99.8	99.4	99.6	99.8	99.7	99.4	99.3
石家庄	99.6	100.0	100.3	100.2	99.7	99.8	99.7	99.5	99.7	99.3	99.8	99.4
太　原	99.9	99.6	99.8	99.4	99.7	100.1	99.6	99.5	99.4	99.6	99.3	99.4
呼和浩特	99.9	99.8	99.9	99.5	100.1	99.6	100.3	99.0	100.1	100.0	100.0	98.6
沈　阳	99.4	99.4	99.6	99.8	99.9	100.1	99.6	99.2	99.7	99.4	99.3	99.4
大　连	99.8	99.6	99.3	99.9	99.8	99.7	99.9	99.8	99.5	98.8	99.5	99.6
长　春	100.2	99.7	100.0	100.0	99.8	99.3	99.7	100.2	99.3	99.3	99.2	98.9
哈尔滨	98.8	99.1	99.3	99.3	99.6	99.4	99.8	99.5	99.2	99.4	99.1	99.6
上　海	100.6	100.5	100.3	100.0	100.0	100.5	100.5	100.6	100.2	100.3	100.3	100.4
南　京	100.1	100.7	100.2	99.5	99.4	100.4	100.3	100.4	99.6	99.5	100.3	99.9
杭　州	100.3	100.4	100.7	100.6	100.4	101.0	100.7	100.4	100.4	100.3	100.7	100.3
宁　波	100.4	100.7	100.1	99.7	99.7	100.1	99.8	100.3	100.2	100.4	100.1	100.2
合　肥	99.9	99.3	99.6	99.9	100.1	100.5	100.7	100.3	100.7	100.6	100.1	99.9
福　州	100.4	100.3	99.4	99.4	99.8	100.3	100.4	99.5	99.3	99.5	99.7	99.8
厦　门	99.6	99.5	99.7	99.5	99.6	100.5	99.6	99.4	99.7	99.3	99.8	99.9
南　昌	100.3	100.4	100.4	100.5	100.1	99.4	100.8	100.1	100.3	99.9	99.9	99.7
济　南	100.1	100.1	100.3	99.8	100.5	100.3	100.4	100.2	100.3	100.1	99.9	99.9
青　岛	99.6	100.0	100.4	100.1	100.2	100.6	99.8	100.3	99.9	99.8	99.8	100.3
郑　州	99.8	99.8	99.3	99.7	99.9	99.8	100.3	99.6	99.7	99.5	99.6	99.4
武　汉	100.3	99.5	99.6	99.2	99.2	99.6	99.8	98.7	99.1	99.4	99.8	99.9
长　沙	100.1	100.2	100.4	100.3	100.2	100.4	100.1	100.3	100.1	100.2	100.5	100.5
广　州	100.5	100.6	99.9	100.1	100.5	100.3	100.3	99.8	99.7	99.7	99.5	99.6
深　圳	100.5	100.4	100.8	99.9	100.5	100.2	99.8	99.6	99.5	99.3	99.5	99.7
南　宁	100.4	99.6	99.9	100.2	100.2	100.1	99.0	99.3	99.4	99.0	99.4	99.8
海　口	99.9	99.7	100.5	100.4	100.5	99.8	100.3	100.2	100.2	99.9	99.8	99.8
重　庆	100.9	100.6	100.5	99.6	99.8	100.4	100.4	98.9	100.3	99.4	99.7	99.5
成　都	101.0	100.7	100.8	100.8	100.9	101.3	101.0	100.4	100.7	100.3	100.5	100.5
贵　阳	100.3	99.6	100.2	100.8	99.8	99.8	99.7	99.9	100.0	99.6	99.2	99.8
昆　明	100.4	100.5	99.7	99.9	99.5	99.8	99.5	99.6	99.4	99.2	100.2	99.3
西　安	100.0	101.0	100.4	100.2	100.3	100.3	100.6	100.1	99.5	99.7	99.7	100.1
兰　州	99.8	99.7	99.6	99.3	99.7	99.5	99.4	99.0	99.1	99.6	99.9	99.5
西　宁	99.7	99.2	99.7	100.0	98.9	100.4	100.1	99.6	99.7	99.4	100.0	99.7
银　川	101.5	99.9	100.4	100.1	100.2	100.1	100.5	100.4	99.9	99.8	99.3	100.1
乌鲁木齐	100.2	100.7	101.0	100.6	100.7	99.8	99.8	99.9	99.7	99.8	100.0	99.7

6-16 续表

地　区	1月	2月	3月	4月	5月	6月	7月	8月	9月	10月	11月	12月
唐　山	100.7	100.0	100.0	100.1	100.2	99.3	100.2	99.4	99.6	99.8	99.3	99.4
秦皇岛	99.5	99.8	99.2	99.7	100.2	99.0	99.4	99.5	99.3	99.3	99.7	99.5
包　头	99.8	99.7	99.4	99.3	99.5	99.6	99.9	99.4	99.3	100.0	99.7	99.6
丹　东	99.3	99.6	99.2	99.1	100.0	100.0	99.2	99.6	99.5	99.9	99.9	99.8
锦　州	99.8	99.4	100.4	98.5	100.4	100.2	99.8	99.7	99.7	99.1	99.8	99.6
吉　林	100.1	100.2	100.0	100.0	99.4	100.1	99.0	99.3	99.4	99.7	99.5	99.5
牡丹江	99.6	99.4	99.7	100.0	100.3	100.3	100.2	100.1	99.9	98.9	99.0	99.5
无　锡	100.3	100.5	100.2	99.9	99.8	100.2	99.6	100.4	99.6	99.2	99.7	100.4
徐　州	100.8	99.9	99.8	99.5	100.2	100.5	100.1	99.6	99.9	99.5	99.5	99.7
扬　州	99.5	99.6	99.7	99.0	99.3	99.7	100.8	99.7	99.5	99.6	99.8	100.6
温　州	100.7	99.2	99.3	99.2	99.5	99.4	99.3	99.6	99.1	99.3	99.2	99.8
金　华	100.0	100.1	100.4	100.3	99.9	99.7	99.6	99.6	99.4	99.4	99.5	99.7
蚌　埠	100.0	100.1	100.2	98.8	99.6	100.2	99.5	99.9	99.8	99.9	99.4	99.9
安　庆	99.7	99.4	99.4	99.5	99.5	99.6	99.0	99.6	99.5	100.1	99.9	99.7
泉　州	100.1	100.4	99.6	99.8	99.3	99.4	99.5	99.0	99.3	99.4	100.5	100.7
九　江	99.4	99.6	99.9	99.8	99.7	99.6	100.4	99.8	99.9	99.6	99.7	100.2
赣　州	100.1	100.3	100.2	100.1	100.2	100.4	100.1	99.6	100.2	99.4	99.6	99.7
烟　台	99.6	100.1	99.8	99.6	99.4	100.2	99.6	100.1	99.7	99.8	100.3	99.8
济　宁	99.5	99.4	99.6	100.2	100.1	99.6	99.7	99.2	99.9	99.4	98.9	99.7
洛　阳	99.7	99.6	99.5	99.3	99.3	99.7	100.1	99.7	99.6	99.3	99.6	99.5
平顶山	99.8	99.3	99.7	99.9	99.8	99.9	100.1	99.6	99.8	99.7	99.8	100.2
宜　昌	99.8	99.6	99.9	99.8	100.1	98.5	99.6	99.8	99.3	99.1	99.8	99.8
襄　阳	99.2	99.5	100.2	98.8	99.5	99.8	99.9	99.6	99.8	99.9	99.5	99.9
岳　阳	99.9	99.2	99.2	98.7	99.5	98.4	99.5	99.5	99.3	99.2	99.6	99.4
常　德	99.4	99.3	100.1	99.0	99.4	99.8	99.2	99.4	99.6	99.5	99.7	99.6
韶　关	99.3	99.7	100.6	99.0	100.1	99.5	100.2	100.2	99.6	99.7	99.3	99.4
湛　江	99.2	100.4	99.1	98.8	98.7	99.3	99.4	98.8	99.1	99.4	99.5	99.5
惠　州	99.8	100.4	99.5	99.6	99.7	100.2	100.2	99.8	99.7	99.3	99.8	99.3
桂　林	99.9	99.8	99.4	99.5	99.9	99.9	99.5	99.3	99.6	99.7	99.2	99.4
北　海	99.8	97.9	99.5	98.4	99.2	99.0	98.7	98.6	99.4	99.3	99.6	99.6
三　亚	100.7	99.8	99.9	99.6	99.8	99.6	100.3	100.0	99.7	99.9	100.2	99.8
泸　州	99.5	99.5	99.6	99.3	99.2	99.5	99.8	99.5	99.9	99.7	100.4	99.6
南　充	99.4	99.1	100.1	99.2	98.8	99.8	100.2	99.4	99.5	101.0	100.5	100.1
遵　义	99.4	100.3	100.4	99.8	99.5	100.5	99.7	99.7	100.2	99.4	100.3	99.5
大　理	99.5	99.4	99.6	99.3	99.7	99.0	99.2	99.9	100.4	99.5	100.1	99.7

注：以上城市范围为市辖区，不含县。

6-17 全国70个大中城市各月新建商品住宅销售价格指数（同比）（2022）

（上年同月=100）

地　区	1月	2月	3月	4月	5月	6月	7月	8月	9月	10月	11月	12月
北　京	105.5	105.5	105.7	105.8	105.9	105.8	105.5	105.8	106.1	105.9	105.7	105.8
天　津	101.3	101.0	100.5	99.7	98.6	97.6	96.5	95.8	95.7	95.9	96.0	96.0
石家庄	98.0	98.3	98.0	97.8	97.1	96.9	96.4	96.3	95.6	95.9	96.8	97.1
太　原	97.4	97.1	97.1	96.3	95.7	96.0	95.7	95.5	95.5	95.3	95.1	95.4
呼和浩特	98.9	98.9	99.1	98.6	98.3	97.7	98.0	96.8	97.3	97.7	98.2	96.9
沈　阳	101.2	100.6	100.0	99.2	98.2	97.6	96.8	95.8	95.5	95.2	94.9	94.8
大　连	104.3	103.6	102.0	101.2	99.8	98.5	97.8	97.0	96.3	95.4	95.1	95.1
长　春	100.9	100.8	100.9	100.6	100.1	99.3	98.8	98.7	97.7	96.9	96.5	95.7
哈尔滨	97.5	96.2	95.2	94.4	93.6	93.2	93.0	92.8	92.5	92.2	92.0	92.4
上　海	104.2	104.1	104.1	103.8	103.4	103.4	103.5	103.7	103.8	104.0	104.0	104.1
南　京	104.0	104.1	103.6	102.4	101.0	100.6	100.6	100.9	100.3	99.9	100.6	100.3
杭　州	105.8	106.0	106.2	106.3	106.1	106.3	106.6	106.5	106.5	106.4	106.6	106.4
宁　波	103.3	103.5	102.8	102.0	101.3	100.8	100.3	100.3	100.4	100.9	101.2	101.8
合　肥	102.5	101.2	100.1	99.5	99.4	99.7	100.3	100.4	100.7	101.5	101.9	101.6
福　州	103.2	103.1	101.6	100.4	99.7	99.6	99.7	99.0	98.2	97.9	98.0	97.7
厦　门	103.3	102.3	101.7	101.0	99.7	99.4	98.6	97.6	97.0	96.1	96.4	96.1
南　昌	100.5	100.8	100.8	100.7	100.9	100.3	100.9	100.8	101.2	101.5	101.9	101.8
济　南	105.0	104.8	104.5	103.5	102.9	101.7	101.4	101.0	100.9	101.5	102.0	101.9
青　岛	103.7	103.4	103.3	102.6	102.0	101.9	100.8	100.3	100.1	100.1	100.2	100.6
郑　州	101.5	100.8	99.4	98.4	97.5	96.6	96.4	96.2	96.2	96.2	96.4	96.6
武　汉	103.2	102.4	101.5	99.7	98.2	97.1	96.3	94.7	93.9	93.6	94.2	94.4
长　沙	106.9	106.0	105.9	105.5	104.8	103.9	103.2	103.0	102.7	102.7	103.0	103.2
广　州	104.5	104.2	103.0	102.0	101.0	100.3	100.4	100.3	100.1	100.2	100.2	100.4
深　圳	103.5	103.8	104.5	103.9	103.9	103.6	103.0	101.6	100.9	100.5	100.0	99.8
南　宁	101.8	100.9	100.2	99.9	99.6	99.2	98.0	97.7	97.5	97.0	96.5	96.6
海　口	103.7	102.8	103.0	102.3	102.4	101.5	100.8	100.7	100.6	100.5	100.8	101.0
重　庆	108.3	108.5	108.1	106.1	103.9	103.4	103.1	101.2	101.4	100.8	100.7	100.0
成　都	102.5	102.5	102.7	102.9	103.4	104.5	105.1	105.3	106.2	107.2	108.0	109.0
贵　阳	100.3	99.5	99.3	99.2	98.7	98.7	97.9	97.8	98.0	98.0	98.4	98.6
昆　明	99.4	99.2	98.1	97.1	96.6	97.1	97.2	97.2	97.3	97.3	97.5	97.0
西　安	105.9	106.1	105.6	105.2	104.9	104.2	104.1	103.6	102.5	101.8	101.4	102.0
兰　州	101.6	100.6	99.7	98.4	97.7	96.7	95.8	95.0	94.5	94.2	94.5	94.4
西　宁	102.7	101.2	100.4	99.8	98.0	97.5	96.9	96.0	95.5	95.3	95.7	96.4
银　川	107.7	106.8	106.6	106.2	105.4	104.7	104.2	104.3	103.5	102.7	101.8	102.3
乌鲁木齐	102.6	102.3	102.9	103.2	103.2	102.9	102.3	101.4	101.1	101.2	101.7	101.7

6-17 续表

地　区	1月	2月	3月	4月	5月	6月	7月	8月	9月	10月	11月	12月
唐　山	99.0	99.2	99.0	98.8	98.8	97.7	98.2	98.3	98.6	99.2	98.7	97.9
秦皇岛	96.1	96.0	94.8	94.5	94.7	94.0	93.6	93.6	93.5	93.6	93.7	94.1
包　头	99.8	99.8	98.7	97.7	96.6	96.3	96.0	95.3	94.9	95.2	95.3	95.4
丹　东	100.8	99.9	99.0	97.9	97.7	97.6	96.5	95.9	95.2	95.0	95.1	95.2
锦　州	102.5	101.3	101.7	100.0	99.7	99.4	98.9	98.4	97.6	96.4	96.7	96.5
吉　林	102.5	102.0	101.7	100.9	100.0	99.6	98.1	97.2	96.8	96.8	96.7	96.2
牡丹江	98.2	97.8	97.4	97.0	97.0	97.1	97.4	97.1	97.7	97.1	96.7	96.8
无　锡	104.5	104.9	104.4	103.6	102.6	101.6	100.4	100.5	99.6	98.8	98.8	99.7
徐　州	104.0	102.6	102.1	100.7	100.2	100.0	99.8	99.3	99.5	99.2	98.9	99.0
扬　州	102.7	101.7	100.7	98.7	97.2	95.8	96.0	95.7	95.6	95.6	96.1	96.7
温　州	104.3	103.3	102.5	101.1	99.8	98.7	97.5	96.9	95.6	94.9	94.2	93.7
金　华	103.0	102.7	102.4	102.3	101.7	100.8	100.1	99.4	98.7	98.3	98.1	97.9
蚌　埠	100.5	100.4	100.3	99.3	99.2	98.9	98.0	97.5	97.4	97.5	97.2	97.3
安　庆	98.2	98.1	97.9	97.7	97.5	97.3	96.4	96.0	95.1	95.3	95.4	95.1
泉　州	103.0	102.6	101.4	100.5	99.2	98.1	97.0	95.8	95.0	94.6	95.5	96.9
九　江	101.0	99.8	99.3	98.7	98.1	97.3	97.2	96.8	96.9	96.8	96.9	97.5
赣　州	101.9	101.6	101.5	101.4	101.1	101.1	101.3	101.0	101.2	100.9	100.6	99.9
烟　台	100.8	100.6	99.9	99.0	98.1	97.9	97.0	97.2	97.1	97.3	97.9	98.0
济　宁	103.7	102.4	101.2	100.7	99.7	98.6	97.6	96.8	96.3	95.8	95.1	95.3
洛　阳	102.3	101.9	101.3	99.9	98.5	97.8	97.4	96.6	96.0	95.2	95.0	95.2
平顶山	101.3	100.3	99.7	99.4	98.9	98.7	98.9	98.1	97.6	97.0	97.1	97.4
宜　昌	102.1	101.2	100.5	99.5	99.0	97.0	96.0	95.9	95.5	94.9	94.9	95.0
襄　阳	100.1	99.5	99.3	97.4	96.6	96.0	95.5	94.7	94.5	94.6	94.7	95.6
岳　阳	97.8	96.7	96.3	95.0	94.1	92.9	93.0	92.9	92.7	92.6	92.0	91.8
常　德	96.9	96.0	95.8	94.8	94.6	94.9	94.3	94.0	94.3	94.4	94.3	94.3
韶　关	99.7	98.8	98.9	97.4	97.1	95.8	96.4	96.2	96.3	97.0	96.5	96.5
湛　江	98.6	98.2	97.1	95.3	93.5	93.0	92.0	91.1	91.2	91.3	91.2	91.7
惠　州	100.4	100.6	99.9	99.1	98.1	97.7	97.9	98.0	98.0	97.9	97.6	97.2
桂　林	99.9	99.2	98.2	97.3	96.7	96.4	96.2	95.9	96.1	96.5	96.2	95.3
北　海	98.5	96.7	96.3	95.0	93.7	92.6	91.2	89.9	89.7	89.3	89.4	89.7
三　亚	105.4	105.0	104.1	103.4	102.8	101.8	101.6	101.4	101.0	100.1	99.5	99.2
泸　州	96.9	96.8	95.6	95.3	94.0	93.7	93.7	93.4	94.3	94.9	96.0	95.7
南　充	97.6	95.9	95.5	94.4	93.5	93.7	94.2	94.2	93.8	95.3	96.4	97.2
遵　义	99.4	99.1	99.3	98.8	97.7	98.0	98.3	98.1	98.6	98.5	99.3	98.7
大　理	95.5	95.1	94.4	93.9	94.0	93.7	93.4	93.1	94.0	94.3	95.3	95.4

注：以上城市范围为市辖区，不含县。

附录

各专业调查简介及主要统计指标解释

附录　各专业调查简介及主要统计指标解释

一、住户收支与生活状况调查

（一）调查简介

调查目的　为全面、准确、及时了解全省和市县（市、区）城乡居民收入、消费及其他生活状况，客观监测居民收入分配格局和不同收入层次居民的生活质量，更好地满足全省及市县（市、区）政府研究制定城乡统筹政策和民生政策的需要，为国民经济核算和居民消费价格指数权重制定提供基础数据，依照《中华人民共和国统计法》规定，开展浙江省住户收支与生活状况调查（以下简称住户调查）。

调查范围　住户调查分成分省调查样本和分市县调查样本，其中分省住户调查样本量为6450户，分布在11个设区市和56个县(市)；分市县住户调查样总量为24190户，各县（市、区）均设计有一定的样本量。

调查对象　浙江省住户调查对象为本省境内的住户，既包括城镇住户，也包括农村住户；既包括以家庭形式居住的户，也包括以集体形式居住的户。无论户口性质和户口登记地，中国公民均以住户为单位，在常住地参加本调查。

调查内容　住户调查内容主要包括居民现金和实物收支情况、住户成员及劳动力从业情况、居民家庭食品和能源消费情况、住房和耐用消费品拥有情况、家庭经营和生产投资情况、社区基本情况以及其他民生状况等。

样本抽选方法　分省住户调查的抽样方法由国家统计局制定。国家统计局使用统一的抽样框，以省为总体，在对县级调查网点代表性进行评估的基础上，采用分层、多阶段随机抽样方法抽选调查住宅，确定调查户。县级调查网点和抽中调查小区原则上五年内保持不变，样本住户应在五年周期内适时轮换。分市县调查小区样本抽选工作使用全国统一的抽样框，根据国家统计局确定的样本规模，按照统一的抽样方法，在分省住户调查样本的基础上，由浙江调查总队补充抽选满足分市县代表性的地方样本（调查小区）。分市县调查住宅和调查户由国家统计局各设区市调查队在国家统计局浙江调查总队指导下抽选确定。

数据采集方式　住户调查采用日记账和问卷调查相结合的方式采集基础数据。其中，居民现金收入与支出、实物收入与支出等内容主要使用记账方式采集。住户成员及劳动力从业情况、住房和耐用消费品拥有情况、家庭经营和生产投资情况、社区基本情况及其他民生状况等资料使用问卷调查方式采集。国家统计局使用住户调查应用系统，推广电子化数据采集方式。

数据处理　数据处理包括数据审核、加权、汇总和评估，省、市、县各级使用国家统计局指定的数据处理平台或程序进行数据加权汇总处理。

（二）指标解释

可支配收入　指调查户在调查期内获得的、可用于最终消费支出和储蓄的总和，即调查户可以用来自由支配的收入。可支配收入既包括现金，也包括实物收入。按照收入的来源，可支配收入包含四项，分别为：工资性收入、经营净收入、财产净收入和转移净收入。

工资性收入 指就业人员通过各种途径得到的全部劳动报酬和各种福利，包括受雇于单位或个人、从事各种自由职业、兼职和零星劳动得到的全部劳动报酬和福利。

经营净收入 指住户或住户成员从事生产经营活动所获得的净收入，是全部经营收入中扣除经营费用、生产性固定资产折旧和生产税之后得到的净收入。

财产净收入 指住户或住户成员将其所拥有的金融资产、住房等非金融资产和自然资源交由其他机构单位、住户或个人支配而获得的回报并扣除相关的费用之后得到的净收入。财产净收入包括利息净收入、红利收入、储蓄性保险净收益、转让承包土地经营权租金净收入、出租房屋净收入、出租其他资产净收入和自有住房折算净租金等。

转移净收入 转移净收入=转移性收入－转移性支出

转移性收入 指国家、单位、社会团体对住户的各种经常性转移支付和住户之间的经常性收入转移。包括养老金或退休金、社会救济和补助、政策性生产补贴、政策性生活补贴、经常性捐赠和赔偿、报销医疗费、住户之间的赡养收入，以及本住户非常住成员寄回带回的收入等。转移性收入不包括住户之间的实物馈赠。

转移性支出 指调查户对国家、单位、住户或个人的经常性或义务性转移支付。包括缴纳的税款、各项社会保障支出、赡养支出、经常性捐赠和赔偿支出以及其他经常转移支出等。

消费支出 指住户用于满足家庭日常生活消费需要的全部支出，包括用于消费品的支出和用于服务性消费的支出。根据用途不同，消费支出可划分为食品烟酒、衣着、居住、生活用品及服务、交通通信、教育文化娱乐、医疗保健、其他用品及服务八大类。根据来源不同，消费支出可划分为现金消费支出、实物消费支出（含自产自用、来自单位、来自政府和其他社会组织）。

二、农民工监测调查

调查目的 通过定期收集农民工相关信息，准确反映农民工数量、流向、结构、就业、收支、生活、社会保障及创业等情况，从宏观上把握农民工发展变化情况，为制定科学的农民工政策、加强和改善农民工工作提供科学依据。

调查范围和对象 农民工监测调查在国家统计局各调查队的村委会范围内开展。调查对象为抽中调查小区和抽中住户的所有住户成员。

调查内容 主要包括住户成员基本情况；劳动力就业基本情况；外出从业人员及本地非农务工人员工作条件、收支情况、生活情况和社会保障情况；农村劳动力本地非农自营和创业情况；农民工子女教育情况；调查小区人口、劳动力及举家外出情况等。

样本抽选方式 国家统计局使用统一的抽样框，以省为总体，在对县级调查网点代表性进行评估的基础上，采用分层、多阶段、PPS抽样方法随机抽选调查小区，在抽中的调查小区内，按系统抽样方法随机抽选调查住宅和住户。抽中调查小区五年内保持不变。现场抽样工作由各调查总队统一组织。调查小区的变动需经国家统计局批准；调查户的变动需经调查总队批准，并报国家统计局备案。

数据采集 现场调查主要采用调查员上

门面访并填报调查问卷的方式。

数据处理 采用国家统计局编制下发的数据处理程序进行调查数据的录入和初步审核。

三、流通和消费价格调查

流通和消费价格调查主要包括：居民消费价格调查、商品零售价格调查。

（一）居民消费价格调查简介

调查目的 掌握各地价格变动的基本情况，分析研究价格变动对社会经济和居民生活的影响，满足各级政府制定政策和计划、进行宏观调控的需要，以及为国民经济核算提供参考依据。

调查任务 系统地调查、搜集和整理城乡居民购买并用于日常生活消费的商品和服务项目的价格，并编制居民消费价格指数（英文名称：Consumer Price Index 缩写：CPI）。

调查范围 省内被抽中的 11 个设区市及 12 个县（区/市）。

调查对象 商场（店）、超市、农贸市场、服务网点和互联网电商等。

调查内容 城乡居民购买并用于日常生活消费的商品和服务项目的价格。按用途划分为食品烟酒、衣着、居住、生活用品及服务、交通通信、教育文化娱乐、医疗保健、其他用品及服务等 8 个大类的居民消费价格。

（二）商品零售价格调查简介

调查目的 掌握各地商品价格的变动趋势，为国家宏观调控和国民经济核算提供参考依据。

调查任务 系统地调查、搜集和整理工业、商业、餐饮业和其他零售企业向城乡居民、机关团体出售生活消费品和办公用品的价格，并编制商品零售价格指数（英文缩写：RPI）。

调查范围 与居民消费价格的调查范围一致。

调查对象 工业、商业、餐饮业和其他零售企业。

调查内容 工业、商业、餐饮业和其他行业的零售商品以及农民对非农业居民出售商品的价格。包括食品、饮料烟酒、服装鞋帽、纺织品、家用电器及音像器材、文化办公用品、日用品、体育娱乐用品、交通通信用品、家具、化妆品、金银饰品、中西药品及医疗保健用品、书报杂志及电子出版物、燃料、建筑材料及五金电料等 16 个大类，203 个基本分类的商品零售价格。

数据采集方法、价格指数计算方法及数据处理方式 与居民消费价格的调查相同。

（三）数据采集及处理方式

居民消费、商品零售两项价格调查的数据采集方法、价格指数计算方法和数据处理方式相同。

数据采集方法 辅助调查员通过手持数据采集器，采用定人、定点、定时的方法直接调查。在保证价格准确的前提下，经国家统计局审定，可利用被调查单位的电子数据进行辅助采价，也可从互联网采集特定商品价格。

价格指数计算方法 根据计算代表规格品平均价格，通过链式拉氏公式加权计算环比指数、同比指数和定基指数。

数据处理方式 使用国家统一下发程序，市、县级将价格汇总后上报省级，省级汇总后上报国家。

（四）指标解释

居民消费价格指数 是反映一定时期内城乡居民所购买的生活消费品和服务项目价格变动趋势和程度的相对数，是对城市居民消费价格指数和农村居民消费价格指数进行综合汇总计算的结果。通过该指数可以观察和分析消费品的零售价格和服务项目价格变动对城乡居民实际生活费支出的影响程度。居民消费价格水平的变动率在一定程度上反映了通货膨胀（或紧缩）的程度。

商品零售价格指数 是反映一定时期内城乡商品零售价格变动趋势和程度的相对数。

商品零售价格的变动与国家的财政收入、市场供需的平衡、消费与积累的比例关系有关。

四、工业生产者价格调查

（一）调查简介

调查目的 工业生产者价格调查的目的在于及时、准确、科学地反映各工业行业产品价格水平及其变化趋势和变动幅度，为国民经济核算、宏观经济分析和调控、理顺价格体系等提供科学、准确的依据。

调查范围 杭州、宁波、温州、嘉兴、湖州、绍兴、金华、衢州、舟山、台州、丽水市。

调查对象 所辖区内规模以上工业生产企业和规模以下工业生产企业，全省共计 3500 余家。

调查内容 工业生产者出厂价格调查 34 个工业行业大类，涵盖 491 个基本分类的产品价格；工业生产者购进价格统计调查涵盖 405 个基本分类的产品价格。

样本抽选方法 工业生产者价格调查采取重点调查与典型调查相结合的调查方法。年主营业务收入 2000 万元以上的企业采用重点调查方法；年主营业务收入 2000 万元以下的企业采用典型调查方法。

数据采集方式 选中调查企业通过国家统计局联网直报平台报送原始价格资料。报送内容包括调查产品每月 5 日和 20 日的时点价格，企业填报数据时严格遵循同质可比原则。市级调查队通过直报平台对企业报送的原始价格进行审核，在确保原始价格准确的基础上进行报表汇总、上报。浙江调查总队审核辖区内各市上报的价格数据并汇总本省价格指数。

权数确定 工业生产者出厂价格统计中，工业小类及小类以上的权数资料来源于工业统计中分行业销售产值数据资料；基本分类的权数资料来源于独立的工业生产者出厂价格权数专项调查。工业生产者购进价格统计中，大类权数资料主要参考分行业的投入产出数据，其他分类的权数资料来源于独立的工业生产者购进价格权数专项调查。一般情况下，工业生产者价格权数专项调查每五年进行一次。基本分类以下不设置权数。

数据汇总方式 根据企业上报的规格品价格通过链式拉氏公式加权计算环比指数、同比指数和定基指数。

（二）指标解释

工业生产者价格指数包括工业生产者出厂价格指数（简称 PPI）和工业生产者购进价格指数（简称 IPI）。

工业生产者出厂价格指数 反映工业企业产品第一次出售时的出厂价格的变化趋势和变动幅度。

工业生产者购进价格指数 反映工业企业作为中间投入产品的购进价格的变化趋势和变动幅度。

五、住宅销售价格调查

（一）调查简介

调查目的 全面了解和掌握相关城市房地产市场变动情况，落实房地产市场调控城市主体责任，满足国家宏观调控需求，为做好国民经济核算和满足社会公众需要提供基础统计信息。

调查范围 杭州、宁波、温州、嘉兴、湖州、绍兴、金华、衢州、舟山、台州、丽水十一个设区市的市辖区（不包括县）。

调查对象 各市房管部门、房地产开发企业、房地产经纪机构或房屋居住服务平台等相关企业。

调查内容 新建商品住宅销售价格、二手住宅销售价格。主要包括：90 平方米及以下、90—144 平方米、144 平方米以上等。

样本抽选方法 新建商品住宅销售价格调查采用全面调查，二手住宅销售价格调查部分城市采用全面调查、部分城市采用重点调查与典型调查相结合的方法。

数据采集方式 全面调查的基础数据直接采用当地房地产主管部门提供的网签备案数据。重点调查与典型调查相结合的方法，指按照房地产经纪机构或房屋居住服务平台等相关企业上报、房地产主管部门提供与调查员实地采价相结合的方式收集基础数据。

数据汇总方式

1. 根据上报的规格品价格通过链式拉氏公式加权计算定基指数。

2. 在定基指数的基础上计算月环比价格指数和同比价格指数。

（二）指标解释

住宅销售价格指数 是综合反映住宅商品价格总体变化趋势和变化幅度的相对数，是通过百分数的形式来反映房价在不同时期的涨跌幅度。住宅销售价格指数分为新建商品住宅销售价格指数和二手住宅销售价格指数。

新建商品住宅 指新建的专供居住用的商品住宅。其价格指进入房地产市场进行交易、第一次进行产权登记时的实际交易价格（合同价格）。

二手住宅 指进入房地产市场进行交易，第二次及以上进行产权登记的住宅，包括二手商品房、允许上市交易的已售公房等。其价格指用于居住的进入房地产市场进行交易的房屋，再次进行产权登记时的实际交易价格。

六、农产品生产者价格调查

（一）调查简介

调查目的 客观反映主要农产品生产者价格水平和结构变动情况，满足农业经济、国民经济核算和分析、反映农业生产效益的需要，为各级政府制定政策、实施宏观管理与宏观调控提供决策依据。

调查内容 抽中的生产者生产并出售的主要农产品的相关信息，包括农产品的名称、出售数量、价格、金额等。

抽样总体 目标总体是浙江全部农业生产经营者（农业生产单位和农户，下同）。生产者价格调查的品种多，单位复杂，不可能进行完全的概率抽样，需筛选一些产量比较大、占主要地位的产品，在生产这些产品的生产者中进行概率抽样，因此，抽样总体为国家和省确定的省级农产品类别或代表品的生产者。

样本抽选方法 以省为总体，以本省确定的农产品类别或代表品的生产量或出售量为目标变量，首先收集相应的县级数据，将目标类别或代表品产量累计达 80%的县作为编制抽样框的范围。在确定范围内，将生产者按照经营规模分成“大、中、小”三层，“大”层本省规模前几位的农业生产者，“中”层为农业生产单位和规模户（规模标准同第三次全国农业普查），“小”层为普通农户。对于“大”层的生产者全部或主要部分作为样本；对于

“中”层的生产者采用以全年产量或销售量为规模标识的概率与规模成比例的方法（PPS）直接抽选生产者作为样本；对于“小”层的生产者，采用以全年产量或销售量为规模标识的概率与规模成比例的方法（PPS）抽选行政村样本，然后在抽中的行政村中采用简单随机抽样的方法抽选生产者作为样本。

调查范围 按调查样本抽选原则，浙江省农产品价格调查范围为45个县（市、区）。

数据采集方式 价格调查采取被抽中单位记账和现场访问相结合的方法。

数据处理 使用国家统计局的联网直报平台上报。

农产品生产者价格指数的汇总方法

农产品平均价格计算

1. 加权算术平均法计算调查样本某种农产品的平均价格。

2. 简单平均法计算某种农产品层级均价。

3. 几何平均法计算某种农产品省级均价。

农产品代表品权数的确定

用于计算农产品生产者价格指数的权数资料主要来源于农产品销售额。权数一般五年更换一次。

农产品生产者价格指数计算

1. 计算代表品本季价格指数和累计价格指数。

2. 加权计算小类、中类、大类及总指数。

（二）指标解释

农产品生产者价格 指农产品生产者第一手（直接）出售其产品时实际获得的单位产品价格。

农产品生产者价格指数 是反映一定时期内，农产品生产者出售的农产品价格水平变动趋势及幅度的相对数。

七、粮食抽样调查

（一）调查简介

调查范围 全省共调查88个抽中县（市、区），2013个抽中村，6041个样方。

调查对象 调查区域范围内的粮食作物，包括谷物、豆类、薯类等粮食作物播种面积。

调查内容 每年实地调查4次，每次调查登记各样方内所有地块上在种作物的播种面积。

样本抽选方法 分两个阶段实施。第一阶段，以全省耕地面积为基础，利用PPS抽样方法确定抽中村。第二阶段，在抽中村内简单随机抽取3个200米*200米的样方。

数据采集方式 粮食作物播种面积调查，采用PDA实地调查方法，对抽中村样方地块上的所有农作物播种面积进行调查登记。

数据汇总方式 以PDA调查所登记的粮食作物播种面积为基础，经过加权推算出全省粮食作物播种面积。

（二）粮食产量抽样调查简介

调查范围 粮食产量调查在播种面积样本村中进行。其中，早稻、单季晚稻、双季晚稻单产实测调查，实测作物种植村小于100个的，全部调查；实测作物种植村大于等于100，小于等于200的，调查100个村；实测作物种植多于200个以上的，抽选1/2进行调查。每个实测样本村抽选的自然地块数量不少于3个，不足3个的全部抽选。每个自然地块均匀放置3个小样本。其它粮食作物单产入户访问调查，每个样本村每种作物抽选5户，不足5户的，则全部调查。

调查对象 谷物、豆类、薯类等粮食作物的产量。

调查内容

1. 实割实测　包括放样、取样、脱粒扬晒、过秤、水分化验、测定割拉打损失等。

2. 入户访问　通过访问农户，询问测产作物的种植面积和产量，估计单位面积的产量。

样本抽选方法　实割实测，是在测产作物收获季节，对抽中样方内的全部地块进行踏田估产，按估产结果从高到低排序，随机起点，等距抽样，抽选 3 个自然地块，不足 3 个的全部抽选。如果调查作物连片种植的，直接在抽中自然地块内按直线法、梅花法、垄测法等随机、均匀放置 3 个小样本（10 平方尺）；如果调查作物交叉、分块种植的，则先确定种植该作物的地块，然后均匀放置 3 个小样本。入户访问，是在有测产种植作物的测产点内，重点选取测产作物的 5 个种植户。

数据采集方式　水稻采用实割实测调查，其品种为早稻、单季晚稻、双季晚稻。其它粮食作物采用入户访问调查。

数据汇总方式　从地块或者种植户调查开始，首先推算出亩产；由全省简单平均，推算出全省测产作物的平均亩产；再根据全省播种面积，推算出全省全社会总产量。

（三）指标解释

粮食作物　指一般用作人类主食，种植在耕地或非耕地上的农作物。根据我国产品目录分类标准，粮食包括谷物、豆类、薯类。

粮食作物播种面积　指本年度内收获的粮食作物在全部土地（耕地或非耕地）上的播种或移植面积。凡是本年内收获的作物，无论是本年还是上年播种，都算为当年播种面积，但不包括本年播种，下年收获的作物面积。移植的作物面积按移植后的面积计算，不计算移植前的秧田面积。如果因灾害等原因，应该收获却未能收获，也要按原播种面积计算，新补或改种，并在本年收获的，也要按复种作物计算面积。间种、混种的作物面积按比例折算各个作物的面积，如果完全混合、同步生长、收获的作物，按混合面积平均分配。复种、套种的作物，按次数计算面积，每种一次计算一次。

粮食作物产量　指本年度内生产的全部粮食作物数量。其中，谷物产量按脱粒后的原粮计算，豆类按去豆荚后的干豆计算，薯类按鲜薯重量统计上报，统一按 5：1 折算粮食产量。

谷物　指禾本科和蓼科作物，具体统计品种包括稻谷、小麦、玉米、和其他谷物；其他谷物包括谷子、高粱、大麦、燕麦、荞麦等，其中西藏、青海、甘肃等地种植的青稞是大麦中的裸麦，按大麦统计。除按品种统计外，根据收获时间，主要按夏收谷物、秋收谷物分别做统计。夏收谷物指上年秋冬播和本年春季播种、夏季收获的全部谷物；秋收谷物指本年春、夏季播种，秋季收获的谷物；在夏收谷物收割后的耕地上播种、秋季收获的谷物也应计算在内。

稻谷　根据其播种期、生长期和成熟期的不同，按早稻、中稻和一季晚稻、双季晚稻三类分别做统计。其中，早稻指栽培时间较早且成熟早的南方籼稻，收获时间在三季度中旬之前，主产区包括湖南、江西、广东、广西等地；中稻及一季晚稻，指一年只种一季的一熟单季稻，包括籼稻、粳稻、糯稻等。主要分布在中国秦岭—淮河以北，长江流域北部，四川盆地和云贵高原，主产区包括黑龙江、江苏、安徽、湖北、四川等地；双季晚稻指，在同一块稻田里，早稻收割后，通过连作、间作和混作等方式种植和收获的其他季稻谷，分布与早稻相近。

小麦 根据其品种、播种时间、收获时间不同，分为春小麦和冬小麦。春小麦指春节过后播种，7、8月份收获的小麦，主要分布在长城以北，该区气温普遍较低，生产季节短，故以一年一熟为主；冬小麦，一般在9月中下旬至10月上旬播种，幼苗过冬，春季返青，翌年5月底至6月中下旬成熟，主要分布在长城以南。

玉米 包括秋玉米、春玉米，但不包括青贮饲料玉米、鲜食玉米。

豆类 是以食用种籽及其制成品为主的一类豆科植物，包括大豆、绿豆、红小豆和其他杂豆，不含豇豆、四季豆等菜用豆类。夏收豆类指7、8月份前收获的豆类。

薯类 包括甘薯、马铃薯等。甘薯又名番薯、红薯、地瓜等，主产区在川蜀等地；马铃薯，又名土豆、洋芋等，主产区在四川、贵州、甘肃等地。薯类产量目前只统计甘薯和马铃薯，夏收薯类指7、8月份前收获的薯类。

八、畜牧业调查

（一）主要畜禽监测调查简介

调查目的 为掌握主要畜禽生产情况、加强和改善宏观调控、制定畜牧业发展政策提供科学依据，从2008年开始，国家统计局组织各调查总队开展主要畜禽监测调查。

调查范围 一是全省猪牛羊禽所有大型养殖场户（大型养殖场户标准：猪年饲养量3000头及以上；牛年饲养量200头及以上；羊年饲养量500只及以上；家禽年饲养量5万只及以上）；二是抽中村中的猪牛羊禽所有中型养殖场户（中型养殖场户标准：猪年饲养量100-2999头；牛年饲养量10-199头；羊年饲养量50-499只；家禽年饲养量200-49999只）；三是抽中村中的猪牛羊禽所抽中的小型养殖场户（小型养殖场户标准：猪年饲养量99头及以下；牛年饲养量9头及以下；羊年饲养量49只及以下；家禽年饲养量199只及以下）；四是生猪调出大县（杭州市萧山区、衢州市衢江区和江山市）辖区内所有的生猪大型养殖场（户）和所抽中的中小型生猪养殖场（户）。

调查对象 调查范围内的生猪、牛、羊和家禽。

调查内容

1.主要畜禽品种（猪、牛、羊、家禽）存栏、出栏、产品产量及出售价格等情况。

2.生猪调出大县的生猪存栏、出栏及价格变化等情况。

样本抽选方法 2019年以前，大型养殖场户进行全数调查；中小型养殖场户以市为总体抽样，原则上在生猪调出大县、国家调查县和传统养殖县中开展抽样调查；散养户以省为总体抽样。2019年起，主要畜禽品种（生猪、家禽、牛、羊）均以2016年第三次全国农业普查的资料为抽样框，以省为总体，在全省范围内按国家方案，以家禽为主品种抽选调查样本。大型养殖场（户）进行全数调查；中小型养殖场（户）以省为总体抽样。

生猪调出大县监测调查样本抽选方法参照全省生猪监测调查方案。

数据采集方式 主要畜禽监测调查均采用记账式调查，其中大型养殖场户数据由辅助调查员向调查户采集上报，中小型养殖场户数据由村辅助调查员填写上报。

数据处理方式 生猪、牛、羊和家禽所有报表采用国家联网直报程序上报。2020年，饲养量超过100头的生猪大中型养殖场户还须进行浙江统计联网直报程序上报。

（二）市县全面统计调查简介

根据国家统计局《关于印发粮食畜牧业统计调查数据归口管理方案的通知》（国统字〔2019〕103号）及2019年总队和省局联合印发了《关于做好粮食畜牧业统计调查数据归口管理工作的通知》（浙调字〔2019〕122号）要求，自2020年起，畜牧业统计调查分市县数据统一由浙江调查总队负责管理。

调查范围 辖区范围内全部畜禽生产经营单位及养殖户。

数据采集方式 除生猪调出大县外，其他分市县畜牧业统计数据本着“条块结合”和“村级起报”的原则，由县统计局（或地方调查队）统一布置到乡镇统计机构，乡镇统计机构组织村级调查，建立村级台账，收集有关数据后汇总上报。县级统计局（或地方调查队）初审后通过浙江统计联网直报平台经各市调查队再审后报浙江调查总队。

（三）指标解释

生猪期末存栏 指本调查期末饲养生猪的总量，包括25公斤以下仔猪、待育肥猪（架子猪）和种猪等数量之和。

能繁殖母猪 指猪龄约在7个月（包括7个月）以上的、具备繁殖能力的母猪。

生猪出栏头数 自宰肥猪头数＋出售肥猪头数

出售肥猪头数 指本调查期内以各种形式出售给任何单位或个人的已育肥肥猪的数量。但不包括出售仔猪、待育肥猪（架子猪）、种猪的数量。

牛期末存栏 指本调查期末饲养各类型的牛总量，包括牛犊、待育肥牛（架子牛）、奶牛和种牛等数量之和。

能繁殖母牛 指牛龄在16个月左右，具备繁殖能力的母牛。

育肥肉牛出栏头数 自宰育肥肉牛头数＋出售育肥肉牛头数

出售肉牛头数 指本调查期内由调查户（单位）以各种形式出售给任何单位或个人的已育肥肉牛的总量，出售的淘汰后出栏的奶牛和役用牛数量也包括在内。但不包括出售牛犊、架子牛、奶牛等头数。

羊期末存栏 指本调查期末饲养各种羊只总量。包括羊羔、待育肥羊（架子羊）、奶羊和种羊等数量之和。

能繁殖母羊 指羊龄在6个月左右，具备繁殖能力的母羊（山羊或绵羊）。

肥羊出栏头数 自宰肥羊头数＋出售肥羊头数。

出售肥羊头数 指本调查期内出售已育肥的羊只数量。但不包括出售羊羔、待育肥羊、种羊、奶羊等数量。

家禽期末存栏 指本调查期末饲养家禽（鸡、鸭、鹅）的总量，包括幼禽、肉用家禽、蛋用家禽和种家禽等。

家禽出栏只数 自宰家禽只数＋出售家禽只数。

出售家禽只数 指本调查期内以各种形式出售给任何单位或个人的肉用家禽总数。但不包括出售幼禽、蛋禽、种禽的数量。

禽蛋产量 指本调查期内饲养的蛋用家禽生产的禽蛋总重量。包括出售的和农民自产自用的部分，品种主要为鸡鸭鹅。